니체의 미학과 예술철학

니체의 미학과 예술철학

2017년 2월 10일 초판1쇄 발행
2019년 5월 20일 초판2쇄 발행

지은이 | 양해림 · 권의섭 · 홍사현 · 임건태 · 강영계 · 정낙림 · 김정현 · 김미기
펴낸이 | 이찬규
펴낸곳 | 북코리아
등록번호 | 제10-1519호
주소 | 13209 경기도 성남시 중원구 사기막골로
45번길 14 A동 1007호
전화 | 02) 704-7840
팩스 | 02) 704-7848
이메일 | sunhaksa@korea.com
홈페이지 | www.북코리아.kr
ISBN | 978-89-6324-530-0(93100)

값 18,000원

* 이 도서의 국립중앙도서관 출판예정도서목록(CIP)은 서지정보유통지원시스템 홈페이지(http://seoji.nl.go.kr)와 국가자료공동목록시스템(http://www.nl.go.kr/kolisnet)에서 이용하실 수 있습니다.
(CIP제어번호: CIP2017001188)

니체의 미학과 예술철학

양해림
권의섭
홍사현
임건태
강영계
정낙림
김정현
김미기

북코리아

| 머리말 |

이 책에 실린 10편의 옥고는 지금까지 한국니체학회, 『니체연구』(등재지)에서 수록했던 내용들을 선별하였고, 새롭게 수정 · 보완하여 엮은 것입니다. 이번에 "한국니체학회"에서 출판된 이 글들은 "니체와 미학, 예술철학"이란 제목을 붙여 독자들에게 새롭게 선보이게 되었습니다. 여기에 출판된 이 책은 한국니체학회에서 매년 2회씩 발간하는 『니체연구』의 전문학술지 이외에 또 하나의 대중화 사업으로 계획되어 발간되었습니다. 앞으로도 한국니체학회에서는 니체에 관한 새로운 주제들을 발굴하여 일반 독자들을 위해 보다 쉽게 풀어 지속적으로 출판할 계획입니다.

이 책의 발간동기 및 경과보고를 간략히 말씀드리면 다음과 같습니다. 지난 2016년 1월 9일 한국니체학회 이사회에서는 『니체연구』에 수록된 논문의 니체 글들은 대중독자들의 저변을 확대하기 위한 일환으로 단행본 발간하는 건에 대한 회의를 개최한 바 있습니다. 그 연장선상에서 2016년 7월 17일 서울 서초동에서 니체학회 하반기 이사회가 열렸습니다. 이사회에서 의결된 사항들 중 하나는, 그동안 『니체연구』에 게재된 논문들 가운데 "니체와 미학/예술철학"을 주제로 한 논문들을 선별하여 단행본을 발간하는 데 합의를 하였습니다.

한국니체학회에서는 단행본과 관련하여 최우선적으로, "이번 단행본을 포함한 니체학술도서 출판과 관련된 결정(예컨대, 출판사의 선정, 출판 주제, 단행본 편집위원회 구성 등에 대한 결정)은 회장단에게 전적으로 위임한다."는 것을 의결했습니다. 그리고 "이번에 처음으로 기획중인 단행본에 게재될 논문들은 8월말~9월초에 취합하여 〈북코리아〉에 편집과 출판을 의뢰한다." 또한 "편집위원들은 늦어도 올 해 안으로 단행본의 출간이 이루어지도록 노력한다."는 내용이 의결되었습니다. 이 책의 발간을 위해 8명의 전/현직 임원들로 편집위원회를 구성하기로 결정했습니다. 즉, 양해림(회장), 이주향(부회장), 김선희(총무이사), 정낙림(이사), 이상엽(이사), 김주휘(이사), 양대종(편집이사), 김효섭(연구이사) 지난 8월 19일 대전에서 편집위원회에서 회동하여 의견을 모아 총 27편의 논문들 중 14편을 최종 선별하였습니다.

하지만 저자의 게재의사를 확인하지 못한 논문들도 있어 최종 10편의 논문을 최종 확정하였고 출판하기에 이르렀습니다. 여기에 수록된 글들은 단행본 편집위원회에서 이렇게 몇 차례 회의를 거쳐 선정하여 수록되었고, 그 이후 출판사와 함께 많은 수정작업을 거쳐 독자들 앞에 선 보이게 되었습니다. 물론 여기에 실린 니체의 글들은 이미 『니체연구』 전문 학술지에 수록된 것을 다시 선보이기는 하지만, 니체를 일반 독자들에게 알리고자 1년이라는 긴 시간에 걸쳐 새롭게 분장하여 출판하게 되었습니다. 독자 여러분의 많은 질정을 바랍니다.

끝으로 오랜 독서계의 불황에도 불구하고 이 책의 출판을 흔쾌히 응해주신 북코리아 이찬규 사장님과 편집부 여러분께 진심으로 감사의 말씀을 드립니다.

2016년 12월

한국니체학회 회장

양해림

| 차례 |

제1부 니체 미학/예술 철학의 중심내용

니체의 미학과
예술철학

1부

니체 미학/예술 철학의 중심내용

니체의 미학과
예술철학

01

그리스 비극과 소크라테스 비판

– 니체의 『비극의 탄생』을 중심으로

양 해 림

1. 들어가는 말

오랜 서양철학 전통에서 데카르트 이래로 인간은 이성을 갖고 회의하는 존재로 여기면서 중세시대의 신중심주의의 사회에서 인간의 이성을 중시하는 인간중심주의 사회로 점차 변화의 과정을 겪어 왔다. 특히 데카르트는 중세 스콜라적인 학문에서 벗어나기 위해 새로운 방법을 찾고자 했다. 그는 우리가 확실히 믿을 수 있는 것, 우리가 확실하게 알 수 있는 것은 진정 무엇인가 하는 사색에 사로잡혀 있었다. 인간의 이성은 합리주의에 기초하여 천부적인 인간의 권리와 자율성을 보장하게 된다. 인간이 갖고 있는 이러한 이성의 능력은 절대적 진리, 보편적인 진리를 확보하는 계기를 마련한다. 보편적 진리를 추구하고자 한 고대 그리스의 소크라테스 이래로 이성중심주의는 서양철학의 유산이 되었다. 근대 이후로 이성중심주의는 갈릴레오, 뉴우튼, 케플러 등의 과학 혁명가들을 비롯한 대륙 이성론자들과 영국 경험론자들에 의해 그 진보의 화살을 더욱 거세게 당겨졌다.

1980년대 이후 논의가 시작된 포스트모더니즘은 기존의 이성 중심주의를 전면 거부하고 이성의 이름으로 자명한 것으로 간주해 왔던 이제까지의 모든 지식체계들을 뿌리 채 흔들고, 전혀 새로운 시각에서 인간과 역사를 재구성하고자 하였다. 이것은 이성을 비판하고 이성 그 자체를 거부하려는 급진적인 반이성주의였다. 포스트모더니즘은 근대에서 주로 기초로 삼았던 인간주체 · 이성 · 역사의 진보 등을 모든 권력의 억압을 합리화하는 신화에 불과하다고 보는 관점이다. 즉 계몽과 해방을 담당하던 이성의 총체성은 실제로 억압적이고 전체적인 질서를 옹호하고 정당화하는 것으로서 권력과 지식의 상호작용을 극명하게 보여 주었다. 여기서 언급되었던 "근대는 아직 미완성"[1]이며, 그러한 근대에 성찰성을 덧붙여서 내재적으로 극복함으로써 근대를 완성시켜야 한다는 입장을 보인다. 이른바 포스트모더니즘에서 강조했던 이성의 총체성은 후기 자본주의의 실상을 수정하고 내부의 비판을 통해 더 나은 바람직한 사회의 건설을 추구하고자 한다.

후기구조주의에서 인식론은 그 이전의 사유체계와 지식을 비판하고 지식을 구하는 방법에 대해 의심의 눈초리를 보내면서 그 안에 숨겨져 있는 편견들을 파괴하고 해체하고자 하였다. 이러한 해체주의의 현상은 1968년 5월 전 세계로 확산되었던 사회 개혁적 학생운동과 깊은 연관을 맺고 탄생하였다. 뤽 페리(Luc Ferry)와 알랭르노(Alain Renaut)는 『68사상: 현대의 반인간중심주의』에 관한 글에서 '68 프랑스 철학'이라고 표현한다. 이들의 반인간중심주의는 리오타르 · 라캉 · 데리다 · 알튀세 · 부르디외 · 들뢰즈 그리고 푸코 같은 학자들에게서 학생운동과 직 · 간접적으로 지원하고 격려하면서 연대를 맺고 있었다. 포스트모더니즘의 대표적인 사상가라 불리는 뤽 페리와 알랭르노는 『68사상』에서 독일 사상가들의 많은 영향을 받았음을 밝혔다. 데리다는 하이데거주의로, 부르디외는 프랑스의 마르크스주의로, 라캉은 프랑스의 프로이트주의자로, 푸코는 프랑스의 니체주의자로 해석한다. 이들의 대부분은 사회주의 노선과 결별하고 자신들의 독자적인 이론을 세웠다. 이들은 '68프랑스 철학'이 반인간중심주의에서 시작되었다. 이는 인간중심주의를 옹호하고 해방의 역할을 자처해온 그동안의 인간중심주의에 대해 오히려 억압의 원인이 되었다는 의식에서 문제제기를 한다. 이러한 인간중심주의의 이성비판은 니체가 항상 그 중심점에 서 있다. 이렇게 현대의 인식론적인 출발점은 니체의 초기저작인 『음악정신으로부터 비극의 탄생』(1872)에서 아폴론과 디오니소스의 신을 등장시키면서 이성과 감성의 첨예한 대립을 선보이는 것에서 드러난다. "니체의 현대비판"[2]은 그 발단부터가

---

1 Jürgen Habermas, "Moderne-eine unvollendetes Projekt," in: Wolfgang Welsch(Hg.), *Wege aus der Moderne*, Weiheim, 1988.

2 니체의 포스트모더니즘 혹은 이성의 현대비판에 대해서는 다음을 참조: Berand Magnus,

현대의 기본원리로 간주되었던 진보의 이념과 이성의 우월성 및 현재를 역사화 시키는 경향을 비판하였다.

주지하듯이, 니체는 데카르트의 "나는 생각한다. 그러므로 나는 존재한다(Cogito ergo sum)"라는 명제의 분석을 통해 이성의 비판을 제기한다. 이러한 시각은 "니체와 더불어 포스트모더니즘의 진입"[3]이 시작되었다고 볼 수 있다. 독일의 현대 철학자 벨쉬(Wolfgang Welsch)는 포스트모더니즘의 선구자로써 판비츠(Rodolf Pannwitz, 1881-1969)를 강조한다. 판비츠는 그의 저서인 『서양 문화의 위기』(1917)에서 포스트모던을 "스포츠맨십으로 단련된", "국가적으로 의식화된", "군대식으로 훈련된", "종교적으로 격앙된" …… 등의 형용사로 표현하면서 포스트모던의 인간을 니체의 위버멘쉬(Übermensch, 초인)나 데카당스의 니힐리즘을 극복하는 것으로 보았다.[4] 모든 근대 철학에서 주요한 의미를 차지하고 있는 극복의 개념은 점진적인 사유의 진행 속에서 극복의 의미를 새롭게 확인시킨다. 니체는 이성의 철학보다 감성의 철학 내지 몸의 철학을 내세웠으며, 진리와 비진리에 대한 첨예한 대립의 문제보다 도대체 인간의 삶은 무엇 일까?에 대해 골몰하였다. 따라서 우리는 현대의 이성비판의 초석을 마련한 니체의 초기사상인 『비극의 탄생』에서 드러난 니체의 그리스 비극과 소크라테스(주의)의 비판을 중심으로 고찰해 보자.

"Nietzsche and Postmodern Criticism", in: *Nietzsche-Studien*, Bd. 18. 1989, 301-315쪽: Friedrich Kaulbach, "Kant und Nietzsche im zwischen der kopernikanischen Wendung-Ein Betrag zum Problem der Modernität", in: *Zeitschrift für philosophische Forschung*, Bd. 41, 1987, 349-372쪽: Gerhard Camm, "Zwischen Antike und Postmoderne-Politische Philosophie bei Nietzsche", in: *Philosophische Rundschau*. 38. Jg. H.1-2. 1991, 112-125쪽: Robert Gooding-Williams, "Nietzsche's Pursuit of Modernism", in: *New German Critique*, Number. 41. 1987, 95-107쪽.

3 Jürgen Habermas, *Die philosophische Diskurse der Moderne*, Frankfurt. a. M, 1986, Kap. IV.

4 Wolfgang Welsch, *Unsere Postmoderne Moderne*, Berlin, 1993, 13쪽. 판비치의 니체 수용에 대한 자세한 내용은 다음을 참조: Hans-Joachim Koch, "Die Nietzsche-Rezeption durch Rudolf Pannwitz", in: *Nietzsche-Studien*, Bd. 26. 1997, 441-467쪽.

2. 니체의 초기 그리스적 사유

(1) 소크라테스의 앎의 지(知)

소크라테스(Socrates)의 사상은 크세노폰의 『메모라빌리아』, 플라톤의 대화편인 『아폴로기아』, 『파이돈』, 『아리스토파네스』, 『메논』 등의 저서에 의해 전해져 온다. 소크라테스의 위세는 특히 플라톤과 플라톤학파의 영향 속에서 진행되어 왔으며, 소크라테스를 독자적인 철학자로써 점차적으로 조우(遭遇)하게 되는 배경을 이루었다. 그리고 소크라테스는 오늘날까지 체계적인 학문을 이루어 놓지는 않았지만, 삶의 실천가로서 그리고 지혜의 철학자로서 널리 알려져 있다.[5]

주지하듯이, 소크라테스의 핵심사상은 "너 자신을 알라(Gnothi seau-tion)", 즉 혼(魂 phyche)에 대한 보살핌이다. 이는 무지의 지, 자기의 지식을 자각하는 것, 스스로 무지를 아는 것, 자기인식(Episteme)을 뜻하는 것이었다. 김정현에 의하면, "니체에게 있어서 소크라테스는 한편으로 고대 그리스 세계의 파괴자로서 묘사하며, 다른 한편으로 새로운 세계의 가능성과 학문의 위대한 개척자로 등장한다는 것"[6] 이라 파악한다.

니체에 의하면, 소크라테스야말로 지식과 통찰에 대한 전대미문의 새로운 존중을 가장 예리한 말로 표현했다고 간주한다. 소크라테스는 아테네 시를 사방에 돌아다니면서 많은 이들과 비판적으로 대화를 나누면서 도처에서 '알고 있다'는 착각에 마주친다. 여기서 소크라테스는 자신이 아무것도 알지 못한다고 자인할 수 있는 유일한 사람이라는 사실을 스스로 발견했다고 자평한다.[7] 니체는 소크라테스에 대해 다음과 같은 근본형식으로서 정의

---

5 Ekkehard Martens, *Die Sache des Sokrates*, Stuttgart, 1992, 17쪽.

6 김정현, 「니체의 소크라테스적 합리주의 비판과 몸이성 찾기」, 『니체, 생명과 치유의 철학』, 책세상, 2006, 62쪽.

한다. "**덕은 지식이다. 죄는 오직 무지에서 비롯된다. 유덕한 자는 행복한 자이다.**"[8] 하지만 니체는 이러한 세 가지 근본형식의 소크라테스적 낙관주의가 비극의 죽음을 가져왔다는 것이다. 슈미트(Hermann Josef Schmidt)에 의하면, 니체는 『비극의 탄생』에서 학문, 이론, 낙관주의, 지성의 상실 등은 윤리적 동기에서 낙관주의의 근본형식을 규정했다. 니체는 소크라테스의 세 가지 근본형식에 대한 규정을 소크라테스적 사유의 전통적 근본토대 위에서 덕, 진리, 행복의 정체성을 찾고자 했다.[9] 또한 니체의 관점에서 소크라테스는 기존의 예술과 윤리 모두를 단죄하면서 통찰의 결여와 현존하는 것들이 내적으로 전도되어 타기(唾棄)되어야 할 결론을 이끌어 냈다. 바로 이러한 사실로부터 소크라테스는 단독적인 한 개인으로서 경멸과 우월에 가득 찬 표정으로 아주 새로운 종류의 문화, 예술, 윤리의 선구자의 입장에서 행복으로 여기는 세계 안으로 걸어 들어갔다.[10] 특히 소크라테스는 혼(마음)에 대한 보살핌을 유독 강조했는데 이는 사람됨의 원천이 혼(마음)에 있다고 생각하였다. 이는 정신적 완성에 대한 열망하는 도덕성이라 일컫는다.

소크라테스는 "누구나 혼을 가지고 있으며 그 혼이 각자에게 고귀한 것이니 저마다 자신의 혼이 훌륭하도록 보살펴야 한다."[11]고 강조한다. 혼은 정신이며 숨 쉬는 능력을 가져다주고 원기를 회복시켜주는 삶의 원천이다. 소크라테스는 어머니처럼 자신은 아이를 낳지 않고 스스로 불임이라고 말

---

7 F. Nietzsche, *Sämtlische Werk. Kritische Studienausgabe in 15 Bänden*, Bd. 8, G. Colli u.a.(Hg), München 1999(이하 KSA라 생략하여 인용함) 89쪽.

8 Friedrich Nietzsche, Die Geburt der Tragoedie(이하 *GT*라 생략하여 표기함), 14: KSA 1, 94쪽.

9 Hermann Josef Schmidt, *Nietzsche und Sokrates*, Meisenheim am Glan, 1969, 38쪽.

10 GT, 13: KSA 1, 89-90쪽.

11 플라톤, 박종현 옮김, 「소크라테스의 변론」, 『에우티프론, 소크라테스의 변론, 크리톤, 파이돈』, 서광사, 2003, 30b, 149쪽.

하면서 사람들에게 그들이 잉태하고 있는 진리를 낳게 해주려고 노력하였다. 우리는 이러한 소크라테스의 방법을 산파술이라 한다. 왜냐하면 산파의 역할은 아기를 낳는 것을 도와주는 역할을 하는 것이지 직접 아기를 낳는 것은 아니기 때문이다. 이와 마찬가지로 사람들이 살아가는데 있어서 진리니 지혜니 하고 말하는 것도 직접적으로 그 해답을 제시하는 것이 아니라, 서로 대화를 하는 당사자들이 지혜와 진리를 스스로 깨닫도록 도와주는 것뿐이다. 이런 생각에서 그는 사람들이 갖고 있는 참이나 진리 · 지혜에 대한 많은 생각들을 도와주었다.

"너 자신을 알라(Gnothi Seauton: 그노티 세아우톤)!"라는 이 말은 그리스 시대 델피(Delphi)의 아폴론 신탁(信託)의 벽면에 새겨져 있는 글귀라 전해져 내려온다. 소크라테스는 이 경구를 통해 자기 가슴 깊숙이 좌우명으로 새겼다. 그는 델피 신전에서 아폴론(Apolon)의 다이몬(Daimon)의 소리를 들었다고 전해져 내려온다. 이 소리는 항상 무엇인가를 하지 말라고 경고하는 방식으로 들려온다. 그 당시에 델피 섬에는 아폴론의 신을 모시는 신전이 있었고 사람들은 그곳에서 신을 찬미하고 제의를 올렸다고 한다. 특히 큰 행사나 어떤 사건이 발생할 때마다 이곳에 가서 사제로부터 신탁을 얻었다고 전해져 내려온다. 여기서 신탁이란 "신이 맡겨 놓은 뜻"이라는 말로 탁선(託宣)이라고도 한다. 당시 그리스인들은 신들이 인간의 팔자를 주관한다고 믿었기 때문에 무신(巫神)의 신전에 가서 그 신전을 지키는 여사제에 물으면 그 뜻을 미리 아는 것도 가능했다고 믿었다. 소크라테스는 좋은 것을 아는 것과 탁월함은 하나라고 말한다. 그래서 그는 항상 다이몬(Damon)의 소리를 듣는다고 말한다. 이 말의 의미는 신적인 존재 · 신성 · 수호신이며, 내면의 신적인 목소리 · 정신 · 마귀 등이라 부르기도 한다. 그는 자기 자신을 신들 앞에서 겸허하게 낮추고 삶을 반성적인 자세로 살고자 함을 의미한다. 그는 자기 자신을 살피고, 자기 자신의 깊은 도덕적 반성을 요구, 자기의 내면적 성찰과 자각을 촉구하였다. 이 말의 중요한 까닭은, 우리가 진정 누구인지를 바르게 알 때에만 무엇이 우리 자신을 위해서 가장 좋은 삶이며 또한 무엇이 나쁜 삶인지를 알 수 있기 때문이다. 그는 상대방으로 하여금 자기의 무지를 자각시키는데 있었고, 더 나아가 아테네 시민들의 도덕적 각성을 촉진시키는데 있었다. 대화는 소크라테스 철학의 중요한 방법이요 생명선이었다. 객관적이고 보편적인 절대적 진리의 존재를 확인하고 그러한 진리에 도달하는 방법이다.

니체에 의하면, 가장 유명한 사실은 델피의 신탁에 두 사람의 이름이 나란히 올려 있었다는 것이다. 델피의 신탁은 소크라테스를 인간들 중에서 최고로 현명한 자로 지칭하고 있다.[12] 지자(智者)들은 이른바 "무엇이 옳은지를 알고 있기 때문에 옳은 일을 하고 있다"라고 자랑한다. 이 알고 있음의 명확성의 정도가 당시의 지자로 부르게 된 이유이다.[13] 계속해서 니체는 이러한 소크라테스의 본질을 이해해 주는 핵심개념을 "소크라테스의 다이몬이라 불리는 저 기이한 현상"[14]이라 강조한다.

우리가 자신을 알려면 어떻게 해야 하는가? 먼저 자기 자신을 향해 근본적인 의문을 제기하는 경험이 쌓여야 할 것이다. 그러나 의문을 제기한 이후에도 계속해서 그 답변에 맞는 경험들이 뒤따라야 한다. 그래서 이 경구는 "자기인식과 자기반성"에 대한 요구를 함축한다. 무릇 비정상적인 인간에게 본능적 지혜는 의식적 인식을 때때로 제지하기 위해서만 나타난다. 니체는 '단지 본능만으로'라는 표현으로부터 소크라테스의 핵심을 건드리고 있다. 소크라테스에게 있어서 본능은 비판자가 되고 의식이 창조자가 된다.

12 GT, 13: KSA 1, 89쪽. 이 신탁은 다음과 같이 전한다. "소포클레스는 현명하다. 에우리피데스는 더욱 현명하다. 그러나 소크라테스는 만인 중에서 가장 현명하다."

13 GT, 13: KSA 1, 89쪽.

14 GT, 13: KSA 1, 90쪽.

그래서 니체는 소크라테스에게서 모든 신비주의적 성향이 결여되어 있다는 사실을 발견한다. 따라서 니체는 소크라테스야말로 특별한 비신비가라고 단언한다.[15] 니체는 괴테 『파우스트』의 제1부에 나오는 「정령들의 합창」 1607-1611행을 인용하면서 다음과 같이 말한다: (소크라테스여) "슬프도다! 슬프도다! 그대는 이 아름다운 세계를 억센 주먹으로 파괴했도다. 세계는 무너지고 부서진다!"[16]

(2) 그리스적 명랑성

니체는 『비극의 탄생』(1872)의 「자기비판의 시도」를 통해 "1870~ 1871년에 걸친 프로이센-프랑스(보불)전쟁의 격동기 속에서, 그리스인과 그리스 예술의 이른바 명랑성에 대해 오랫동안 의문"[17]을 갖는다. 그에 의하면, "그리스의 명랑성은 무언가 불투명한 것"이라는 것에서부터 의문을 품고 전개한다. 니체는 명정한 아폴론적인 것 대신에 황홀한 디오니스적인 것이 우세했거나 양자가 서로 조화된 "공통의 목표로서 **아타카 비극**"[18]을 그리스 비극문화의 정점으로 보고 소크라테스 이후부터 그러한 문화가 퇴보했다고 파악했다. 이는 선하기 위해 혹은 아름답게 하기 위해서는 모든 것이 먼저 의식되어야 한다는 합리주의가 소크라테스에 의해 시작됐다고 보았기 때문이다. 니체는 이를 가리켜 소크라테스주의라 명명하였다.

니체는 당대의 시대를 향해 다음과 같이 묻는다. "디오니소스적인 무시무시한 현상에서 탄생한 비극은 무엇을 의미하는가? 비극을 죽인 도덕의 소크라테스주의, 이론적 인간의 변증법과 자기만족과 명랑성은 무엇을 의미

15 GT, 13: KSA 1, 90쪽.

16 Ebenda.

17 KSA 1, 11쪽.

18 GT, 4: KSA 1, 42쪽.

하는가?, 소크라테스주의야말로 몰락과 피곤, 그리고 무질서하게 해체되어 가는 본능의 징조이지 않을까? 그리고 후기 그리스 문화의 '그리스적 명랑성'이 단지 황혼에 불과하다면?[19]" 니체는 "디오니소스적인 것"[20]이라는 현상에서 탄생한 비극[21]을 말하고자 한다. 그리고 비극을 사멸케 한 소크라테스주의[22]는 몰락과 피곤, 병 그리고 무질서하게 해체되어 가는 본능의 징조라고 표현한다. 니체는 소크라테스주의를 통해 학문이라는 것이 염세주의에 대한 두려움이자 그것으로부터의 도피에 불과하며 도덕적으로 비겁이나 허위와 같은 것이고 비도덕적으로 교활함이라고 간주한다. 그래서 니체는 너무 때 이르고 미숙한 자기체험들, 즉 전달할 수 없는 한계에 거의 육박하고 있는 체험에서 우러나온 자신의 책이 예술을 토대로 하여 세워져 있다고 표현한다. 이는 학문의 문제가 학문을 토대로 해서는 인식될 수 없기 때문이라는 것이다. 이렇게 니체는 『비극의 탄생』의 역사적인 근본 동기를 그리스 비극의 시대로부터 묻고 있다. 또한 그리스 명랑성의 현상은 지난 기독교

19 KSA 1, 12쪽.

20 니체는 『비극의 탄생』에서 아폴론적인 것과 디오니소스적인 것이라는 대립적인 개념을 통해 그리스 예술을 설명하고 있다. 하지만 니체는 『자기비판의 시도』를 통해 아폴론적인 것보다 디오니소스적인 것을 더 중요한 개념으로써 강조하고 있다. 왜냐하면 예술(비극)의 근원이 디오니소스적인 것이기 때문이다. 이에 한 자세한 내용은 다음을 참조: (강영계, 『니체와 예술』, 한길사, 2000, 109-111쪽: 강영계, 「비극의 탄생」, 『니체와 문명비판』, 철학과 현실사, 2007, 21-42쪽 참조).

21 "니체는 비극의 현상 속에 현실의 참된 본성을 탐지한다. 미학적 주제가 그에게는 하나의 기초적인 존재론적 원리로서의 위치를 얻고 있으며 예술, 다시 말해서 비극문학이 그에게는 세계의 본질을 밝히는 열쇠로 된다."(오이겐 핑크, 『니체 철학』, 하기락 옮김, 형설출판사, 1984, 21-22쪽).

22 백승영에 의하면, "소크라테스의 주지주의는 논리적이고도 이성적인 사유를 참된 지식과 참된 삶을 가능하게 하는 유일한 방법으로 상정한다. 니체에 의하면, 이성의 역할에 대한 이런 강조는 그리스 비극 시대, 진정한 헬레니즘 문화를 종결짓는 운동의 시작이었으며, 동시에 이성 외적인 인간의 삶, 충동이나 욕구 등을 최대한 억제하는 금욕 운동의 시작이기도 했다. 이것은 곧 인간을 정신으로 용해시키는 것을 의미한다."(백승영, 『니체, 디오니소스적 긍정의 철학』, 책세상, 2005, 149쪽).

시대에 있어서 내면의 엄청난 본성을 다음과 같이 제공해 준다.

> 그리스적 명랑성에 대해 여전히 말할 수 있다면, 이제 그것은 무거운 책임을 질 줄 모르고 위대한 것을 추구하지 않으며 현재의 것보다도 과거의 것이나 미래의 것을 높이 평가하지 않는 명랑성이다. 그리스적 명랑성은 이러한 가상이야말로 기독교 초기 400년 동안 신에 대한 외경심에 차 있던 심원한 인물들을 격분시켰던 것이다.[23]

여기서 니체는 그리스적 명랑성을 그리스 역사에서 4세기에 걸쳐 비극의 시대가 도래했다고 주장한다. 니체에 의하면, 지금까지 대체적으로 그리스 명랑성의 개념은 노예의 명랑성이었다. 현재에 알고 있는 것보다 과거나 미래의 것을 더 높게 평가해서는 안 된다. 하지만 그리스 명랑성의 현상은 기독교의 지난 4세기에 걸친 가장 심오하고 두려울만한 본질이었다. 무엇보다 지난 수백 년 동안 많은 사람들 사이에서 고대 그리스관이 그리스 세계를 거의 극복할 수 없게 만들 정도로 집요하게 분홍빛 명랑성이 지배했던 것도 기독교의 영향 때문이었다.[24]

니체는 진정한 그리스인이라면 이러한 변증법적인 해결에 너무 커다란 기쁨을 맛보았기 때문에 작품 전체에는 명랑한 분위기가 감돌며, 이러한 명랑성으로 인해 내밀하게 규정하는 가공할 전제들의 첨예한 성격이 완화되었다는 것이다.[25] 명랑성은 자연의 가장 내면적이고 경탄할만한 관점에서 설득한다는 것이 그렇게 쉬운 것만은 아니다. 그동안 잘못 이해된 명랑성의 개념은 현재의 앞길로 나아가는데 사방에서 걸림돌로 등장한다. 따라서 니체는 '그리스적 명랑성'과는 다른 형식의 명랑성인 알렉산드리아적 명랑성

23 GT, 11: KSA 1, 78쪽.

24 Ebenda.

25 GT, 9: KSA 1, 66쪽.

의 가장 고귀한 형식을 이론적 인간의 명랑성이라 본 것이다.[26] 그것은 비디오니소스적 정신으로부터 이끌어낸 것과 동일한 특징들을 보여주고 있다. 즉 니체의 관점에서 이론적 인간의 명랑성은 "디오니소스적 지혜"[27]와 예술을 공격하고 신화를 해체하였다. 그리고 형이상학적 위로 대신에 현세적인 협화음을 내세웠으며, 고유한 기계장치의 신을 치켜세웠다. 또한 니체에게 있어서 이론적 인간의 명랑성은 지식을 통한 세계 개선과 학문이 인도하는 삶을 믿지만, 실제로 개인을 극히 협소한 범위의 해결 가능한 과제 속에 가두어 두었다. 즉 개인은 그 안에서 삶을 향해 '나는 너를 원한다. 너는 인식할 가치가 있고 명랑하게 말하도록 만든다.'[28]

그래서 니체는 그리스적 명랑성의 개념을 진정한 시인이자 종교가였던 소포클레스의 오이디푸스와 "아이스킬로스의 프로메테우스"[29]에게서 발견했다. 두 비극의 근본 형태는 엄청난 고통과 커다란 죄를 지은 공통점을 갖고 있다. 니체에게 있어서 아폴론적 규정과 신성함은 소포클레스적인 영웅의 언어로는 놀랄만한 발견이었다. 즉, "자기 아버지의 살해자 오이디푸스, 자기 어머니의 남편인 오이디푸스, 스핑크스의 수수께끼를 푼 자인 오이디푸스!"[30] 니체는 그리스 비극의 연극에서 가장 고노에 찬 인물이었던 비운의 오이디푸스에 대해 소포클레스는 잘 이해했다고 보고 있다. 지금까지 "가면

26 GT, 17: KSA 1, 115쪽.

27 니체는 지혜라는 것, 특히 디오니소스의 지혜라는 것은 자연에 거역하는 만행이라 파악한다. 즉 "지혜의 칼 끝은 지혜로운 자에게 향한다. 지혜는 자연에 대한 범죄이다."(GT, 9: KSA 1, 69쪽) 이 끔찍한 명제를 신화는 외치고 있다고 우회적으로 자신의 입장을 강조하고 있다.

28 GT, 17: KSA 1, 115쪽.

29 아이스킬로스와 프로메테우스사이의 역사적 연관성에 대한 자세한 내용은 다음을 참조: Ada Neschke-Hentschke, "Geschichten und Geschichte -Zum Beispiel Prometheus bei Hesiode und Aischylos," in: *Hermes-Zeitschrift für klassische Philologie*, 111. Bd. 1983, 385-402쪽.

30 GT, 9: KSA 1, 66쪽.

이라는 아폴론적 현상은 자연 내부의 가공스러운 것을 들여다 본 눈이 만들어 낸 필연적인 산물이다. 말자자면 소름끼치는 밤을 보고 상처 입은 눈을 치료하기 위해 빛나는 반점인 것이다. 니체의 관점에서 "그리스 명랑성이라는 의미심장한 개념"[31]은 이러한 의미에서 이해할 경우에만 그것을 제대로 파악할 수 있다고 보았다.[32] 니체의 관점에서 플라톤이 묘사했던 소크라테스를 전혀 새로운 형식의 그리스적 명랑성과 삶의 축복을 행동으로 발산하고 있었다.[33] 이러한 자극에 휩싸인 사람에 대해 플라톤이 묘사한 소크라테스는 전혀 새로운 형식의 명랑성과 삶의 축복을 받은 교사였다. 이 새로운 형식의 명랑성과 삶의 축복은 행동으로 발산하며, 궁극적으로 천재를 산출하는 것을 목적으로 하면서 고귀한 청년들에게 산파술적이고 교육적인 감화를 목적으로 한다.[34]

(3) 플라톤적인 소크라테스(plato's Socrates)

니체의 소크라테스와의 논쟁은 그의 모든 저서에 대한 태도의 이해 없

---

31 니체는 그리스 명랑성의 개념을 그의 친구 로데(Erwin Rohde)에게서 고대 그리스 비극의 올바른 해석을 위한 논쟁에서 연관시키고 있다. "내가 고대 그리스의 명랑성에서 잘못된 지혜를 어떻게 증오할까! 디오니소스는 계몽화된 아폴론의 신보다 아주 심오하게 영향을 받았다. 이러한 것은 전문직종의 어디서나 볼 수 있다"(Barbaravon Reibnitz, *Ein Kommentar zu Friedrich Nietzsche,-Die Geburt der Tragödie aus dem Geistes der Musik-*, Kap. 1-12, Stuttgart: Metzler, 1989, 222쪽.) 니체는 그의 그리스 저작에서 『그리스의 명랑성』이라는 제목으로 기술하기를 원했으나 역설적이게도 그렇게 하지 못했다. 그는 궁극적인 제목을 말하고자 했다. 그리스 비극은 슬픈 연주가 아니다. 그래서 니체의 주장은 그리스 비극은 음악에서 탄생했다고 본다(Dieter Jähning, Nietzsches Kunstbegriff, Vittrio Klostermann, 1972, 39쪽.) 그리스 비극의 명랑성 개념에 대한 자세한 내용은 다음을 참조: Dieter Jähnig, "Welt-Geschicht; Kunst-Geschicht", M. DuMont Schauberg, Köln, 1975, 125-131쪽.

32 GT, 9: KSA 1, 65쪽.

33 GT, 15: KSA 1. 101쪽.

34 Ebenda.

이는 제대로 이해할 수 없다. 니체는 『황혼의 우상』의 「소크라테스의 문제」라는 제목에서 플라톤 학설의 근본적인 판단을 창조자의 가장 밝고 시적인 것을 함께 논의한다. 니체가 파악한 소크라테스는 모든 고대와 근대의 노예 사회에 유약한 데카당스라 본다.

단하우저(Dannhauser)에 따르면, 소크라테스의 문제는 플라톤의 적절한 이해를 핵심으로 한다. 그것은 소크라테스와 플라톤 사이의 구분에 대해 근본적인 이해를 필요로 한다. 플라톤은 순수한 소크라테스가 아니다. 왜냐하면 플라톤은 작가가 아니고 말과 귀로 듣는(oral-aural) 사회에서 의사소통신자(communicator)이다.[35] 또한 힐데브란트(Kurt Hilsde-brant)에 의하면, 한편으로 니체사유의 전개는 이미 19세기에 바그너와의 대립으로 설명할 수 있으며, 다른 한편으로 소크라테스와 플라톤의 경쟁관계에서 관찰되었던 광범위한 전망의 새로운 신화의 대척점에 의해 설정될 수 있다고 보았다.[36] 그리고 브로제(Brose)는 소크라테스테스와 함께, 새로운 주신찬가, 수사학의 발견은 새로운 비극에서 시작되었다고 본다. 고대 그리스 비극의 소크라테스에 대한 부정적 입장은 19세기의 노예도덕에서 유래한다고 파악했다.[37]

니체는 그리스 비극의 아폴론적 부분을 대화에서 찾았다. 여기서 대화는 표면적으로는 단순하고 아름답게 보이지만 그리스인들의 모사라고 본다.[38] 니체는 이데아를 즉, 모상과 구별하는 플라톤적인 가치평가가 그리스 본질에 깊이 뿌리박고 있다고 간주한 것이다.[39]

---

35 W. J. Dannhauer, *Nietzsche's View of Socrates*, Cornell, 1974, 95쪽.

36 Kurt Hildbrandt, Wagner und Nietzsche. Ihr Kampf gegen das 19. Jahrhundert.: Kurt Hildebrant, Nietzsches Wettkampf mit Sokrates und Plato, Dresden, 1972: Jorg Salaquada, Mythos bei Nietzsche, in: *Philsophie und Mythos*. Berlin, 1979, 175쪽 재인용.

37 Karl Brose, *Sklavenmoral: Nietzsches Sozialphilosophie*, Bonn; Bouvier, 1990, 93쪽.

38 GT, 9: KSA 1, 64쪽.

39 GT, 10: KSA 1, 71쪽.

니체는 그리스 비극의 대화적 요소에서 그 본성을 조명했다. 테제라(V. Tejera)는 『니체와 그리스사상』의 저서에서, 니체가 그리스 비극에서 드러난 대화적 요소의 본질을 플라톤의 유명한 "동굴의 비유"에서 대화의 완전성, 이데아의 모사에 대해 설명을 하고 있다고 말한다.[40] 주지하듯이, 플라톤은 『국가편』(Politeia) 제7권 서두에서 동굴의 비유로서 이원적 세계관을 묘사하고 있다. 이 지상의 세계는 하나의 동굴과 같다. 플라톤은 '동굴의 비유'를 통하여 발목이 쇠사슬에 묶인 채 동굴에 갇혀 생활하는 인간들을 묘사하고 있다. 플라톤은 그가 말하는 실체를 이해하기 위해서 커다란 동굴 속에 살고 있는 몇 사람의 죄수들을 상상할 것을 요구한다. 이들은 오직 맞은편 동굴 벽에 있는 오직 앞에만 볼 수 있도록 사지와 목이 쇠사슬과 포박으로 고정된 상태이다. 죄수들이 볼 수 있는 것은 그들 앞에 있는 벽에 비친 그림자가 전부이며, 그 그림자는 사람들이 불 앞으로 걸을 때 비친 반영이었다. 그들은 대상물이나 그것을 나르는 사람을 결코 볼 수 없으며, 그 그림자들이 다른 사물들의 그림자인지 어떤지도 전혀 알 수 없다. 이 걷고 있는 사람의 뒤에는 불이 타고 있으며, 그보다 훨씬 뒤에 동굴의 입구가 있다. 배후의 동굴의 입구 앞을 온갖 사물들이 부단히 횡단하고 있다. 그들의 뒤에는 그들이 앉아 있는 바닥으로부터 돌연히 솟아오른 높은 지대가 있다. 이 높은 지대에는 물건들을 나르면서 앞뒤로 걷고 있는 또 다른 사람들이 있다. 그들이 나르는 물건들은 나무와 돌과 그 밖의 다양한 물질들로 만들어진 동물과 인간의 상(像)들이었다. 그러나 평생 벽만 보고 살아온 죄수들은 등 뒤에서 일어나고 있는 일들에 대해서 전혀 알지 못하고, 심지어 자신들이 묶여 있다는 사실 조차 느끼지 못한다. 그리고 자신들이 보고 있는 그림자들이 이 세상의 전부라고 믿는다. 그 곳에서 그들의 발과 목에 사슬을 묶

40 V. Tejera, *Nietzsche and Greek Thought*, Martinus Nijhoff Publischers, 1987, 82쪽.

어 있었기 때문에 움직일 수 없다고 생각하였다.

그런데 한 죄수가 사슬에서 일단 풀려나 뒤를 돌아서서 사물을 직접 보게 된다. 그 다음에 동굴을 빠져 나와서 태양의 빛(善의 이데아) 속에 나서면, 처음에는 눈이 부시어 아무 것도 볼 수 없으나, 얼마 안가서 태양의 빛으로 사물들을 보게 되고, 드디어는 태양 자신을 보게 된다. 인간이 다시 어두운 동굴 속으로 돌아오면 처음에는 아무 것도 볼 수 없다. 그리고 동굴 안의 사람들로 부터 조롱을 받는다. 그러나 차츰 어둠에 젖어서 그 곳의 사물들도 볼 수 있게 된다. 이때부터 인간은 이전에 본 밝은 세계(이데아계)를 향하여 상기(想起)하며 살아간다는 줄거리이다.

니체는 『오디세이아』에 나오는 눈이 하나뿐인 거인인 키클롭스(Cyclopid)의 눈처럼 큰 눈으로 비극을 바라보는 소크라테스의 모습을 상상하고 있다. 그 눈에는 한 번도 예술적 감동의 불꽃이 불타오른 적이 없는 것이었다.[41] 그리고 니체는 비극예술의 본질을 "디오니소스적인 심연 속에 기쁜 마음으로 들여다볼 수 없었는지[42]"를 생각해 보자고 제안한다. 니체에 의하면, "플라톤이 『고르기아스』에서 표현하였던 '숭고하고 높이 찬양받는 비극예술에서 그 눈은 본래 무엇을 보아야만 했던가?"라고 묻는다. 그것에 대한 니체의 답변은 "원인 없는 결과이거나 결과 없는 원인과 같이 비합리적인 것을 보았다"[43]라고 단언한다. 게하르트(V. Gerhardt)에 의하면, 플라톤적인 소크라테스는 우리 스스로 받아들인 비합리적이고 "개별적인 자아가 우리들의 행위하고자 하는 목적과 충동, 그리고 그것이 몸에 의해 수행되는 경우, 추상적으로 머물러 있는 조정심판관이 아니라는 것"이다. 그래서 그는 자아의 행위에 관련된 개념은 소크라테스가 강조했던 개인의 자기의식, 도덕과 비교

41 GT, 14: KSA 1, 92쪽.
42 GT, 14: KSA 1, 94쪽.
43 GT, 14: KSA 1, 92쪽.

할 수 있는 다양한 예시들에서 나타난다고 보았다.[44] 우리는 니체에게서 플라톤의 다음과 같은 주요한 단서를 발견할 수 있다.

> "플라톤이 이전의 예술에 대해서 가했던 주된 비난은 그것이 어떤 가상의 모방이라는 것, 따라서 경험적인 세계보다 더 열등한 낮은 영역에 속한다는 것이었지만, 이러한 비난은 무엇보다 이 새로운 예술작품에 가해져서는 안 되었다. 그래서 우리는 플라톤이 현실을 초월하여 저 사이비 현실의 근저에 놓여 있는 이데아를 표현하려고 노력하는 것을 보게 된다. 이와 함께 사상가 플라톤은 시인으로서의 그에게 고향이었던 곳, 즉 소포클레스와 과거의 예술 전체가 플라톤의 저 비난에 엄숙히 항의하는 근거지였던 곳에 우회로를 통해서 도달하게 된 것이다. 비극이 이전의 모든 예술 장르들을 자신 안에 흡수했다고 한다면, 약간 다른 의미에서이지만 우리는 플라톤의 대화편에 대해서도 동일하게 말할 수 있을 것이다. 플라톤의 대화편은 기존의 모든 형식과 문체를 혼합함으로써 형성되었기 때문에 이야기, 서정시, 연극 사이에서, 산문과 운문 사이에서 부유(浮游)하고 있으며 통일된 언어형식이라는 이전의 엄격한 법칙을 깨뜨리고 있다."[45]

여기서 니체는 플라톤의 대화형식에서 복잡한 천재의 흔적을 찾아낸다. 플라톤은 그 이전의 예술에 대해 공격했던 비난에 대해 어떤 가상의 모방, 현실을 초월하여 사이비 현실의 근저에 놓여 있는 이데아를 표현하고자 하는 것이었다. 그러나 니체가 보기에 플라톤은 아직 예술형식으로서 예술의 통합성과 적절한 효과성을 받아들이거나 지각하지 못했다.

니체의 입장에서 소크라테스를 이해할 수 있는 유일한 문학 장르는 과연 무엇이었을까 하는 것이었다. 그것은 "이솝우화"[46]였다. 니체가 보기에

---

44 Volker Gerhardt, "Das individuelle Gesetz. Über eine sokratische-platonische Bedingung der Ethik," in: *Allgemeine Zeitschrift für Philosophie*, 22. 1997, Heft.1. 15-19쪽.

45 GT, 14: KSA 1, 93쪽.

플라톤적인 이솝우화는 18세기의 우화작가였던 겔레르트(Ch. F. Gellet)가 꿀벌과 암탉의 우화에서 시가를 찬미할 때 지었던 부드럽게 미소 짓는 것과 동일한 것이었다. 이솝우화는 윤리적으로 어느 정도 효과를 볼 수 있지만, 문학적 형식으로는 잘못된 범주화였다. 즉 "다이몬적인 소크라테스의 압력으로 인해 플라톤도 시가(詩歌, Poesie)를 소설의 지위로 내몰았다"[47] 일찍이 플라톤의 대화는 이솝우화화보다도 시가에 훨씬 가깝게 있었다. 하지만 플라톤은 소크라테스의 제자가 되기 위해서 가장 먼저 자신의 시작품들을 불태워버렸다. 소크라테스적인 원리의 힘은 여전히 강력해서 그 거대한 힘과 연합하여 시가가 잘 알려지지 않았던 새로운 자리로 내몰아 버렸다.[48] 따라서 니체가 보기에 "플라톤처럼 소크라테스도 비극은 단지 기분 좋은 것만 표현하고 유익한 것은 표현하지 않는 대중에 아부하는 예술"[49]이었다. 결국 니체의 입장에서 플라톤적 소크라테스의 새로운 예술형식의 접근은 특별한 "철학적 혹은 초월적 현실의 목적"을 지닌 것으로 설정하고 있으며 "사이비 현실의 근저에 놓여있는 이데아를 표현"하기 위한 것이었다.

(4) 미학적 소크라테스

벨러(E. Behler)에 의하면, 니체의 미학적 소크라테스의 관점은 "소크라테스주의의 세계사적 거대한 현상"[50]에서 나왔다. 주지하듯이, 소크라테스주의는 지식론적이며 지식낙관주의적인 양상으로 진행되어 왔다. 니체는

---

46 "시가(詩歌)가 무슨 소용이 있는지는 나를 보면 알리라. 그다지 지성을 갖지 못한 사람에게 비유를 통해서 진리를 말해 주는 것."(GT, 14: KSA 1, 92쪽)

47 GT, 14: KSA 1, 94쪽.

48 GT, 14: KSA 1, 92쪽.

49 Ebenda.

50 Ernst Behler, "Sokrates und die griechische Tragödie," in: *Nietzsche-Studien*. Bd. 18, 1989, 147쪽.

소크라테스 운동 이후 "논리적 소크라테스주의"[51]의 거대한 경향이 일어났다고 보았다. 니체가 찬양한 비극작가는 아이스킬로스와 소포클레스[52]이다. 반면에 에우리피데스는 거세게 비하했다. 니체는 미학적 소크라테스의 주된 중심인물로써 에우리피데스를 꼽는다. 왜냐하면 에우리피데스는 이성적인 방법으로 그리스 비극을 이해하지 못했으며 고대 그리스 비극 시대의 삶에 대한 긍정과 생동감을 유린하였기 때문이다. 니체는 에우리피데스를 가리켜 "비이성적인 시인에 대해서 대립물을 세계에 제시했다"[53]고 비판한다. 그리고 "모든 것은 아름답기 위해 의식적이어야 한다"라는 근본명제에 대해 소크라테스가 "선하기 위해서는 모든 것은 의식적이어야 한다"[54]로 언급한 명제와 동일하다. 따라서 에우리피데스는 미학적인 소크라테스주의의 시인으로 간주한다.[55] 니체는 에우리피데스와 소크라테스의 고대비극의 몰이해로 인해 미학적 소크라테스주의는 살인적 원리라 불러도 무방하다고 말한다. 따라서 니체는 미학적 소크라테스주의가 "고대 예술의 디오니소스적인 것을 지향하고 있었다면, 소크라테스는 디오니소스의 적, 새로운 오르페우스를 보게 된다"[56]고 강조한다. 그래서 니체는 미학적 소크라테스주의의 본

51 GT, 14: KSA 1, 91쪽.

52 "그리스 비극 예술의 쇠락을 이어 간 인물은 소포클레스라는 극작가였다. 쇠락은 비극의 합창에 가해진 소포클레스의 공격에서 명백해졌다. …… 합창의 역할은 이제 배우에게만 한정되었다. 그 과정에서 합창의 본질은 파괴되고, 합창을 절멸하는 씨앗이 뿌려지게 된다. …… 소포클레스 이후의 연극에서는 인물 묘사, 심리 전개, 극적 자연주의가 새로이 부각됨에 따라 비판적 이성의 결정적인 역할이 강조되는 반면에, 합창 기능은 여러 단역들의 몫으로 돌아간다. 니체는 이러한 비극적 예술의 재구성이 고귀한 가치들에 대한 민주주의의 역전 및 계몽된 '인간'의 의기양양한 진보를 향한 얄팍한 믿음과 더불어 급속히 성장하는 소크라테스적 · '알렉산드리아적' 문화(GT, 8: KSA 1, 116-117쪽)를 미학적 측면에서 보완하는 것이었다고 주장한다."(리 스핑크스, 윤동구 옮김, 『가치의 입법자 프리드리히 니체』, 앨피, 2009, 68-69쪽).

53 GT, 12: KSA 1, 87쪽.

54 Ebenda.

55 Ebenda.

질을 자세히 살펴보아야 한다고 주장한다.[57] 여기서 최고의 법칙은 "아름답기 위해서는 모든 것이 지적으로 이해될 수 있어야만 한다." 이것은 소크라테스의 명제인 "아는 자만이 유덕하다"[58]와 병행한다. 이런 점에서 소크라테스는 그의 학문적 경향을 에우리피데스와 밀월관계를 형성하고 있으며 이성주의의 최초의 완성자였다. 소크라테스와 동맹을 맺은 에우리피데스는 "새로운 예술창조의 선구자"[59]가 된 동시에 소크라테스가 에우리피데스와 밀접한 관계를 가지고 있다는 사실을 당시의 고대인들도 간과하지 않았다. 에우리피데스의 "프롤로그(Prolog)"[60]는 합리주의적 방법이 갖는 생산성의 한 실례이다. 니체는 에우리피데스의 연극 중에서 프롤로그만큼 우리의 무대기술에 맞지 않는 것도 없다고 비판한다. 니체에 의하면, 작품의 서두에 한 사람이 무대에 나와 자신이 누구인지, 가장 먼저 어떤 일이 일어날 것인지, 지금까지 무슨 일이 일어났었는지, 심지어 작품의 진행 속에서 어떤 일이 일어날 것인지를 이야기한다는 것은 근대의 연극작가에게는 긴장 효과를 고의적으로 포기하는 용서할 수 없는 행동이라는 것이다.[61] 계속해서 니체는 에우리피데스를 가면을 쓴 자라고 다음과 같이 비판한다.

> "에우리피데스 역시 어떤 의미에서는 가면에 지나지 않는다. 그의 입에서 나온 신은 디오니소스가 아니었으며 아폴론도 아니었다. 그것은 새로 태어난 마신(魔神) 소크라테스였다. 디오니소스적인 것과 소크라테스적인 것—이것은 새

56 GT, 12: KSA 1, 87-88쪽.

57 GT, 12, KSA 1, 85쪽.

58 Ebenda.

59 GT, 12: KSA 1, 87쪽.

60 그리스 고대비극의 프롤로그에 대한 자세한 내용은 다음을 참조: Bernd Seidensticker, "Beziehungen zwischen den beiden Oedipusdramen des sophokles," in: *Hermes-Zeitschrift für klassischen Philologie*, 100. Bd. 1972, 255-276쪽.

61 GT, 12: KSA 1, 85쪽.

로운 대립이다. 그리스 비극의 예술은 이러한 대립으로 몰락했다. 에우리피데스가 자신의 경향을 취소함으로써 우리를 위로하려고 했을지라도 그것을 도움이 되지 않았다. 에우리피데스는 아이스킬로스의 비극과 투쟁하였고 그것에 승리했던 것이다."[62]

여기서 처음부터 대립은 디오니소스와 아폴론간의 첨예한 변증법적인 대립[63]이 아니라 디오니소스와 소크라테스 사이에 심각한 대립의 간극이 있었음을 뜻한다. 니체는 비극에 대립하는 이유도, 비극의 죽음으로 몰고 간 것도 아폴론이 아니라 새로 태어난 마신(魔神) 소크라테스였다고 강력하게 주장한다. 또한 소크라테스는 디오니소스적이지도 않고 아폴론적이지도 않다. 따라서 그리스 비극작품은 이러한 대립으로 인해 몰락한 것은 아니다. 들뢰즈(Gilles Deleuze)에 의하면, 소크라테스의 삶의 부정에 자신의 온힘을 다하지 않고, 삶의 부정은 아직까지 자신의 본질을 발견하지 못했다. 그래서 비극적 인간은 순수한 긍정 속에서 자기의 고유한 요소를 발견함과 동시에 자기와 대립하는 지독한 적을 발견해야 했다는 것이다. 니체는 이러한 계획을 엄격히 현실화시켰다. 그리고 고통을 해소하기 위해 화해하는 신들인 디오니소스와 아폴론의 반테제는 보다 신비로운 디오니소스의 아리아드네의 보완성으로 대신하게 되었다. 따라서 들뢰즈의 관점에서 니체의 『비극의 탄생』에서 디오니소스와 소크라테스의 대립은 진정한 대립으로 대체되었다.[64]

니체의 입장에서 소크라테스는 이상한 전복(顚覆)에 의해 다음과 같이

62 GT, 12: KSA 1, 83쪽.

63 슈미트(A. Schmidt)에 의하면, "니체의 사유운동은 변증법적이다"라 말한다. 하지만 니체가 사회 철학적이거나 과학적인 관점에서는 종종 변증법적이지 않다고 본다(A. Schmidt, Über Nietzsches Erkenntnistheorie, Zur Frage der Dialektik in Nietzsches Erkenntnistheorie (1963), in: J. Salaquard(Hg.), Darmstadt, 1980, 125쪽.

64 질 들뢰즈, 『니체와 철학』, 이경신 옮김, 민음사, 1999, 41-42쪽.

정의된다. “모든 생산적인 모든 인간에게는 본능이야말로 창조적이고 긍정적인 힘은 긍정적이고 창조적인 힘이며, 의식은 비평적으로 부정적인 힘인 반면에 소크라테스에게서 본능은 비판적인 것이 되고 의식은 창조적인 것이 된다.”[65] 소크라테스는 퇴락(데카당스)의 최초의 천재이다. 왜냐하면 그는 관념을 대립시키고, 삶을 관념에 의해 판단하며, 삶을 관념에 의해서 파산되고 정당화되고 예속되는 것으로 놓기 때문이다. 그가 우리에게 요구하는 바는 부정의 무게로 짓눌린 삶이 그 자체로 욕망되고 그 자체로 체험할 만한 가치가 없는 것으로써 마침내 생각하도록 만드는 것이다. 즉 소크라테스는 이론적 인간의 유형이자 시조이며 비극적 인간의 단 하나의 참된 대립자이다.[66] 니체에 의하면, 마부의 자리에 가장 어울리는 사람은 소크라테스다. 왜냐하면 소크라테스는 “그 이전에는 전혀 없었던 삶의 양식을, 즉 이론적 인간의 유형을”[67] 잘 보여주었기 때문이다. 니체는 여기서 이론적 인간을 예술가적 인간과 대비시킨다. 이 두 인간의 유형은 “눈앞에 있는 것에 무한한 기쁨을 느끼면서” 염세주의적 실천을 비껴간다는 점에서 공통점을 갖고 있다.[68] 하지만, 기쁨과 만족을 느끼는 최종적 대상이 서로 다르다고 니체는 기술한다. 즉, 예술가는 진리의 베일 배후의 것(진리 자체)에 시선을 고정시키는 반면, 이론적 인간은 성공적인 베일을 벗기기 위한 과정에서 기쁨을 얻는다는 것이다.[69] 여기서 니체는 이론적 인간의 이론적 활동인 학문의 진리 자체를 대상으로 삼을 것을 제안하다. 또한 니체는 소크라테스의 문화를 오

65 GT, 13: KSA 1 90쪽. 니체의 본능과 의식에 대한 자세한 논의는 다음을 참조: 정낙림, 「현대는 소크라테스와 더불어 시작되었다: 니체의 소크라테스 비판」, 『철학연구』, 대한철학회, 제92집, 2004, 401-403쪽.

66 GT, 15: KSA 1, 98쪽, 100쪽, 116쪽.

67 GT, 15: KSA 1, 98쪽.

68 Ebenda.

69 Ebenda.

페라문화의 전형이라 간주한다. 즉, 니체는 알렉산드리아적이며 이론적인 소크라테스의 문화를 오페라 문화라고 불렀다.[70] 궁극적으로 니체는 소크라테스 문화를 가리켜 논리적 소크라테스주의, 미학적 소크라테스주의, 이론적 낙관주의자, 디오니소스의 적 등의 명칭을 부여하면서 신랄하게 비판한다.

3. 나가는 말: 음악을 하는 소크라테스는 가능한가?

지금까지 우리가 살펴본 것처럼, 니체는 소크라테스를 통해 디오니소스적인 것을 대립시켜 이성주의적이고 이론적인 것을 배제하고자 하였다. 그러나 니체는 소크라테스의 감성적인 측면을 버리지 않는다. 피갈(Günter Figal)에 의하면, 니체의 『비극의 탄생』의 출판은 니체 르네상스의 붐을 일으켰으며, "디오니소스적 현상의 이해는 점차 자기인식을 하게끔 하는 계기가 되었다는 것이다. 니체의 이러한 기여는 소크라테스의 비판과 이성의 비판을 통해 니체의 전반적인 이해를 가능하게 했다.[71]

니체는 다음과 같이 음악에 대해 묻는다. "음악을 하는 소크라테스가 형성하는 것이 가능할까?"[72] 니체의 관점에서 음악은 아폴론적 예술에 두 가지 측면에서 작용한다. 첫째, 디오니소스적인 보편성을 비유의 형식으로 관조하게 해주며, 둘째, 비유적인 형상이 최고의 의미를 가지고 나타나게 해준다는 것이다.[73] 니체는 이러한 사실로부터 다음과 같은 주장에 이른다. "음악의 능력은 신화, 즉 가장 유의미한 실례, 다름 아닌 비극적 신화를 낳는

70 GT, 19: KSA 1, 98쪽. 120쪽.

71 Günter Figal, "Nietzsches Dionysos," in; *Nietzsche-Studien*, Bd. 37, 2008, 53쪽.

72 GT, 15: KSA 1, 102쪽.

73 GT, 16: KSA 1, 107쪽.

데 있다." "음악은 디오니소스적 인식에 대해서 비유의 형식으로 이야기하는 신화를 낳는 것이다." 니체는 서정시인과 음악의 관계, 즉 "음악은 서정시인"[74]에게서 아폴론적 형상을 빌려서 자신의 본질을 알리려고 고군분투한다고 회상시키면서, 그 적절한 표현 방식을 비극적인 개념에서 찾아냈다.[75]

특히 『비극의 탄생』 16장에서 니체는 아폴론적 조형예술과 디오니소스적 음악 사이에는 거대한 대립이 존재하고, 이 대립을 앞서 간파한 사람이 바로 쇼펜하우어라 보았다. 쇼펜하우어는 "그리스 신화의 상징적 표현의 안내를 받지 않고도 음악에 모든 다른 예술과는 다르면서도 그것들보다 뛰어난 성격과 근원이 있음을 인정했다. 왜냐하면 음악은 모든 다른 예술처럼 현상에 대한 모사가 아니라 의지 자체의 직접적인 모사이며, 따라서 세계의 모든 물질적인 것에 대해서 형이상학적인 것, 모든 현상들에 대해서 물자체를 표현하기 때문"[76]이다. 니체는, 쇼펜하우어의 그러한 인식이야말로 "모든 미학 가운데에서도 가장 중요한 인식"이자 '미학이 비로소 시작되는 인식'이라 격찬한다. 이러한 점에 있어서 바그너(R. Wagner)도 쇼펜하우어와 동일선상에 있는 인물로 평가된다. 바그너는 『베토벤론』에서 "음악은 결코 아름다움의 범주에 의해서가 아니라 모든 조형예술과는 전혀 다른 미학원리에 따라서 측정되어야 한다[77]"고 강조한다. 니체에 의하면, 소크라테스는 옥중

74 서정시인은 우선 디오니소스적 예술가로서 근원적 일자와 근원적 일자의 고통 및 모순과 완전히 일체가 된 것이며 이 근원적 일자의 모상을 음악으로 만들어낸다. 이 점에서 음악이 세계의 반복, 세계의 두 번째 주조라고 불린 것은 정당하다. 그러나 음악은 서정 시인에게 마치 '비유적인 꿈의 영상'처럼 아폴론적인 꿈의 작용에 의해서 눈에 보이는 것이 된다. 근원적인 고통은 처음에는 형상도 개념도 없이 음악 속에 반영되었지만 이제는 가상 속에서 구원을 받음으로써 개개의 비유, 실례로서의 두 번째 반영을 만들어 내는 것이다.

75 GT, 16: KSA 1, 107-108쪽.

76 A. Schopenhauer, *Welt als Wille und Vorstellung I*, Hamburg Verlag, 1988, S. 310: GT. 16: KSA 1, 104쪽.

77 GT, 16: KSA 1, 104쪽.

에서 친구들에게 종종 똑같은 꿈이 찾아와서 '소크라테스여, 음악을 하라!'[78] 라고 언제나 똑같은 말을 되풀이했다는 것이다. 소크라테스는 최후의 날이 가까워질 때까지 자신의 철학적 사색이 최고의 뮤즈(미의 여신)의 예술이라고 자신했으며, 신이 '비속하고 대중적인 음악'을 생각하고 있으리라고는 감히 믿지 않았다는 것이다.[79] 따라서 니체는 학문의 정신을 음악의 신화창조적인 힘에 적대적으로 대항하는 장소, 즉 아티카의 새로운 주신찬가에서 찾아야 한다고 본다. 즉, 이것은 음악을 내적 본질[80], 곧 의지 자체를 더 이상 표현하지 않고 단지 현상의 불충분한 개념들을 통해서 매개된 모방의 형식으로써 재현한 것에 불과하다는 것이다. 비디오니소스적 정신은 새로운 주신찬가가 발전되는 과정에서 음악을 자신으로부터 소외시키고 현상의 노예로 끌어내렸다는 것이다.[81] 왜냐하면 디오니소스와 아폴론의 반테제는 처음의 자리를 차지하는 것에 그쳐 진정한 대립을 위해서 사라져야 할 것이기 때문이었다.

궁극적으로 니체의 관점에서 디오니소스와 아폴론의 대립은 스스로 변화해야 하며 전형적인 영웅으로서의 소크라테스에 만족해서는 안 된다는 사실이다. 왜냐하면 소크라테스는 그리스인이며 자신의 분명성에 대해서는 아폴론적인 것인 요소가 있으면서도 결국에는 "음악을 하는 소크라테스"[82] 로서 디오니소스적인 음악적 요소를 내면적으로 잠재해 있었기 때문이다.

---

78 GT, 14: KSA 1, 96쪽.

79 GT, 14: KSA 1, 96쪽.

80 음악은 바로 존재 그 자체이다. 비극의 몰각과 함께 존재와 의식의 불협화음이 시작되었다. 의식은 존재에 대해 문을 닫고 있으며 그럼으로써 피상적이다. 본래의 열정적 비극의 종말과 함께 새로운 로고스의 비극이 시작되었다고 니체는 믿고 있었다(뤼디거 자프란스키, 『니체, 그의 생애와 사상의 전기』, 오윤희 옮김, 문예출판사, 2003. 94쪽).

81 GT, 17: KSA 1, 111쪽.

82 GT, 15: KSA 1, 102쪽.

이런 점에서 니체가 강조하고자 하는 비극의 노래 및 음악은 "광기, 의지, 비통이라는 존재의 어머니"[83]를 찾아가는 과정이었다. 그 이름은 다름 아닌 "광기, 의지, 비통함"이다. 이렇게 하여 니체는 "디오니소스의 삶과 비극을 재탄생시켜 디오니소스의 축제 행렬에 가담"[84]하자고 강력하게 외치고 있는 것이다.

83 GT, 20; KSA 1, 132쪽.

84 Ebenda.

참고문헌

김정현, 『니체, 생명과 치유의 철학』, 책세상, 2006.

강영계, 「비극의 탄생」, 『니체와 문명비판』, 철학과 현실사, 2007.

들뢰즈, 질, 『니체와 철학』, 이경신 옮김, 민음사, 1999.

백승영, 『니체, 디오니소스적 긍정의 철학』, 책세상, 2005.

스핑크스, 리, 윤동구 옮김, 『가치의 입법자 프리드리히 니체』, 윤동근 옮김, 앨피, 2009.

정낙림, 「현대는 소크라테스와 더불어 시작되었다: 니체의 소크라테스 비판」, 『철학연구』, 대한철학회, 제92집, 2004.

자프란스키, 뤼디거, 『니체, 그의 생애와 사상의 전기』, 오윤희 옮김, 문예출판사, 2003.

핑크, 오이겐, 『니체 철학』, 하기락 옮김, 형설출판사, 1984.

플라톤, 「소크라테스의 변론」, 『에우티프론, 소크라테스의 변론, 크리톤, 파이돈』, 박종현 옮김, 서광사, 2003.

Behler, Ernst, "Sokrates und die griechische Tragödie," in: *Nietzsche-Studien*. Bd. 18, 1989.

Brose, Karl, *Sklavenmoral: Nietzsches Sozialphilosophie*, Bonn; Bouvier, 1990.

Camm, Gerhard, "Zwischen Antike und Postmoderne-Politische Philosophie bei Nietzsche", in: *Philosophische Rundschau*. 38. Jg. H.1-2. 1991.

Dannhauer, W. J., *Nietzsche's View of Socrates*, Cornell, 1974

Gerhardt, Volker, "Das individuelle Gesetz. Uber eine sokratische-platonische Bedingung der Ethik," in: *Allgemeine Zeitschrift für Philosophie*, 22. Heft.1. 1997.

Gooding-Williams, Robert, "Nietzsche's Pursuit of Modernism", in: *New German Critique*, Number. 41. 1988.

Habermas, Jürgen, *Die philosophische Diskurse der Moderne*, Frankfurt. a. M, 1986.

_____, "Moderne-eine unvollendetes Projekt," in: Wolfgang Welsch(Hg.), *Wege aus der Moderne*, Weiheim, 1988.

Hildbrandt, Kurt, Wagner und Nietzsche. Ihr Kampf gegen das 19. Jahrhundert.: Kurt Hildebrant, Nietzsches Wettkampf mit Sokrates und Plato, Dresden, 1922.

Jähning, Dieter, Nietzsches Kunstbegriff, Vittrio Klostermann, 1972.

Jähnig, Dieter, "Welt-Geschicht; Kunst-Geschicht", M. DuMont Schauberg, Köln, 1975.

Kaulbach, Friedrich, "Kant und Nietzsche im zwischen der kopernikanischen Wendung-Ein Betrag zum Problem der Modernität," in: *Zeitschrift für philosophische*

Forschung, Bd. 41, 1987.

Koch, Hans-Joachim, "Die Nietzsche-Rezeption durch Rudolf Pannwitz", in: *Nietzsche-Studien*, Bd. 26. 1997.

Magnus, Berand, "Nietzsche and Postmodern Criticism," in: *Nietzsche-Studien*, Bd. 18. 1989.

Martens, Ekkehard, *Die Sache des Sokrates*, Stuttgart, 1992.

Neschke-Hentschke, Ada, "Geschichten und Geschichte -Zum Beispiel Prometheus bei Hesiode und Aischylos," in: *Hermes-Zeitschrift für klassische Philologie*, 111. Bd. 1983.

Nietzsche, F., *Sämtlische Werk. Kritische Studienausgabe in 15 Bänden*, Bd. 8, G. Colli u.a.(Hg), München 1999.

Reibnitz, Barbara von, Ein Kommentar zu Friedrich Nietzsche,-Die Geburt der Tragödie aus dem Geistes der Musik-, Kap. 1-12, Stuttgart: Metzler, 1989.

Salaquada, Jorg, "Mythos bei Nietzsche," in: *Philsophie und. Mythos*. Berlin, 1979.

Seidensticker, Bernd, "Beziehungen zwischen den beiden Oidipusdramen des sophokles," in: *Hermes-Zeitschrift für klassischen Philologie*, 100. Bd. 1972.

Schopenhauer, A., *Welt als Wille und Vorstellung I*, Hamburg Verlag, 1988.

Schmidt, A., Über Nietzsches Erkenntnistheorie, Zur Frage der Dialektik in Nietzsches Erkenntnistheorie(1963), in: Nietzsche(Hg.), J Salaquard, Darmstadt, 1980.

Hermann Josef Schmidt, Nietzsche und Sokrates, Meisenheim am Glan, 1969.

Tejera, V., *Nietzsche and Greek Thought*, Martinus Nijhoff Publischers, 1987.

Welsch, Wolfang, *Unsere Postmoderne Moderne*, Berlin, 1993.

니체의 미학과
예술철학

02

니체와 현대, 예술의 만남

– 니체의 미학적 인간

권 의 섭

1. 학문과 허무주의의 연관성

오늘날 니체는 새로운 시대정신과 삶의 양식을 선취하였을 뿐만 아니라 포스트모더니즘의 사상적 단초를 제공한 선구적 철학자로 높이 평가받고 있다. 급격히 변화된 삶의 조건과 도전 앞에서 과거와 다른 새로운 가치원리와 변화된 실존방식이 필연적으로 요청된다면, 이러한 시대적 요청을 앞질러 사유하고 거기에 맞는 새로운 정신과 삶의 방식(예술가적 삶의 방식)을 제시한 철학자가 바로 니체이다. 그에게 있어 예술가적 삶의 방식은 "절대적 진리가 탈가치화되어 다양한 형태의 진리로 해체된 허무주의 시대에 우리가 취할 수 있는 삶의 양식"[1]이다. 그의 예술가적 삶의 정당성과 필요성은 오늘날 허무주의를 가져온 학문적 태도(진리에의 의지)가 얼마나 허구적이며 삶에 파괴적일 수 있는가라는 사실을 통해 더욱 분명해 질 수 있다.

니체에게 있어 학문적 삶의 방식은 그 근저에 '진리 발견'에의 의지에 사로잡혀 있다면, 예술적 삶은 '허구 창조'와 '유희에의 의지'에 기초한다. 그런데 그에게 학문적 삶의 방식인 '진리에의 의지'는 '무지에의 의지'[2], '허무에의 의지'로 폭로되며, 결과적으로 허무주의의 직접적 원인으로 비판받게 된다. 왜냐하면, 니체에 있어 객관적, 보편적 진리에 대한 절대적 신념은 환멸로 끝나게 될 독단적 허구에 불과하기 때문이다. 그에게 "진리는 오류의 일종"[3]이다.

허무주의라는 것은 원래 존재하지 않는 것에 맹목적 신뢰를 보내고, 나

---

1 이진우, 「진리의 허구성과 허구의 진실성」, 『비극적 사유의 탄생』 (문예출판사, 1997), 269쪽.

2 '진리에의 의지'는 단 하나를 진리로 고정화하고 절대화하는 가운데 다른 많은 것을 무시한다는 점에서 사실 '무지에의 의지'에 불과하다. 니체는 '진리에의 의지'와 '무지에의 의지'를 권력의지의 변양된 양태로 보고 있다.

3 F. Nietzsche, *Nachgelassene Fragmente*(이하 N으로 표기), 34[253], in: *Werke. Kritische Gesamtausgabe* (Berlin: de Gruyter, 1967ff.)-(이하 KGW으로 표기), Bd.VII-3, 506쪽.

중에 그것이 아무 것도 아닌 無라는 자각과 더불어 발생한다. 다시 말해 니체에 있어 허무주의란, "최고의 가치들이 탈가치화되는 것"이다.[4] 이때 탈가치란 삶의 무가치를 가정하는 것이 아니라 가치들의, 즉 최고 가치들의 없음을 의미한다.[5] 즉, 초감성계가 그 역사의 지배 속에서 쇠락하여, 존재자 자체가 그 가치와 의미를 잃는 역사적 과정을 의미하는 것이다. 사실 이 허무주의는 우리가 초감성계에 대한 맹목적 신념을 가지지 않았다면 발생하지 않았던 것이다. 니체에 있어 허무주의의 원인은 '목적', '통일', '존재', 그리고 '진리' 등과 같은 이성범주들에 대한 절대적 믿음에 있다. "'목적', '동일성', '존재'와 같은 범주들, 이것들과 더불어 우리는 세계에 가치를 부여해 왔었는데, 이것들은 우리에게서 다시 끄집어져 나오게 된다. 그리고 이제 세계는 가치 없는 것처럼 보인다 ……"[6]

허무의 강도는 그 믿음의 확고함과 절대화에 비례한다. 엄밀히 말해 니체에 있어 허무주의의 원인은 우리가 가진 신념이 허구라서이기보다 자신의 신념을 진리로 맹신한 우리의 독단적 태도가 그 진정한 원인이라 할 수 있다. 왜냐하면, 모든 것을 가볍게 유희하듯이 대하는 예술가에게 거짓과 허구는 유희의 대상이자 즐거움의 원천이지 허무와 불쾌를 가져오지 않기 때문이다. "거짓말이 정당화되고 기만에의 의지가 양심의 가책을 야기하지 않는 예술은 금욕주의적 이념과 본질적으로 대립되어 있다."[7] 니체는 '진리에의 의지'에 함축되어 있는 '무거움'과 '진지함'은 긍정적 현상이 아닌 병적인 징후로서 비판한다. 학문의 '무거움'과 '진지한' 태도 속에는, 쉽게 파악되지 않지만 인과의 끈을 논리적으로 힘들게 추구하면 드러날 수 있는 물자체,

---

4 N 9[35], in: KGW, Bd.Ⅷ-2, 14쪽.

5 G. Deleuze, *Nietzsche und die Philosophie* (Frankfurt a.M., 1985), 161쪽.

6 N 11[99], in: KGW, Bd.Ⅷ-2, 290쪽.

7 F. Nietzsche, *Zur Genealogie der Moral* III, 25, in: KGW, Bd.VI-2, 420쪽. 이하 GM으로 줄임

그리고 본질에 대한 깊은 애착과 확신이 숨어 있는 것이다. 그러나 니체에게 있어 "진실한 사상가란 학문적 우울함과 진지함을 피해야 하며, 허공에 머무르면서 불가피하게 인간의 시야를 넘어서 있는 실재에 대한 해석의 그물망을 짜낼 수 있는 사람이다."[8]

니체는 '무거움'과 '진지함'을 찬양하는 학문적 삶에 반대해 예술가적 삶의 방식을 긍정하는데, 이 예술가적 삶이란 다름 아닌 유희하는 삶을 주된 특징으로 한다. 예술가가 무거운 진지함에서 벗어나 가볍게 살고, 어떠한 확신에도 사로 잡히지 않은 채 우연을 긍정하고 유희하는 모습은 일견 천박해 보이기조차 한다. 그러나 사실 그들은 "그 심오함 때문에 천박했던 것이다."[9] 그들은 그릇된 목적의식과 도덕관념이 유발한 죄책감과 구속에서 벗어나 있기 때문에 가벼울 수 있고, 따라서 절대화(독단화)에 기인된 허무주의에 빠지지 않을 수 있었다. 니체에 있어 참된 유희와 가벼움은 무거운 목적의식과 구속에서 벗어나고, 또한 모든 것은 연관되어 있다는 '탈이분법적 사유'에 의해 가능한 것이다. 그러나 학문적 삶은 '이분법적 사고방식'에 사로잡혀서 모든 것이 상호의존적이라는 사실을 무시함으로써[10], 그들이 내세우는 특정한 관점을 절대화하고 다른 것을 배척하는 잘못을 저지른다. 그런데 문제는 학문의 '이분법적 사유'에 의해 배척된 요소들이 삶의 근본이요 뿌리라는 점에서, 학문은 삶에 적대적인, 삶을 근원적으로 파괴하는 허무주의적 의지에 다름 아니다.

니체에 있어 우리가 허무주의를 이해하고 그것을 극복하기 위해서는

---

8 Allan Megill, *Prophets of Extremity* (University of California Press, 1985), 93쪽. 이하 PE로 줄임.

9 F. Nietzsche, *Die fröhliche Wissenschaft,* 4, in: KGW, Bd. V-2, 19-20쪽 참조. 이하 FW로 줄임.

10 Alexander Nehamas, *Nietzsche: life as literature* (Harvard University Press, 1985), 44-45쪽 참조. 이하 LL로 줄임.

핵심적으로 다음과 같은 질문을 물어야 한다. 즉, 허무주의를 발생시킨 원인이 무엇이며, 허무주의는 어떤 메커니즘과 전략에 의해 자신의 세력을 강화시켜 나가며, 이것이 취하는 다양한 양태들은 무엇인지, 나아가 허무주의를 극복한 대안적 삶은 무엇인가를 묻는 것이다. 니체는 먼저 허무주의의 원인을 학문의 '진리에의 의지'에서 그 원인을 찾는다. 정확히 말해 '진리에의 의지'가 그 근본에 있어 '허구에의 의지'요, '無에의 의지'라는 것을 인식함으로써 허무주의의 극복의 단초를 가져올 수 있다는 것이다. 그런데 니체가 '진리'를 허구로 폭로한다고 해서, 그가 진리 아닌 다른 것에 절대적 가치를 두고자 하는 것은 아니다. 니체가 의도하는 바는 진리-허구, 본질-현상이라는 이분법적 구분 아래 하나를 절대화하고, 다른 하나를 배타적으로 거부하는 이분법적 태도 자체를 우선적으로 거부하는 것이다. 그래서 니체는 이분법적 태도의 잘못을 밝히기 위해, 전통철학이 대립적인 것으로 이해한 것이 사실은 밀접히 연관되어 있다는 것을 명확히 보여주고자 한다. 결과적으로 그는 전통 형이상학이 절대화한 "진리라는 것은 오류의 일종"[11]이며, 또한 진리란 자신이 배척하는 욕망과 무의식적 본능의 산출물에 불과하다는 것을 보여주려 한다. 전통철학이 극과 극의 절대적 대립으로 분리한 것은 니체에게 있어서는 사실 분리된 것이 아니라 밀접히 연관되어 있는 것이다. "순진한 사람들과 과거의 문화 탐색자들이 단지 두 개의 독립된 것으로만 보았던 것을 우리는 이제 서로 관련된 많은 다양한 것들로서 보게 되었다."[12]

'진리에의 의지'는 허무주의의 씨앗으로, 그것은 다양한 열매로서 자신을 나타낸다. '진리에의 의지'가 씨앗이 되어, 역사의 텃밭에 금욕주의, 기독교, 형이상학, 그리고 과학기술이라는 다양한 열매가 맺어진 것이다. 그 열

11 N 34[253], in: KGW, Bd.VII-3, 226쪽.

12 FW 112, in: KGW, Bd. V-2, 150쪽.

매의 형상은 비록 모두 다르지만 '허무에의 의지'인 '진리에의 의지'를 동일한 씨앗으로 한다는 점에서 그들 모두는 사실 배다른 형제에 불과한 것이다. 따라서 이들 모두는 허무주의 운동의 한 과정이자 계기로서 이해된다. 그런데 니체는 이 허무주의를 한 시대에 우연히 발생한 현상이 아니라, 역사적으로 발전되어온 필연적 현상으로 이해한다.[13] 다시 말해 허무주의는 서양철학의 시초에 학문에 의해 파종된 객관적 '진리'라는 씨앗의 필연적 열매라는 것이다. 그것은 성장함에 따라 여러 단계를 거치며 그 발전된 최종 상태가 오늘날의 과학 기술문명이라고 할 수 있다. 역사의 각각의 단계들에 나타난 양태들은 그들의 뿌리인 진리에의 의지가 이미 허무주의적 본성을 지닌다는 점에서, 그들 역시 허무주의의 본성을 벗어날 수 없다.

2. 학문과 예술의 관계

인간의 삶은 다양한 관심과 그것으로부터 출발하는 여러 가지 활동으로 이루어진다. 그러나 이 중에서도 인식적 관심, 도덕적 관심, 미적 관심은 眞, 善, 美의 산출과 관련된 것으로서 전통적으로 중요한 탐구 대상이었다. 그리고 전통적으로 이들 세 가치는 등급화 되었으며, 善과 美가 眞을 떠나서 존립할 수 없다는 이유로[14] 眞을 최고의 가치로 여겼다. 이러한 이해 속

13 M. Heidegger, "Nietzsches Wort 'Gott ist tot'", trans. by W. Robin (Harper and Row, Publishers, Ins., 1977), 67쪽. 이하 NW로 줄임.

14 진, 선, 미를 연관시켜서 이해하는 것에 대해 니체는 다음과 같이 비판한다. "'선과 미는 하나다'라고 주장하는 것은 철학자의 품위에 합당하지 않은 일이다. 나아가 眞도 역시라고 덧붙인다면 그 철학자를 후려갈겨야 한다." Friedrich Nietzsche, *The will to power,* trans. by Walter Kaufmann (New York: Random House, 1968), 822. 앞으로 이 책은 WP로 약칭함. 이 책의 모든 인용은 페이지 번호가 아니라 아포리즘 번호를 가리킨다.

에서 전통 철학은 眞을 추구하는 '학문'에 비해 美를 추구하는 '예술'을 열등한 것으로 평가한다.[15] 달리 말해 전통 철학의 입장에서 보면, 예술은 감성적 차원(미적 차원)에서 진리를 모방하고 표현하려 하지만, 그 매개의 불완전에 의해 거짓과 가상, 허상의 창조에 그친다. 따라서 예술은 '존재(실재)'에 대한 이해를 왜곡한다는 점에서, 이성적 사유를 통한 '보편적 진리의 발견'을 목표로 하는 학문과 대립적으로 이해되고 있다.

그러나 니체에 있어 학문과 예술의 이러한 전통적 이해는 전복된다. 학문과 예술은 그 근원에 있어 대립된 것이 아니라 동일한 권력의지의 다른 표현양식으로 이해될 뿐만 아니라 비하되어진 예술은 오히려 학문에 비해 탁월한 권력의지의 표현으로[16] 새로운 의미와 그 정당성을 부여받게 된다. 더 이상 학문과 예술의 대립은 전통적 의미의 진리와 허구의 대립으로 이해될 수 없다. 왜냐하면 모든 것을 권력의지의 표현으로 이해하는 니체에 있어 객관적이고 보편적인 성격의 진리 개념은 애당초 불가능하기 때문이다. "그 외에 아무 것도 아니다! 그리고 그대 자신들도 이러한 권력에의 의지이며 그 외에 아무 것도 아니다."[17] 학문과 예술 다 공히 권력의지의 산물이라면 전통 철학의 기준에서 볼 때 둘 다 허구에 불과한 것이다. 왜냐하면, 전통철학에 있어 주관적 충동과 열정에 기인된 활동은 허구만을 산출한다고 보았기 때문이다. 이제 학문과 예술의 차이는 진리 추구 여부가 아닌 권력의지의 성격 차이로서 접근할 수 있는 문제이다. 니체에 있어 학문이 추구하는 진리는 '권력의지의 핵심에 있는 조건, 즉 권력의 보존조건'과 관련된 것이라면, 그에 반해 예술의 본질은 권력의지의 증강 조건을 제공하는데 있

15 전통 철학이 진, 선, 미 자체를 인정하는 것에 반해 니체는 그것을 '종의 유지에 봉사하는 것'으로 간주한다. WP, 583.

16 M. Heidegger, *Nietzsche*, trans. by Krell(San Francisco: Harper & Row, 1961), 74쪽

17 WP, 1067.

다. 예술은 "삶에 대한 위대한 자극제"[18]인 것이다.

학문과 예술이 동일한 권력의지의 산물임에도 불구하고 니체에게 있어 유독 예술이 강조되는 것은 예술이 권력의지의 본질적 특성을 가장 잘 보여주고 있기 때문이다. "'예술가'라는 현상은 가장 투명하다. 예술가를 들여다보면 권력에 대한 기본적 본능이나 자연 등이 나타난다."[19] 니체는 권력의지의 본질적 특성과 그것이 함축하고 있는 세계관에 입각해 학문을 반대하고, 예술을 긍정한다. 왜냐하면 학문은 권력의지의 생성을 거부하는 '자기 파괴적 권력의지'일 수 있다면, 예술은 권력의지를 증가시키는 '자기 긍정적 권력의지'이기 때문이다. 니체가 학문을 부정하는 이유는 형이상학적 신념들에 대한 맹신이 삶의 승화에 부정적이며, 최종적으로 허무주의를 유발하기 때문이다. 니체에 있어 허무주의의 극복은 학문이 전제하고 있는 형이상학적 신념들을 극복하는 것이다. 니체는 형이상학적 신념에 지배되지 않는 창조적 활동을 예술적 활동에서 찾는다. 이 형이상학적 신념을 극복한 활동이야말로 최고의 권력의지의 활동이자 자유로운 활동으로 예술이 이에 가장 적합한 것이다.

먼저 우리는 권력의지의 본질적 특성을 살펴봄으로써 니체가 왜 형이상학적 신념을 거부하고 예술을 강조하는지를 더 잘 이해할 수 있다. 니체가 모든 사물은 권력의지를 지니고 있다고 말할 때, 그것은 모든 사물은 다른 사물에 자기의 영향력을 극대화하려는 공통된 성격을 지닌다는 사실에 입각해서이다. 다시 말해 권력의지란 '영향을 미치는 활동'[20]으로 각각의 대상은 다른 대상에 영향을 끼치며, 그 영향의 정도에 따라 그 대상의 특징이 결정되는 것이다. 따라서 하나의 대상은 자기의 특징을 가능하게 한 다른

18 WP, 550.

19 WP, 797.

20 LL, 80쪽 참조.

대상을 반드시 전제하지 않을 수밖에 없다. 니체에 있어 다양한 "관계가 비로소 존재를 구성한다."[21] 모든 대상은 고립적으로 존재하지 않고 다른 대상에 철저히 의존한다는 것이다. 다시 말해 "다른 사물들 없이는 어떤 사물도 존재할 수가"[22] 없는 것이다. 여기에서 우리는 전통철학의 이원론적 입장이 니체에 의해 부정된다는 것을 알 수 있다. 니체는 모든 존재는 다양한 힘들의 관계에 의해 주어진 '잠정적 창조물'로서 새로운 존재에로 끊임없이 생성될 따름이다.

니체의 권력의지의 특성에 의해 우리는 전통 철학의 중요 개념인 물자체, 실체, 주체개념이 부정된다는 것을 알 수 있다. 주체, 실체에 대한 신념은 다양한 힘들의 '생성'과 '관계성'을 자각하지 못한 결과이다. 그런데 주체, 실체에 대한 신념이 허구임에도 불구하고 그러한 신념에 계속적으로 지배되는 이유를 우리가 사용하는 언어의 문법구조에 대한 무의식적 맹신에서도 찾아볼 수 있다. "나는 수백 번이라도 반복하겠다. 우리는 진실로 언어의 유혹으로부터 자신을 해방시켜야 한다고!"[23] 정확히 말하자면 "니체의 주장은 언어가 잘못이 아니라 언어를 너무나 심각하게 생각하는 것이 잘못이라는 것이다."[24] 니체에 있어 언어적 활동은 생성하는 것에 하나의 질서를 제공하는 '미학적 활동'에 다름 아니다. 다른 말로 하자면 생성에다 존재의 각인을 새기는 권력의지의 활동인 것이다.

그러나 이러한 언어적 활동을 통해 가져온 미학적 창조물을 우리가 절대화함으로써 언어적 활동은 결국 자기 파괴적 활동으로 변질된다. 반대로 언어적 활동의 결과물을 우리가 절대화하지 않은 채 그것을 잘 사용한다면

21 N 14[122], in: KGW, Bd.Ⅷ-3, 95쪽.

22 WP, 557.

23 F. Nietzsche, *Jenseits von Gut und Böse,* in: KGW, Bd VI-2, §16, 23쪽. 이하 JGB로 줄임.

24 LL, 96쪽.

자기 승화의 중요한 토대로 이용할 수 있는 것이다. 이 점에서 우리는 니체가 언어적 활동자체를 부정하는 것이 아니라는 사실을 잘 알 수 있다. 언어적 활동은 우리가 벗어날 수 없는 삶의 필연적 조건이다. 그런 점에서 언어를 절대적으로 대하는 우리 태도의 변화만이 요청된다고 볼 수 있다. 그런데도 학문은 자신의 언어적 산물이 미학적 창조라는 것을 거부함으로써 새로운 창조에로 나아감을 거부한다. 그러나 예술은 자신의 언어적 창조물이 미적 창조물이라는 것을 인정함으로써 새로운 창조에로 발걸음을 옮길 수 있는 것이다. 니체는 모든 것을 예술적 활동인 권력의지의 미적 창조물로 바라보고 있다. 따라서 학문과 예술도 '삶'의 본질인 권력의지의 미학적 활동일 따름이다. 따라서 니체의 중요 기획은 "학문을 예술가의 시각에서 고찰하고, 예술을 삶의 시각에서 고찰하는 것"[25]이다.

우리는 학문과 예술의 차이를 아폴론과 디오니소스라는 니체의 두 대립적 개념을 통해서도 잘 살펴볼 수 있다. 니체에 있어 아폴론적 경향은 그의 '마야의 베일'을 통해 존재의 거친 현실로부터 우리를 보호해 준다. 이것은 "미의 휘장으로 거친 것을 덮어 버리는 화려한 환상을 제공해 준다."[26] 그에 반해 디오니소스적 경향은 이와 똑 같은 열정을 갖고 아폴로적인 베일을 찢어 버리고, "존재의 어머니", 즉 "저 신비한 시원적 통일성"으로 나갈 수 있는 길을 열어 주려고 노력한다.[27] 아폴로는 형식(체계)을 부여하는 힘으로, "개개의 존재들에게 각 존재를 둘러싸고 있는 경계선을 확정함으로써 평온함을 마련해 주려고" 노력한다. 그러나 디오니소스는 아폴로적인 경향이 이집트 문명과 같은 엄격함과 냉정함으로 형식을 응결시키지 않도록 때때로

25 F. Nietzsche, *Die Geburt der Tragödie*, in: KGW, Bd.III-1, 8쪽. 이하 GT로 줄임.

26 GT, 21장과 25장 참조; F. Nietzsche, *Basic Wrirtings of Nietzsche*, ed. Walter Kaufmann (New York: Modern Library, 1968), 127, 143쪽 참조. 이하 NBW로 표기

27 GT, 2장; NBW, 38쪽. 참조.

이러한 "작은 원환들"을 파괴하는 힘이다.[28]

인류 역사와 개인적 삶의 변화는 이 두 '디오니소스-아폴론적 경향'(힘)의 상호작용의 연속이라고 볼 수 있다. 끊임없이 계속되는 디오니소스적 경향과 아폴론적 경향의 반복적 상호 작용이 인간 삶을 결정하는 본질적 운동 방식이라면, 아폴론적 경향에 의한 허구 창조와 디오니소스적 경향에 의한 허구 파괴는 우리 삶의 필연적 반복 과정일 수밖에 없다. 세계의 모든 것은 이 두 힘의 역동적 관계 속에서 창조된 것이다. 다시 말하자면 두 개의 모순된 힘의 대립과 협력에 의해 세계와 삶이 창조되는 것이다. 여기에서 우리는 니체와 헤겔의 변증법을 비교할 수 있으나, 그 궁극적 차이는 니체의 생성은 궁극적 목적을 향한 모순의 통일 과정이 아니라는 점이다. 최종적 목적이 실현되었을 때 중지되는 생성이 아니라, 목적 없는 영원한 생성만을 니체는 인정한다.

그런데 이 대립된 디오니소스적 경향과 아폴론적인 경향은 권력의지의 서로 다른 양태라고 볼 수 있다. 니체에 있어 모든 창조는 대립된 두 힘의 조화로운 관계 속에서 발생하는 것이다. 두 힘의 상호영향의 결과가 창조물의 성격을 결정짓는 것이다. 또한 어떤 경향이 더 강하게 작용하느냐에 따라 인간 삶의 유형이 달라진다. 학문적 인간은 아폴론적인 경향이 강한 사람이라면, 예술가적 인간은 디오니소스적 성향이 강한 사람이다. 니체에 있어 이 디오니소스와 아폴론적 힘은 서로가 조화롭게 융합될 때 가장 이상적인 문화와 삶의 원천일 수 있게 된다. 그런데도 디오니소스적 열정이 일방적으로 너무 강할 때 우리 문화는 야만의 상태에 빠지게 되며, 반대로 아폴론적 경향이 너무 강해 논리성과 학문성이 지나치게 강조될 때 삶에 적대적인 문화가 발생하는 것이다. 니체에 있어 참된 문화와 삶은 논리와 열정이

28 GT, 9장; NBW, 33, 35쪽

서로 조화를 성취할 때 주어진다. 이 점에서 볼 때 니체가 아폴론적 경향에 치우친 학문을 비판한 것은 "학문의 파괴가 아니라 학문의 통제"[29]라고 이해할 수 있다. 니체에 있어 아폴론적 경향에 경도된 학문을 억제하기 위해서는 지금 오직 예술을 통해서만 가능하다.[30]

니체가 학문적 인간의 전형인 소크라테스를 비판한 이유도 참된 창조에 필수적인 디오니소스적 열정을 배척시하고 지나치게 아폴론적 경향에 경도되었기 때문이다. 그런데 니체가 디오니소스적 열정을 강조했다고 해서, 아폴론적인 냉정함과 엄숙함의 필요성을 부정한 것은 아니다. 단지 그가 염두에 둔 것은 일방적으로 비하되고 배척되어 온 열정과 욕망을 억압하지 않고 창조로 승화시키는 것이다. "우리가 '높은 문화'라고 부른 거의 대부분의 것들은 잔인성의 정화에서, 잔인성이 보다 심오해지면서 생겨났다 …… '야만적인 동물성'이 억제된 것이 아니었다. 그것은 계속 살아서 왕성하게 활동하고, 그것은 단지 신성화되었을 따름이다."[31]

니체가 학문이 아니라 예술을 강조한 것은 예술 활동이 권력의지의 활동을 가장 잘 나타내줄 뿐만 아니라 끊임없이 생성하는 것을 표현함에 가장 적합하기 때문이다. 권력의지의 활동이 그 자체 끊임없는 생성이라면, 그것은 논리적, 추상적, 체계적으로 표현될 수 있는 것이 아니다. 따라서 논리적 사유를 강조하는 학문은 권력의지의 적합한 표현 수단이 될 수 없다. 사실 학문을 강조할 것인가 예술을 강조할 것인가의 문제는 주어진 대상을 어떻게 볼 것이며, 우리의 인식능력을 어떻게 이해할 것인가라는 문제와 밀접히 연관되어 있다. 왜냐하면 논리적 사유와 동일성의 사유가 가능하기 위해서는 선행적으로 불변성의 특징을 지닌 고정된 '대상'이 우선 주어져야 하기

29 N 19[24], in: KGW, Bd. III-4, 12쪽.

30 N, in: KGW, Bd. III-4, 16쪽.

31 JGB 229, in: KGW, Bd. VI-2, 172쪽.

때문이다. 그와 더불어 고정된 불변성을 인식할 수 있는 인식능력도 역시 보장되어야 한다. 그러나 니체에 있어 인간을 비롯한 모든 존재는 권력의지를 그 본질로 한다는 점에서 끊임없는 생성의 과정에 놓여있다. 결과적으로 고정된 인식대상도, 그러한 대상을 인식할 수 있는 통일적 의식주체도 존재하지 않는다.

모든 대상이 끊임없는 생성과정 속에 있다면, 이러한 생성을 표현함에 적합한 것은 이성이 아니라 감성적 표현일 수 있다. 이성적 사유는 보편성, 체계성, 추상성의 성격을 가짐으로써 구체적 개체와 생성을 포착하는데 실패한다면, 그에 반해 감성적 사유는 그 자체 생성과 개체적인 것을 생생하게 드러내 준다. 니체에 있어 감성적 사유는 전통철학에서 생각한 것처럼 허구의 원인이 아니라, 오히려 참된 실재인 '생성'과 '차이'를 잘 표현해 준다. 그에 반해 이성적 활동은 추상적, 체계적 활동을 통해 왜곡만을 산출할 따름이다. 따라서 니체에 있어 왜곡의 기능은 감각과 감성이 아니라 이성인 것이다. 그에게 "지성의 주된 힘은 기만을 통해 전개"[32]될 뿐이다.

따라서 니체에 있어 참된 실재를 파악하는 것은 학문이 아니라 예술이다. 그러나 예술이 실재를 파악한다고 할 경우, 이 실재는 동일성과 불변성으로서의 실재가 아니다. 니체에 있어 그러한 실재는 허구이다. 예술이 파악하고 있는 실재는 '차이의 실재'이자, '변화와 생성의 실재'인 것이다.[33] 그런 점에서 예술은 학문과 달리 자기가 창조한 것이 영원한 것이 아닌 잠정적인 것이라는 것을 인정하고 있다. 예술가는 자기의 표현을 절대적 진리로 받아들이지 않기 때문에 끊임없이 새로운 창조에로 나아갈 수 있다. 이 점에서 "예술은 반허무주의적 운동인 것이다."[34]

---

32 F. Nietzsche, *über Wahrheit und Lüge im aussermoralischen Sinn,* 1, in: KGW, Bd.III-2, 370쪽.

33 L. Ferry, 『미학적 인간』, 방미경 역, 고려원, 227쪽.

34 M. Heidegger, *Nietzsche 1*, trans. by David F.Krell (Sanfrancisco: Harper and Row,

3. 권력에의 의지와 놀이, 그리고 예술

니체에 있어 학문과 예술의 대립은 엄밀한 의미에서 부정된다. 왜냐하면 학문과 예술은 동일하게 권력의지에 기초한 활동이기 때문이다. 니체의 권력의지를 흔히 오해되듯이 외부에 주어진 특정한 목표의 획득을 의지하는 단일한 '주체'의 활동으로 이해해서는 안 된다. 진정한 권력에의 의지의 활동은 영향력을 더 확대하려는 '의지'를 '의지할' 뿐이다. 다시 말해 굳이 권력의지의 목적을 이야기한다면 그것은 외부에 있는 것이 아니라 자신의 본래적 활동인 것이다. 이런 점에서 권력의지의 활동은 목적의식에 사로잡히지 않고 그 자체의 활동을 즐기는 유희적, 놀이적 활동과 비교될 수 있다.

헤라클레이토스가 우주의 생성변화를 힘들의 놀이라는 시각에서 바라보았듯이, 니체 역시 권력의지를 일종의 힘들의 '놀이'와 '유희'라는 관점에서 바라보고 있다. 이런 점에서 "니체 철학의 뿌리는 헤라클레이토스"[35]이다. 핑크는 "니체가 존재자와 생성을 놀이로 보는 곳에서 그는 더 이상 형이상학의 규정안에 있지 않다"고 말한다.[36] 니체에 있어 모든 존재자와 생성은 권력의지라는 놀이의 결과이다. 어떤 활동이 활동 그 자체가 아닌 다른 목적의식에 사로잡힐 때 더 이상 놀이가 아닌 노동이 되어버리듯, 니체의 놀이로서의 권력의지는 목적이 없는 끊임없는 역동적 게임인 것이다. 또한 참다운 놀이에는 놀이하는 자와 놀이가 분리되지 않듯이, 니체의 권력의지도 그 본질적 활동에 있어 주-객의 분리를 철저히 극복하고 있다. 놀이하는 아이의 몰두 속에서 '나'라는 주체의식이 사라지고, '그것'이라는 대상의식이 사라진 '도취'의 상태를 볼 수 있듯이, 본래적 권력의지 활동은 주객의 분리

Publishers, Inc., 1979), 75쪽. 이하 N1로 줄임.

35 E. Fink, *Nietzsches Philosophie* (Stuttgart: W.Kohlhammer Verlag, 1960). 13쪽.

36 앞의 책, 188쪽.

가 극복된 도취의 상태라고 말할 수 있다. 니체에게 있어 "도취"는 강한 힘(의지)을 통해 성취되는 것으로, 이것은 주-객의 분리가 극복된 전일성(全一性)과 통일성의 감정이자, 미적 체험으로 이해된다.

참된 놀이가 도취를 가져오는 놀이라면, '나'와 '대상'이 분리된 놀이는 나쁜 놀이라고 할 수 있다. 또한 어떤 목적의식에 사로잡혀 있는 놀이도 나쁜 놀이다. 그러면 모든 것을 힘들의 놀이인 권력의지로 바라보는 니체에게 있어, 학문은 전형적으로 권력의지의 나쁜 놀이라고 할 수 있다. 학문이 나쁜 놀이인 이유는 '나(주체)'와 '대상'을 분리하는 이분법적 사유에 사로잡혀 있을 뿐만 아니라 '진리'라는 목표를 추구하고 있기 때문이다. 이분법적 분리를 행하는 학문적 사유는 그 자체 '진리-허구', '주체-객체', '의식-신체', '이성-욕망'이라는 분리 아래 철저히 후자를 부정함으로써 전자를 긍정하는 나쁜 놀이이다. 이원론적 분리 놀음은 다른 것을 부정함으로써만 자신을 긍정할 수 있는 반동적 권력의지에 다름 아니다.

니체가 귀족도덕과 노예도덕의 본질적 차이로 드는 것은, 귀족은 어떠한 논증 없이 그 자체 자신을 긍정할 수 있는 능동적 힘을 발휘한다면, 그에 반해 노예는 타인의 부정을 통해서만 그와 대립된 자신을 간접적으로 긍정하는 반동적 힘만을 소유한다는 점이다. 마찬가지로 학문 역시 다른 것을 부정함으로써만 진리를 확신할 뿐인 반동적 놀이에 불과하다. 니체에 있어 반동적 놀이가 삶에 부정적인 이유는, 대립적이지 않은 것을 대립적으로 설정함으로써 삶에 긍정적 요소로 활용될 수 있는 것을 부정하며, 결과적으로 삶을 약화시키고, 부정하기 때문이다. "강한 인간은 가장 의심스럽고 위험한 것마저도 나에게 유리하게 이용할 줄 알며 따라서 더욱더 강해지는 것이다."[37]

---

37 F. Nietzsche, *Ecce Homo*, II[6], in: KGW, Bd.VI-3, 288쪽. 이하 EH로 줄임.

또한 학문은 진리를 자신의 최종 목표로 설정한다는 점에서 나쁜 놀이라고 할 수 있다. 왜냐하면, 최종적 목표를 설정하고 그것을 획득하려는 것은 놀이의 끝을 이야기하며, 놀이의 중지를 확신하기 때문이다. 니체의 권력의지라는 힘들의 놀이는 시작도 끝도 없는 영원한 놀이일 따름이다. 힘들의 놀이는 놀이 자체가 더 나은 놀이를 촉진시키는 방식으로 진행된다. 그러나 학문이 추구하는 '진리에의 의지'는 생성으로서의 힘들의 놀이를 인위적으로 중지시키려는 의지로서, 고정된 '존재'에서 자신의 위안을 찾으려는 나약한 권력의지의 징후일 따름이다. 힘들의 생성을 부정하고 고정된 개념적 세계에서 삶의 확고한 위안을 얻고자 하는 의지는 헛된 의지로서 허무주의를 결과할 따름이다. 오히려 니체에 있어 생성은 거부되어야 할 것이 아니라 긍정되고 유희되어야 한다.

예술은 '긍정의 정신' 아래 고통으로서의 삶, 생성으로서의 삶, 허구에 기초된 삶을 배척하지 않고 유희의 대상으로 창조적으로 긍정하는 놀이이다. 예술은 부정의 정신에 기초한 학문과 달리 허구까지도 창조적으로 긍정하고, 추구한다는 점에서 반허무주의적 힘의 놀이이다. 앞에서 언급했듯이 학문이 객관적 진리를 추구함으로써 놀이의 중단을 결과하는 수동적 권력의지에 다름 아니라면, 예술은 자기가 산출한 것이 허구라는 사실을 자각함에도 불구하고 새로운 허구창조라는 놀이를 끊임없이 연장하는 능동적 권력의지인 것이다. 모든 것이 권력의지라는 힘의 놀이의 잠정적 산물이라는 것을 자각하고 있는 예술가에게 자기 앞에 놓여 있는 것은 집착의 대상이 아니라, 변형의 대상이자, 유희의 대상으로 긍정된다.

니체에 있어 예술가가 거짓을 신성시하는 것은 "살기 위해서는 거짓이 필연적"[38]일 뿐만 아니라 거짓이 삶의 승화를 위해 필요하다는 것을 인정하

38 N 11[415], in: KGW, Bd.Ⅷ-2, 435쪽.

기 때문이다. 니체가 학문을 부정하는 이유는, 학문이 삶의 필수적 조건인 거짓과 욕망과 생성을 부인한다는 점이다. 이에 반해 예술은 삶의 조건인 거짓과 욕망, 생성을 긍정한다는 점에서 니체에 의해 긍정된다. 삶을 긍정한다는 것은 삶의 필수적 조건을 냉철히 자각하고, 그 조건을 창조적으로 긍정하는 것이다. 예술가가 모든 것을 거짓으로 보고, 유희의 대상으로 보려는 것은 자기가 산출한 것뿐만 아니라 모든 것을 생성으로 보고, 절대화하지 않으려는 태도에 다름 아니다. 이것은 또한 모든 것은 절대적인 것이 아니라, 변화될 수 있고, 변화되어야 한다는 니체의 창조 의지를 보여주고 있다. 만약 모든 것을 독립적이고 실체적인 것으로 대하기만 한다면 거기에서 창조의 정신은 싹틀 수 없다. 거기에는 오직 발견만이 있을 따름이다. 예술가는 자기가 창조한 것을 절대화하지 않음으로써, 자신의 창조물에 안주하지 않고, 새로운 긍정을 통한 끊임없는 창조에로의 의지를 감행할 수 있다. 이런 현상은 끊임없는 생성으로서의 권력의지의 본래적 모습을 가장 잘 드러내는 것이기도 하다.

예술이 권력의지의 본래적 모습의 반영이라는 것은, 미학적 현상인 '도취'를 살펴봄으로써도 가능하다. 진정한 창조의 원인으로 작용하는 도취라는 미적 현상 속에서는 이미 주체와 객체의 분리의식이 소멸되어 있다. 도취 속에서 창조하는 예술가는 외면적으로 볼 때 본인이 창조하는 자인 것 같으나, 실제적으로 창조의 주체는 예술가 자신이라고 할 수 없다. 창조의 주체는 다양한 힘들의 무의식적 상호작용의 결과인 것이다. 이들 다양한 힘들 속에는 개인의 내재적 원인뿐만 아니라 외적 힘도 그 원인으로 상호 작용하고 있다. 결과적으로 도취 속의 창조는 단일한 주체가 없이 이루어지는 것이다. 이런 창조를 우리는 예술가의 창조에서 전형적으로 찾아볼 수 있는 것으로, 이것은 또한 최고의 권력의지의 창조과정에서 찾아볼 수 있는 특징이기도 하다. 권력의지의 활동이 니체에 있어 '예술적 활동'과 '놀이'라는 비유로 사유되는 이유도, 바로 최고의 권력의지의 활동은 도취적 활동이자, 주체 없는 활동이며, 나아가 목적의식을 배제한 활동이라는 점에서다. "나는 위대한 과제들과 함께 하는데 있어 놀이보다 좋은 방법을 알지 못한다. 위대함의 징후로서, 이것은 필수적 전제조건이다."[39]

그런데 니체에게 있어 모든 놀이가 다 좋은 놀이가 아니듯이, 모든 권력의지가 다 바람직한 권력의지는 아니다. 권력의지는 그 자체 자기 의지의 증대와 강화를 의지하나 그 의지하는 방식에 따라 자기 파괴적인 권력의지가 되기도 하고, 자기 긍정적인 권력의지가 되기도 한다. 좋은 놀이는 놀이 자체가 그 다음 놀이를 계속적으로 가져오는 자기 긍정적인 권력의지의 놀이라면, 나쁜 놀이는 놀이자체가 그 다음 놀이를 훼손하고, 부정하는 자기 파괴적 권력의지라고 할 수 있다. 자기 파괴적 권력의지는 자기에게 주어진 모든 삶의 근본 조건을 부정하며, 결과적으로 삶의 조건들을 창조적으로 힘의 놀이에 활용하지 못하는 의지이다. 그에 반해 자기 긍정적 권력의지는 자기의 모든 조건을 긍정하며, 이 모든 것을 자신의 권력의지의 놀이에 창조적으로 가져오는 의지이다. 놀이를 함에 있어 좋은 놀이자는 긍정하는 정신으로, 다음 놀이를 창조하는 자이다. 그러나 이 새로운 놀이의 창조는 목적의식에 사로잡혀 있는 의식적 노력이 아니라, 본능적 무의식적 창조이다.

그러나 니체에 있어 새로운 놀이의 창조가 본능적, 무의식적 창조라고 해서, 어떠한 규칙과 원칙도 배제한 맹목적 창조를 의미하는 것은 아니다. 니체가 비유적으로 들고 있는 능숙한 춤꾼은 자유롭게 춤을 추고 있지만, 그렇다고 기본적인 춤의 스텝을 무시하면서 아무렇게나 추는 춤은 아니다. 능숙한 춤꾼은 춤의 규칙을 지키지만, 그 규칙에 얽매이지 않고, 오히려 그 규칙을 도약의 뜀틀로 삼아 더욱 개성 있고 풍요로운 춤을 춘다. 춤꾼에 있

39 EH II[10], in: KGW, Bd. VI-3, 295쪽.

어 춤의 규칙이 자기의 개성적 춤에 방해가 되지 않은 이유는, 그에게 규칙은 더 이상 외면적 규칙이 아니라 그에게 내면화된 그래서 본능이 된 규칙으로 승화되었기 때문이다. 니체는 미래의 가장 중요한 과업으로 '지식을 통합하고, 본능으로 만드는 것'을 강조하였다. 내면화된 본능적 규칙에 구속되는 것은 부자연스러운 일이 아니라고 니체는 생각한다. 반대로 "'그러한 변덕스러운 법칙의 압제' 덕택에 사유(思惟)나 정부, 수사학이나 설득 혹은 예술이나 윤리학에서 자유, 미묘성, 과감성, 춤 및 주인의 확실성처럼 현재 존재하고 또 지금껏 존재해 온 모든 것들이 발전해 왔다. 아마도 법칙의 압제가 바로 '자연'이며 '자연스러운 것'인지도 모른다."[40]

니체에 있어 참다운 놀이꾼(예술적 삶)은 어떠한 규칙에도 얽매이지 않는 것이 아니라, 수 백 가지의 본능적 규칙에 의지해 자신의 삶을 질서 지우는 사람이다. 그는 이 질서 지움의 유희를 자신의 놀이로 삼는다. 니체는 단순히 뜨거운 열정, 맹목적 본능에 기초된 無규칙적 삶을 옹호한 철학자는 아니다. 오히려 "그가 원했던 것은 총체성이었다 …… 그는 자신을 완벽함으로 훈련시켰다. 그는 자신을 창조했던 것이다."[41] 니체는 삶의 일관성, 통일성, 총체성을 옹호한 철학자이다. 그러나 이러한 통일성, 일관성은 전통 철학과 같이 다양성을 부정하고, 배척함으로써 가져온 것이 아니라, 오히려 주어진 모든 것을 긍정하고, 그것을 조화시킴으로써 창출한 통일성, 일관성, 총체성이라고 할 수 있다. 다시 말해 다양성을 있는 그대로 긍정한 가운데 산출한 통일성인 것이다. "탈현대적 사회에서 나타나고 있는 도덕적 위기가 다양한 것을 종합적으로 사유할 수 없는 이성의 무능력 때문에 발생하였다면, 우리에게 필요한 것은 바로 다원성을 인정하면서도 이를 종합적으로 통

40 JGB 188, in: KGW, Bd. VI-2, 110쪽.

41 WP, 1014.

찰할 수 있는 공동체적 지평”[42]의 획득이다. 이러한 문제의식을 우리는 예술을 통한 통일성(신화) 창조라는 니체의 기획을 통해 잘 볼 수 있다.

4. 예술로서의 삶

니체는 학문과 대립된 좁은 의미의 예술 이해를 넘어, 삶의 원칙을 정립하는 예술, 해석을 창출하고, 신화를 창조하는 등 광범위하게 이해된 예술을 언급한다. 니체의 광범위한 예술 이해에 따르면 모든 창조적 활동은 예술적 활동으로 이해된다. 따라서 자기 긍정적 권력의지의 놀이는 그 자체 창조적 활동으로서 일종의 예술적 활동으로 이해될 수 있다. 니체에게서 권력의지는 단일한 주체도 배제하고, 고정된 목적도 배제한 영원한 창조 활동이라면, 이런 권력의지의 활동이야말로 진정한 예술적 활동의 전형이라고 볼 수 있다. 그런데 이러한 권력의지의 활동이 또한 모든 존재자의 근본활동이라면, 결과적으로 모든 존재자의 활동은 예술적 활동이라는 결론이 주어진다. 니체가 예술적 현상을 주목하는 것도, 이 현상이야말로 권력의지를 본질로 하는 모든 존재자의 기본 현상이기 때문이다.

니체의 권력의지는 존재자의 단일한 본질을 의미하고 있지 않다. 권력의지는 여러 힘들의 투쟁과 대립, 조화를 통해 끊임없이 새로운 힘의 중심을 만들어 나가는 놀이이다. 새로운 힘의 중심이 생겼다는 것은 모순된 여러 힘들이 하나의 힘의 관점에 따라 위계화 되고, 질서화 되었다는 것을 의미한다. 힘은 힘의 성격상 자기의 영향력을 증대시키려는 경향을 띠며, 그 결과 모든 힘은 자신의 관점아래 다른 힘들을 질서 지우려 하는 힘 투쟁이

42 이진우, 「진리의 허구성과 허구의 진실성」, 294쪽.

벌어지게 된다. 이 투쟁 속에서 끊임없는 새로운 지배와 종속이 발생하며, 결과적으로 새로운 힘의 중심이 생기게 된다. 이 힘들의 잠정적 통일과 중심을 우리는 고정된 '존재'로 '주체'로 '대상'으로 바라보곤 한다.

니체의 주체는 동일성의 주체가 아니라 분열된 주체, 끊임없이 힘의 중심이 변화되는 다중심적 주체라 할 수 있다. 그리고 니체는 단일한 주체가 아니라 많은 힘들에 의해 구성된 "주체의 복수성"[43]을 주장한다. 니체에 있어 주체라는 명칭은 실체로서 실재하는 것이 아니라 "다양한 충동력들의 조직과 해체, 투쟁과 조화의 놀이에서 야기된 지배형상에 다름 아니다."[44] 니체는 참다운 창조는 대립된 힘들의 상호 조화를 통해 가능하다고 보았다. 그래서 힘들이 대립된 상태로 서로를 훼손하기만 한다면 참다운 창조는 불가능한 것이다. 니체가 이분법적 사고방식을 부정한 것도 이러한 연유에서이다. 그리고 초기의 니체가 예술적 창조의 두 힘으로 대립적인 아폴론적 경향과 디오니소스적 경향의 조화를 강조한 것도 여기에 있다. 아폴론적 경향과 디오니소스적 경향이 서로가 필요시 되는 방향으로 조화됨으로써 비극예술이 탄생될 수 있었던 것이다.

니체에게 삶의 활동은 권력의지의 활동이다. 따라서 삶의 활동은 매순간 창조의 활동과정이다. 삶이 끊임없이 산출하는 창조물은 해석과 판단, 가치와 같은 것이다.[45] 삶의 역동성은 권력의지에 의해 삶에 필수적인 언어, 해석, 판단, 개념을 끊임없이 새롭게 가져옴으로써 가능한 것이다. 권력의지의 놀이방식은 기존의 해석과 가치에 대한 끊임없는 재해석의 과정을 통해 새로운 언어, 해석, 가치를 창조하는 것이다. 권력의지가 자신을 강화시키는 놀이에 있어 그 매개로 개념과 언어를 필요로 한다는 점에서, 비록 개

43 JGB 1[12], in: KGW, Bd.VI-2, 21쪽.

44 N 2[87], in: KGW, Bd.VIII-1, 102쪽.

45 LL, 97, 98쪽. 참조.

념과 언어가 허구의 기능을 할지언정 니체에 의해 근본적으로 배척되는 것이 아니라는 사실을 알 수 있다. 비록 니체에 있어 "개념은 동일하지 않은 것을 동일화"[46]한 허구이며, "언어는 인간의 환상이라는 근원적 능력"으로부터 발생한 것이지만, 이것들은 삶의 필요에 의해 산출한 것으로서, 그 유용성이 허용될 때까지 우리가 이용하고, 유희해야 할 수단과 같은 것이다. "간단히 말해 니체는 개념 세계의 파괴가 아니라(데리다의 용어를 빌리자면) 그것의 해체 — 다시 말해 미학적 환상과 놀이의 영역으로의 변형을 추구하고 있다."[47] 마치 조각가가 새로운 형상을 창조함에 있어 망치와 끌을 필요하듯이, 언어와 개념은 "자유로워진 지성에게는 단지 발판일 뿐이고, 극히 대담한 묘기를 보여주기 위한 장난감일 뿐이다."[48]

니체 사유의 특성이기도 한 양극성의 공존은 진리, 언어, 개념에 대한 이해에서도 역시 적용되고 있다. 데리다가 파르마콘이라는 약초를 비유해서 언급하듯이, 모든 것은 약이면서 동시에 독일 수 있는 이중성을 함축하고 있다. 진리, 언어, 개념은 우리가 그것에 어떠한 태도로 임하느냐에 따라, 삶의 역동성을 가로막는 부정적 독이 되거나, 그렇지 않으면 끊임없는 창조의 재료와 수단으로 삶의 승화와 비약을 위한 뜀틀의 역할을 하게 된다. 마치 칼이 어떻게 사용되느냐에 따라 그 가치가 결정되는 것과 마찬가지다. 니체 사유에 있어 극과 극은 서로 연관되어 있다는 사유는, 전통철학의 형식논리학적 사유방식과 반대된 것으로, 오늘날 탈현대철학에 많은 시사점을 제공하는 관점이기도 하다. 극과 극은 연결되어 있고, 하나는 반대되는 다른 상대를 통해 자기의 의미가 결정된다는 신념은, 하나가 긍정되기 위해서는 반드시 다른 것이 긍정되어야 한다는 긍정적 정신의 필요성을 강조하

46 WL, in: KGW, Bd.Ⅲ-2, 374쪽.

47 PE, 53쪽.

48 WL, in: KGW, Bd.Ⅲ-2, 382쪽.

게 된다.

전통철학의 형식논리학적 사유방식은 부정의 정신, 반동적 힘에 지배되는 것으로 비판될 수 있다. 동일률, 모순율, 배중율에 입각한 사고방식은 A는 항상 A여야 하지, B이거나 C이거나 D이거나 할 수 없다. 그 자체 세계와 삶의 생성과 역동성을 부정하는 사고방식이다. 또 모순율과 배중율을 통해 볼 수 있듯이, 전통철학은 극과 극이 연결되어 있으며 따라서 이것이면서 동시에 저것일 수 있다는 모든 존재의 수수께끼적 성격과 불명료함을 인정하지 못하고 있다. 그런데 존재의 수수께끼적 성격과 불명료함은 우리 인식의 한계에서 결과한 것이 아니라, 존재자체의 끊임없는 생성에 따른 지속적 다양성의 산출과 관련된 것이다. 그런데도 전통철학은 명료한 인식의 획득을 감각, 신체, 욕망의 거부와 배척을 통해 가능하다고 생각했다.

니체에게 있어 감각, 신체, 욕망, 본능, 상상력의 거부는 삶의 거부이자 동시에 예술의 부정으로 이해된다. 감각, 신체, 욕망, 본능, 상상력을 부정한다는 것은 삶의 창조성을 거부하는 것이며, 예술의 부정을 의미하는 것이다. 니체가 과학문명을 비판하는 것도, 과학 자체가 '진리에의 의지'에 입각해 합리성, 비판성, 회의성을 강조함으로써 창조의 근본 조건들을 부정한다는 점에서다. 니체에 있어 신체, 본능이 의식보다 더 근원적이며 창조적 힘의 토대가 된다는 점은, 니체가 몸[49]을 '큰 이성'으로 부르며, 의식을 '작은 이성'으로 부른다는 사실을 통해서도 엿볼 수 있다. 의식은 몸을 매개로 하는 힘들의 산출물에 불과한 것이며, 의식은 몸이성에 대한 단순한 주석에 불과한 것이다. 니체에 있어 몸은 의식에 의해 부정될 수 있는 것이 아니라, 모든 힘들의 투쟁과 조화를 일구어내는 통합의 장이자, 창조의 장소로서, 의

49 몸은 단순한 생물학적 의미로 파악되어서는 안 된다. 사유, 느낌, 욕구의 역동적 복합성을 의미한다.

식을 도구로 자신을 더욱 확대해 나가는 인간의 다중심적 창조의 주체라고 볼 수 있다.

니체가 감각, 본능, 신체, 무의식, 상상력을 강조하는 가운데 학문보다 예술에 더 강조점을 두는 이유는, 예술이 권력의지로서의 삶의 생성적 흐름을 왜곡하지 않고 잘 표현한다는 점과, 예술이야말로 학문의 '진리에의 의지'에 기인한 허무주의를 극복할 수 있는 유일한 방법이라는 전제가 깔려있다. 니체에게 있어 허무주의의 원인은 객관성과 합리성의 지나친 추구로 인해 건강한 삶과 문화에 필수적인 '신화'(해석, 허구)를 부정한 데서도 찾을 수 있다. 부정적 허무주의로부터 현대인들을 구원해 낼 수 있는 것은 예술적 창조력을 통한 새로운 신화의 창조에 의해 가능한 것이다. 니체에게 있어 신화는 "세계에 대한 집중적 이미지"를 제공함으로 다양한 힘들이 서로에게 적대적으로 유출되지 않고 조화와 통일을 이룸으로 문화를 가능하게 해 준다.[50] 개인이나 민족은 신화가 제공한 집중된 이미지에 힘입어 그 활동의 창의성을 발휘할 수 있으며, 개개의 행위와 삶에 긍정적 의미를 제공받을 수 있다.

그런데 니체에 있어 건강한 문화가 필요로 하는 새로운 '신화'는 과거에 있었던 삶에 적대적인 신화와 다른 특징을 가지고 있다. 그 이전의 신화, 즉 기독교, 형이상학, 과학이라는 신화는 삶에 적대적인 성격을 지니고 있다면, 니체의 새로운 신화는 구체적 삶을 최상으로 긍정하는 것으로, 그의 영겁회귀이론이 이에 해당된다. 니체의 영겁회귀이론은 우주론적 가설로서가 아니라 가장 이상적인 삶의 방식에 대한 요청과 관련된 것이다. 영겁회귀이론을 통해 니체는 최고의 운명애와 긍정의 태도를 강조하고 있는 것이다. 영겁회귀이론은 모든 것은 서로 고립되어 있는 것이 아니라 서로 연결되어 있

50 GT, 23장; NBW, 135쪽.

다는 견해에 근거한 것으로, 만약 자기 삶에 있어 하나의 행위나 경험이라도 긍정할 수 있다면, 그것을 가능하게 한 다른 모든 것도, 심지어 잊고 싶은 고통이나 악조차도 긍정되어야 한다는 것이다. "이 단 한 순간의 긍정으로 인하여 모든 영원한 시간이 동시에 선하게 되고 구제되며 정당화되고 또한 축복된다."[51] 이 영겁회귀사상을 통해서도 니체가 전통의 이원론적 사고방식을 부정한다는 것을 알 수 있다.

니체는 우리가 만약 구원을 통해 다시 살게 된다면 반드시 지금까지 내가 살았던 방식을 똑같이 반복해서 살게 된다고 본다. 왜냐하면 지금까지 살았던 자신의 삶과 다른 삶의 영속은 나의 삶이라고 규정해야 할 이유가 없기 때문이다. 결과적으로 니체에 있어 현재의 자신에게 주어진 순간은 영원과 연결되어진 것으로, 이 순간이 나의 삶 속에서 정당화되지 못하면 나의 삶 전체도 정당화될 수 없다. 미래의 영원한 삶은 현재의 삶에 의해 결정된다는 영겁회귀이론에 따라, 니체에 있어 가장 중요한 것은 현재의 이 순간을 긍정하면서 충실하게 살아나가는 것이다.

최고로 삶을 긍정한다는 것은 자기의 삶을 영원히 동일하게 반복하고 싶을 정도로 살아내는 것이다. 이런 삶은 자신의 전인격이 표현된 삶으로, 하나의 완성된 예술작품과 같다. 니체는 삶과 세계를 예술적 모델에 입각해 사유했다는 점에서, 그의 미학주의적 입장은 확연해 진다. 따라서 니체의 존재론적 입장인 심미주의와 인식론적 입장인 관점주의는 이 예술적 모델에 의해 잘 설명될 수 있는 것이다. 그에게 세계와 삶은 예술작품처럼 하나의 고정된 의미가 아니라 다양한 의미를 지니는 수수께끼와 같은 성격을 지닌다. 예술작품으로서의 삶은 예술가의 자기 긍정적 권력의지의 직접적 표현이라는 점에서 그 어떤 추론적 정당화도 필요하지 않은 채 그 자체 정당

51 WP, 1032.

화된다. 마치 어머니에게 어린아이가 그 자체 정당화되듯이 말이다.

니체에게 예술가적 삶의 방식은 모든 것을 자기의 '삶'과의 관련 속에서만 생각하는 순결한 이기주의적 삶을 산다. 니체에 있어 이기주의는 더 이상 비난당할 수 있는 것이 아니라, 자기 사랑의 방식으로 이해된다. 그에게 모든 것은 자기의 삶을 중심으로 하나의 전체와 통일을 이루고 있는 것이다. 여기에서 느끼는 감정이 미학적 감정인 '도취'이다. 이 '도취' 속에서 모든 개체들은 훌륭한 예술작품처럼 전체와 분리되어 맥락을 상실한 것이 아니라, 서로가 서로에게 반드시 필요로 되는 방식으로 각자의 위치를 정하며, 하나의 완결된 전체를 형성한다.

니체는 이를 달리 표현해 '위대한 양식'의 성취라고 한다. 초인이 취하는 방식이기도 한 위대한 양식은 미학적 현상인 '도취'와 관련된 것으로, 삶의 내용이 아니라 그 형식의 통일성, 일관성과 관련된 것이다. 니체는 혼란과 무질서에 질서와 통일을 가져옴으로써 삶의 위대한 양식을 성취할 수 있으며, 이 위대한 양식은 최고의 권력의지의 예술가적 창조에 의해 성취할 수 있다고 보았다. 그리고 여기서 느끼는 미학적 감정인 '도취'라는 것도 사실은 권력의지의 탁월한 입법화와 질서 짓기와 관련된 생리학적, 심리학적 기쁨인 것이다. "모든 미적인 것의 근본은 미적 가치가 생물학적 가치에 달려 있다는 것, 미적 기쁨이 생물학적 기쁨이라는 일반 원칙 속에 주어져 있다는 사실이다."[52] 이 점에서 니체의 예술은 예술생리학, 예술심리학의 성격을 띠고 있다.

위대한 양식의 성취는 니체에게 있어 끊임없는 재해석의 과정을 요구한다. 왜냐하면 위대한 양식을 통한 통합된 전체는 끊임없이 새롭게 주어지는 요소들에 의해 그 통일성이 계속 위협받게 되고, 그 위협을 제거하기 위

52 NI, 121쪽.

해 모든 것은 해석과 재해석의 작업을 통해 새로운 전체로 가져와져야 하기 때문이다.[53] 세계가 끊임없는 생성의 과정이라면 통일성을 확보하기 위한 새로운 해석과 재해석의 과정도 끊임없이 새롭게 주어져야 된다. 통일성의 확보는 생존뿐만 아니라 건강한 문화와 자유로운 삶을 위해서는 필수적인 것으로, 이를 위해 새로운 요소들은 해석 작업을 통해 전체에로 통합되어야 한다. 그 과정에서 전체도 새로운 전체로 거듭나게 되는 것이다.

니체가 강조하는 통일성은 전통철학과 같이 고정된 통일성이 아니라 끊임없이 변화되는 통일성으로 인간에 의해 창조되어야 할 미적 현상이다. 이 미적 현상인 통일성의 확보를 통해 우리는 삶의 승화와 자유, 그리고 "힘이 증가한다는 감정"[54]을 지닐 수 있는 것이다. 사람들은 '커다란 어려움을 극복할 때의 놀이의 감정'[55] 속에서 힘의 감정과 스스로 자유롭다는 것을 느낀다. 생성이 지배하는 세계는 거친 강물과 같은 것으로, 예술가-철학자는 강을 건너기 위해 자기가 창조한 새로운 해석(통일성)에 발을 의존하지만, 그 토대가 절대적인 것이 아니라는 사실을 알고 있음으로, 재빨리 다른 해석(통일성)에로 발을 연속적으로 옮기는 가운데 물 속에 빠지지 않고 강을 건너가는 사람으로 비유될 수 있다. 그러나 그의 발걸음은 가벼우나, 맹목적인 발걸음이 아니라 수많은 규칙이 내면화된 긴장된 가벼움이라 할 수 있다. 예술가-철학자는 수많은 다양한 모순된 충동을 하나의 힘 중심아래 가져옴으로써 큰 힘의 감정과 기쁨을 누리나, 그 근저에는 팽팽한 긴장감을 유지하고 있다. 마치 능숙한 줄타는 광대와 같이 그의 한 걸음 한 걸음은 긴장감을 유발시키면서도, 자신의 정교함과 능숙함에서 큰 기쁨과 유희를 가져오듯이 말이다. 니체는 이와 같은 긴장된 유희와 놀이를 예술가적 삶의 방식의

53 LL, 185-186쪽 참조.

54 N 27[24], in: KGW, Bd.VII-2, 281-282쪽.

55 N 27[24], in: KGW, Bd.VII-2, 281쪽.

주된 특징으로 이해하고 있다. 그리고 그는 이 예술가적 삶의 방식에서 허무주의의 극복을 발견하고 있는 것이다.

5. 나가는 말

니체의 예술가적 삶의 방식은 심미주의적 태도를 그 특징으로 하고 있다. 일반적으로 심미주의는 모든 것을 미적 차원에서 바라보는 태도를 지칭하는 개념이다. 다시 말해 주어진 대상이 좋은지 나쁜지, 진리인지 허구인지에 관심을 기울이지 않고 자기에게 주어진 '미'를 그 자체 생생하게 느끼고 긍정하는 가운데 자기 기쁨과 충만, 승화를 중요하게 여기는 태도를 말한다. 다시 말해 이것은 모든 것을 진리와 거짓이라는 관점이나 가치와 비가치라는 관점에서 이분화 시켜 추구해야 될 것과 배제해야 될 것으로서 나누는 것이 아니라, 자기에게 주어진 모든 것이 지니는 생생함과 다양성을 그 자체로 느끼고, 승인함으로써 자기 삶의 승화의 발판으로 또한 그 모두를 하나의 '형식', '인격', '스타일' 속에서 긍정하려는 태도를 말하는 것이다. 학문적 관심이 진리(가치)와 거짓(비가치)이라는 이원론적 구도아래 진리로서 판명되지 못한 것들을 일방적으로 부정하고 폐기한다면, 그에 반해 예술가적 태도는 고통과 거짓(비진리)조차도 재해석의 과정을 통해 전체적 삶에 없어서는 안될 소중한 것으로 새롭게 그 의미를 창조하여 긍정하는 것이다.

다시 말해 니체의 심미주의는 모든 다양한 충동, 행동과 사건들을 전체적 삶의 맥락과 조화시키며, 따라서 하나의 '형식'(인격, 스타일)을 창출하는 것을 소중하게 여기는 태도이다. 니체는 우리가 흔히 오해하듯이 다양성을 찬양하고 '일관성'과 '통일성'을 무조건적으로 부정한 것은 아니다. 오히려 니체의 예술가적 삶의 이상적 모형으로 설정된 '초인'은 다양하고 모순된 충동과 경험을 하나의 '형식' 아래 질서 지우고 삶 전체의 통일성을 완성하는 실존을 의미한다. "그가 원했던 것은 총체성이었다."[56] 이 때의 초인이 지니는 삶의 통일성은 물론 전통철학에서와 같이 다양한 충동과 경험을 부정하고 배척한 가운데 성립시킨 통일성을 의미하는 것이 아니다. 초인의 통일적 삶은 모순된 충동과 경험이 서로를 배척하지 않고 서로에게 없어서는 안 되는 것으로 조화시킨 가운데 획득한 것이다. 예술가적 삶(초인)은 다양한 충동과 경험, 행동이 모두 밀접히 조화되어 있는 까닭에, 그 중 하나의 충동, 경험, 행동을 변화시키더라도 다른 모든 것이 변화될 정도로 '통일성'과 '일관성'을 지니고 있다.

니체에 있어 '자유정신'을 가진 예술가는 현재의 해석에 안주하는 것이 아니라 끊임없이 더 훌륭한 해석(허구)을 추구하는 자이다. 자유정신이 언제나 새로운 해석을 추구하는 것은 단순히 해석을 위한 해석만을 목적으로 한 것은 아니다. 니체에게 있어 새로운 삶이 가능하기 위해서는 과거의 삶을 가능하게 한 특정한 '해석' 즉 가치를 극복함으로써 가능하다. 그런데 기존의 '해석'(가치관)이 지니는 단순화와 드러나지 않은 가정은 새로운 대안적 해석이 마련될 때에야 비로소 확인된다.[57] 따라서 자유정신이 해석(허구)을 끊임없이 추구하는 것은 자신에게 언제나 최선의 삶의 방식을 추구하기 위해서다. 니체에 있어 끊임없는 해석(허구)의 재창출은 단순히 이론적 차원의 문제가 아니다. 왜냐하면 새로운 해석은 새로운 삶뿐만 아니라 더 나아가 새로운 가치, 제도, 관습을 산출하는 원인으로 작용할 수 있기 때문이다. 기존의 해석을 파기하고 새로운 해석을 가져오는 것은 새로운 변화와 실천을 도모하는 것이다. 니체에게 있어 이상적 삶으로서 예술가적 삶은 자신의 견

56 F. Nietzsche, *Götzen-Dämmerung,* 49, in: KGW, Bd. VI-3, 145쪽.

57 WP, 616.

해의 우연성과 폐기 가능성을 인정하는 가운데, 삶을 위한 새로운 '해석 · 허구'를 끊임없이 새롭게 창조함으로써 자기 승화와 창조를 지속적으로 도모하는 실존을 말하는 것이다.

니체의 미학과
예술철학

03

니체의 발생존재론
–'세계는 자기 스스로를 탄생시키는 예술작품'

홍 사 현

1. 들어가는 말

인간과 자연의 관계 및 역사의 진보에 대해 발터 벤야민은 "문화의 기록이면서 동시에 야만의 기록이 아닌 것이 없다"(「역사의 개념에 대하여」)라고 말하고, 아도르노는 『계몽의 변증법』 서문에서 "왜 인간은 진정으로 인간적인 상황으로 진입하는 대신에 새로운 형태의 야만성에 빠져들게 되었나"라는 질문을 던진다. 이러한 태도와 유사하게, 니체의 전반적인 사상도 인류가 처해있는 병의 뿌리가 너무 깊다는 것을 직시하는 데서 출발한다. 니체에게 그의 시대는 멈추어 서서 우리가 왜 아픈지, 그 병인이 무엇인지 생각해볼 것을 요구하는 시대이다. 그리고 이때 니체는 지금까지 달려온 인간(또는 인간의 의식)의 역사 전체를 뒤돌아보고 인류의 상황을 진단해보는 근본적인 반성이 그 어떤 재빠른 응급치료보다 더욱 필요한 것임을 강조한다. 이러한 질병은 어디서 연유한 것인가? 니체는 자연에 대한 인간중심주의적 태도를 그 근본 원인으로 보고 있다. 『차라투스트라』에서 읽을 수 있듯이 '대지의 피부는 병을 갖고 있는데, 그 중의 하나는 바로 인간이라는 이름을 지닌 병'이기 때문이다.[1] 니체에게 지난 2천 년 간의 이성의 역사, 도덕의 역사는 자연을 모독해 온 인간의 오만의 역사'이다. '오늘날 자연에 대해 우리가 가지는 전체적인 태도'를 오만으로 부를 수 있는데, 궁극적으로 이러한 '오만은 바로 우리 자신에 대한 우리의 태도'인 것이다. 기계와 기술문명의 도움으로 자연에 폭력을 가한 인간은 이로써 우리 스스로에게도 폭력을 가하고 병들게 하는 결과를 초래했다.[2]

이러한 맥락에서 니체의 자연 개념은 분명 자연지배의 도구로 사용되

1 F. Nietzsche, Werke. Kritische Gesamtausgabe, hrsg. v. G. Colli und M. Montinari, Berlin 1967 ff. (이하 KGW로 약기), VI-1, 164쪽.

2 KGW VI-2, 375쪽(도덕의 계보 3, 9.) 참조.

어온 합리적 이성에 대한 전복적인 비판과 함께 자연에 대한 인간의 태도에 대한 근본적인 인식의 전환을 요구하고 있다. "자연"을 말하는 니체의 태도나 방식을 더 가까이 주목하는 것이 무엇보다 중요한 이유도 여기에 있다. 그런데 이와 동시에 더욱 부각되어야 할 측면은 단순히 인간 중심주의의 대상으로서의 자연의 의미를 넘어 있는 자연적인 것과 자연성의 의미일 것이다. 니체가 가장 본질적인 의미에서의 자연성을 역설하는 가운데, 진정으로 내적인 것과 외적인 것이 서로 전도된 인간의 탈자연화를 폭로하는 의도는 그 무엇보다도 역동성과 자율성, 자기 생산성에 기초하는 모든 생명 현상의 고유성과 독립성을 주장하기 위한 것이다. 자연에서 그 고유의 존재방식을 배제하고 인간주체의 사유나 언어의 대상으로만 규정하는 태도를 비판함으로써 자연, 역사, 인간 등 [과정으로서의] 모든 존재 일반에게 자유를 되돌려주고자한다. 자연은 단순히 넓은 것 이상의 가장 넓은 것이고, 개별적인 것, 유한한 것, 생성하고 소멸하는 것 모두를 포괄하는 거대한 생명법칙이다. 전통적인 주체/객체의 이분법적 사고 속에서 '생각하는 자아'가 이성으로 파악할 수 있는 그러한 대상으로서의 세계를 넘어서는 것이다. 자연이라는 전체 속에서 인간은 "하나의" 주체에, 하나의 구성요소에 지나지 않는다. 따라서 모든 주체가 그렇듯이, 인간을 둘러싼 모든 의미의 환경과의 관계를 떠나서는 인간다운 존재가치도 발현될 수 없다. 인간중심주의를 인간적인 것으로, 그래서 자연적인 것으로 생각하는 오류에서 벗어나야 한다. 자연이라는 거대한 전체의 운용은 주체 자신과 주체의 환경이 만들어내는 역동적인 관계로부터 설명된다. 인간중심주의를 벗어나되 환경 속에 매몰되지 않는, '이타주의와 이기주의를 모두 넘어서 우주적으로 느끼는'[3] 개체의 의식이 니체가 디오니소스적 시각으로 강조하는 것이다. 유기체적 형식의 변화 가능

3 KGW V-2, 341쪽.

성에 의해 끝없는 창조의 과정 중에 있는 세계를 니체는 힘에의 의지로 설명하는데, 이 세계는 디오니소스적 주체의 구조에 의해 작동한다.

상기한 맥락에서 자연, 환경, 삶, 생명 등의 개념은 니체 사상의 출발점이자 궁극적인 철학적 의도를 포괄적으로 그리고 단적으로 드러낸다. 그 가운데 힘에의 의지, 영원회귀, 계보학, 디오니소스적인 것 등의 니체의 여러 개념들은 비록 겉으로 모순되어 보인다 할지라도 모두 함께 내적으로 연관된 하나의 유기체적 사고를 형성하고 있다. 이들 각각의 개념으로 그의 철학 전반을 고찰할 수 있으며, 동시에 여타 개념들도 설명할 수 있다. 그에게 개념은 이름이고 메타포인 것이다. 따라서 만약 그가 그 어떤 하나의 개념을 통해 말하든, 전통 철학자들을 비판하는 곳에서든, 예술, 역사, 신화, '새로운 철학자', 자연과학 등 그 어떤 곳에서 말하든 니체의 목소리로부터 항상 울려나오는 고유의 사유내용 그 자체는 결코 사라지지 않는다. 우리가 "너 자신 그대로가 되어라"(차라투스트라), '변화는 무죄' 등을 말하는 니체의 사유 전체를 포괄하는 한 마디를 찾는다면, 그건 '자연'이 될 것이다.

이 글에서는 탈자연화의 과정에 대한 비판이 전반적으로 깔려 있는 니체의 사상에서 자연의 개념이 갖는 내용을 살펴보고, 세계의 변화를 설명하는 모델로서 이 자연관의 특징을 부각시키고자 한다. 큰 자연, 카오스, 힘에의 의지나 영원회귀 등의 몇 가지 개념을 중심으로 가장 넓은 의미에서 자연철학이라고 할 수 있는 그의 사상 전반의 특징을 드러내고자 한다.

2. 카오스 혹은 자연 Chaos sive natura[4]

(1) 큰 자연

그렇다면 니체 사상에서 "자연"이라는 개념은 어떻게 정의되어야 하고, 탈자연화라는 총체적인 병의 상태로부터 회복되어야 한다는 그의 말은 어떤 의미를 지니는가? 니체가 자연성의 회복을 주장한다고 해서 '자연으로 돌아가라'는 루소와 같이 자연을 하나의 고정된 상, 이상향의 이미지로 파악하고, 인간 문명의 손길이 닿지 않는 시원적 상태로 동경하는가? 또는 잃어버린 자연을, 인간과 자연과 신이 어우러져 분리되지 않았던 이상향을 그리워하는 탄식이 더 부각되는 낭만주의자들과 동일한 태도를 가진다고 할 수 있는가? 물론 계산하고 측정하는 과학적 이성과 합리성에 대한 일방적이고 절대적인 무한신뢰를 회의하고, 꿈, 상상력, 감정, 본능, 신화 등 인간 자연의 근본적인 일부를 상실해 가는 근대 물질 문명에 대해 비판을 가한다는 점은 이들이 모두 같은 세계관, 같은 문제의식에서 출발한다는 것을 드러낸다. 그러나 니체의 자연관은 상실감의 토로나 한탄에 머무르지 않고 훨씬 더 본격적이고 근본적인 태도를 담고 있다. 니체가 유고에서 말하고 있듯이 '지금까지 자연적인 인간이 존재한 적이 없기 때문에', '인간은 오랫동안 투쟁한 다음에야 자연에 도달할 수 있으며, 결코 되돌아갈 수는 없는 것이다'. 따라서 니체는 자신이 말하는 자연으로의 회귀나 자연의 회복이 루소적 의미, 즉 "되돌아간다(Zurückgehn)는 의미가 아니라 높이 올라가는 것(Hinauf-kommen)", "높고, 자유롭고 또 두렵기도 한 그런 자연과 자연성으로 상승하는 것"이라고 분명히 밝히고 있다.[5] 이 자연성은 니체가 — 괴테의 경우를

4 KGW V-2, 417쪽. 『즐거운 학문』 집필 당시의 유고. 스피노자의 유명한 명제 Deus sive natura에 대한 변형.

5 KGW VI-3, 144쪽(우상의 황혼).

예로 들어 — 표현하듯이, '삶으로부터 분리되고 멀어지지 않은', '총체성(Totalität)'이며, '이성과 감각, 감정, 의지 등이 서로 나누어지지 않는' 상태이다.[6]

여기서 우리는 니체에게서 자연의 개념이 두 가지 차원에서 구분되어 등장하는 것을 관찰할 수 있다. 즉 인간의 정복 대상으로서의 자연과 주체로서의 자연으로 구분될 수 있다. 물론 일반적으로 인간과 자연의 관계는 그 자체로 이중적이다. 자연은 한편으로 인간에게 거대한 공포이자 폭력이지만, 대양, 대지, 동물, 날씨 등의 위협으로부터 인간이 지혜와 이성으로 피할 수 없는 것은 없다. 인간의 역사는 끊임없는 자연의 극복 과정이다. 그러나 또 다른 한편으로 인간이 결코 정복할 수 없는 유일한 자연이 있는데, 그건 죽음이라 말할 수 있다. 이 때문에 소포클레스가 『안티고네』 제1스타시몬에서 죽음 앞에서는 도망치는 법을 모르는 무기력한 존재인 것을 제외하고는 자연 중에서 가장 무서운 것은 인간이라고 노래했을 것이다.[7] 죽음, 즉 변화에 따른 소멸이라는 자연은 결코 인간의 단순한 정복 대상이 될 수 없는데, 그 이유는 인간 스스로가 거기에 속해 있는 자연의 일부이기 때문이다. 자연은 오로지 자신만의 이기를 위하는 인간에게는 물리쳐야 할 타자이자 그 목적에 따른 대상에 지나지 않지만, 그 자체로는 거대한 주체이다. 전자는 근대 자연과학과 기술문명의 대상, 더 나아가 문명 및 문화의 대립 개념으로서의 예속된 자연이며, 후자는 자기 창조하는 삶 자체로서의 자유로운 자연을 말한다.[8] 인간의 삶에만 국한되지 않는 생명 자체로서, 더 나아가

---

6 KGW VI-3, 145쪽(우상의 황혼) 참고.

7 소포클레스, 안티고네 332-375 참조: 그 첫 부분은 다음과 같다. "무시무시한 것이 많다해도/인간보다 더 무서운 것은 없다네/그는 사나운 겨울 남풍 속에서도/잿빛 바다를 건너며/내리덮치는 파도 아래로 길을 연다네."

8 F. Kaulbach, Nietzsches Interpretation der Natur, in: Nietzsche-Studien 10/11(1981-82) 참조.

변화에 처한 모든 존재로서 '삶'은 니체에게 일차적이고 가장 강력한 자연 상태이다. '스스로 존재하는 세계'로서의 모든 삶은 이러한 자연이며, 니체가 회복되어야 한다고 강조하는 자연성이다.

이성비판, 문화비판, 기독교 비판 등 니체의 일련의 시대비판적 작업의 배경에도 바로 인간의 자연, 세계의 자연, 자연의 자연 등을 모두 포괄하는 자연에 대한 인식이 일관되게 깔려 있음을 확인할 수 있다. 니체의 표현을 빌어 우리는 이를 '큰 자연'(große Natur)[9]이라 부를 수 있을 것이다. 이 큰 자연은 니체에게서는 무엇보다 '몸'이라는 상징 개념으로 등장한다. 큰 이성과 작은 이성을 구분하고 큰 이성을 몸이성으로 설명하는 니체의 태도가 함의하는 바는 이 자연 개념에도 같은 방식으로 적용된다. 정신과 물질을 동시에 포괄하고, 일자와 다수성이 동시에 표현되는 장소로서의 몸은 정신이나 개념에만 국한되었던 전통적인 주체의 개념이 좁은 이성에 의존하는 '자아', ego cogitans를 벗어나 '자기 자체'로 확장된 것임을 말하기 때문이다. 몸은 스스로 형성되어 온 자신의 역사가 담겨져 있는 곳이며, 그 안에서 몸-주체는 무수한 변화를 겪고, 또 무수한 환경을 자신 안에 받아들여 끝없이 새로운 자신을 창조해 온 생생한 장소이다. 따라서 만들어진 의식이 그려내는 표면적인 현상으로는 가늠하거나 측량할 수 없는 경험적 세계이다. 이 점에서 몸은 이론과 실천의 합일이 일어나는 생명과 자연의 세계이다.

『차라투스트라』에서 읽을 수 있듯이 '몸은 하나의 큰 이성이고' '우리의 작은 이성은 이 큰 이성의 도구일 뿐이다. 너의 몸과 그 몸의 큰 이성은 '나'라고 말하지 않지만 '나'를 행한다.' 몸이라는 주체는 자아(das Ich)가 아니라 인간의 이성을 넘어서 있으며 이를 움직이는 '자체'(das Selbst)이다. 그것은 우리의 생각과 감정의 배후에 서 있는 '알려지지 않은 현자'의 이름이다. 자

9 차라투스트라에 대한 구상 노트, "큰 자연과 인간"(KGW VII-1, 552쪽).

연이라는 용어처럼 그 자체로 스스로 존재하는 것이다. 이 때문에 니체는 "최고의 지혜보다", "이성보다 바로 너의 몸에 더 많은 이성이 들어 있다"고[10] 말한다. 몸을 어떻게 설명할 수 있을 것인가. 동물적 감각에 이리저리 반응하는 살덩어리만도, 정신이라는 내용을 담는 물질적 형식만도 아니다. 감각이나 감성만도 아니다. '그 뒤에 놓여 있는 '[자기] 자체는 감각의 눈으로 찾는 동시에 정신의 귀로도 듣는다.'[11] 큰 이성으로서의 몸은 큰 자연이고, 큰 자연으로서의 자체는 항상 '창조하는 자체'이다. 스스로 자신의 주인이 되어 자신 안에 자신의 근원을 갖고, 변화와 운동의 힘으로 이루어져 있을 뿐 아니라 스스로도 끊임없이 운동하는 존재, 즉 퓌시스의 영역 전체이다.

그 자체로 "유기적이지 않은 세계는 없다"라는 니체의 말처럼(KGW VII-3, S. 284), 큰 자연으로서의 주체는 자기조직적인 살아있는 전체로서의 유기체이다. 존재가 있는 곳에 구조가 있고, 이 구조가 물론 전통적인 의미에서 고정된 구조 형식이 아니라, 시간 속에서 움직이는 살아있는 구조, 즉 생명이라면, 이 존재는 복합성을 자신 안에 가지고 있는 것이다. 이렇게 고유한 삶의 영역을 가지는 자체로서의 모든 주체는 생명과 변화의 진화 법칙에 따라 끝없이 새로 자기 생성하는 존재이다.[12]

니체의 사유는 이렇게 인간과 세계를 끊임없이 변화하고 생성하는 역동성으로 설명한다. 그 가운데 부각되는 자연과 자연성은 일차적으로 존재와 변화 사이의 모순, 즉 발생의 문제를 담고 있다. 존재의 모순 구조에 대한 인식, 그리고 이에 대한 긍정, 이것이 니체가 디오니소스적, 비극적 인식

---

10 KGW VI-1, 35-37쪽(『차라투스트라』, 육체를 경멸하는 자들에 대하여).

11 KGW VI-1, 35쪽.

12 나는 여기서 '진화'라는 말을 '시작'이나 '원인'이 아니라 '과정' 자체로부터 생성의 다양한 현상들을 설명하는 진화론 및 진화론적 인식이론의 논의 영역에서 전제되는 광의의 개념으로 사용한다.

으로 부르는 것이다. 존재하는 모든 것, 즉 생겨났다가 사라지는 것 치고 자연 아닌 것이 없다. 물도, 나무도, 하루살이 벌레는 물론이고, 감정도, 생각도, 사랑이나 믿음도, 사물의 고유한 어떤 특정한 속성도, 차고 뜨거움 같은 감각적 속성 역시도. 그리고 현대의 많은 이론들이 보여주듯이 여러 지식체계나 사회현상, 문화현상까지도 변화의 이치에 따르지 않는 것이 없다. 니체의 사상이 형이상학에서 인식론적 논의의 차원으로 넘어가는 근거도 이러한 입장에서 찾을 수 있다. 즉 자연은 변화이고 변화는 모순이다. 니체는 말한다. "모든 것은 변하여 이루어져왔다. 영원한 사태라는 것은 없다. 이는 절대적인 진리가 없는 것과 마찬가지이다. — 때문에 이제부터는 역사적으로 철학하는 것이 필요하다. 그리고 겸손함의 미덕도 그와 함께 필요한 것이다."[13]

몸이성이나 큰 자연을 말하는 니체의 사유가 무엇보다 변화와 과정의 원리와 불가분의 관계에 있다는 점 역시 이 맥락에서 지적되어야 할 근본적인 문제이다. 가령 니체의 자연관의 핵심을 많이 엿볼 수 있는 글 중의 하나인 플라톤 이전의 철학자들에 대한 강의록에서 니체는 헤라클레이토스의 생성과 소멸의 원리에 대해 설명하는 부분에서 다음과 같이 쓰고 있다. "자연은 안으로도 밖으로도 무한하다. 이제 세포에까지, 그리고 그 세포의 여러 부분들에까지 도달한다. 그러나 '이곳이 안쪽의 마지막 지점이다'라고 말할 수 있는 경계는 있을 수 없다. 무한소까지도 변화는 멈추는 법이 없다. 그런데 가장 큰 것에서도 절대적으로 불변인 것은 없다."[14]

상기한 내용에서 부각될 수 있는 요소는 니체의 사유가 지닌 진화론적 인식이론의 측면이다. 니체가 '몸의 이성'이라는 말로 표현하듯이, 육체는

---

13 KGW IV-2, 21쪽(인간적인 너무나 인간적인).

14 KGW II-4, 270쪽.

정신과는 다른 논리, 즉 감각의 논리나 우연의 논리를 일차적으로 따르는, 신으로부터 해방된 큰 자연이다. 이 점에서 니체에게 주체, 존재, 체계 등은 살아있는 구조로 파악되는 시간과 변화의 존재이다. 이렇게 존재와 발생 사이의 구조적 변화의 메커니즘, 즉 발생론적 모순을 설명하려 한다는 점에서 니체의 힘에의 의지와 영원회귀는 진화론적 인식론에 근거한다. 여기서 운동이나 변화를 결정하는 요소가 신이나 결정론적 인과론이 아니라 우연이나 변이 등이며, 동시에 단순히 운동의 방향성이나 목적성을 말하는 것이 아니라 변화가 일어나는 방식을 말하고 있기 때문이다. 여기서 진화의 개념은 "되돌릴 수 없는 시간 속에서의 끝없는 과정"으로서 적용될 수 있다. 이론이나 지식이나 모두 역사나 진화의 과정에 있다고 할 때, 물론 이런 인식론적 진화론이 발전이나 개선의 과정으로서의 진보를 말하는 이론이 아님은 분명하다. 자연선택의 과정은 어떤 외적인 원리에 의한 것이 아니며 따라서 어떠한 형이상학적 의미도 지니지 않는 진화이다. 기계적 질서에 의해 목적을 향해 나아가는 것이 아닌 세계, 『즐거운 학문』(109)에서 니체가 말한 '영원한 카오스'의 세계가 그런 것이다. 니체의 카오스의 개념에서도 드러나겠지만, 인과론적 관계에 대한 거부로부터 진화론적 인식이론이나 니체 사이의 공통된 인식론적 전제를 이끌어낼 수 있을 것이다. 존재의 발생 원인은 인과론적으로 설명될 수 없다는 점에서 세계에 대한 물리학적 설명보다는 생물학적 설명이 니체에게는 더 적절한 것으로 보인다.[15] 변화과정의 성격이 단선적, 연속적이냐 불연속적이냐, 필연적이고 기계론적이냐 우연적이냐를 둘러싼 논쟁도 이와 밀접한 관련이 있다. 물론 니체는 유기체의 존재목적을 힘의 표현이나 이 힘의 상승작용으로 해석하고 있으며, 이 때문

15 물론 과정과 생성에 대해 화이트헤드의 철학 역시 유사한 방식으로 설명하고 있지만, 그는 자신의 이러한 유기체의 철학을 뒷받침하기 위해 생물학보다는 현대물리학과 수학에 의존한다.

에 다윈에 대해 유기체의 기본 목적이 단순한 자기유지나 자기 보존에 지나지 않는다는 비판과 불만을 언급하는 곳이 있다. 하지만 이는 니체의 오해에서 비롯된 것이며, 따라서 니체의 이러한 오해에도 불구하고, 니체의 사유는 다윈의 생물학적 진화론과도 유사성을 지니고 있다고 할 수 있다.[16] 니체에서도 "모든 실재적 체계는 — 전체로서의 코스모스를 포함하여 — 변화에, 진화에, 구축과 파괴에, 변화와 몰락의 법칙에 따른다."[17]

(2) 자기 창조하는 자연 - 카오스모스

앞에서 서술되었듯이 니체에게서 큰 이성이나 큰 자연은 삶 전체에 대한 근본적인 표현이다. '삶'은 경험하는 자아와 선험적인 자아를, 몸과 영혼을, 감성과 이성을 반목적인 것으로 대립시키는 서양근대철학과 기독교 세계관을 극복하고 철학함의 성격 자체를 새로운 각도에서 인식하고자 하는 니체의 태도를 한 마디로 드러내는 말이다. 여기에는 이성과 도덕에 의해 습관이 되고 각인된 '2차적 자연'을 자연이라 믿게 된 우리의 인식이 원래의 자연에 대한 인식을 되찾아야 한다는 의도가 전제되어 있다. 1881년의 유고에서 니체는 말한다. "인간은 모든 것을 자신의 내부에서부터 외부세계로 옮겨놓고, 그로 인하여 스스로를 낯설게 만들었으며, 이것은 점점 더 심해

16 니체와 진화론과의 관계는 니체 연구에서 더 심도있게 다루어져야 할 중요한 주제중의 하나일 것이다. 니체가 다윈을 비판하는 부분으로 인해 반 다윈주의자로 간주되기도 하지만, 다윈의 생물학적 진화론과 니체 사상과의 연관성은 니체 이해에 결정적인 단초를 제공한다고 생각한다. 니체와 다윈 또는 진화론과의 관계에 대해서 다음의 자료 참조: W. Stegmaier, Darwin, Darwinismus, Nietzsche. Zum Problem der Evolution, in: Nietzsche-Studien, 16(1987), 264-287쪽; J. Richardson, Nietzsche's New Darwinism; 홍사현, 「니체는 왜 다윈을 비판했는가?-니체와 다윈의 진화론적 사유를 위한 비교연구」, 『니체연구』 제23집(2013), 69-100쪽; 홍사현, 「니체와 다윈-가치전환으로서의 힘에의 의지와 진화」, 『니체연구』 제24집(2013), 7-56쪽.

17 G. Vollmer, Auf der Suche nach der Ordnung, 32쪽.

졌다. …… 그것을 자연이라 부른다."[18] 퓌시스라는 원래의 자연을 망각한 전도된 자연으로부터 벗어나 가장 자연스러운 인식, 아무 것도 전제하지 않는 인식을 획득하여, 인식의 자연상태로 돌아가고자 할 때 가장 먼저 요구되는 것은 무엇인가? 계산하는 이성에 의해 좁아진 삶의 형식과 영역을 다시 확장시키는 것, 분별적 이성이 보지 못하는 것이나 논리적으로 불가능한 것으로 보이는 상황을 이해하는 것, 그것은 모순에 대한 인식을 통해서만이 가능하다. 논리적, 합리적 이성을 넘어서는 지혜는 바로 눈에 보이지 않는 것, 숨겨져 있지만 이 세계의 질서를 움직이는 것에 대한 인식일 것이다. 그곳은 모든 종류의 대립자들이 절대적으로 나누어지지 않고 서로 일치하거나 서로 역할을 바꾸어가며, 또는 병존하고 충돌하며 움직이고 있는 원초적 상태이다. 인간의 사고에서 혼돈이 배제되고 질서만이 가치있는 것으로 여겨져 온 전통적인 이원론적 구분에 따르면 모순으로 보일 수밖에 없는 이러한 영역이야말로 오히려 삶과 자연에 대한 적확한 표현방식이 되는 것이다.

니체의 사유에서 자연과 삶의 법칙을 설명하거나 배후의 숨겨진 힘을 표현하는 적절한 말 중의 하나는 '카오스'이다. 즉 전체와 자연이 카오스로 지칭되는 동시에 '세계의 총체적 성격으로서의 카오스' 내부의 그 모든 것은 필연적으로 서로 얽혀 이어져 있음으로써 존재의 필연성이 궁극적으로 긍정된다. 이 개념에 대한 접근을 통해 자연이나 존재가 지닌 변화의 세계와 그 모순성의 구조를 이해할 수 있다.[19]

자연과 카오스는 덧붙여진 것, 만들어진 것, 변해서 이루어진 것, 현실

18 KGW V-2, 478쪽 12[26] 참조.

19 카오스에 대한 현대적이고 광범위한 철학적, 과학적, 문학적 논의는 Norbert Bolz의 Chaos und Simulation에서 읽을 수 있다. 여기서 볼츠는 특히 Das Chaos ohne Gott라는 장에서 니체의 사상을 카오스 개념으로 설명한다. Wolfgang Müller-Lauter, Über Freiheit und Chaos도 니체의 사상을 카오스의 개념에서 상세히 논하고 있다.

처럼 보이는 그 모든 것이 생겨난 기원과 뿌리 및 배경이다. 존재와 질서의 기원에 대한 물음, 즉 근원의 상태에 대한 물음으로써 니체가 발생학적 방법으로 도달하고자 했던 곳이 자연의 상태라면, 그러나 그곳에서 니체가 발견하는 것은 무엇인가? 그곳은 카오스이고 모순이다. 니체에게 유일한 근원으로서의 시작은 없다. 최초의 시작이나 본질의 의미는 니체에게서 발생의 근원으로서 상정되지 않는다. 시작은 무엇이 유래한 곳, 발생하기 직전의 상태로 이해되어야 한다. 따라서 무수한 시작이 있을 뿐이다. 규정되지 않은 것, 다수성이 [힘들의 관계로] 공존하여 하나를 이루는 곳, 동일성과 비동일성이 공존하는 곳, 니체에게 이곳이 바로 근원이며, 근원은 동시에 전체이다. 이 근원은 인간의 좁은 이성과 편견과 선입견의 구도 속에 정리될 수 없는 표현이전의 상태이며, 그로부터 표현된 모든 것, 이성, 합리 로고스, 정신, 현실, 학문, 질서 등이 생겨난 영역이다. 니체는 이 관계에 대해 다음과 같이 말한다. "논리적인 것의 유래-인간의 머릿속에 들어있는 논리는 어디서부터 생겨난 것일까? 틀림없이 비논리로부터 생겨났을 것이며, 이 비논리의 왕국은 원래 어마어마하게 광대했을 것이다."[20]

이러한 원초적 시원을 최초로 '카오스'로 부른 사람은 헤시오도스이다. 인간을 둘러싸고 있는 세계와 환경을 최초로 광범위하게 서술한 헤시오도스의 『신통기Theogonia』에서(v.116-122) 카오스는 가이아와 에로스에 앞서 가장 먼저, 스스로 생겨난 존재의 어머니이다. 이 점에서 창조신에 의한 작업이 아니다. 카오스는 "열려진 빈터" 또는 "펼쳐진 공허"라는 어원적 의미를 지니고 있으며, 뒤에 생겨날 만물이나 우주가 들어갈 공간을 지칭한다. 우주론적으로 볼 때 만물을 생겨나게 하는 텅 빈 공간이자 가능성으로 열린

20 KGW V-2, 374쪽(『즐거운 학문』 111. (이 무한한 영역, 미지의 것, 카오스, '세계는 무한한 해석의 가능성을, 인간적인, 너무나 인간적인 해석까지도, 자체 내에 내포하고 있다는 점에서 무한한 것이다.' 또 『즐거운 학문』 374 '우리의 새로운 무한'도 참조)).

우주공간이다.

한스 블루멘베르크는 다음과 같이 카오스의 의미를 설명한다. "카오스는 어떤 심연이 하품을 하는 모습이나 짝 벌어져있는 모습에 대한 단순한 비유인데, 이 심연은 그 위치를 정하거나 주변이나 깊이가 [구체적으로] 묘사될 필요가 없는, 형체들이 유래하는 불투명한 공간일 뿐이다. 이 카오스가 생겨난 곳에 대해 계속 질문할 수는 없다. 왜냐하면 그것은 다시 바로 [자기 자신인] 그 심연으로 이르기 때문이다."[21]

여기서 알 수 있듯이 우리의 맥락에서 카오스는 자연이라는 개념과 마찬가지로 일반적으로 사용하는 것과는 다른 의미 규명을 필요로 한다. 단지 무법칙적이고 형태나 구조도 없는 완전한 혼란이나 질서의 부재를 의미하지 않는다. 카오스와 질서는 서로를 배제하는 대립적인 의미가 아니다. 카오스가 '혼란'의 의미로 쓰인 것은 로마의 시인 오비디우스 이후로 알려져 있으며, 스토아 학파도 이를 받아들여 뒤섞임이나 혼란 등으로 특징지었다. 특히 유대교적 기독교의 전통에서도 카오스는 무질서나 혼돈이라는 부정적인 개념으로 사용되었다.[22] 카오스가 기독교적 세계관에서는 신의 창조 이전의 암흑이자 불완전한 세계일 따름이라면, 이와 달리 혼돈으로부터 질서와 빛을 창조해 낸 신은 죽었다는 것을 알림으로써 자연을 신으로부터 해방시킨 니체에게서는 카오스가 이미 생명의 에너지로 가득 차 있는 원초적이고 창조적인 세계로 이해되는 것은 당연하다. 기독교적 창조론을 거부하고 신의 창조로 인해 이루어진 최초의 시작도 그 영원한 종말도 상정하지 않는 니체의 자연관은 이런 점에서도 진화론적 관점을 분명히 드러낸다.

따라서 니체가 '세계의 총체적인 성격'으로 규정한 카오스 역시 절대적

21 H. Blumenberg, Arbeit am Mythos, 143쪽.

22 G. Vollmer, Auf der Suche nach der Ordnung, 3쪽.

우연, 난잡하고 어수선한 혼란을 의미하지 않으며, 단순히 충동이나 비합리, 감정 등만을 부각시키는 것이 아니라는 점은 분명히 강조되어야 할 것이다. 세계는 카오스의 놀이이며, 이 카오스의 놀이로부터 코스모스가 생겨난다. 즉 카오스의 기능은 자신 안에 잠재되어 있는 질서를 탄생시키는 것이다. 삶 자체 역시 '현존재의 아름다운 혼돈'이며, 작은 이성을 포함하는 가운데 이를 넘어서있는 큰 이성이며, 자신이 속해 있는 연극적 현상 속에서 아폴론적 상을 발생시키는 디오니소스적 원초적 힘이다. 〈차라투스트라〉의 서설에 등장하는 "우리는 춤추는 별을 낳기 위해서 자신 안에 혼돈을 가지지 않으면 안 된다"[23]는 유명한 구절 역시 이 맥락에서 혼돈이 지니는 창조적 심연을 가리키는 말로 언급될 수 있다.

찬란한 질서와 어두운 카오스 사이의 이중구조는 니체의 초기부터 후기까지 일관되게 나타나는 니체의 근본적인 인식을 드러내는 것이며, 특히 초기에는 디오니소스적인 것과 아폴론적인 것과의 관계를 통해 등장한다. 질서정연하고 화려한 아폴론적 세계를 낳는 것은 어둡고 모호하며 깊이와 경계를 알 수 없는 디오니소스적 영역이다. 가령 현상 뒤의 보이지 않는 거대한 심연으로서의 카오스를 니체의 예를 통해 입증하고자 하는 N. 볼츠의 말을 빌리면 다음과 같다. "커다랗게 벌리고 있는 빈 터의 장면을 포착하기 위해서는 단지 니체의 '자연'을 헤시오도스의 '카오스'로 바꾸기만 하면 된다."[24] 그리고 그는 이 맥락에서 『비극의 탄생』 중의 한 장면을 인용한다. 즉 '가면이라는 아폴론적인 현상은 자연의 내부와 그 안의 끔찍한 것을 보고 난 다음에 생기는 필연적인 결과이다. 소름끼치는 밤을 보고 상처 입은 눈을 치료하기 위해 만들어진 빛나는 반점이다.'[25] 디오니소스적 현상은 카오스

23 KGW VI-1, 13쪽.

24 N. Bolz, Chaos und Simulation, 31쪽 이하 참조.

25 KGW III-1, 61쪽. 그리스적 명랑성, 즉 니체의 비극적 인식의 내용으로 이해할 수 있는 말.

와 마찬가지로 자연이 인간에게 주는 근원적인 두려움을 상징한다. 그러나 역설적이게도 이 거대한 무, 공허에 대한 두려움으로부터 자생적인 힘이 발생한다. 헤시오도스에서와 유사하게, 니체에서도 자연의 존재근거는, 아니 세계 자체는 무규정적인, 그러나 자체 내에 역동성을 가지고 있는 '영원한 카오스'이다. 이 카오스의 자기발생적인 힘으로부터 변화를 통한 존재와 현상의 새로운 창조가 설명된다. 즉 카오스와 코스모스의 대립은 코스모스를 배태하는 카오스로 통합된다.

3. 필연이 되는 우연 - amor fati

'현존재의 카오스이자 미로'에 지나지 않는 세계는 삶과 운명과 현재를 어떻게 보장하는가? 그 누구의 책임도 아닌 사건들이 끊임없이 생겨났다가 사라지는 것이라면, 확고해 보이는 이 현실들이, 너무나 진지해 보이는 이 세계가 끝없는 카오스의 놀이에 귀결되는 것이라면, 몸의 이성으로서의 큰 자연은 어떻게 정당화될 수 있는가? 큰 자연은 어떤 필연성을 가지는가? 변화는 존재와 본질의 우연적인 관계를 확인하는 것에 지나지 않는 것인가?

앞에서 이미 암시되었듯이 니체의 사유는 카오스와 질서의 관계를 전통적인 이분법으로부터 도출하지 않는다. 니체에게 세계는 순수한 우연만으로, 또 인과론적 필연성에 의해서만 움직이는 것도 아니라는 점이 카오스의 의미를 통해서도 뚜렷이 드러난다. 니체는 낙관론자도 비관론자도 아니다. (굳이 칭하자면, 장기적 비관론자, 단기적 낙관론자일 것이다) 넓은 의미에서, 혹은 반형이상학적 의미에서의 현실주의자라고 할 수 있을 것이다. 이런 점에서 카오스 개념을 통한 니체의 자연 내지 우주관은 인간의 실존적 영역이나 방식 역시 같은 맥락으로 설명할 수 있다. 존재의 긍정을 운명으로 받아들이지만, 이 운명의 긍정은 니체의 사유 속에서 전체로서의 카오스 개념과 상치되지 않는다.[26] 『즐거운 학문』 당시의 유고에서 읽을 수 있듯이 '모든 목적활동이 배제된 우주의 카오스'는 순환적 사유로 설명할 수 있다. 니체가 말하듯이 "순환론적 사유는 어떤 형식적, 윤리적, 심미적 고려도 하지 않는 '비이성적인 필연성eine unvernünftige Notwendigkeit'이기 때문이다. 가장 세부적인 것에서나 전체에 있어서나 임의적인 것은 없다"[27] 여기서 우연과 필연이 맺고 있는 모순적 방식 자체로 인해, 원인과 결과의 인과론이나 단선론이 거부되는 것은 물론이고, 그렇다고 새로운 변화의 가능성 없이 다시 원래의 원점으로 되돌아오는 기계적 순환운동을 말하는 것도 아니다. 니체는 말한다. "이러한 순환에 어떤 의도적 노력이나 목적이 부여되지 않도록 조심하자. …… 순환은 변화를 거쳐 생성된 것이 아니다. 순환은 본래의 법칙이다. 마치 힘의 덩어리가 본래의 법칙인 것과 마찬가지이다. 이 법칙에는 예외도 없고 위반도 없다. 모든 생성은 순환과 힘의 덩어리 내부에서 일어난다."[28]

이러한 니체적 순환의 [또는 원환론적] 사유 속에서 우연과 혼돈이 낳은 자연의 '필연성'은 자연을 조종하는 외적 법칙이 없는, 또 움직여 가야할 정해진 목적지가 없는 필연성이다. 여기서 우연과 필연성은 대립적이지 않다. 우연도, 필연도 그 전통적 의미를 상실한다. 이와 유사한 맥락에서 자주 언급되는 니체의 다음의 말을 상기해보자. "세계의 총체적인 성격은 영원한 카오스이다. 필연성이 없다는 의미에서가 아니라, 질서, 조직, 형식, 아름다움, 지혜 등을 포함해 소위 심미적 인간성이라고 불리는 모든 것이 결여되

26 KGW V-2, 426쪽; W. Müller-Lauter, Über Freiheit und Chaos, 343쪽 참조.

27 KGW V-2, 426쪽(11[225]). '순환적 사유'의 더 정확한 의미에 대해 KGW V-2, 400쪽(11[157])참조.

28 KGW V-2, 400쪽(11[157]).

어 있다는 의미에서 그렇다.[29] 여기에서 니체가 전통적 의미의 필연성 개념에서 거부하는 것이 특히 무엇인지 잘 드러난다. 이성적, 정신적인 필연 법칙으로서의 신의 개입을 거부하며 자연을 신이라는 법칙으로부터 해방시키는 동시에 인간의 의도에 의해 세계가 탈자연화된 또는 이상화된 형식으로서의 필연성도 거부한다. 자연의 합목적성은 기계론적 목적론으로 설명될 수 없으며, 유용성과 계산적인 이성에 기반을 둔 인간의 이기적 목적을 정당화하지 않는다. 자연에서 카오스의 성격을 회복시켜 주는 것이 곧 인간중심주의로부터 벗어난 "자연의 탈인간화"[30]를 이룰 수 있는 방법이라고 말하는 것도 이런 맥락에서 이해된다.

이러한 니체의 인식은 분명 인간과 세계에 대한 예리한 관찰의 결과임에 틀림없다. 일반적으로 우리는 결정론적 운명을 필연이라 부르곤 한다. 그러나 사실 의식된 우연을 우리는 필연이라 부르지 않는가? 필연이라 믿고 싶은, 붙들고 싶은 우연들, 그래서 붙잡은 우연들, 우리는 그것들을 사후(事後)적으로 필연이라 부르지 않는가? 이런 점에서 오히려 우연이 운명적인 것이 아닌가? "인간을 다스리는 것은 이성이 아니라 우연"이라고 니체가 말하는 것은 당연하다. 그러나 오로지 이 우연이 필연이 되는 한에서만 세계는 우연이나 카오스의 작용이다. 이 때문에 니체에게 이 필연성이 곧 운명이다. 그러나 이 필연은 기존에 존재하는 영원히 타당한 법칙이나 질서가 아니며, 거부할 수 없는 권위도, 신에 의해 정해진 숙명도 아니다. 우연에 의해 창조되는 질서이다. 카오스 안에는 이미 유용한 우연에 대한 기대가, 코스모스가 배태되어 있기 때문에, 카오스로부터 코스모스의 발생은 니체적 의미에서 필연성이라 부를 수밖에 없다. 이 때문에 니체에게 존재는 역설의

29 KGW V-2, 146쪽(FW 109).

30 KGW V-2, 417쪽. 584쪽 [55]참조.

구조를 가진다. 또 존재의 이중구조에 대한 인식이 '비극적'인 이유도 여기에 있다.

이로부터 삶에 수동적이고 체념적으로 순종하거나, — 이는 바로 니체가 일관성있게 비판하는 정신의 낙타단계, 기독교적 정신이다[31] — 또는 '단순히 견디는 것이 아니라, 사랑하는 것'[32]이라는 니체의 amor fati 즉 운명애가 설명된다. 운명애는 자연의 필연성에 대한 인식이고, 카오스처럼(만) 보이는 떠도는 우연들 중에서 창조와 자유의 정신에 의해 선택된 필연을, 즉 변화를 통해 생성된 존재를 긍정하는 것이다. 니체는 가령 『즐거운 학문』(276)에서는 "사물에 있어 필연적인 것을 아름다운 것으로 보는 태도"로 운명애를 말하고 있고, 차라투스트라 당시의 유고에서는 다음과 같은 노트를 읽을 수 있다. "차라투스트라 2. 최고의 운명론(Fatalismus), 그러나 우연 및 창조적인 것과 동일한 운명론(사물 안에 이미 존재하는 세계질서가 아니라(!) 창조되는 세계질서)."[33] 세계를 자연으로 파악한다는 것은 특정한 목적지 없이 의미 없이 일어나는 이 사건 전체를 운명 그 자체로 마주하는 것이다. 따라서 운명애는 '한 철학자가 도달할 수 있는 최고의 상태'인 '디오니소스적으로 현존재를 대하는 것'에 대한 표현형식이다.[34]

자연 현상이나 사건에 대해 인과론적 설명을 거부하며, 자연은 프로그램된 것이 아니라는 니체의 입장도 이와 맥락을 같이한다. 니체에 따르면 "우리는 사건의 연속을 볼 뿐인데도 이를 원인과 결과로 생각한다."[35] 변화, 역사, 자연의 운용방식을 시간적 간격을 두고 일어난 두 사건이나 사건의

---

31 KGW VI-1, 27쪽,『차라투스트라』, '정신의 세 가지 변화에 대하여' 참조.

32 KGW VI-3, 295쪽 참조.

33 KGW VII-2, 292쪽.

34 KGW III-3, 288쪽.

35 KGW III-4, 29[8], 233쪽.

병존으로 인식하지 않고 필연적 이유나 원인으로 생각하는 것은 탈자연화된 인간의 인식이 경계해야 할 태도이다. 우리의 행동 역시 습관과 오류에 길들여져 온 인간의 지성이 믿고 싶어하듯이 인과론적 논리에 따르지 않는다. 자연에 법칙이 없는 것처럼 인간의 자연도 전적으로 이성 법칙에만 지배되어서는 안 될 것이다. 니체는 말한다. "자연에는 법칙이 있다고 말하는 것을 경계하자. 자연에는 오직 필연성이 있을 뿐이다. 자연에는 명령하는 자도, 복종하는 자도, 위반하는 자도 없다."[36] 니체는 여기서 우연이 없다고 말하는데, 물론 이때의 우연은 목적에 대립된 의미에서 통용되는 우연이다.

니체에게는 '목적의 세계에서만 "우연"이라는 단어가 의미를 지니기 때문에 목적이 없는 세계에서는 우연도 있을 수 없다.' 죽음과 삶이 대립적이라고 말하는 것을 경계해야 하는 것처럼, 우주에는 본능도, 이와 대립되는 의미에서의 법칙도 없다. 목적이 아닌 필연성, 이는 탈자연화된 상태의 인식을 자연화시키고자 하는 니체의 의도를 드러내는 말이다. 니체는 다음과 같이 이 글을 맺는다. "완전히 탈신격화된 자연을 누리게 될 때가 언제일까! 순수하고, 새로이 발견되고, 새로이 구원된 자연에 의해 우리가 인간을 자연화하기 시작할 수 있을 때가 언제일까!"[37] 인간만이 세계의 주인이 아니라 세계자체가 세계의 주인이며, 인간을 다시 자연의 일부로 귀속시키는 태도, 이로써 자연과 이에 속하는 인간의 유비가 가능해지는 것이다. 차라투스트라가 보여주듯이 인간은 자연과 마찬가지로 스스로 몰락하고 파괴하는 가운데 끊임없이 변화하는 '호모 나투라'이다.

36 KGW V-2, 146쪽.

37 KGW V-2, 145-147쪽(FW 109).

4. 힘에의 의지: "Homo natura. Der 'Wille zur Macht'"[38]

자연은 법칙적이지도 않고 무법칙적이지도 않으며, 영원함은 변하는 가운데 변하지 않는 것이고, 필연은 우연이 만들어내는 것이고, 또 코스모스는 카오스의 놀이라면, 모순과 역설처럼 보이는 이 구조 내지 관계를 어떻게 설명할 것인가? 무상성에 대한 깊은 인식에도 불구하고 어떻게 순간적인 것에 대한 긍정이 가능한가? 어떻게 세계는 존재이기도 하고 무이기도 하는가? 세계를 시작도 없이 종말도 없이 계속되는 창조의 과정으로 유지시켜 변화의 상태 자체를 지속하게 하는 것은 무엇인가? 니체에게 이 모든 것은 파괴될 수 없는 삶의 법칙에 따르는 것이며, 자연적인 과정이다. 그리고 자연은 특히 '힘'의 법칙을 통해 설명되는 것이다.[39] 자연은 역동적 힘들이 존재하려는 자발적 욕망으로 이미 존재하는 상태이며, 그들의 상호관계 및 투쟁이 일어나는 공간이다. 따라서 니체에게서 시간과 변화 속에서 일어나는 발생론적 모순은 무엇보다 '힘에의 의지' 개념을 통해 접근할 수 있다. 힘에의 의지는 존재 직전의 상태에서 존재를 산출해내는, 즉 모든 존재와 사건의 발생을 가능하게 하는 에너지이다. 힘들 사이의 긴장관계, 힘들의 차이에 의해 끊임없이 에너지가 변화하는 가운데 힘의 차이가 생기고 이 차이에 의해 변화 또는 사건이 발생한다. 이것이 니체에게 있어 같은 힘이 아니라 상이한 힘들이 있어야 하는 이유이다. 왜냐하면 이런 힘들에 의해 균형을 향한 끊임없는 운동의 상태가 유지된다. 물론 힘들의 세계는 결코 균형

38 KGW VIII-1, 130쪽.

39 Boscovich의 영향, 니체는 초기에 집중적으로 자연과학 관련서적을 탐독했으며, 이러한 자연과학에 대한 관심은 후에 다시 적극적으로 부활되어 영원회귀나 힘에의 의지 개념에 영향을 끼친다.

에 이를 수 없지만, 그렇기 때문에 바로 사라지는 법도 정지하는 법도 없는 것이다.[40] 변화과정 중에서 '힘들의 중심'은 매 순간, 매 공간적으로 생성되자마자 사라진다.

이러한 힘들의 중심의 역동성, 즉 힘들의 혼돈의 상태는 우연적 요소나 계기에 의해 곧 필연적인 존재[사건]를 발생시킨다. 도처에 존재하던 우연적 계기는 변화 속에서 — 시간 또는 공간 속에서 — 사건 주체와 만남으로써 추후적으로 필연이 된다. 그래서 힘에의 의지로서의 세계는 목적과 방향이 없는 세계의 변화 과정을 설명하지만, 이 변화가 일어나는 전체는 결국 모든 발생된 존재, 사건으로서의 모든 존재에 필연성이 부여됨으로써 무목적적인 목적성을 가진 것으로 정당화된다. 니체의 1888년 유고에 따르면 '힘에의 의지는 존재도 아니고, 변화도 아니며, 변화나 작용이 비로소 생겨나게 되는 가장 기본적인 사태로서 파토스 [즉, 아펙트affekt]'를 말한다.[41]

여기서 우리는 니체의 사유가 서양의 이원론적인 전통형이상학을 벗어남은 물론이고 단순한 일원론으로 규정할 수도 없다고 말할 수 있다. 구조와 변화 사이의 역동적이고 '모순'적인 관계는 단선론으로도 순환운동으로도 설명되지 않는다. 존재를 고정된 형식이 아니라 변화하는 구조, 살아있는 삶으로 보는 니체의 입장이 신 등의 외적인 법칙을 상정하지 않는 것은 당연하다. 여기서는 신에 의한 창조의 일회성이 아니라, 자기발생에 의한 영원한 창조의 과정으로 세계를 설명함으로써, 유한직선론도, 기계적 순환운동도 거부된다. 창조의 동인은 아리스토텔레스의 부동의 동자도 아니며 제일원인도 아니다. 세계가 신이라는 원인에 의해 파생된 결과는 아니다. 물론 개별적 실체의 다수성과 차이를 허용하지 않는 채, 단 하나의 거대한

40 KGW V-2, 11[148], 11[303] 참조.

41 KGW, VIII-3, 51쪽.

일자가 생성과 파괴만을 반복하는 가운데 영원한 제자리에 머물러있는 것도 아니다. 힘에의 의지인 이 세계는 무한히 팽창하는 생기냐 기계냐의 양자택일로는 그 존재와 변화를 설명하는 것이 가능하지 않다. 데카르트의 역학적 기계론은 물론이고, 그렇다고 베르그손에서처럼 신비적인 생명의 힘을 상정하는 생기론이나 물활론을 전적으로 받아들이는 것도 아니다. 복합적 구조 내의 대립성에 기초한 힘들이 끊임없이 상호 관계를 형성하는 과정 속에서 창조적 역동성을 촉발시키는 것이다. 1885년 유고에서 우리는 니체가 힘에의 의지의 이러한 본질적인 측면을 생명의 놀이로 서술하고 있는 부분을 읽을 수 있다. 이에 따르면 유기체, 생명체를 발생시키는 존재론적 힘 내지 배경으로서 세계 자체는 "시작도 끝도 없는 거대한 힘"이며, "힘의 단단하고 견고한 크기"이며, 이 힘은 "더 커지지도, 더 작아지지도 고갈되지도 않고, 끊임없이 변화하기만 할 뿐이다." 이 세계-공간은 하나의 전체로서는 크기가 변하지 않는데, 단순히 텅 비어 있는 것이 아니라 도처에 힘으로 가득 차 있다. 그 안의 힘들과 그 파장이 엮어내는 놀이는 '하나이자 동시에 다수성이며, 여기서는 쌓이는가하면 저기서는 줄어드는, 끝없는 움직임이고, 스스로 휘몰아쳐오고 스스로 휘몰아쳐나가는 바다'에 비유된다.[42]

우리는 여기서 이 힘에의 의지가 함의하는 세계가 니체의 사유 내에서 디오니소스적으로 '자기 생산하는 예술작품' 자체를 의미한다는 데 이르게 된다. 니체가 『우상의 황혼』에서도 말하고 있듯이 '진정한 삶은 총체적으로 지속적인 세계이다'.[43] 그런데 전체로서의 삶이 언젠가 파괴되거나 완성되지 않고 '영원한 생명'과 '생명의 영원회귀'를 누리는 것은 어떻게 가능한가? 디오니소스에게 생명 법칙의 상징을 부여하는 멈추지 않는 역동성은 어떻

42 KGW VII-3, 338쪽 이하.

43 KGW VI-3, 153쪽 참조.

게 유지되는가? 이는 "내부에서부터 형식을 창조하는 거대한 힘"[44]에 의해 끊임없이 자기 스스로를 재생산하고 재창조함으로써 가능하다. 물론 개체 스스로에서부터 생겨난 새로운 형식은 스스로를 갈망하는 자족적 구조로서 외부에 있는 어떤 '목적을 위해' 형성되는 것은 아니지만, 힘에 의해 창조된 형식은 변화된 구조와 상태를 만들어낸다. 이것이 존재의 필연성이 된다. 세계의 자기재생산의 구조를 니체는 다음과 같이 표현한다. "세계에 대한 새로운 구상 — 세계는 있다. 이 세계는 생성하는 어떤 것이 아니고, 사라지는 것도 아니다. 아니 더 정확하게는 세계는 생성하고 사라지지만, 생성하기 시작한 적도 사라지기를 멈춘 적도 없다 — 세계는 이 두 가지 [생성과 소멸] 속에서 유지된다 …… 스스로에 의해 살아나간다. 즉 자신의 배설물이 세계가 먹고사는 영양분이다 ……"[45]

살아있는 구조로서의 세계를 지속시켜주는 운용원리가 힘에의 의지라면, 힘에의 의지의 상태가 영원한 자기창조와 영원한 자기 파괴의 지속적인 과정으로서 이어지는 무한한 연결고리는 영원회귀 사상을 통해 표현된다. 이 점에서 '힘은 무한히 커질 필요도, 그럴 수도 없으며'. 따라서 "모든 힘들의 전체 상황은 항상 회귀한다." 영원히 지속되는 원환 속에서 "활동은 영원하지만 그 산물과 힘의 상태는 유한"하기 때문이다.[46] 영원한 창조의 개념은 『차라투스트라』의 '정신의 세 가지 변화' 단계에서도 '변화와 망각의 무죄', '아이의 놀이', '스스로 구르는 수레바퀴' 등의 구절을 통해 잘 드러난다.[47] "창조자 자신이 곧 새로 태어나는 아이라는 것"(차라투스트라) 역시 힘에의 의지와 영원회귀가 자기발생의 과정의 두 가지 다른 측면임을 보여주는 표현

44 KGW VIII-1, 7[25], 312쪽.

45 KGW VIII-3, 166쪽.

46 KGW V-2, 421쪽, 456쪽(11[202], 11[305]).

47 KGW VI-1, 27쪽.

일 것이다. '산모이자 동시에 산모의 진통이자, 이로부터 태어난 아이'[48], 여기서 주체이자, 행위 자체이자 행위의 결과, 그 모두인 주체, 이는 스스로를 창조하는 창조자의 모습이다. 영원회귀의 사상 속에 무수한 시작은 반복이 되어버리지만, 이는 동시에 동일성의 반복이 아니기 때문에 엄밀한 의미에서 반복은 없으며, 따라서 반복은 동시에 차이를 의미하게 된다. 끝없는 차이의 영역은 '변화의 항상성'이라는 디오니소스적 운동을 통해 창조되는 세계이다. 창조의 영역이라는 점에서 디오니소스적 가능성의 영역은 전적으로 생명의 법칙에 의한 것이다. 니체의 사유에서 [기독교적 의미에서] 한번 "창조된 세계"라는 것은 받아들일 수 없는, 인간인식의 오류에 의한 산물일 뿐이다.

그러나 여기서 간과하지 않아야 할 점은 변화의 항상성을 말하고 있는 영원회귀 사상이 생성과 소멸의 주기적 반복이나 규칙적 리듬운동으로 설명될 수 없으며, 이 점에서 헤라클레이토스에서의 불의 영원한 순환운동이나 '썰물이나 밤과 낮, 사계의 변화' 등의 자연법칙으로서의 순환운동과도 엄밀한 의미에서 구별되어야 한다는 사실이다. 이러한 순환운동은 시간에 의한 영원한 회귀활동, 끝없는 변화와 운동을 말하고 있음에도 불구하고 결국 질적인 새로움, 즉 새로운 구조를 산출해 내지 않는 기계적 운동에 지나지 않기 때문이다. 반면 니체의 영원회귀 사상은 주기적 법칙성이 아니라 열려진 순환론으로 설명될 수 있으며, 이로써 끝없이 반복되는 시간의 무거움으로 주어지는 극복의 대상인 동시에 이를 넘어 극복의 방법이자 계기가 된다. 즉 변화의 반복이나 항상성 자체가 아니라 변화가 매 순간 일어나는 방식이 영원회귀 과정 속에서 새로운 세계, 새로운 구조의 발생에 결정적인 것이다. 되돌릴 수 없고 다음을 예측할 수도 없는 방향으로 끝없이 지속되

48 KGW VI-1, 107쪽.

는 변화, 이는 위에서 언급한 대로 역동적인 힘들의 세계가 회귀함으로써 가능하다. 여기서 힘에의 의지와 영원회귀와의 내적 구조의 역학관계를 설명하는 적확한 방식으로서, 앞에서 이미 설명된 카오스의 지속이나 반복에 대해 다시 한번 지적할 필요가 있다. 카오스의 법칙과 질서는 주사위 던지기에 의해 이루어지며, 그 결과는 순수한 우연에 의한 것이다. 그러나 이 우연은 무한한 혼돈이 아니라 확률의 질서이다. 여기서는 우주 전체의 크기는 일정하다는 니체에서처럼, 그가 말하는 힘들의 세계처럼, 아무리 큰 세계, 아무리 경우의 수가 많다고 하더라도 전체로서의 세계의 크기는 정해져 있다. 그럼에도 불구하고 세계라는 이 끝없는 주사위 던지기 놀이에서 가능성은 항상 열려있기 때문에 주사위 던지기의 반복을 통해 한정된 수의 조합과 상호작용은 예측할 수 없는 새로운 형태, 새로운 사건[존재]를 만들어 낸다. 이 점에서 넓은 의미의 자연의 법칙성이자 만물의 운용원리로서 영원회귀는 항상 "미래와 우연의 주사위 놀이"[49]로 이해할 수 있다.

이러한 맥락에서 니체의 다음 구절은 그가 어떤 점에서 서양 전통 철학에서 전통적 주체/객체의 대결을 극복하고 있는지 보여줄 뿐 아니라, 영원회귀 및 힘에의 의지 및 니체 사상의 핵심과 태도를 잘 드러낸다. 즉 니체가 영원회귀를 가장 어려운 사상이라고 말하면서 이를 위해 전제되어야 할 것은 "모든 가치의 전도"를 이해하는 것이라고 말한 다음에 이어지는 부분을 읽어보자. "더 이상 확실성에 대한 즐거움이 아니라 불확실성에 대한 즐거움, 더 이상 '원인과 결과'가 아니라 끝없이 창조적인 것, 보존의 의지가 아니라 힘의 의지, 등등. 그리고 더 이상 '모든 것이 단지 주관적인 것에 지나지 않는다'라는 굴욕적 표현이 아니라 '또한 우리의 작품이다'라고 하고 여기에 자부심을 느끼자."[50] 주체와 대상으로 이분법적으로 나누어진 세계를

49 KGW III-1, 258쪽.

보는 것이 아니라 상호 교환하며 끊임없이 변화를 만들어내는 대립자들의 유동적인 관계 자체가 세계의 근원적 통일성을 이루는 조건이자 법칙이라는 것, 이는 전통 형이상학에 대한 니체의 비판 방식이 완전히 달라진 차원에서 일어난다는 것을 말해준다.

5. 나가는 말

니체의 사상에서 자연이라는 개념은 광범위한 영역을 포괄한다. 가령 자연과학, 자연철학, 오늘날 생태학적 의미에서 자연이나 환경, 그리고 몸, 충동, 본능 등 심리학의 영역, 인간의 인식과 주체의 영역과 관련된 철학적 자연주의, 더 나아가 우주론과 진화론까지 연관되어 논의될 수 있다. 한편으로 초기의 강의록이나 저서에서부터 보이는 소크라테스 이전의 그리스 자연철학자들에 대한 관심에도 이미 니체의 자연관의 핵심이 들어있으며, 자연과학으로부터 받은 영향, 다윈의 진화론과의 이중적인 관계, 스피노자와 셸링의 자연철학의 영향과 관련성 등은 니체 사상의 핵심과 중요 개념들을 형성하는 데 결정적인 역할을 했다.

이 글에서는 니체의 자연관에 대하여 상기한 여러 주제를 폭넓게 건드리지 않았고 니체의 기본 입장만을 들여다보는 데 중점을 두었다. 따라서 힘에의 의지나 혼돈으로서의 자연 개념이 디오니소스적 예술이나 창조의 개념 등과는 어떤 의미에서 동일한 함의를 가지고 있는지, 또는 특히 영원회귀 개념과는 어떤 내적 불가분의 관계에 있는지 등의 문제는 같은 맥락에서 더 상세하고 깊이 논의될 수 있다. 이와 함께 니체의 자연 개념에서 환경

---

50 KGW VII-2, 223쪽.

이 가지는 의미와 기능도 핵심적인 주제인데, 디오니소스적 주체의 개념은 주체와 환경의 이중적인 구조를 잘 제시해주기 때문이다.

여기서는 니체의 사유를 통해 우리 인간이 속해있는 "자연"과 생명 법칙의 철학적 해석을 시도하고 그 가운데 '자연적 인식의 중요성'을 되짚어보고자 했다. 니체의 사유는 이 모든 자연이라는 개념의 뿌리를 다루고 있다는 점에서, 자연적이라는 것이 무엇인가에 대한 물음에 대해 그 무엇보다 근본적으로 접근하고 있다고 본다. 니체는 1881년의 유고에서 다음과 같이 말한다. "나의 임무: 먼저 자연을 탈인간화시키고, 그 다음, 인간이 순수한 '자연'의 개념을 깨닫게 되면, 인간을 자연화시키는 것."[51]

51 KGW V-2, 423쪽(11[211]).

참고문헌

Abel, Günther, *Nietzsche*, Berlin 1998.

Blumenberg, Hans, *Arbeit am Mythos*, Frankfurt a. M. 2006(1979).

Bolz, Norbert, *Chaos und Simulation*, München 1998.

Gebhard, Walter, *Nietzsches Totalismus. Philosophie der Natur zwischen Verklärung und Verhängnis*, Berlin/New York 1983.

Kaulbach, Friedrich, Nietzsches Interpretation der Natur, in: *Nietzsche-Studien* 10/11 (1981-82), 442-481쪽.

Müller-Lauter, Wolfgang, *Über Freiheit und Chaos*, Berlin/New York 1999.

Nietzsche, Friedrich, *Werke. Kritische Gesamtausgabe*, hrsg. v. G. Colli und M. Montinari, Berlin 1967 ff.

Vollmer, Gerhard, *Auf der Suche nach der Ordnung*, Stuttgart 1995.

니체의 미학과
예술철학

04

음악을 하는 가운데 삶을 긍정하기

– 니체의 쇼펜하우어 비판을 중심으로

임 건 태

1. 들어가는 말

니체(Friedrich Nietzsche)가 서구 전통 형이상학을 비판하고, 새로운 형태의 사유를 모색하는데 결정적인 역할을 하고 있는 것이 바로 음악이라고 할 수 있다. 이러한 사실은 니체의 처녀작이자 핵심적인 사상을 담고 있는 『비극의 탄생』[1]의 원래 부제가 '음악정신으로부터(aus dem Geiste der Musik) 비극의 탄생'이라는 점으로부터 볼 때도 분명하다. 이 책은 그리스 비극의 기원이 음악에 있음을 보여주고자 하며, 그러한 음악 정신을 재생시킬 수 있는 가능성을 당시 독일 음악, 특히 바그너(Richard Wagner)의 음악에서 타진하고 있다. 이 같은 경향은 어느 정도의 변화를 감안한다면 후기 사상까지 일관되게 이어진다. 그래서 음악이 없는 삶은 살만한 가치가 없다고 강조할 정도로 니체에게 음악과 삶은 불가분의 관계에 놓여 있다고 할 수 있을 것이다. 더 나아가 니체에 의하면, 『차라투스트라는 이렇게 말했다』라는 자신의 주저는 하나의 음악으로 간주되어도 좋다.(F. Nietzsche, Ecce homo, Also sprach Zarathustra 1, KSA 335) 과연 그렇다면 니체가 이처럼 음악을 통해 철학과 문화의 혁신을 꿈꿀 수 있었던 근거는 무엇일까? 과연 니체에게 음악은 무엇을 의미했으며, 우리가 통상 듣는 음악과는 어떤 유사성이나 차이가 있을까? 우리는 이 같은 포괄적 물음들에 답하려는 목표를 갖고 이 글을 진행시켜보고자 한다.

사실 음악이 니체 철학에서 차지하는 비중과 역할에 대한 연구는 비교적 많이 이루어져 왔다고 할 수 있다. 또 비슷한 맥락에서 바그너가 니체에게 미친 영향이나 바그너와 니체의 미묘한 관계에 대한 논의도 제법 많이

1 F. Nietzsche, *Sämtliche Werke*. Kritische Studienausgabe in 15 Bänden, Bd. 1, *Die Geburt der Tragödie*, G. Colli u.a.(Hg), München 1999. 이하에서는 본문에 책이름, 아포리즘 번호, KSA 쪽수로 축약하여 표시.

수행되었다. 뿐만 아니라 바그너의 직접적인 철학적 스승이라고 할 수 있는 쇼펜하우어(Arthur Schopenhauer)가 니체에게 준 막대한 영향에 대한 연구나 그의 미학에 대한 연구 역시 그리 드물지 않다.[2] 하지만 음악에 대한 쇼펜하우어의 입장을 어떻게 니체가 지양(Aufheben, 止揚, 부정, 보존, 상승의 세 가지 계기를 포함)했는지를 명확하게 밝혀주는 시도는 아직 극히 드물었다고 할 수 있다. 이 글은 바로 이 점에 착안하고자 한다.

쇼펜하우어의 음악관에 대한 니체의 비판적 수용에 주목해야 하는 이유는 우선, 니체가 독일에서 그리스 비극의 부활을 책임질 수 있다고 여겼던 바그너에게 철학적이고 음악적인 영감을 준 원천이 바로 쇼펜하우어이기 때문이다. 가령, 바그너의 『트리스탄과 이졸데』(Tristan und Isolde)와 같은 작품에서 나타나는 것처럼, 드라마나 언어에 대한 음악의 절대적 우위와 같은 특징은 쇼펜하우어가 음악에 부여한 결정적 의미를 통하지 않고서는 결코 이해할 수 없을 것이다. 둘째, 니체가 바그너의 음악에 열광하다가 거기에서 등을 돌리게 된 이유는 주지하다시피, 바그너가 방금 언급한 이 같은 경향을 끝까지 고수하지 못하고 음악이 이념을 표현하는 수단이라고 여기면서(F. Nietzsche, Der Fall Wagner, 10, KSA 36), 초기와는 달리 기독교적인 도덕성과 낭만주의적 경향을 보여주었기 때문이었다고 확인하기가 비교적 용이한 반면, 쇼펜하우어와 니체의 관계는 훨씬 더 밀접하고 복잡하기 때문이다. 끝으로 쇼펜하우어의 실천적 페시미즘을 극복할 수 있는 결정적

---

2 쇼펜하우어와 니체의 전반적 관계에 대한 가장 고전적 연구로는 Georg Simmel, *Schopenhauer und Nietzsche*(München 1920)가 있으며, 비교적 최근의 연구로는 Wojciech Kunicki가 편집한 *Nietzsche und Schopenhauer*(Leipzig 2006)가 있다. 다음으로 니체를 쇼펜하우어 철학의 여러 가지 측면들과 관련시켜 본격적으로 분석하고 있는 연구서로서 Christopher Janaway가 편집한 *Willing and Nothingness, Schopenhauer as Nietzsche's Educator* (Oxford 1998)가 있다. 이 논문집 가운데는 3장 Ivan Soll, "Schopenhauer, Nietzsche, and Redemption Life through Art"(79-115쪽)가 니체와 쇼펜하우어의 예술관을 직접적으로 다루고 있다는 점에서 특히 참고할 만하다.

계기를 니체에게 제공한다고 할 수 있는 것이 바로 쇼펜하우어가 보여주는 음악적 사유와 니체 자신의 비판적 대결이라고 볼 수 있기 때문이다. 요컨대 이 글은 지금까지 잘 드러나지 않았던 쇼펜하우어의 음악 이론에 대한 니체의 비판적 지양을 분석함으로써 니체 철학의 핵심적 테제 가운데 하나인 디오니소스적인 삶의 긍정에서 음악이 하는 역할과 힘을 분명하게 보여주려 한다는 점에서 나름의 필요성과 독창성을 갖는다고 할 수 있다.

따라서 여기서 달성하고자 하는 주요 목적은 다음과 같다. 우리는 이 글을 통해 쇼펜하우어의 음악적 사유 가운데 니체가 끝까지 견지한 부분, 다시 말해 음악이 의지를 대상으로 삼아 의지로서 표현된다는 점과 그렇지 않은 부분, 즉 의지는 음악의 기원이 아니라는 점을 가려내 볼 것이다. 이 같은 분석 작업은 결과적으로 니체가 쇼펜하우어와는 달리 음악의 기원을 표상의 차원과 어떤 식으로든 얽힐 수밖에 없는 의지보다는 더 근원적인 디오니소스적인 상태에서 찾음으로써 음악을 하는 가운데 삶을 긍정할 수 있게 되는 과정을 밝히는 일이 될 것이다. 그리고 이 글의 제목이기도 한 표현, 즉 음악을 하는 가운데 삶을 긍정한다는 표현은 니체의 견해를 따라 음악은 결코 무엇의 수단이 될 수 없기 때문에 사용한 용어이다.

이 글의 진행 순서는 다음과 같다. 우선, 니체가 음악과 삶이 똑같이 근원적인 차원에 속한다고 파악했다는 점을 니체의 단편적인 진술들을 통해 확인해 볼 것이다. 둘째, 쇼펜하우어의 예술론과 음악관을 이해하기 위한 기초로서 그의 실천적 페시미즘을 살펴볼 것이다. 셋째, 쇼펜하우어의 예술론과 음악관을 간략히 서술한 다음 그 한계를 지적할 것이다. 넷째, 쇼펜하우어의 이 같은 한계를 극복할 수 있는 단초를 '음악을 하는 가운데 삶을 긍정하기'라는 니체의 입장을 통해 찾아볼 것이다. 끝으로 니체가 스스로 음악을 하는 소크라테스의 화신이 될 수 있는 이유를 그가 보여주는 음악적 스타일의 글쓰기에서 확인해 볼 것이다.

2. 니체에서 음악과 삶의 동근원성 (Gleichursprünglichkeit)

우리가 일상적으로 떠올리는 예술 장르로서 음악이란 여가 시간에 한가롭게 들을 수 있는 오락을 비롯하여 전문적인 작곡가들이나 연주자들이 하는 작업 등을 지칭하는 개념이라고 할 수 있다. 하지만 니체가 염두에 두고 있는 음악은 이보다 훨씬 더 심오하고 포괄적이라고 할 수 있다.[3]

이런 의미의 음악은 니체 초기 사상의 중심 주제라고 할 수 있는 그리스 비극을 구성하는 핵심 요소이다. 니체의 규정대로 비극이 근원적 일자로서 디오니소스적인 것의 아폴론적인 형상화라면, 그러한 디오니소스적인

---

3 음악에 대한 니체의 입장을 주로 슈만이나 바그너와 같은 음악가들과의 관계를 중심으로 가장 일목요연하게 정리해주고 있는 연구서로 Georges Liébert, *Nietzsche and Music*(trans. by David Pellauer and Graham Parkers, Chicago & London 2004)이 있다. 다음으로 조금 포괄적으로 니체의 미학을 아방가르드적 흐름과 연결시켜 다루고 있는 저술로 Luc Ferry, *Homo aestheticus: The Invention of Taste in the Democratic Age*. Trans. Robert de Loazia, Chicago 1993)이 있다. 셋째, 니체의 음악적 입장에 대해 가장 압축적이고 명료하게 소개하고 있는 논문으로는 Kathleen Marie Higgins, "Nietzsche on Music"(*Journal of the History of Ideas*, Vol. 47, No. 4(Oct. -Dec., 1986, 663-672쪽)가 있다. 가령 저자는 니체가 『비극의 탄생』에서 음악과 관련하여 하고 있는 핵심 주장을 다음과 같이 요약해주고 있다. "니체에 의하면, 음악만이 고통에도 불구하고 살아 있는 모든 것의 기본적 통일성에 근거하고 있기 때문에 개별적 현존이 기쁘고 힘 있다는 디오니소스적 지혜를 신화에다가 부여할 수 있다. 이것이 그리스 비극에 의해 표현되는 신화가 온전한 효과를 성취하기 위해 음악을 요구했던 이유이다. 신화적 이야기를 표현하는 말들은 보편적이고 디오니소스적인 진리의 표면적 이미지만을 제공하는 반면 음악은 그 진리를 훨씬 더 직접적으로 표현하기 때문이다."(앞의 책, 669쪽) 더불어 동일한 저자가 쓴 "Music or the Mistaken Life"(*International Studies in Philosophy* 35:3, 2003, 117-130쪽)에서는 음악의 역할을 말보다 더 효과적인 의사소통 능력과 인간의 관점을 변형시키는 힘으로 분석하고 있다. 우선 "니체에 의하면 음악은 말보다 훨씬 많이 전달한다. 음악은 단순히 조난 신호나 과거 경험의 기록이 아니다. 우선 음악은 그 다양한 청중들 사이에서 공통의 물리적이고 감정적인 조건을 자극한다. 음악은 전염력이 있다. 그렇지만 이런 유형의 의사소통은 의미 있는 내용을 어떤 공통분모로 환원하는 것에 의존하지 않는다. 음악에서 의미란 환원적이 아니라 누적적이다."(앞의 책, 121쪽). 다음으로 "음악은 우리를 치료하며 활기를 띠게 하고, 우리가 더 큰 전체에 참여하고 있다는 느낌을 되살림으로써 우리를 더 건강한 상태로 회복시킨다."(앞의 책, 127쪽).

것과 예술적으로 직접 상응하는 예술이 바로 음악이다. 그렇다면 다른 예술과는 다른 음악의 이 같은 위상은 어디에서 비롯하는가? 이에 대해 『비극의 탄생』 24절에 나오는 한 구절이 중요한 시사점을 줄 수 있어 보인다.[4] 니체는 거기서 자신의 예술가 형이상학을 대변하는 핵심 명제인 '미적 현상으로서 세계의 정당화'란 세계 자체를 제외하고는 오직 음악을 통해서만 이해할 수 있다고 주장하고 있다. 이는 두려움과 공포를 일으키는 비극적 신화가 그럼에도 불구하고 쾌락을 선사하는 이유가 바로 우리가 음악 속의 불협화음에서 즐거움을 느낄 수 있는 이유와 같다는 말이다. 요컨대 "고통에서조차 느껴지는 근원적 쾌감을 지닌 디오니소스적인 것은 음악과 비극적 신화의 공통된 모태이다."(F. Nietzsche, Die Geburt der Tragödie 24, KSA 1, 152) 다시 말해 비극적 신화를 통해 드러나는 삶의 고통스러운 모습은 불협화음으로 구성된 음악이 나타내는 세계와 일치한다. "삶의 불협화음조차 즐길 수 있는 것의 범위 안으로 가져오고, 우리가 거기서조차 일종의 완전함을 발견할 수 있게 해주는 힘을 갖는 것은 오직 음악뿐"[5]이기 때문에 음악은 극히 중요할 수밖에 없다.

음악과 삶의 이 같은 일치 내지 결합은 니체 중기 사상의 핵심적 저술 중 하나인 『즐거운 학문』(Die fröhliche Wissenschaft, KSA 3)에서 좀 더 명시

---

4 『비극의 탄생』에서 음악이 하고 있는 역할에 초점을 맞추어 논의를 진행시키고 있는 글로는 Peter Heckmann, "The Role of Music in Nietzsche's Birth of Tragedy"(*The British Journal of Aesthetics*, 30.4, Oct. 1990, 351-360쪽)와 R. A. Goodrich, "Nietzsche on Music: Perspectives from The Birth of Tragedy"(*Literature & Aesthetics* Vol 14. No. 1, 2004, 7-21쪽)가 있다. 특히 후자는 『비극의 탄생』에서 음악이 하는 역할에 관해 비극 예술이나 음악은 단순히 형이상학적인 차원을 상징하거나 모방하는 것이 아니라 그것을 구성한다고 주장하고 있다. 앞의 책, 19쪽과 같은 지적은 이 글의 핵심적 주장, 즉 음악이 삶의 긍정에서 하는 결정적 역할과도 관련시켜 이해할 수 있을 것이다.

5 R. Schacht, "Nietzsche, Music, Truth, Value, and Life", *International Studies in Philosophy* 35:3, 2003, 142쪽.

적으로 나타난다. 니체는 과거 철학자들이 감각을 두려워했으며, 감각을 봉쇄하는 것이 그들에게는 철학하기 위한 중요 조건이었음을 지적한다. 그리고 같은 맥락에서 니체에 의하면, 그런 의미의 철학자란 "삶이 음악인 한에서 삶에 대해 더 이상 귀를 기울이지 않았다. 그는 삶의 음악을 **부정**했다. 모든 음악이 사이렌의 소리라는 것은 한 고대 철학자의 미신이다."(F. Nietzsche, Die fröhliche Wissenschaft 372, KSA 3, 623-624) 여기서 니체는 삶에 대해 이론적으로만 접근함으로써 삶을 제대로 파악하지 못하는 전통 철학자들의 태도를, 음악을 더 이상 감각을 통해 듣지 않으려는 고집에 빗대어 서술하고 있다. 게다가 음악이 단순히 삶에 비유되기만 하는 것은 아니라는 점을 우리는 니체가 사용하고 있는 구절에서 바로 확인할 수 있다. 즉 위 인용문에 보이는 '삶의 음악'이란 구절은 음악과 삶이 서로 다른 맥락에 놓여 있는 것이 결코 아니라 동일한 차원에 속한다는 점을 잘 보여준다고 할 수 있다. "니체는 삶이 음악의 특성과 같은 어떤 것을 갖고 있으며, 삶을 적절하게 이해하기 위해서는 그렇게 생각하고 해석할 필요가 있다고 간주한다."[6]

니체는 이어지는 구절에서도 음악과 삶의 필연적 연관성을 학문과 관련시켜 언급하고 있다. 거기서 언급되는 니체의 제안에 따라, 한 음악 작품의 가치를 그것이 얼마만큼 계산될 수 있고, 얼마만큼 정식화될 수 있는지에 맞추어 평가한다고 가정해보자. 이럴 경우 음악에 대한 이 같은 학문적이고 이론적인 평가가 얼마나 불합리한지 우리는 알 수 있다. "우리가 음악에 관해 무엇을 파악하고, 이해하고, 알 수 있을 것인가? 그런 것은 아무 것도 없다."(F. Nietzsche, 앞의 책, 373, KSA 3, 626) 니체의 이 구절을 아포리즘 전체의 제목과 연관시켜 보면, 그 의미가 확실하게 드러난다. 즉 이 아포리

6 R. Schacht, 앞의 책, 134쪽.

즘의 제목은 편견으로서 학문이며, 이론적 학문이 우리의 삶을 제대로 이해할 수 있다고 믿는 것이 바로 이런 편견에 해당한다고 할 수 있다. 니체는 이 같은 사실을 좀 더 실감나게 전달하기 위해 음악에 대한 이론적 평가가 제한적이듯이, 삶에 대한 이론적 접근 역시 그렇다는 점을 지적하고 있는 셈이다. 그래서 여기서도 삶과 음악은 동일한 세계의 다른 측면이라는 점이 확연히 드러난다.[7]

음악과 삶의 불가분성은 후기 작품에서도 일관되게 나타난다. 그 중 가장 결정적인 구절은 다음과 같다. "음악이 없다면, 삶은 오류일 것이다."(F. Nietzsche, Götzen-Dämmerung, Sprüche und Pfeile 33, KSA 6, 64) 언뜻 보면 이 말은 이해하기 어렵다. 왜냐하면 통상 니체는 전통적인 의미의 진리를 우리 삶에 필수적인 오류로서 긍정하기 때문이다. 그렇다면 위의 언급을 어떻게 해석해야 할까? 한 가지 가능한 방식은 다음과 같다. 즉 이 구절에서 오류란 무가치한 삶이라는 뜻이다. 다시 말해 이 오류란 니체가 기꺼이 인정하고 있는 삶에 필수적인 오류가 아니라, 삶을 이론적으로만 파악하고 음악적으로 접근하지 못한 채 사는 삶은 제대로 사는 것이 아니라는 의미에서 오류라는 것이다. 이렇게 보면 삶을 살만한 가치가 있게 만들어주는 역할을 하는 것이 또한 음악이 되는 셈이다.

결국 이 단계에서 우리는 니체가 음악과 삶을 마치 스피노자 식의 동일한 실체가 보여주는 서로 다른 속성처럼, 서로 구분하는 것은 가능하나 분리는 불가능한 동근원적인 것들로 간주하고 있음을 확인할 수 있으며, 이를 통해 니체가 말하는 음악이란 통상적으로 이해할 수 있는 예술 장르로서 음

7 이런 측면에서 "『즐거운 학문』 373번 아포리즘은 실증주의적 과학의 존재론에 대한 대안으로서 음악에 의해 인도되는 대안적 존재론을 제시하고 있다."는 해석이 충분히 가능하다. C. Cox, "Nietzsche, Dionysos, and the Ontology of Music", *A Companion to Nietzsche*, Edited by Keith Ansell Pearson, West Sussex 2009, 510쪽.

악의 범위를 훨씬 넘어선다는 점을 알 수 있다.[8]

3. 쇼펜하우어의 실천적 페시미즘

쇼펜하우어의 음악 이론과 니체의 비판적 대결을 다루기 전에 쇼펜하우어의 실천적 페시미즘을 전통 형이상학에 대한 철저한 비판의 결과로서 자리매김하는 일이 필요하다. 그럴 때만 쇼펜하우어의 예술과 음악에 대한 이론적 고찰이 본격적으로 이루어질 수 있을 것이다.

흔히 쇼펜하우어는 세상을 비관적으로 바라보았던 통속적 염세주의자 쯤으로 여겨진다. 이 점은 쇼펜하우어에 대한 철학적 연구물이나 논문보다는 그와 관련된 단편적인 처세술이나 잠언 등이 시중에 더 많이 퍼져있다는 사실로부터도 충분히 짐작할 수 있다. 하지만 쇼펜하우어는 당시 이미 헤겔에서 그 정점에 이르렀던 전통 서구 형이상학을 철저히 비판하고, 그 필연적 귀결로서 페시미즘에 도달한 것이다. 이 과정에 대한 선행적 이해가 무시된다면, 쇼펜하우어의 진면목을 제대로 파악하기는 요원할 것이다.

우리는 이 같은 과오를 범하지 않기 위해 쇼펜하우어의 실천적 페시미즘을 가능하게 만든 메커니즘을 짧게나마 추적해 볼 것이다. 이는 쇼펜하우어의 박사학위 논문이자 쇼펜하우어 스스로 자신의 주저인 『의지와 표상으

8 니체가 궁극적으로 추구했던 이상적 음악의 면모를 '최대의 심포니(die Allergrösste Symphonie)', '위대한 양식(grösser Stil)', 바그너 식의 무거운 독일 음악과는 대립되는 '남방 음악(Musik des Südens)'이라는 개념 등을 중심으로 서술하고 있는 글로는 Frederick R. Love, "Nietzsche's Quest for A New Aesthetic of Music: "Die Allergrösste Symphonie", "Grosser Stil", "Musik des Sûdens""(*Nietzsche Studien*, Bd. 4, 1977, 155-194쪽)가 있다. 물론 여기서 남방이란 지리적 의미의 남쪽을 가리킨다기보다는 독일적인 모든 것에 반하는 어떤 것을 지칭한다고 보는 것이 더 적절할 것이다.

로서의 세계』[9]에 대한 서론 격으로 언급하고 있는 『충족이유율의 네 겹의 뿌리에 관하여』(Über die vierfache Wurzel des Satzes von zureichenden Grunde)[10]에 대해 검토해야 함을 뜻한다. 이 작은 책에서 쇼펜하우어는 과거 철학자들이 구분하지 않은 채 혼동해왔던 충족이유율을 네 가지로 나눈다. 그것은 각각 인식, 존재, 생성 및 동기의 충족이유율이다. "왜 아무 것도 존재하지 않기보다는 무엇인가 존재하는가 하는지에 대한 이유가 없는 어떤 것도 존재하지 않는다.(Nihil est sine ratione cur potius sit, quam non sit)"는 명제로 압축되는 충족이유율은 그 적용 영역에 따라 방금 언급된 네 가지로 분류된다. 그런데 쇼펜하우어에 의하면, 이 같은 충족이유율은 철저히 표상의 세계에만 적용된다. 여기서 표상의 세계란 우리가 감각으로 경험할 수 있는 세계를 의미한다. 요컨대 인식, 존재, 생성 및 동기라는 네 가지 관계의 공통된 표현으로서 충족이유율은 "감성, 지성, 그리고 이성, 주체 및 객체에 사로잡혀 있는 우리 의식이 다루는 대상이 갖는 모든 의존성, 상대성, 불안정성, 유한성의 가장 내적인 핵심"[11]이다.

그렇다면 다른 한 편 충족이유율에 의해서는 설명될 수 없는 세계는 무엇인가? 쇼펜하우어는 그러한 세계를 의지로서의 세계라고 부른다. 하지만 의지로서의 세계는 충족이유율이 설명하는 표상으로서의 세계를 넘어서 있는 동시에 그러한 표상으로서의 세계를 비로소 가능하게 만드는 작용을 한다. 그런데 의지가 표상을 낳는 인식에 주는 영향은 인과성에 근거하지 않으며, 인식하는 주체와 의지하는 주체의 동일성에 근거한다. "인식하는 주

9 Arthur Schopenhauer, *Die Welt als Wille und Vorstellung* I, Erster Teilband, Zürich 1977. 이하에서는 본문에다 WWV 권, 절, 쪽수로 표기함.

10 A, Schopenhauer, "Über die vierfache Wurzel des Satzes von zureichenden Grunde", *Gesammelte Werke*, 10 Bände in Kassette, Bd. V, Zürich 1977, 한국어판은 김미영 옮김, 『충족이유율의 네 겹의 뿌리에 관하여』, 나남, 2010.

11 A. Schopenhauer, 앞의 책, 175쪽.

체와 의지하는 주체의 동일성은 …… 세계의 매듭(Weltkoten)이며, 따라서 설명될 수 없다."[12]

어쨌든 우리가 경험하는 표상의 세계란 비록 인과성에 의한 것은 아닐지라도 의지가 산출해낸 세계에 다름 아니다. 여기서 중요한 점은 의지의 맹목성이다. 쇼펜하우어가 이 세계를 만들어낸 근원으로 부르는 의지는 인간을 포함해서 모든 것을 관통해 있으며, 특정한 목적을 지니고 있다고 할 수 없다. 즉 의지가 특정한 목적에 구속되어 있지 않기 때문에 의지 활동은 멈추지 않고 끊임없이 진행될 수밖에 없다. 다시 말해 의지가 지닌 욕구가 충족될 때 생기는 만족과 쾌락의 상태는 일시적이며, 또 다른 욕구에 의해 대체된다. 그래서 결국 인간은 의지의 욕구가 일시적으로 만족된 쾌락과 권태의 상태에서, 권태를 견디지 못하고 거기서 다시 새로운 쾌락을 추구해야만 하는 결핍의 상태로서 고통으로 항구적으로 반복해서 왔다 갔다 할 수밖에 없는 비참한 운명에 처해 있는 셈이다. 이것이 바로 쇼펜하우어가 바라보는 세계에 대한 진단의 개괄이다. 결과적으로 쇼펜하우어는 이로써 세계를 파악하고 대처하는데 있어서 합리성이나 이성을 인간의 본질적 특징으로 간주해왔던 합리주의적 철학의 이면을 폭로하고, 나름대로 새로운 방향의 철학적 흐름을 유발하고 있다고 할 수 있다.

그렇다면 과연 인간이 직면하고 있는 이 가혹한 운명에서 우리가 구원될 수 있는 방법은 무엇일까? 쇼펜하우어가 제안하는 방법은 윤리적 차원의 구원을 의지의 본질에 대한 인식을 통한 구원에 포함시킨다면, 크게 보아 두 가지이다. 하나는 예술을 통한 것이다. 쇼펜하우어에 의하면, 우리가 예술 작품을 감상할 때, 우리의 의지는 사물의 이데아를 관조하게 됨으로써 더 이상 개별적 사물에 대한 집착이나 욕망으로부터 벗어나 자유로운 상태

12 A. Schopenhauer, 앞의 책, 160쪽.

에 들어서게 된다. 그런 순간에는 더 이상 표상의 세계에서 당연시되던 주체와 객체의 구분도 무의미하게 된다. 사물의 본질적인 무엇만을 고찰하고 자연 대상을 조용히 관조하는 경우 인식 주체는 자신의 의지를 잊고 오직 순수한 주체로서 객체를 비추는 거울이 된다. 거기에 존재하는 것은 대상뿐이며, 지각하는 사람은 없는 것처럼 된다. 이런 상태에서 인식되는 것은 개별적 사물이 아니라 이데아이며, 인식 주체는 시간과 고통과 의지가 없는 "인식 행위의 순수한 주체"(WWV I, § 34, 232)가 된다. 요컨대 개체는 충족이유율을 따르는 의지의 개별적 현상에 관계하는 인식 주체인 반면, 예술을 통해 가능한 순수한 주체는 이데아만을 인식한다.

물론 예술에도 위계질서가 존재한다. 다른 여타의 예술들이 표상의 세계를 모사해서 이데아에 대한 접근을 가능하게 하는 반면, 음악만이 오직 의지 자체를 그대로 표현해준다. 쇼펜하우어가 이처럼 음악에 부여한 근본적 중요성은 바그너를 거쳐 니체에게까지 이어진다.

그러나 물론 예술을 통한 구원은 영속적이지 못하다는 한계를 갖는다. 그래서 쇼펜하우어는 또 다른 방식의 구원을 제안한다. 그것은 의지의 본질에 대한 이론적 인식을 통해 의지 활동을 잠재우는 것이다. 그리고 이는 쇼펜하우어가 많은 영향을 받았던 불교에서 말하는 해탈의 상태와 크게 다르지 않아 보인다. 결국 이상에서 간략히 서술한 내용을 바탕으로 우리는 쇼펜하우어를 단순한 비합리주의자라는 오명에서 벗어나게 하는 동시에 그 연장선상에서 그의 예술과 음악에 대한 논의를 시작해 보고자 한다.

4. 쇼펜하우어 예술론과 음악 이론에 대한 비판적 분석

쇼펜하우어에 의하면, 이론적 학문은 항상 의지의 실천적이고 구체적인 관심을 위해 작동하는 반면, 예술은 그런 관심에서 벗어나 있다.[13] 이론적 학문과는 달리 예술은 관조적이다. 달리 말해 예술가는 특정한 목적에 구속되어 있지 않기 때문에 의지의 본성을 관조할 수 있다. 여기서 의지의 본성이란 의지가 자연 속에서 객관화된 특수한 유형들로서 이데아이다. 그래서 쇼펜하우어는 예술이 현상을 그 본질 혹은 이데아 속에서 파악할 수 있다고 주장한다. 물론 이에 대한 전제 조건은 인간을 포함한 자연이란 의지가 객관화되어 나타난 모습이며, 거기에는 객관화의 정도에 따라 등급이 있다는 사실이다. 무생물보다는 생물이 의지의 객관화에 있어 그 정도가 높으며, 인간이 가장 높은 객관화 단계에 위치한다. 그리고 의지가 객관화된 각각의 정도마다 예술에 의해 현시되는 의지의 직접적이고 직관적인 유형인 이데아가 존재한다는 것이다. 쇼펜하우어의 이 같은 견해를 건축과 회화의 예를 통해 잠시 살펴보자.

우선, 예술로서의 건축은 공간과 물질을 통해 작용한다. 그러나 예술로서의 건축을 이루는 요소로서 공간과 물질은 경험과학의 연구대상과는 다르다. 즉 경험과학의 연구대상으로서 공간과 물질은 충족이유율의 지배를

13 쇼펜하우어의 미학을 포괄적으로 다루고 있는 저술로는 Barbara Neymeyr, *Ästhetische Autonomie als Abnormität, Kritische Analysen zu Schopenhauers Ästhetik im seiner Willens-metaphysik*(Berlin, New York 1996)이 있다. 특히 저자는 §13(215-263쪽)에서 니체, 칸트, 플라톤과 관련하여 쇼펜하우어의 미학을 다루고 있으며, §17(335-349쪽)에서는 쇼펜하우어 음악 미학의 특별한 지위에 대해 논하고 있다. 한 편, 쇼펜하우어 미학이나 음악에 대한 체계적인 국내 연구는 아직 없으며, 그나마 쇼펜하우어 철학에 대한 이해를 포괄적으로 시도하고 있는 글로는 김미영, 「칸트의 철학에 대한 쇼펜하우어의 비판」(『칸트연구』 vol. 27, 한국칸트학회, 2011, 103-128쪽)이 있다.

받는 반면, 건축에서 우리가 감상하는 공간이나 물질은 그렇지 않다. 다시 말해 가령, 경험과학에서 다루는 물질은 질서가 잡혀 있으며, 구분 가능하고, 측정할 수 있는 모습으로 나타난다. 이에 비해 건축에서는 물질의 보편적 특성들로서 중력, 단단함, 유동성 등이 가장 낮은 단계에 있는 의지의 내적 갈등을 객관화하거나 표현하는 것으로 취급된다. "왜냐하면 본래 중력과 단단함 사이의 갈등이 미적 건축의 유일한 미적 재료이기 때문이다. 미적 건축의 과제는 이 갈등을 다양한 방식으로 가장 뚜렷하게 나타나도록 만드는 것이다. 미적 건축은 이러한 파괴할 수 없는 힘들에게서 그것들이 만족에 이르는 가장 짧은 길을 빼앗고, 우회로를 통해 그 힘들을 어중간한 상태로 붙들어 둠으로써 이 과제를 해결한다. 그래서 갈등은 연장되고 가시적으로 된다."(WWV I, § 43, 273)

다음으로 회화의 경우를 보자. 그림은 우리가 경험하는 세계, 즉 쇼펜하우어 식으로 표현하자면 표상으로서의 세계를 단순히 있는 그대로 모사하는 듯이 보인다. 하지만 일상생활을 조직하는 연속이나 관계에 따라 그림을 보는 것은 아주 하찮다는 것을 우리는 금방 알게 된다. 오히려 쇼펜하우어에 의하면, 우리는 그림을 관조할 때, "사물들에서 어디서, 언제, 왜 그리고 무엇을 위해 등을 고찰하지 않고, 단지 무엇임만 고찰한다."(WWV I, § 34, pp. 231-232) 즉 화가는 우리의 개별적 의지가 장악하지 못하는 장소나, 우리의 개별적 의지가 특정한 목적들을 추구하는 시간적 연속의 일부가 아닌 그런 순간을 보여줌으로써 개별화 자체를 그 이데아 속에서 직관하게, 다시 말해 개별화 자체를 의지의 덧없는 객관화로서 직관하게 만들 수 있다.[14] 쇼펜하우어에 의하면, "스스로 계속 변하는 덧없는 세계를, 전체를 대변하는 개별적 사건들에 대한 지속적인 이미지로 고정시키는 것이 회화 예술의 성

14 J. Taminiaux, "Art and Truth in Schopenhauer and Nietzsche", *Man and World* 20, 1987, 90쪽.

취이며, 이런 과정을 통해 이 예술은 시간 자체를 정지시키는 것처럼 보이는데, 이는 그런 예술을 통해 개별자가 그 종의 이데아로 상승하기 때문이다."(WWV I, § 48, 293)

요컨대 쇼펜하우어에 의하면, 예술은 이런 식으로 의지의 본질을 비추어 보여줌으로써 분열된 의지와 세계를 극복하고 넘어설 수 있는 에너지를 예술 감상자에게 제공한다. 의지의 본질을 적나라하게 비춰줌으로써 예술은 우리가 결국 의지를 부정하게 이끈다고 할 수 있다. "예술을 금욕주의와 체념의 측면에서 이런 식으로 해석하는 것이 쇼펜하우어 예술이론과 비극이론의 핵심이다."[15]

다음으로 쇼펜하우어 예술론에서 중심적인 위치를 차지하고 있는 음악에 대해서 알아보자.[16] 음악은 다른 예술들보다 의지의 본성을 더 잘 관조하게 해준다. 다른 모든 예술이 물질, 삶, 인간, 등 의지가 객관화된 등급들을 의미하는 이데아들을 현시해주는 반면, 음악은 의지 자체, 다시 말해 모든 이데아의 본질을 보여준다. 다른 예술들은 개별적 사물들을 묘사함으로써 우리가 이데아에 대한 지식을 갖도록 하기 때문에, 현상 세계를 결코 넘어설 수 없다. 현상 세계를 넘어설 수 없다는 말은 그것들이 여전히 다수성에 매어 있다는 것이다. 그래서 결과적으로 음악 이외의 다른 예술들은 이데아의 세계 역시 넘어설 수 없는 셈이 된다. 그러나 음악은 이데아의 세계를 넘어설 수 있으며, 그렇기 때문에 음악은 또한 현상 세계와 아주 독립적이고, 현상 세계를 적극적으로 무시할 수 있다. 그리고 어느 정도는 세계가 전혀 존재하지 않더라도 음악은 여전히 존재할 수 있을 것이다. 그런데 이는 다른 예술에서는 전혀 불가능한 일이다. 그래서 음악은 이데아들의 모사인 다

15 J. Taminiaux, 앞의 책, 같은 곳.

16 B. Neymeyr, 앞의 책, 335-349쪽.

른 예술들과는 전혀 같지 않으며, 이데아들이 그 객관성을 보여주는 "의지 자체의 모사"(WWV I, § 52, 324)이다.

음악 속에서는 의지의 아프리오리한(a priori) 특성들, 가령, 그 내적 형식, 운동, 그 파괴성과 생산성, 그 셀 수 없는 노력들, 움직임들, 기대들, 만족들, 결여들이 표현된다. "베토벤의 교향곡은 우리에게 가장 커다란 혼란, …… 다음 순간 가장 아름다운 조화로 변형되는 가장 맹렬한 갈등을 제공한다. 경계 없는 무수한 형태의 혼란 속에서 운행되고, 끊임없는 파괴에 의해 표현되는 것은 세계 본성의 참되고 완전한 모습, 즉 사물들이 부조화 가운데 보여주는 조화(rerum concordia discors)이다."[17] 즉 음악은 의지의 모순적 본질을 드러내주며, 현상을 넘어선 세계의 근본 바탕에 대한 참된 지식이다. 이렇게 보면 쇼펜하우어에게 철학은 음악이 직관적으로 표현한 바를 일상적인 언어나 개념으로 옮기려는 시도라고 할 수 있을 것이다. 다시 말해 음악과 철학은 두 가지 상이한 언어로 동일한 주제를 표현한다고 할 수 있다. "음악을 아주 올바르고 완전하게 그리고 세부적인 것까지도 설명할 수 있다면, 즉 음악이 표현하는 것을 개념으로 자세히 제시할 수 있다면, 그것은 그대로 세계를 개념으로 자세히 설명하는 것이 되며, …… 그것은 참된 철학이 될 것이다. …… 음악은 자신이 철학하고 있다는 것을 모른 채 정신이 하는 형이상학 속의 무의식적 실행이다.(musica est exercitium metaphysices occultum nescientis se philosophari animi)"(WWV I, § 52, 332)

음악에 대한 쇼펜하우어의 견해는 얼마나 설득력이 있는가? 그의 입장을 요약하면 다음과 같다. 즉 음악은 다른 예술이 표상적(representational) 특성을 갖는데 비해 비(非)표상적이다. 이 말은 음악이 다른 예술과는 달리

---

17 A. Schopenhauer, *The World as Will and Representation*, volume II, trans. by E. F. J. Payne, 450쪽.

현상 세계의 개별적 사물들에 대한 표상적 파악을 통해 이데아를 직관하지 않는다는 것이다. 대신 음악은 의지 자체를 보여준다. 음악은 의지 자체의 모사이다.

쇼펜하우어가 주장하고 있는 음악의 이 같은 특별한 위상에 대해 던져볼 수 있는 물음이 몇 가지 있다. 우선, 쇼펜하우어가 음악에 부여하고 있는 이 같은 특징이 모든 음악에 다 적용되지 않을 수 있다는 사실이다. 쇼펜하우어 자신도 인정하고 있듯이 현상세계를 표상적으로 모방하는 하이든의 『사계』와 같은 음악도 있다. 물론 쇼펜하우어는 이 같은 음악은 개념들의 의도적인 개입으로 훼손되었기 때문에 거부되어야 한다고 주장한다. 하지만 특정한 음악의 현상적 성격을 인정한다는 사실은 그가 한 원래 주장의 타당성을 의심하게 할 수밖에 없다. 다음으로 좀 더 근본적인 문제 제기가 남아 있다. 위에서 간략히 개괄한 쇼펜하우어의 요지는 다음과 같다. 즉 음악은 이데아를 표상할 수 없지만, 그럼에도 불구하고 우리는 음악이 사물들의 가장 내적인 존재를 어느 정도 드러내주는 것으로 경험할 수 있다. 그러므로 음악은 의지 자체의 모사이다. 여기서 모사는 표상 개념으로 대체할 수 있다. 그런데 이 같은 결론은 쇼펜하우어의 형이상학이 결코 수용할 수 없는 것이다. 왜냐하면 그의 형이상학에 의하면 의지는 결코 표상될 수 없기 때문이다. 쇼펜하우어 역시 음악이 의지를 표상한다는 점에 대한 논리적 증명은 불가능하다고 언급한다. 하지만 동시에 그는 자신의 그런 결론이 그럼에도 충분하며, 자신의 세계관에 동의했던 사람들에게는 분명할 것이라고 주장한다. 결국 의지가 표상의 대상이 될 수 없음을 주장하는 쇼펜하우어의 형이상학적 입장은 음악이 의지를 모사 내지 표상한다는 주장, 즉 음악의 본성에 관한 그의 주장을 허위로 만들거나, 아니면 음악에 대한 그의 결론이 자신의 형이상학을 허위로 만들 수밖에 없다는 딜레마가 생겨난다.[18]

이상에서 우리는 음악에 대한 쇼펜하우어의 견해를 비판적으로 검토했고, 거기서 비롯될 수 있는 물음이 이제 니체의 답변과 대응으로 이어질 수 있는 점을 밝히고자 한다. 다시 말해 이상의 내용은 쇼펜하우어가 봉착했던 딜레마에 대해 나름대로 대처함으로써 음악을 하는 가운데 삶을 긍정하기를 모색했던 것이 바로 니체라는 가설을 개연성 있게 만들어 보기 위한 준비 작업이었다.

5. 음악을 하는 가운데 삶을 긍정하기

니체는 1871년의 「말과 음악」(F. Nietzsche, KSA 7, 359-369)이라는 단편으로 분류되는 짧은 글에서 음악에 대한 쇼펜하우어의 입장을 지양하는 모습을 잘 보여준다. 이 글의 요지는 우리 삶의 영역에서 말보다 음악이 우선적이고 중요하다는 사실이다. 니체는 이 같은 결론을 유도하기 위해 느낌 혹은 감정이 어떻게 전달될 수 있는지 하는 물음에서 시작한다. 감정 혹은 느낌은 무의식적 표상들과 의지 상태들의 복합체이다. 즉 우리가 의식하지 못하는 우리 내면의 그 어떤 상태들이나 쾌나 불쾌로 표현되는 의지의 상태들이 바로 감정이나 느낌으로 칭할 수 있는 것들이다. 이 의지의 상태들은 수많은 표상들을 일으킨다. 우선 니체는 이 의지의 상태들에 수반하는 표상들을 우리의 의식적 사유나 개념적 언어는 단지 부분적이고 불완전하게만 식별할 수 있을 뿐이라고 주장한다. 다음으로 감정이나 느낌을 전달하거나 알 수 있는 두 번째 방식은 몸짓 언어를 통해서이다. 이 언어는 보편적으로 이해 가능한 상징들로 구성되어 있으며, 반사적 행위나 운동에 의해 산출된

18 A. Neill, "Scopenhauer", *The Routledge Companion to Philosophy and Music*, ed. by Theodore Gracyk and Andrew Kania, London and New York 2011, 347쪽.

다. 가령 우리는 어떤 사람의 몸짓을 보고, 그 안에서 상징되는 느낌의 상태를 알게 된다. 느낌이나 감정이 이해되고 전달될 수 있는 세 번째 방식은 소리 언어(Tonsprache)를 통해서이다. 특히 감정의 두 번째 구성요소인 의지의 상태는 쾌나 불쾌로 표현되며, 이는 우리에게 소리의 본능적 직접성에 의해 상징된다. 좀 더 구체적으로 쾌나 불쾌는 소리 언어의 리듬 속에서 상징되며, 쾌나 불쾌의 변화하는 특성은 소리의 역학으로 상징되고, 하모니는 의지의 순수한 본질을 상징한다. 요컨대 니체에 의하면, 소리를 바탕으로 하는 이 같은 음악은 의지 자체를 그 직접성에서 표현하는 최고의 예술이다. 사실 여기까지는 음악이란 의지의 직접적 모사라는 쇼펜하우어의 입장을 니체가 충실히 따르고 있는 듯이 보인다.

그러나 조금 더 상세히 살펴보면, 니체가 쇼펜하우어와 갈라지는 지점을 확인할 수 있다.[19] 특히 주목할 만한 것은 니체가 음악을 유도한다고 말하는 디오니소스적인 상태이다. 그런 상태란 현상 세계의 개별화된 경계가 허물어짐으로써 우리가 원초적 통일성으로 되돌아간 상황을 뜻한다. 일단 이것은 쇼펜하우어가 개별화 원리의 극복 상태로서 가리키고 있는 바와 일치한다. 하지만 중요한 것은 쇼펜하우어가 말하는 상태, 즉 음악의 힘에 의

19 니체와 쇼펜하우어의 철학 전반을 예술과 진리를 중심으로 명쾌하게 분석하고 글로는 앞서 인용한 바 있는 Jacques Taminiaux, "Art and Truth in Schopenhauer and Nietzsche"(*Man and World* 20, 1987, 85-102쪽)가 있다. 이 글은 우리가 이 글의 주제로 삼고 있는 음악에 대한 쇼펜하우어와 니체의 관점을 압축적으로 소개하고 있기 때문에 중요한 참고 자료가 될 것이다. 이와 더불어 구원에 대한 쇼펜하우어와 니체의 입장을, 니체가 쇼펜하우어를 비판하는 동시에 재구성하는 과정을 통해 논리적으로 잘 보여주고 있는 논문으로는 Julian Young, "Schopenhauer, Nietzsche, Death and Salvation"(*European Journal of Philosophy* 16:2, 2008, 311-324쪽)가 있다. 이 글에서는 예술이나 음악과 관련된 논의가 불충분하기는 하지만, 구원 등에 대한 양 철학자의 차이를 분명히 확인할 수 있다는 측면에서 의미 있는 연구라고 할 수 있다. 특히 이 글의 논의와 관련하여 중요한 점은 니체가 랑에(Friedrich Albert Lange)의 영향 하에서 쇼펜하우어가 의지를 궁극적인 실재와 동일시한 것을 비판하고 있다는 사실이다.(앞의 책, 316쪽) 니체는 의지가 칸트가 말하는 물자체와 같은 궁극적 실재인 동시에 객관화될 수 있다는 쇼펜하우어의 주장을 모순적이라고 생각하고 있다.

해서 유발된 이 상태 역시 경험될 수밖에 없으며, 따라서 자연적 삶의 영역에 속한다는 점이다. 그래서 니체는 쇼펜하우어적인 원초적 의지를 표상의 세계 자체에서 비롯하는 자연, 생성 등의 용어로 대체하게 된다.[20] 니체의 이 같은 변화는 쇼펜하우어처럼 형이상학적인 의지를 자연적인 영역으로 옮기는 것을 의문시하고 그것을 반대한 결과라고 할 수 있다. 니체는 우리 내면의 감정적이고 의지적인 경험조차도 표상적인 것으로 머물기 때문에, 우리의 표상들을 넘어서거나 그것들을 조건 짓는 것에 대해 무엇이라고 주장할 수 없다고 본다. 그래서 우리는 쇼펜하우어처럼 그와 같은 의지에 대해서 말할 수 없다. "내가 쇼펜하우어에 대항하여 제기하듯이, 충동, 느낌들의 상호작용, 감정 및 의지의 작용들은 우리가 우리 자신을 가장 가깝게 관찰할 때, 그 본질에 따라서가 아니라, 오직 표상으로서만 우리에게 알려진다. 우리는 쇼펜하우어의 의지조차 표상을 통하지 않고서는 해독 불가능한 어떤 것의 가장 일반적인 현현에 불과하다는 점을 덧붙일 수 있다."(F. Nietzsche, KSA 7, 361) 이런 의미에서 니체는 쇼펜하우어가 말하는 의지를 표상의 가장 보편적인 현상 형식으로 규정하고 있다.

그렇다면 니체가 쇼펜하우어 식의 의지 개념과 그 개념에 기초한 음악관을 비판하고 나름대로 독자적으로 제시하는 음악적 견해는 무엇인가? 니체는 우선 음악과 관련된 통속적 견해, 즉 음악 작품을 낳는 것은 음악가나 시인의 감정이라는 견해를 비판한다. 니체에 의하면, 감정 혹은 느낌은 쾌나 고통의 자극일 뿐이며, 이미 의식적이거나 무의식적인 표상들에 물들어 있어서 음악을 산출할 수 없으므로 가장 비예술적이다. 그래서 니체에 의하면 예술가가 미적인 관조에 완전히 몰입하기 위해서는 오히려 자신의 구체

20 David B. Allison, "Some Remarks on Nietzsche's Draft of 1871, "On Music and Words"", *New Nietzsche Studies*, Volume 1&2, Fall/Winter 1996, 19쪽.

적 느낌들을 배제해야 한다. 표상이 가미될 수밖에 없는 구체적 느낌이나 감정은 음악을 낳는 것이 아니라 오히려 음악을 통해 산출된다고 할 수 있다. 즉 음악을 들으면서 우리는 슬픔이나 기쁨을 느낄 수는 있지만, 그런 슬픔이나 기쁨을 대상으로 삼아 그것을 표현하는 음악은 존재하지 않는 셈이다. 결국 니체에 의하면 음악이 표현하는 유일한 대상은 특정한 표상에서 자유로운 의지가 될 수밖에 없다. 물론 니체는 쾌나 불쾌 같은 감정 등을 유발하는 근원적 바탕으로서 "의지는 음악의 기원이 아니라 음악의 대상"(F. Nietzsche, KSA 7, 364)이라고 주장함으로써 그러한 의지를 음악의 기원으로 간주했던 쇼펜하우어를 비판한다. 여기서 니체는 쇼펜하우어가 의지를 음악의 기원으로 설정함으로써 의도하고 있는 것과 반대로 그런 의지란 어떤 식으로든 경험적 차원에서 드러날 수밖에 없기 때문에 음악의 기원이라기보다는 음악의 대상이라고 주장하고 있는 셈이다. 그렇다면 니체가 보기에 음악의 기원은 어디에서 찾을 수 있을까? 다시 말해 음악이 일으키는 극도의 흥분상태가 감정이나 의지를 통해서가 아니라면 어떻게 유발되는가? 그것은 특정한 대상관계에 사로잡힌 감정이나 격정으로부터 이탈된 디오니소스적인 상태에서 생겨난다.

이 같은 상태는 니체가 『비극의 탄생』에서 언급하고 바와 정확히 일치한다. 니체는 디오니소스적인 상태를 개별적인 모든 것을 망각하고, 나머지 인간이나 자연과 하나임을 스스로 자각하게 되는 현상을 특징으로 하는 자기 의식적 상태와 연결시킨다. 니체는 개체를 망각하고 몰입한다는 측면에서 디오니소스적인 상태를 방탕한 축제로서 집단 난교(Orgie)에 비유하기도 한다. 집단 난교에서 인간들은 성적 결합을 위해 자발적으로 자신의 정체성을 기꺼이 포기한다. 난교를 포함하는 이 야만적인 디오니소스 축제가 물리적 폭력까지 수반하는 잔인성을 보이기 때문에 니체는 나중에 발달한 디오니소스 축제를 문화적 측면에서 우위에 두기는 하지만, 더욱 중요한 점은 다음과 같다. 즉 우리가 인간됨의 또 다른 더 근본적인 측면, 다시 말해 세계를 추동하는 근본적인 생명력에 그 일부로서 우리가 속해 있다는 사실을 깨달으려 하는 경우, 우리 자신의 개별적 존재에 대한 일상적 관심을 포기하는 절차가 반드시 필요하다는 것이다. 그리고 이처럼 인간을 포함한 나머지 존재들과의 결합을 깨닫는 것은 매우 중요하다. 왜냐하면 니체에 의하면 인간 개인은 죽음과 고통에 직면해서 자신의 죽음 이후에도 살아남게 될 더 큰 전체에 자신이 속해 있다는 사실을 깨달음으로써만 절망을 극복하고 삶을 긍정할 수 있기 때문이다. 그런데 이러한 디오니소스적인 깨달음을 전달하고 보존하기에는 우리 인간이 사용하는 언어로는 충분하지 못하다. 언어는 우리 인간이 세계를 근원적 일자와 공유하고 있다는 점을 직접 전달해주지는 못하기 때문이다.

이제 바야흐로 그러한 깨달음을 전달하고 보존하기 위해 자연스럽게 등장하는 것이 바로 음악이다. 음악은 근본적으로 우리의 현존이란 그 음악을 듣는 사람이 다른 사람들과 공유할 수 있는 어떤 것이라는 디오니소스적 감각을 전달하는 힘을 갖고 있기 때문이다.[21]

니체는 음악이 개별적 관점에서 이해된 특정한 경험들을 표현하는 것이 아니라, 그 작용 속에 있는 전체 세계의 본성을 표현한다고 믿는 점에서 여전히 쇼펜하우어를 따르고 있다. 뿐만 아니라 개별화된 의지간의 투쟁은 환상이며, 그 환상 배후에 진짜 하나의 세계로서의 모습이 있음을 알게 해 줄 수 있는 것이 바로 음악이라는 점에서도 니체는 쇼펜하우어의 세계관을 충실히 반영하고 있다. 하지만 니체는 음악의 구원적 힘에 대한 평가에서는

21 이런 맥락에서 음악은 강제 없이 의사소통할 수 있는 미적 상호주관성을 가능하게 한다고 할 수 있다. "의사소통의 강제 없는 상호주관성은 명제로는 구분되지 않는 언어, 즉 음악의 언어 속에서 실현된다.", U. Tiez, "Musik und Tanz als Symbolische Formen: Nietzsches Ästhethische Intersubjektivität", in: *Nietzsche Studien* Bd. 33, 2004, 78쪽.

쇼펜하우어를 넘어선다. 즉 음악만이 신화에다가 디오니소스적 지혜, 다시 말해 고통에도 불구하고 개별적 현존은 그것이 살아 있는 모든 것의 기본적인 통일성에 근거하고 있기 때문에 즐겁고 힘이 있다는 지혜를 전달하는 힘을 갖는다. 그리스 비극이 보여주는 신화들은 그 완전한 효과를 성취하기 위해서 음악을 요구했다. 왜냐하면 신화적 이야기를 표현하는 말들은 음악이 좀 더 직접적으로 표현했던 보편적이고 디오니소스적인 진리들의 표면적 이미지만을 제공했기 때문이다. 결국 음악은 말보다 디오니소스적 통찰의 근원에 가깝다. 왜냐하면 음악은 세계의 심장으로부터 말하기 때문이다. 개인을 조화로운 흐름 안에 포섭하는 능력으로 인해 음악은 디오니소스적 경험을 전달할 수 있다. 디오니소스적인 경험 가운데 인간의 모든 측면은 근원적 일자로서 하나의 존재와 온전하게 결부된 것으로 나타나며, 우리의 개별적 현존은 나머지 실재와 분리되지 않고, 이에 대한 깨달음은 비록 무의식적이라고 해도 축제의 분위기를 불러일으킨다.[22]

요컨대 니체는 음악이 의지를 통해 의지만을 대상으로 삼아 표현된다는 점에서 쇼펜하우어를 받아들이는 한 편(보존), 그런 의지란 여전히 경험적이고 표상적인 차원에 속할 수밖에 없으므로 음악의 기원이 될 수는 없다는 면에서는 쇼펜하우어를 부정한다. (부정)더 나아가 니체는 음악의 기원을 쇼펜하우어와는 달리 표상되거나 모사될 수 있는 그런 의지가 아니라 그런 의지보다 더 근원적인 디오니소스적 상태에 둠으로써 음악을 하는 가운데 우리의 고통스런 삶조차 기꺼이 긍정할 수 있는 중요한 계기를 마련했다고 할 수 있다. (상승) 바로 이처럼 니체는 쇼펜하우어의 입장을 지양하고 있다.[23] 결국 우리는 음악이 디오니소스적인 상태의 몰아적(沒我的) 경험을 떠

---

22 음악의 효과에 대한 분석을 시도하는 글로 K. M. Higgins, “Music or the Mistaken Life”, *International Studies in Philosophy* 35:3, 2003, 117-130쪽.

23 예술이나 음악과 관련하여 니체와 쇼펜하우어를 본격적으로 문제 삼고 있는 국내 연구는

올리고 그것을 기억하게 하는 결정적 역할을 함으로써 우리 인간이 그 속에서 삶을 긍정할 수 있는 중요한 단초를 제공한다는 점을 확인할 수 있다.[24] 달리 말해 니체는 음악이 삶을 "온전하게 경험"[25]하고 긍정하기 위해 반드시 요구되는 차원으로 규정하고 있는 셈이다.[26]

6. 음악을 하는 소크라테스의 화신으로서 니체

『비극의 탄생』에서 등장하는 중요한 구절 가운데 하나는 소크라테스가 말년에 자신의 꿈에서 들었다고 하는 내면적 명령이다. 그것은 "소크라테스여, 음악을 하라."(F. Nietzsche, GT, 14, KSA 1, 96)는 것이다. 이 명령

아직 없다. 다만 비교적 최근에 삶의 긍정이라는 니체의 입장에서 쇼펜하우어 식의 염세주의를 비판하고 있는 논문으로는 김주휘, 「비극의 탄생 읽기: 니체 대 쇼펜하우어」(『철학사상』, 서울대학교 철학사상 연구소, Vol. 29, 2008, 75-105쪽)가 있다. 다만 이 글에서 아쉬운 점은 니체가 쇼펜하우어와는 달리 삶을 긍정할 수 있는 동력이 어디에 있는지가 아직 모호하게 남아 있다는 것이다.

24 니체의 음악적 견해에 대한 최근 국내 연구로는 우선 홍사현, 「니체의 음악적 사유와 현대성-바그너, 한슬릭, 쇤베르크와의 관계를 중심으로」(『니체연구』10집, 한국니체학회, 2006, 69-103쪽)이 있다. 필자는 여기서 니체가 절대음악의 입장에서 바그너를 비판했으며, 더 나아가 불협화음을 음악에 고유한 요소로 포함시켰다는 의미에서 쇤베르크의 선구자가 되었음을 일목요연하게 서술하고 있다. 하지만 니체가 쇤베르크를 비롯한 아방가르드적 예술에 직접적인 영향력을 행사했다는 해석이 반드시 절대적이지 않을 수 있다는 점을 우리는 원동훈, 「현대음악과 프랑스 현대예술 담론의 계보학-니체, 푸코, 리오타르를 중심으로」(『니체연구』10집, 한국니체학회, 2006, 195-230쪽)에서 확인할 수 있다. 여기서 필자는 니체에게서 쇤베르크 등의 특징을 확인하는 것은 니체가 오히려 비서구적인 음악에 더욱 주목했으며, 거기서 데카당스를 극복할 수 있는 방안을 적극적으로 모색했다는 사실을 제대로 평가하지 못하는 결과를 초래할 수 있음을 잘 지적하고 있다.

25 K. M. Higgins, 앞의 책, 117쪽.

26 "음악이 우리를 위해 그것을 할 수 있다는 사실은 음악이 우리의 근본적 자연과 밀접한 관계에 있다는 증거이며, 음악은 근본적 자연이 자신의 이미지 속에서 잠시 동안이나마 우리를 다시 만들어낼 수 있게 하고 그럼으로써 삶이 미적으로 만족스럽고, 따라서 긍정할 수 있는 현상으로 변형될 수 있는 방식의 맛을 우리에게 준다.", R. Schacht, 앞의 책, 141쪽.

구절의 의미는 이론적 인간의 전형으로서 소크라테스가 삶을 좀 더 제대로 파악하고 긍정하기 위해서는 예술적이고 음악적인 사유가 반드시 필요하다는 지적으로 해석해 볼 수 있을 것이다. 하지만 우리가 여기서 주목하고 싶은 것은 이 같은 경구가 단순히 소크라테스에게만 해당되는 말이 아닐 수 있다는 사실이다. 즉 전통 형이상학을 비판하기는 했지만 여전히 철학자로서 개념적 언어를 통해 작업을 할 수밖에 없었던 니체로서는 스스로 음악을 자신의 철학적 서술과 분석에다 직접 접목시킬 필요성을 느꼈을 수 있다. 그리고 이런 깨달음의 결과로서 볼 수 있는 것이 바로 니체 식의 독특한 문체와 글쓰기이다.[27]

즉 음악적 사유를 언어를 사용하는 철학과 결합시키려는 시도와 산고 끝에 결과한 것이 바로 니체 식의 독특한 글쓰기일 수 있다는 말이다. 이것은 니체가 음악과 관련하여 쇼펜하우어와 갈라지는 또 하나의 지점이기도 하다. 왜냐하면 쇼펜하우어가 단순히 이론적 측면에서만 음악에 접근했다면, 니체는 스스로 작곡도 했을 뿐만 아니라 언어의 한계를 명확히 인식하고 음악을 자신의 철학함에 직접 도입하고 있기 때문이다. 우리는 아래에서 이 같은 가설을 『비극의 탄생』과 『차라투스트라는 이렇게 말했다』라는 저술의 서술 방식을 중심으로 간략하게 살펴보고자 한다.

바그너에게 헌정하고 있는 『비극의 탄생』에서 니체는 전통적인 방식의 철학적 글쓰기에서 탈피한 새로운 형태의 서술을 제시하고 있다. 이 책에 포함되어 있으나 나중에 다시 쓴 「자기비판의 시도」에서 니체는 젊은 날의 혈기로 인해 논리적 비약 등의 결함이 그 책에 포함되어 있다고 스스로 고백하고 있지만, 그러한 사실만으로는 문체적 독특성을 다 설명할 수 없

27 니체의 독특한 문체와 글쓰기를 음악적 글쓰기로 규정하고 있는 글로는 Hans-Martin Gauger, "Nietzsches Stil", *Nietzsche als Philosoph der Moderne*, Hrsg. von Barbara Neymeyr und Andreas Urs Sommer, Heidelberg 2012, 271-300쪽.

다. 이에 대한 유력한 설명으로 떠오르는 것은 이 저술이 바로 바그너 음악의 핵심적 특징들에 따른 철학적 서술이라는 가설이다. 가령 바그너는 쇤베르크까지 이어지는 아방가르드적 흐름에서 중요한 역할을 하고 있는 불협화음을 음악에다 적극적으로 포함시켰다. 더 나아가 바그너는 주도적 동기(Leitmotiv)라는 기법을 음악에 도입했다. 주도적 동기란 여러 가지 연관된 주요 주제들이 간격을 두고 반복해서 나타나고 갈등의 해결이 지연됨으로써 긴장을 고조시키는 기법을 말한다. 이 개념을 통해 우리는 니체의 문체적 특징을 이해해 볼 수 있을 것이다. 가령 항해와 관련된 메타포들, 즉 배, 바다, 키 등이 간격을 두고 글에 등장해서 문제를 던지고 갈등을 고조시킴으로써 전체적인 의미의 흐름을 형성한다는 것이다. 이 같은 혁신적 기법을 니체는 비논리적으로 보이는 자신의 글쓰기에 녹여 내고 있다고 볼 수 있다. 그래서 다음과 같은 설명이 가능하다. 즉 『비극의 탄생』이라는 "이 텍스트가 가진 문체적 특수성의 비밀은 (아이디어, 모티브, 용어 등의) 변주를 이끌어내기 위해 반복을 사용함으로써 그 안에 야기된 긴장에 있다. 아이디어들의 전개는 엄격하게 논리적인 설명 노선을 따르기보다는 뉘앙스와 관점의 미묘한 전이를 통해 일어나며, 따라서 논변은 의미의 이정표로 던져진 반복되는 주도적 모티브들을 갖고 하나의 길고 파동 치는 선을 형성한다. 그러므로 우리는 이러한 글쓰기를 통해서는 합리적으로 절이 구분된 주제의 전개를 경험할 수 없다. 대신 이 텍스트는 구성 성분들 간의 복잡한 관계망을 보여준다."[28]

다음으로 스스로 하나의 음악 작품으로 간주한 『차라투스트라는 이렇게 말했다』에서 니체는 바그너의 음악이 비극의 재생이라는 과제에 실패한

28 D. Burnham and M. Jesinghausen, *Nietzsche's The Birth of Tragedy*, London, New York 2010, 110-111쪽.

후 스스로 음악에 비견되는 하나의 비극작품을 보여주고 있다고 할 수 있다. 이 책에서는 직접 노래들이 등장하기도 하며, 다양한 문체들이 실험되고 있다. 이 책을 통해 니체는 수많은 차이와 형태를 간직하고 있는 디오니소스적인 충동을 직접 음악적으로 연출하고 있다고 볼 수 있다. 다시 말해 기존의 언어로 철학하기의 결함을 절감한 니체는 음악과 철학의 결합을 자신의 주저 속에서 직접 연출하고 있는 셈이다. "니체는 음악, 디오니소스적 음악과 철학이 …… 창조적이고 과감한 영혼들에게 유용한 형태, 다양하고 가능한 삶의 형태들을 표현하기를 기대한다."[29]

7. 나가는 말

이상에서 검토한 내용을 간략히 정리하면 다음과 같다. 우선 니체는 음악과 삶을 동일한 차원으로 파악하고 있다. 이 같은 점은 니체가 삶에 대한 이해와 접근이 서툰 철학자가 가진 성향을 음악에 대한 미신과 결부시켜 파악하고 있다는 점에서 가장 분명하게 드러난다. 여기서 음악과 삶은 구분할 수는 있지만 분리할 수는 없는 동전의 양면과 같다.

다음으로 니체가 적극적으로 대결하고 있는 쇼펜하우어는 의지의 결핍과 도로(徒勞)로 인해 실천적 페시미즘에 이르지만 거기에서 잠시나마 벗어날 수 있는 길로 예술을 처방한다. 니체는 쇼펜하우어의 예술론 가운데 특

29 J. M. Carvalho, "Nietzsche", *The Routledge Companion to Philosophy and Music*, ed. by Theodore Gracyk and Andrew Kania, London and New York 2011, 358쪽. 디오니소스적인 음악이 인위적인 작곡가의 개입을 배제하고 있다는 측면에서 그것은 전자음악이나 존 케이지(John Cage) 등의 실험 음악과도 연결되어 설명될 수 있을 것이다. 이처럼 현대 음악의 흐름을 니체 식의 디오니소스적 요소를 살려내려는 시도로 보려는 입장에 대해서는 C. Cox, 앞의 책, 507-509쪽.

히 음악에 주목한다. 니체는 쇼펜하우어와 마찬가지로 현상세계를 단순히 모방하는 것이 아니라 근원적 의지와 관계하는 음악에 가장 큰 중요성을 부여하고 있는 셈이다.

셋째로 하지만 니체는 음악에 대한 쇼펜하우어의 견해를 그대로 수용하지 않고 비판적으로 지양한다. 즉 그는 음악이 의지만을 대상으로 삼는다는 점에서 쇼펜하우어를 받아들이는 한 편, 그런 의지란 여전히 경험적이고 표상적인 차원에 속할 수밖에 없으므로 음악의 기원이 될 수는 없다는 면에서는 쇼펜하우어를 부정하고, 음악의 기원을 쇼펜하우어와는 달리 표상되거나 모사될 수 있는 그런 의지가 아니라 그런 의지보다 더 근원적인 디오니소스적 상태에 둠으로써 음악을 하는 가운데 우리의 고통스런 삶조차 기꺼이 긍정할 수 있는 중요한 계기를 음악 속에서 보고 있다. 넷째로, 니체는 음악을 단순히 이론적 탐구의 대상으로 삼았을 뿐만 아니라 좀 더 적극적으로 자신의 철학 속에 음악 정신을 녹여내고 있다. 우리는 이 같은 점을 니체가 보여주는 글쓰기 스타일과 저술의 구성 방식 등에서 확인할 수 있다. 철학과 음악을 융합시키려는 독특하고도 야심찬 기획을 하고 있다는 의미에서 니체는 스스로 음악을 하는 소크라테스의 화신이 되었다고도 할 수 있을 것이다.

한 가지 남아 있는 과제는 음악에 대한 니체의 이 같은 철학적 입장이 얼마나 설득력이 있는지를 다른 철학자들의 견해와 비교하여 평가하는 일이다. 가령 아도르노와 같은 철학자가 니체의 음악 철학에 대한 주요한 스파링파트너가 될 수도 있을 것이다.

참고문헌

김미영, 「칸트의 철학에 대한 쇼펜하우어의 비판」, 『칸트연구』 Vol. 27, 한국칸트학회, 2011, 103-128쪽.

김주휘, 「비극의 탄생 읽기: 니체 대 쇼펜하우어」, 『철학사상』 Vol. 29, 서울대학교 철학사상 연구소, 2008, 75-105쪽.

원동훈, 「현대음악과 프랑스 현대예술 담론의 계보학-니체, 푸코, 리오타르를 중심으로」, 『니체연구』10집, 한국니체학회, 2006, 195-230쪽.

홍사현, 「니체의 음악적 사유와 현대성-바그너, 한슬릭, 쇤베르크와의 관계를 중심으로」, 『니체연구』10집, 한국니체학회, 2006, 69-103쪽.

Allison, David B., "Some Remarks on Nietzsche's Draft of 1871, "On Music and Words"", *New Nietzsche Studies*, Volume 1&2, Fall/Winter 1996, 15-41쪽.

Burnham, Douglas and Jesinghausen, Martin, *Nietzsche's The Birth of Tragedy*, London, New York 2010.

Carvalho, J. M., "Nietzsche", *The Routledge Companion to Philosophy and Music*, ed. by Theodore Gracyk and Andrew Kania, London and New York 2011, 350-359쪽.

Ferry, Luc, *Homo aestheticus: The Invention of Taste in the Democratic Age,* Trans. Robert de Loazia, Chicago 1993.

Gauger, Hans-Martin, "Nietzsches Stil", *Nietzsche als Philosoph der Moderne*, Hrsg. von Barbara Neymeyr und Andreas Urs Sommer, Heidelberg 2012, 271-300쪽.

Gerhardt, Volker(ed), *Also sprach Zarathustra*, Berlin 2000.

Goodrich, R. A., "Nietzsche on Music: Perspectives from The Birth of Tragedy", *Literature & Aesthetics* Vol 14. No. 1, 2004, 7-21쪽.

Cox, Christoph, "Nietzsche, Dionysus, and the Ontology of Music", *A Companion to Nietzsche*, Cambridge 2009, 495-513쪽.

Heckmann, Peter, "The Role of Music in Nietzsche's Birth of Tragedy", *The British Journal of Aesthetics*, 30.4, Oct. 1990, 351-360쪽.

Higgins, Kathleen Marie, "Nietzsche on Music", *Journal of the History of Ideas*, Vol. 47, No. 4(Oct. -Dec., 1986, 663-672쪽.

______, "Music or the Mistaken Life", *International Studies in Philosophy* 35:3, 2003, 117-130쪽.

Janaway, Christopher(ed), *The Cambridge Companion to Schopenhauer,* Cambridge 1999.

______(ed), *Willing and Nothingness, Schopenhauer as Nietzsche's Educator,* Oxford 1998.

Janz, Curt Paul, "Friedrich Nietzsches Verhältnis zur Musik seiner Zeit", in: *Nietzsche Studien* 7, 308-326쪽.

Kunicki, Wojciech(ed), *Nietzsche und Schopenhauer,* Leipzig 2006.

Liébert, Georges, *Nietzsche and Music,* trans. by David Pellauer and Graham Parkers, Chicago & London 2004.

Magee, Bryan, *The Philosophy of Schopenhauer,* Oxford 1997.

Neill, Alex, "Scopenhauer", *The Routledge Companion to Philosophy and Music*, ed. by Theodore Gracyk and Andrew Kania, London and New York 2011, 339-349쪽.

Neymeyr, Barbara, *Ästhetische Autonomie als Abnormität, Kritische Analysen zu Schopenhauers Ästhetik im seiner Willensmetaphysik,* Berlin, New York 1996.

Nietzsche, Friedrich, *Sämtliche Werke*. Kritische Studienausgabe in 15 Bänden, G. Colli u.a.(Hg), München 1999.

Ottmann, Henning (Hrsg.), *Nietzsche Handbuch*, Stuttgart, Weimar 2000.

Prange, Martine, "Nietzsche, Art, and Aesthetics. Five Years of Research", in: *Nietzsche Studien* 40, 2011, 360-381쪽.

R. Love, Frederick, "Nietzsche's Quest for A New Aesthetic of Music: "Die Allergrösste Symphonie", "Grosser Stil", "Musik des Sûdens"", *Nietzsche Studien*, Bd. 4, 1977, 155-194쪽.

Ries, Wiebrecht, *Nietzsche und seine Ästhetische Philosophie des Lebens*, Tübingen 2012.

Simmel, Georg, *Schopenhauer und Nietzsche,* München 1920.

Taminiaux, Jacques, "Art and Truth in Schopenhauer and Nietzsche", *Man and World* 20, 1987, 85-102쪽.

Schopenhauer, Arthur, *Die Welt als Wille und Vorstellung*, Hrsg. von Ludwig Berndl, München, 1912.

______, *Über die vierfache Wurzel des Satzes von zureichenden Grunde*, Gesammelte Werke, 10 Bände in Kassette, Bd. V, Zürich 1977.

______, *The World as Will and Representation*, Volume II, trans. by E. F. J. Payne, New York 1966.

Tietz, Udo, "Musik und Tanz als Symbolische Formen: Nietzsches Ästhethische Intersubjektivität", in: *Nietzsche Studien* Bd. 33, 2004. 75-90쪽.

Vandenabeele, Bart, "Schopenhauer, Nietzsche, Wagner", *A Companion to Schopenhauer*, Cambridge 2012, 349-366쪽.

Wenzel, Wilfried, "Ist Schopenhauers Musikästhetik noch aktuell? In: Schopenhauer, Nietzsche und Kunst. *Schopenhauer Studien* 4, Hrsg. von Wolfgang Schirmacher, Wien 1991, 161-168쪽.

Weyers, Raymund, *Schopenhauers Philosophie der Musik*, Regensburg 1976.

Young, Julian, "Schopenhauer, Nietzsche, Death and Salvation", *European Journal of Philosophy* 16:2, 2008, 311-324쪽.

니체의 미학과
예술철학

2부

니체 미학/예술철학의 비교연구

니체의 미학과
예술철학

05

아리스토텔레스와 니체의 비극

강 영 계

1. 예술의 의미

이 글의 목적은 넓은 의미에서 아리스토텔레스와 니체의 예술 철학을 고찰하는 것이다. 이러한 목적은 어떤 관점을 토대로 삼고 있는가? 우선 아리스토텔레스는 체계적인 예술철학 또는 미학을 최초로 구성하였으며 니체는 전통적 예술철학을 모두 전도시키려고 한 최초의 인물이라는 관점을 제시할 수 있다. 그렇지만 아리스토텔레스와 니체 양자 모두 예술을 대변하는 것으로서 비극을 꼽고 있다는 관점에서 이 두사람의 예술철학을 비판적 관점에서 대비시켜 보고자 한다는 것이 보다 더 적절한 목적에 해당할 수 있을 것이다. 따라서 나는 이 글에서 아리스토텔레스와 니체의 비극을 비교함으로써 양자의 예술철학을 고찰할 것이다.

나는 '아리스토텔레스와 니체의 비극'을 다음과 같은 여섯 개의 소주제로 나누어서 다룰 것이다: 예술의 의미, 미의 문제, 비극, 카타르시스, 비극과 음악, 비판적 결론. 플라톤의 전통에 따라서 아리스토텔레스는 예술을 인간의 모방활동으로 본다. 그렇지만 니체는 예술을 인간의 모방활동이 아니라 창조적인 힘에의 의지에 의한 존재론적 활동으로 본다. 이 점에서 벌써 예술에 대한 양자의 기본적 차이를 엿볼 수 있다.

미의 문제는 아리스토텔레스와 니체의 예술에 관한 관점과 밀접한 관계를 맺고 있다. 아리스토텔레스의 미는 어디까지나 합리적 성격을 가지고 있으므로 미의 본질은 수학적 질서나 조화일 수밖에 없다. 그렇지만 니체에게 있어서 미의 본질은 힘에의 의지의 긍정 내지 표현에 있다. 예술과 미에 관한 아리스토텔레스와 니체의 견해를 살핀 후 양자의 비극을 고찰할 경우 왜 두 사람의 비극에 관한 입장이 현격한 차이를 드러내는지 쉽사리 알 수 있다.

아리스토텔레스와 니체 양자에게 있어서 비극은 곧 예술이라고 말할 수 있다. 물론 예술의 장르를 놓고 볼 때 시간예술로서의 음악과 공간예술로서의 미술 그리고 이들 두 부류와는 다른 의미와 상징의 예술로서의 문학을 들 수 있다. 그렇지만 아리스토텔레스나 니체는 일반적인 예술장르의 구분을 따르지 않고 가장 뛰어난 예술로서 비극을 꼽고 있으며 또한 비극을 종합예술의 장르로 여기고 있다. 아리스토텔레스와 니체 두 사람이 모두 희랍의 고전적 비극을 비극의 전형으로 보고 있는 한에서 그들이 논하는 비극은 여전히 시적 예술이고 따라서 문학의 장르에 속한다고도 말할 수 있겠지만 아리스토텔레스가 말하는 비극의 구성요소들을 고찰하거나 니체가 제시하는 비극의 디오니소스적 요소를 고려할 때 그들의 비극은 종합예술의 장르에 속한다고 볼 수 있다.

아리스토텔레스와 니체의 비극을 분석적, 비판적으로 고찰하는 상세한 이유는 다음과 같다. ① 오늘날 예술의 의미는 상업적 획일주의에 물들어 있는 실정이다. 이러한 현상에서 아리스토텔레스와 니체의 예술관이 우리들에게 던져주는 의의는 어떤 것인가? ② 아리스토텔레스의 예술, 미, 비극에 관한 이론은 소위 전통적 미학의 전형이다. 니체의 입장에서 볼 때 이와 같은 전형은 어떤 문제점을 가지고 있으며, 니체 자신의 견해는 또한 어떤 문제점들을 포함하고 있는가? ③ 아리스토텔레스적 모방이론과 니체적 창조 이론은 어떤 점에서 차이나며 현재의 우리들에게 이들의 이론은 과연 어떤 의미를 가지는가? 물론 우리들은 '아리스토텔레스와 니체의 비극'에 관한 지금의 논의를 통해서 예술과 미 그리고 비극을 확고하게 정의할 수도 없으며 그것들에 관한 결정적인 평가도 내릴 수 없다. 왜냐하면 논의는 어디까지나 시도에 불과할 뿐이고 논의 자체가 아리스토텔레스와 니체의 예술, 미, 비극에 관한 이론을 개방적인 지평으로 인도하려는 노력이기 때문이다. 이와 같은 시도는 오늘날의 부정적인 문화산업의[1] 양태에 대해서도 개방된 방향을 제시할 수 있을 것이다. 호르크하이머와 아도르노의 말을 따르지 않더라도 현대 문화는 기술적 합리성에 의해서 주도되고 있으며 이 기술적 합리성은 지배의 합리성으로서 정당성을 주장하고 있다. 호르크하이머나 아도르노와 같은 맥락에서 리오따르는 과학적 지식에 의한 기술과 정보가 현대를 지배하고 있다고 본다. 도처에서 기술과 정보에 관한 증거의 관리가 행하여지고 있고 증거관리의 목적은 진리가 아니라 어디까지나 실용적인 효율성이다. 과학적 지식은 자동화된 체계에 의해서 기술과 정보를 관리하고 있다.[2] 문화가 이미 문화산업의 형태를 취하고 있는 한에 있어서 예술도 후기 산업사회 및 후기 자본주의의 특징인 기술과 정보 및 획일적 상업주의의 틀을 벗어나기 힘들다. 이러한 상황에서 아리스토텔레스의 고전적 예술 철학과 니체의 비판적 예술철학에 대한 고찰은 현대의 고정된 예술의 지평을 개방된 지평으로 이끌어 갈 열쇠의 역할을 행할 것이다.

나는 '아리스토텔레스와 니체의 비극'을 논의함에 있어서 형식적으로 우선 아리스토텔레스의 『시학』텍스트를 충실하게 해석하고 다음으로 필요한 경우 니체의 견해와 대비하면서 비판적 고찰을 시도할 것이다. 이러한 시도에 있어서 가장 큰 주제로 부각되는 것들은 예술, 미 그리고 비극이다. 나는 주로 이들 세 가지 개념을 아리스토텔레스의 『시학』에 따라 작은 주제들로 나누기도 하고 적절한 곳에서는 니체의 견해와 대비시키면서 논의를 진행할 것이다.

아리스토텔레스의 기예(lechne)는 기술과 예술로 양분된다. 기예는 자연대상을 완성하거나 아니면 자연을 모방하는데 전자는 기술이라고 할 수 있는 반면에 후자는 예술이다. "실로 일반적인 명제로서 기예(lechne)는 자연을 기초로 하여 사물들을 자연(physis)이 할 수 있는 것보다 더 멀리 가지

1 M. Horkheimer, Th. A. Adorno, Dialektik der AufkUinmg, Ffm., 1986, 113쪽 참조.

2 Jean-François Lyotard, La condition postmordem, Paris, 1957, 77쪽.

고 가거나 아니면 자연을 모방한다."[3] 이 말에서 사물들을 자연이 할 수 있는 것보다 더 멀리 가지고 간다는 것은 자연적 사물을 실용적으로 가공하여 도구나 기구를 만드는 것을 말한다. 그런가 하면 자연의 모방(mimesis)은 바로 세계의 모방으로서 예술에 의해서 창조된 상상의 세계를 의미한다. 아리스토텔레스의 예술에 대한 모방이론은 물론 플라톤의 영향을 받은 것이다. "모방적 예술은 분명히 진리와는 거리가 멀다"[4]는 플라톤의 말은 그의 철학 체계 전체를 놓고 볼 때 현상은 이데아의 그림자이고 예술은 현상의 그림자(모방)이기 때문에 예술은 현상보다도 참답지 못하다는 것을 뜻한다. 앞으로 아리스토텔레스의 모방이론을 상세히 고찰하겠지만 아리스토텔레스에게 있어서 예술은 어디까지나 자연 세계의 모방이다. 그렇지만 시인의 기능에 대한 아리스토텔레스의 다음과 같은 표현은 그의 입장이 플라톤의 입장과 다르다는 것 그리고 시는 역사보다 더 철학적이라는 것을 알게 해준다. "시인의 기능은 발생한 것을 기술하는 것이 아니라 일종의 일어날 수 있는 것, 즉 개연적이거나 필연적인 것으로서 가능한 것을 기술하는 것이다."[5] 아리스토텔레스에 의하면 시적 진술의 본성은 보편에 있으며 역사적 진술의 본성은 개별에 있으므로[6] 시는 역사보다 철학적이라는 것이다. 시는 철학이 아니라 철학적이라는 것은 무엇을 말하는가? 앞에서 본 것처럼 시는 개연적이거나 필연적인 것으로서의 가능한 것에 대한 기술이라면 철학은 필연과 보편에 대한 기술이기 때문에 아리스토텔레스는 시를 일컬어 철학적이라고 한 것이다. 물론 아리스토텔레스는 음악과 미술도 예술의 장르에 속하는 것

3 Physica, 199a 15. 이 글의 각주에서 저서만 제시된 것은 모두 아리스토텔레스의 저서를 지시한다.

4 Platon, Politeia 598b 6.

5 Poetica, 1451a 35.

6 Ibid., 1451b 5.

으로 보기는 해도 『시학』에서 예술을 대변하는 것으로 드러나는 것은 시예술이고 그 중에서도 가장 대표적인 것은 비극이다. 이러한 경향은 니체에게 있어서도 마찬가지이다. 그렇기 때문에 아리스토텔레스와 니체의 예술관을 비교하는 것은 양자의 비극에 대한 견해를 대비시켜 보는 것으로 충분하다고 말할 수 있다.

아리스토텔레스는 예술을 자연세계의 모방으로 보는데 비하여 니체는 예술을 철학보다 더 월등한 것으로 간주한다. "대체로 나는 지금까지의 모든 철학자들보다 예술가들에게 더 많은 권리를 부여 한다. 예술가들은 삶이 향하는 위대한 흔적을 상실하지 않는다."[7] 니체의 이 말에서 우리가 알 수 있는 것은 철학자는 이론가이고 예술가는 창조자라는 것과 아울러 철학은 형식적 이론의 일면성에 머물러 있는 반면에 예술은 그러한 일면성을 극복하고 힘에의 의지를 직접 표현한다는 것이다. 따라서 니체에게 있어서 예술은 철학 보다 한층 더 월등하다. 아리스토텔레스에게 있어서 예술은 어디까지나 자연의 모방으로서 개연적인 필연성과 보편성의 가능성을 포함하기 때문에 필연성과 보편성 자체를 표현하는, 곧 진리를 표현하는 철학보다 하위에 자리잡을 수밖에 없다. 그렇지만 니체에게 있어서는 그와 같은 질서가 전도된다. 니체의 「힘에의 의지」의 부제인 '모든 가치들의 전도에 대한 추구'에서 알 수 있는 것처럼 니체는 아리스토텔레스적인 전통적 이성진리의 질서를 붕괴시키고 철학보다 예술을 우월한 위치에 정립한다.

그러나 니체의 예술에 대한 견해를 보다 더 근접할 경우 그는 예술을 철학보다 우월하게 본다고 말할 수도 있겠으나 그가 지금까지의 전통적인 철학과 예술의 가치를 모두 붕괴시키는 한에 있어서 그는 예술과 철학을 동

7 F. Nietzsche, Wilie zur Macht, Stuttgart, 1964, 552쪽. 이 글에서 니체의 저서는 앞으로 다음의 약자로 인용하겠다. Werke I, II …… (R Nietzsche Werke in 5Bde, Munchen, 1988). W.z.M(F. Nietzsche Der Wille zur Macht, Stuttgart, 1964).

일한 것으로 정립하고자 하여 '예술가-철학자'[8] 라는 자신의 고유한 개념을 사용한다. 이와 같은 니체의 생각은 어떤 면에서는 칸트의 철학체계와 유사한 점을 소유한다. 칸트는 이론이성은 자연을 탐구하기 때문에 한계가 있으며 실천이성은 도덕이나 윤리적 자유를 탐구하기 때문에 한계가 있다고 보았다. 그러므로 칸트는 판단력에 의해서 미와 신의 문제를 접근할 수 있다고 생각하였다.[9] 그렇다면 칸트에게 있어서는 결국 예술이나 종교가 자연법칙의 한계와 아울러 실천적 행동의 자유의 한계를 극복하고 물 자체에 접근할 수 있다는 주장이 성립한다고 말할 수 있다. 칸트에게 있어서도 아리스토텔레스의 경우와 달리 예술이 이성보다 우위에 있다고 말할 수 있다.

그러나 니체에게 있어서는 우선 전통적인 의미로 볼 때 예술이 철학보다 우위를 점하지만, 또 한편으로 전통적 철학과 예술을 전도시킬 경우 철학과 예술은 하나이다. 이와 같은 니체의 입장은 ① 예술에 관한 니체의 입장이 일원론적 신비주의적 색채가 강하며, ② 니체가 역사, 사회적 현실을 외면하기 때문에 철학과 예술을 하나로 보는 경향이 있고, ③ 예술과 철학이 하나라면 세계의 차별성은 과연 단지 피상적인 가상에 불과한지 아니면 어떤 근거에서 그러한 차별성이 성립하는지에 대한 니체의 해명이 부족하다고 말할 수 있다. 아리스토텔레스와 니체의 예술이론에 관해서는 앞으로 아리스토텔레스의 모방이론을 상세히 논의하면서 세부적으로 고찰하기로 하겠다.

8 W.z.M., 553쪽.

9 칸트의 「순수이성비판」은 이론이성에 의해서 자연법칙율 탐구하고 「실천이성비판」은 실천이성에 의해서 행동의 자유를 탐구하며 「판단력 비판」 은 판단력에 의해서 미와 숭고함을 탐구한다.

(1) 예술의 수단

아리스토텔레스는 자연세계의 모방으로서의 예술은 서사시, 비극, 희극, 디튀람보스 시, 음악, 미술 등의 장르로 구분되며 그러한 구분은 수단의 차이, 대상의 차이 그리고 모방방식에 의해서[10] 성립한다고 본다. 이것은 예술의 각 장르들이 예술의 수단, 대상 그리고 모방방식 등에 따라서 서로 구분된다는 것을 말한다. 예컨대 색가 형태의 수단에 의해서 미술이 성립하고 율동, 언어 및 화음에 의해서 음악이 성립한다.[11] 그런가 하면 무용은 화음이 없이 오로지 율동에 의해서만 성립한다. 아리스토텔레스는 『시학』에서 주로 시적 예술로서의 비극을 중점적으로 다루고 있고 음악과 미술에 관해서는 거의 취급하지 않고 단지 예술의 장르로서 고찰하면서 음악과 미술의 특징만을 간단하게 제시하고 있다. 그에게 있어서 음악은 정경과 함께 비극의 본질적 요소가 아니라 부가적인 요소의 역할을 담당한다.[12] 이러한 사실은 비극에서 플롯(mỹthos)이 가장 중요하며 그 이외의 요소들로서 성격, 어법, 사상, 정경, 선율 등이[13] 제시되는 것을 보아도 명백하다. 여기에서 선율(melopoiía)은 넓은 의미에서 음악에 해당한다고 볼 수 있다. 아리스토텔레스는 비극을 예술의 전형으로 고찰함에 비하여 미술이나 음악은 도덕적, 교육적 성격이 강한 것으로 본다. 특히 청년들이 예술작품을 옳게 판단하도록 교육하기 위해서 미술이 기여하며 또한 음악은 청년의 성격을 형성하는데 공헌한다는 것이[14] 아리스토텔레스의 견해이다.

그러나 음악과 미술에 대한 니체의 견해는 아리스토텔레스의 입장과

10 Poetica, 1447a 15.
11 Ibid., 1447a 20.
12 Ibid., 1462a 15.
13 Ibid., 1450a 9.
14 Politica, 1338a 17, 1340b 10.

정반대이다. 니체에게 있어서 음악과 미술은 예술(또는 비극)의 두 요소로서 그것들은 곧 디오니소스적인 것과 아폴론적인 것으로서 '예술적 힘들'[15]이다. 미술이 형식적 힘인 반면에 음악은 내용적 힘이기 때문에 니체에게 있어서 예술의 바탕은 어디까지나 음악일 수밖에 없다. 아리스토텔레스는 당시의 비극을 긍정적 관점에서 고찰함으로써 음악과 미술을 비극 또는 예술의 부차적 요소로 보았다. 반면에 니체는 비판적 사색의 관점에서 음악과 미술의 본질을 통찰함으로써 예술의 근원으로서 음악과 미술의 성격을 해명하고 있다. 그렇지만 니체에게 있어서는 어떻게 근원적인 (디오니소스적, 음악적) 힘으로부터 아폴론적(수학적, 미술적)힘이 생기며 또 이들 양자의 근본적인 차이가 과연 어떤 것인가에 대한 탐구와 답이 명확하지 못하다.

(2) 예술대상

비극의 수단은 앞에서 언급한 비극의 여섯 가지 구성요소들, 곧 플롯, 성격, 어법, 사상, 정경, 음악이기 때문에 이미 아리스토텔레스에게 있어서 비극은 종합예술의 성격을 소유하고 있었다. 이제 예술의 대상에 의해서 예술의 장르들이 어떻게 구분되는지를 살펴보기로 하자. 아리스토텔레스에게 있어서 모방자·예술가의 대상은 필연적으로 선하거나 악한 행동이다. 그러므로 그는 "덕과 악 사이의 선은 전체 인류를 나누는 선이다"[16]라고 말한다. 이 말은 예술일반은 윤리적이라는 것을 의미하는데 이러한 견해는 다음의 표현에서 더 분명해진다. "춤, 피리연주, 칠현금연주에서까지도 그와 같은 구분이 가능하다. 그리고 화음을 안 가지고 자신의 수단으로서 언어, 산문, 시를 사용하는 이름 없는 예술에서도 그러한 구분이 가능하다.[17] 그렇다

15 KSA1, 30쪽.
16 Poetica, 1448a 3.
17 Ibid., 1448a 10.

면 예술의 대상, 곧 선하거나 악한 행동에 따라서 예술이 구분될 수 있다는 주장이 성립한다. 예컨대 호머의 작품에 등장하는 인물은 우리보다 선하며 클레오폰의 인물은 우리들 수준이고 헤게몬의 인물은 우리들보다 악하게 묘사되어 있다. 다시 말해서 비극과 희극의 구분은, 하나는 인물을 선하게 또 하나는 현재의 우리들보다 악하거나 천하게 묘사하는 것에서 생긴다.[18] 예술의 대상, 곧 예술가가 모방하는 선하거나 악한 행동에 따라서 특정한 예술의 장르인 시적 예술도 비극과 희극으로 구분된다는 것이 아리스토텔레스의 견해이다. 이러한 견해는 특히 아리스토텔레스가 모방의 대상을 교육적, 윤리적인 성격을 소유한 것으로 본다는 점에서 그의 예술이론이 윤리적 측면과 밀접하게 연관되어 있다는 것을 보여준다.

니체에게 있어서 음악은 디오니소스적인 것이자 동시에 형이상학적인 것이다.[19] 니체의 이 말은 음악이 힘에의 의지의 직접적인 표현이라는 것을 뜻한다. 그렇다면 니체가 보는 예술의 대상은 힘에의 의지이며 결코 윤리적인 행동이 아니다. 니체의 예술관은 지나치게 형이상학적 차원에 치우쳐 있다고 할 것 같으면 아리스토텔레스의 예술관은 미와 기호를 중심으로 삼아 성립하여야 할 예술에 오히려 윤리, 도덕, 교육적인 특징을 부여하는 편파성에 치우쳐 있다고 할 수 있다.

(3) 예술의 모방

아리스토텔레스는 예술의 장르들이 예술의 수단에 의해서, 예술의 대상에 의해서 그리고 예술의 모방방식에 의해서 구분된다고 본다. 앞의 두 가지에 관해서는 이미 살펴보았다. 아리스토텔레스는 똑같은 수단과 대상

18 Ibid., 1448a 15.

19 Werke I, 88쪽.

에 의한 예술일지라도 다음과 같은 세 가지 모방방식에 따라서 예술의 장르가 구분된다고 본다. ① 예술가는 마치 호머와 마찬가지로 때로는 서술적으로 그리고 때로는 과장되게 말할 수 있다. ② 그와 같은 변화없이 예술가는 처음부터 끝까지 동일하게 모방할 수 있다. ③ 예술가는 마치 자신이 기술된 것들을 실제로 행하는 것처럼 전체 이야기를 극적으로 표현할 수 있다.[20] 이렇게 볼 경우 모방방식, 곧 표현방식에 따라서 시적 예술이 서사시나 비극으로 구분된다는 것을 알 수 있다. 여기에서 우리가 주의할 점은 예술이란 일반적으로 자연세계의 모방이고 이 모방은 예술의 수단이나 대상에 따라서 특정한 장르의 예술로 구분된다는 것 그리고 좁은 의미의 모방방식(표현방식)에 따라서 또한 특정한 장르의 예술이 구분된다는 것이다.

아리스토텔레스는 예술의 일반적 기원을 어디까지나 모방에 두고 있는데 이는 플라톤의 이론을 답습한 것이다. 니체는 예술의 기원을 디오니소스적인 것에 있다고 보는데 이 입장은 아리스토텔레스의 견해와 정반대된다.

(4) 예술의 일반적 기원

다음과 같은 아리스토텔레스의 표현을 보면 그가 예술의 기원을 왜 모방(mímesis)과 모방에 대한 기쁨에 있다고 보는지 쉽사리 이해할 수 있다. "예술의 일반적 기원이 각각 인간의 본성의 일부인 두 가지 원인에 기인하였다는 것은 명백하다. 모방은 어린 시절부터 인간에게 자연적이며 하등동물보다 월등한 인간의 장점 중의 하나는 인간이 세계에서 가장 모방적인 피조물이며 모방에 의해서 처음으로 배운다는 것이다."[21] "그리고 또한 모든 사람들이 모방작품에서 기뻐하는 것은 자연스럽다."[22] 이상에서 알 수 있는

20 Poetica, 1448a 20.
21 Ibid., 1448b 5.
22 Ibid.

것처럼 아리스토텔레스는 예술의 기원을 모방과 모방에 대한 기쁨에 있다고 보는 데 요약해서 말하자면 그의 예술의 기원은 모방이다. 왜냐하면 모방에 대한 기쁨은 모방에 속하는 것으로 보아도 별 문제가 없기 때문이다. 아리스토텔레스의 주장에 따르면, 비록 대상 자체는 고통스럽다고 할지라도 예술에 나타난 가장 현실적인 고통의 표현(모방)을 볼 때 우리들은 기쁨을 체험한다. 예컨대 하등동물이나 시체 자체는 고통을 자아내지만 그것들을 기술한 시적 예술이나 그림에서 우리들은 기쁨을 느낀다.[23] 이와 같은 아리스토텔레스의 모방이론의 시원은 플라톤의 예술론에 있다.

플라톤에 의하면 예술의 기원은 자연적 표현본능에 있다.[24] 여기에서 플라톤이 말하는 자연적 본능은 바로 모방이다. 그런데 모방적 예술은 분명히 진리로부터 멀리 떨어져 있다는 것이[25] 플라톤의 견해이기 때문에 모방적 예술은 진리에 관한 인식과는 상관없이 예술 작품을 만들어 낸다. 왜냐하면 모방적 예술은 실재(또는 이데아)와는 전혀 관계없고 단지 유사성만[26] 다루기 때문이다. 플라톤의 철학체계를 놓고 볼 때 현상세계는 이데아의 그림자이고 예술은 다시 현상세계의 그림자 · 모방이기 때문에 예술은 진리와는 동떨어진 것일 수밖에 없다. 그렇지만 플라톤은 예술의 장르 중 탁월한 것을 음악으로 본다. 왜냐하면 그가 보기에 음악은 선의 모방이기[27] 때문이다. 아마도 음악을 선의 모방으로 생각한 것은 수학적 조화의 표현을 음악으로 본 피타고라스 학파의 영향일 것이다. 플라톤의 예술은 오직 감각에 호소하는 미를 모방에 의해서 표현하기 때문에[28] 진리와는 거리가 멀지만

23 Ibid., 1448b 10.
24 Platon, Nomoi, 672b 8.
25 Platon, Poiiteia, 598b 6.
26 Ibid., 598e 6.
27 Platon, Nomoi, 668a 9.
28 Platon, Phaedrus, 250d 6.

플라톤은 특히, 음악은 뮤즈신이 부여하는 교훈과 향유를 도시국가가 소유하게끔 하기 때문에[29] 음악은 도덕적 및 교육적 측면에서 필요하다고 보았다. 그렇지만 음악을 비롯하여 예술일반은 이데아가 아니라 현상계를 모방하며 감각에 호소하기 때문에 어디까지나 참다운 진리와는 전혀 별개의 것일 수밖에 없다. 아리스토텔레스의 모방이론은 그 시원이 플라톤에게 있다고 할지라도 아리스토텔레스가 예술은 필연적이며 보편적인 것의 가능성을 취급한다고 본 점에 있어서 그의 예술관은 플라톤의 그것과 큰 차이가 있다.

그러면 니체는 예술 내지 비극의 기원을 어디에 있다고 보는가? "그러면 비극은 어디로부터 생겨나지 않으면 안되었는가? 아마도 쾌감으로부터, 범람하는 건강으로부터, 지나치게 큰 충족으로부터?"[30] 이러한 니체의 물음은 물음이 아니고 그 자체가 이미 답이다. "예술의 발전은 아폴론적인 것과 디오니소스적인 것의 이중성에 결합되어 있다"[31] 는 니체의 말은 예술의 기원이 아폴론적인 것과 디오니소스적인 것의 이중성의 근원임을 암시한다. 이 근원은 바로 디오니소스적인 광기[32]이다. 니체가 『힘에의 의지』에서 명백히 제시하고 있는 것처럼 아폴론적인 것은 디오니소스적인 것에서 생기기 때문에 니체에게 있어서 예술의 기원은 디오니소스적 광기, 곧 힘에의 의지이다. 그렇다면 플라톤이나 아리스토텔레스의 모방으로서의 예술에 관한 견해는 니체에 의해서 완전히 전도될 수밖에 없다. 그러나 앞에서도 잠시 언급한 일이 있지만 니체의 디오니소스적인 것 내지 힘에의 의지는 신비주의적 요소가 강한 문제점을 안고 있다. 여기에서 우리는 플라톤이나 아리스토텔레스 그리고 니체의 예술이론을 극복하기 위한 대안으로서는 역시

29 Platon, Nomoi, 659c 1.

30 KSA1, 16쪽.

31 Ibid., 25쪽.

32 Ibid., 16쪽.

칸트적 예술관이 어느 정도 정당성을 획득할 수 있지 않겠느냐는 잠정적 제안을 내놓을 수 있다. 왜냐하면 칸트의 예술은 자연법칙과 실천적 행동을 극복하고 미의 문제를 포함하기 때문이다.

2. 미의 문제

(1) 미와 쾌와 선

예술철학이 가지는 여러 주제들 가운데서 가장 중요한 개념은 미이다. 일상적 의미에서 예술이 자연의 모방이든 아니면 근본적으로 인간의 창조이든 간에 예술은 미를 표현하는 활동으로 이해되고 있다. 이제 아리스토텔레스와 니체의 미에 대한 이론을 고찰하고 비판적으로 음미해 보기로 하자.

아리스토텔레스에게 있어서 미적 쾌감은 성적 쾌감과 같은 단순한 감각적 욕구와 구분된다. "그러나 우리들은 성관계로 인하여 우리들을 기쁘게 하는 것을 아름다운 것으로 간주한다. 왜냐하면 그것을 볼 때 우리들은 욕구의 감정을 향유하기 때문이다."[33] 이 말은 신체적 쾌감, 곧 욕망충족을 가져다주는 쾌감도 아름답다는 것을 뜻한다. 칸트식으로 말하면 이와 같은 미는 부수적(종속적) 미이다. 칸트가 들고 있는 예에 의하면 들판을 뛰노는 말은 아름다울 수 있는 데 그 아름다움은 종족보존이라는 목적을 가지고 있다. 이 경우의 아름다움은 부수적 아름다움이다. 그렇지만 우리들은 특정한 목적을 염두에 두지 않고도 말이 뛰노는 전체를 아름답다고 느낄 수 있는데 이 경우의 미는 '자유로운 미'이다.[34] 아리스토텔레스는 칸트와 유사한 의

---

33 Problemata, 896b 20.

34 Kant, Kritik der Urteilskxaft, Hamburg, 1980, 69, 70쪽 참조.

미에서 감각적 미와 미 자체를 구분한다. "우리들이 큰 욕구를 가진 특별한 목적을 위하여 아름다운 것을 우리는 가장 즐거운 것으로 여긴다. 그러나 그 자체로 아름다운 것의 입장은 다르다."[35] 그렇다면 아리스토텔레스는 감각적 욕구를 자극하는 미와 순수한 쾌감을 일으키는 미를 구분하고 있는 것이다. 아리스토텔레스가 염두에 두고 있는 예술적 미는 감각적 욕구가 아니라 다분히 수학과 밀접한 관계를 맺고 있다. "주된 종류의 미는 질서 있는 배열, 비율 및 명확성이다. 그리고 이것들은 특히 수학적 학문에 의해서 제시된다."[36] 아리스토텔레스의 미 이론에는 이미 피타고라스나 플라톤의 조화이론의 영향이 강하게 들어 있음을 알 수 있다. "선과 미는 다르다"[37]는 아리스토텔레스의 말은 미는 신체의 감각과는 상관없는 것이고 선은 감각적 욕구와 연관된다는 것을 뜻한다.

그렇지만 아리스토텔레스가 예술의 도덕적, 교육적 성격을 강조하고 있는 것을 고려할 경우 그가 미를 선과 구분된다고 주장하고 또 예술적 쾌감을 감각적 쾌감과 구분된다고 주장한 것은 예술의 도덕적, 교육적 성격과 모순된다고 말할 수 있다. "아름다운 것은 선하기 때문에 즐거운 선이다"[38]라는 말에서 아리스토텔레스는 미와 선을 동일한 것으로 보고 있다. 그렇지만 아리스토텔레스는 미를 크기와 질서의 문제로 생각하는 경향이 강하다. 그러므로 그는 너무 큰 것이나 지나치게 작은 것에서는 미가 성립할 수 없다고 한다. 이 예만 볼 것 같으면 미는 수학적 특징이 강하며 다른 어떤 것(목적이나 감각적 욕구)과도 관계없는 순수미를 아리스토텔레스가 주장하였다고 말할 수 있다. 아리스토텔레스의 예술론을 긍정적으로 평가할 경우 그가

35 Problemata, 896b 23.

36 Metaphysica, 1078a 35, 1078b 1.

37 Ibid., 1078a 31.

38 Rhetorica, 1366a 33.

예술의 도덕성, 교육성을 논한 것은 순수미를 바탕으로 삼고 그처럼 논한 것이라고 해석할 수 있을 것이다.

아리스토텔레스의 미에 관한 입장은 어디까지나 예술철학의 수준에 머물러 있다고 할 것 같으면 니체의 미에 관한 사색은 형이상학적 성격을 강하게 소유하고 있다. 니체의 미는 명정의 감정에 해당하는 것으로서[39] 디오니소스적인 것이다. 물론 니체가 「비극의 탄생」에서 비극의 기원을 디오니소스적인 것과 아폴론적인 것이라고 보고 디오니소스적인 것을 음악적인 것으로 그리고 아폴론적인 것을 미술적인 것으로 주장할 때 미는 디오니소스적이며 동시에 아폴론적이라는 견해가 성립할 수 있다. 또한 미의 내용은 디오니소스적인 것이라면 미의 형식은 아폴론적인 것이라는 입장도 성립할 수 있다.

그러나 『힘에의 의지』에서 니체가 아폴론적인 것은 디오니소스적인 것으로부터 생긴 것이라고 할 때 그가 의미하는 미는 명정의 감정으로서 근본적으로 디오니소스적인 것이다. 명정의 감정에서 명정은 말 그대로 술취한 상태이지만 그것은 아리스토텔레스가 뜻하는 것과는 또 다른 차원에서의 카타르시스이다. '더 많은 힘에 대응하는 명정의 감정'[40]에서 더 많은 힘에의 의지를 암시하기 때문에 명정은 힘에의 의지의 표현으로서의 디오니소스적인 것이다. 그런데 니체에게 있어서 아폴론이 미술의 신이라면 미는 아폴론 적인 것이기도 한가라는 물음이 자연스럽게 제기될 수 있다. 물론 미는 디오니소스적이자 동시에 아폴론적이다. "논리적이며 기하학적인 단순화는 힘의 고양의 결과이다"[41]라고 할 때 논리적이며 기하학적인 단순화는 아폴론적인 것을 뜻한다. 만일 아폴론적인 것이 힘의 고양의 결과라면

39 W.z.M., 534쪽.

40 Ibid.

41 Ibid., 535쪽.

아폴론적인 것의 근원은 디오니소스적인 것에 지나지 않는다. 디오니소스와 아폴론은 니체의 비극에 있어서 서로 대립하는 힘이 아니라 강한 힘과 약한 힘으로서 서로 보완해주는 힘들이라고 보는 것이 정당할 것이다. 비록 니체의 미가 아폴론적이기도 하다고 할지라도 미는 근본적으로 디오니소스적인 것이라는 점은 니체의 형이상학 체계에서 명백히 드러나고 있다.

(2) 미와 추

아리스토텔레스나 니체 모두 미와 추를 대립된 개념으로 보는 것은 마찬가지이지만 그들 각각의 입장은 판이하게 다르다. 아리스토텔레스는 비극의 성격을 미로 그리고 희극의 성격을 추로 규정한다. 그는 비극을 우리들과 같은 일상인보다 탁월한 인간들에 대한 모방으로 보고 있는데 비하여 희극은 일상인보다 못한 인간들에 대한 모방이라고 본다.[42] 희극이 희극일 수 있는 것은 우스꽝스러움 때문인데 우스꽝스러움은 일종의 천박함이다. "우스꽝스러움은 타인들에게 고통이나 해를 끼치지 않는 잘못이나 추함으로 정의될 수 있다."[43] 아리스토텔레스에게 있어서 예술의 전형이 비극이라고 할 것 같으면 희극은 추함을 표현하는 시적 예술이기 때문에 비극보다 훨씬 등급이 낮은 예술에 속한다고 말할 수 있다.

그러면 니체에게 있어서 미와 추의 대립은 어떤 형태로 나타나고 있는가? 니체에게 있어서 미는 명정의 감정에 그리고 추는 퇴폐에 해당한다. "추함은 내면적 욕구의 모순과 …… 조직하는 힘, 심리학적으로 말해서 〈의지〉의 몰락을 뜻한다"[44]는 것에서 알 수 있는 것처럼 추는 바로 퇴폐이다. 니체의 예술철학에 있어서 디오니소스적인 것과 아폴론적인 것이 대립과 모순을

42 Poetic와 1449a 31.

43 Ibid., 1449a 34.

44 W.z.M. 535쪽.

이루는 것이 아니라 디오니소스적인 것 및 아폴론적인 것에 대하여 대립과 모순을 이루는 것은 바로 소크라테스주의이다. 논리적 소크라테스주의는 오성적 (이성적) 학문의 기초로서 힘에의 의지의 직접적 표현인 예술에 정면으로 모순된다. 니체가 말하는 퇴폐는 소크라테스주의이자 허무주의이다.

니체에 의하면 쾌감은 힘의 감정[45]이고 힘의 감정은 미로 표현 된다. 따라서 미는 힘에의 의지의 직접적 표현이므로 '질서있는 배열, 비율, 및 명확성'으로서의 합리적인 아리스토텔레스의 미와는 근본적으로 다른 것이다. 니체의 입장에서 볼 경우 그 자신의 미, 추에 관한 판단은 직관적인 본능판단이며[46] 아리스토텔레스의 미, 추에 관한 판단은 오성판단이다. 니체는 오성 내지 이성은 본능판단에 반작용하는 장애도구에 불과하다고 본다.[47] 이와 같은 니체의 입장은 후에 프로이트의 정신분석학에서 의식보다 심층의식을 근원적으로 본다던가 또는 포스트모더니스트들이 큰 이야기를 작은 이야기로 대치시키려는 노력에 커다란 영향을 미쳤다. 불변하는 오성범주나 이성능력에 의해서 미나 추가 필연성, 보편성을 가진 개념이라고 한다면 미나 추는 전적으로 동적 성격을 상실한 형식적 미, 추에 지나지 않을 것이다. 니체는 변증법적 방법을 사용하면서 미에 관한 자신의 견해를 전개한다. "미는 선이나 진리와 마찬가지로 존재하지 않는다"[48]는 말은 오성적 미판단의 허무주의적 성격을 지시한다. 전통적 가치의 틀에 묶여 있는 미, 선, 진리는 모두 형식적인 오성 내지 이성이 형성한 개념들이기 때문에 단지 허구에 지나지 않고 따라서 니체는 미와 진과 선은 존재하지 않는다고 역설한 것이다. 니체가 미, 진, 선이 존재하지 않는다고 말한 것은 오성판단에 의한

45 Ibid., 543쪽.

46 Ibid., 54쪽.

47 Ibid., 539쪽.

48 Ibid., 538쪽.

진, 선, 미가 허구이기 때문에 그것들의 참다운 존재를 그가 부정하기 때문이다. 니체는 계보학적 방법에 의해서 '좁은 원근법주의', 곧 오성판단에 의해서 성립한 개념들은 형식적이며 허위이기 때문에 퇴폐와 허무주의에 물들어 있다고 본다. 니체의 견해에서 아리스토텔레스의 미와 추는 비록 예술적인 것이고 미 자체의 측면에서 고찰된다고 할지라도 그것이 어디까지나 개연적인 필연성과 보편성의 가능성, 즉 수학적 본성을 소유한다고 한다면 오성판단에 의한 미와 추에 지나지 않는다.

니체에게 있어서 예술은 존재를 창조하고 표현하는 기능을 가지고 있기 때문에 그는 '완전하게 만듦, 완전하게 봄'[49]을 예술의 특징으로 꼽는다. 여기에서 '완전하게'는 미를 지시한다. 왜냐하면 예술은 오성적, 이성적 미판단을 해체하고 힘에의 의지를 완전하게 하며 동시에 완전하게 파악하기 때문이다. 그렇다면 니체에게 있어서 미는 결국 예술을 통한 힘에의 의지의 표현이라고 말할 수 있다.

니체는 본능판단, 곧 예술적 직관에 의해서 미, 추를 파악할 것을 주장한다. 그의 미와 추는 아리스토텔레스의 예술의 한계 안에 머물러 있는 미, 추와 달리 형이상학적 내지 존재론적 의미를 가지고 있다. 니체의 미는 힘에의 의지의 강한 표현인 반면에 추는 힘에의 의지에 대한 억압의 표현이다. 그렇기 때문에 니체는 전통이론의 예술미를 해체함으로써 본래적인 힘에의 의지를 파악하며 명정의 감정으로서의 미를 부각시키고자 하는 것이다.

그러나 오늘날 우리들은 미와 추에 관한 다양한 이론들을 접할 수 있다. 미와 추를 심리학적인 관점에서 고찰할 수 있는데 이러한 관점은 연상심리학의 바탕을 이루는 심리철학에서 유래한다.[50] 또 미와 추를 맑스주의

49 Ibid., 539쪽.

50 Locke, Hume 등의 관념이론은 불변하는 미, 추를 인정하지 않는다.

적 입장에서 논의할 수 있는데 이 경우 미와 추는 단지 생산관계의 상부구조에서 생기는 부산물에 지나지 않는다. 그리고 포스트모더니즘의 입장에서 미를 볼 때 아리스토텔레스의 미는 지나치게 '큰 이야기'에 불과하고 니체의 미와 추는 비록 전통이론을 비판, 파괴한 강점은 소유할지라도 여전히 형이상학적인 큰 이야기의 테두리에 갇혀 있으므로 독단적이고 주관적이라는 비난을 면하기 힘들다. 물론 아리스토텔레스의 미이론은 그 이후 거의 모든 예술이론에 지대한 영향을 끼쳤으며 니체의 미, 추이론도 프랑크푸르트학파와 포스트모더니즘에 비판적 관점을 지시한 것이 사실이라고 할지라도 아리스토텔레스는 니체가 말하는 소위 소크라테스주의(합리주의)에 그리고 니체는 독단적 신비주의에 편파적으로 치우쳐있다고 말할 수 있다.

3. 비극

(1) 비극의 정의

앞에서 장황하게 아리스토텔레스의 미의 문제를 고찰하고 그것을 니체의 미의 문제와 대비시켜 본 것은 미의 문제가 예술의 핵심적 요소이기 때문이다. 따라서 아리스토텔레스나 니체에게 있어서 예술의 전형은 비극이기 때문에 양자의 미를 음미함으로써 예술, 곧 비극의 특징을 밝힐 수 있을 것이다.

다음과 같은 아리스토텔레스의 말은 단적으로 그의 비극에 대한 정의로서 매우 함축적인 의미를 가지고 있다. "그리고 비극은 영웅적이고 완전하며 특정한 장려함을 소유한 행동의 모방이다. 이 모방은 모든 종류의 장식으로 충만한 언어에 의해서 이루어지고 각 장식은 극의 서로 다른 부분들에서 따로 따로 서술적 형식이 아니라 극적 형식으로 사용된다. 비극은 연민과 공포를 자아내는 사건을 가지고 그러한 정서들의 카타르시스를 완성한다."[51] 여기에서 영웅성, 완전성, 장려함은 비극의 내용적 특징을 뜻한다. 이러한 비극의 특징은 희극의 우스꽝스러움이나 천함에 대비된다. 특히 아리스토텔레스의 비극에 있어서 완전성은 플롯(mȳthos)의 완전성을 뜻한다. 왜냐하면 비극의 구성은 시작, 중간 그리고 대단원이라는 유기적 통일을 형성함으로써 체계의 완전성을 소유하기 때문이다. 아리스토텔레스가 보기에 희극 서사시 등은 비극에 비하여 그와 같은 플롯의 완전성을 결여하고 있다. 또 장식들은 아리스토텔레스 자신의 표현을 따르면 첨가된 화음과 노래이다.[52] "내가 뜻하는 것은 어떤 부분들은 오직 시만으로 이루어지고 그런가 하면 다른 부분들은 노래로 이루어진다는 것이다."[53]

아리스토텔레스의 비극의 정의는 비극이 모방예술의 전형이라는 것을 잘 제시하여 주며 또한 비극의 특징이 영웅성, 완전성, 장려함에 있다는 것을 지적한다. 이와 같은 비극의 정의를 한층 더 부각시키기 위해서 아리스토텔레스는 서사시(épepoiía)와 비극(tragodia)의 특징들을 비교한다.[54] ① 서사시는 일종의 시로서 서술적 형식을 소유한다. 비극은 극적 형식에 의해서 전개된다. ② 서사시는 제한된 시간의 행동을 표현하지 않기 때문에 얼마든지 장황하게 행동을 모방할 수 있다. 그러나 비극은 일반적으로 하루 안에 일어난 행동을 표현하기 때문에 비극의 전개는 긴장감이 있고 서사시에 비하면 훨씬 짧다. ③ 서사시와 비극이 담고 있는 것은 내용에 있어서 어떤 것들은 동일하지만 또 어떤 것들은 전혀 다르다. 예컨대 서사시에서의 선과 악의 심판관은 비극에서의 선과 악의 심판관과 동일하지만 비극의 모든 부

51 Poetica, 1449b 25.

52 Ibid., 1449b 30.

53 Ibid.

54 Ibid., 1449b 10-15.

분들(요소들)이 서사시에 포함되지는 않는다. 즉 비극의 플롯, 성격, 어법, 사상, 정경, 선율 등 모든 요소들은 비극의 유기적 완전성을 형성하는데 있어서 불가결의 요소들로서 이들 모두가 서사시에 포함되지는 않는다. 다시 말해서 서사시들의 모든 요소들은 비극에 모두 포함되는데 반하여 비극의 모든 요소들은 결코 서사시에 모두 포함되지 않는다.

아리스토텔레스의 비극에 대한 또 하나의 정의는 다음과 같다. "비극은 본질적으로 인물의 모방이 아니라 행동과 삶, 행복과 불행의 모방이다."[55] 아리스토텔레스의 비극에 관한 상세한 해명은 '비극의 구성요소'와 '플롯'을 고찰할 경우 더 잘 나타나겠지만 우선 비극에 관한 그의 두 가지 정의만 보더라도 그가 말하는 비극이 어떤 특징을 지닌 것인지 어느 정도의 윤곽이 드러나고 있다. 아리스토텔레스의 비극은 어디까지나 인간의 행동에 대한 모방이다. 이 모방은 영웅성, 완전성 및 장려함을 가져야 하며 그러한 한에 있어서 윤리적 의미를 소유하지 않을 수 없다. 또한 아리스토텔레스의 비극은 문학적 형식으로서의 시작, 중간 및 대단원을 가짐으로써 완전성을 소유하고 따라서 극적으로 표현되는 데 있어서 서술적으로 표현되는 서사시와 구분된다. 앞에서도 한두 차례 언급하였지만 니체가 보는 비극의 특징은 그것이 단지 문학의 한 장르로만 그치는 데 있는 것이 아니라 형이상학적 내지 존재론적이라는 점에서 아리스토텔레스의 비극과 근본적으로 다르다. 니체가 1872년 출판한 비극에 관한 저서의 원래 제목은 『음악정신으로부터 비극의 탄생』이었다. 이 제목은 우리에게 무엇을 암시하여 주는가? 다음과 같은 니체의 물음은 또 우리들에게 무엇을 말하고자 하는가? "음악으로부터? 음악과 비극? 희랍인들과 비극-음악? 희랍인들과 염세주의의 예술작품?"[56] 니체가 제시하는 비극은 아리스토텔레스가 말하는 단지 문학의 장르

---

55 Ibid., 1450a 15.

에 속하는 비극이 아니라 음악정신, 곧 디오니소스적 의지에의 힘의 표현으로서의 예술작품을 말한다. 니체의 강자의 허무주의라는[57] 입장에서 볼 때 아리스토텔레스의 비극은 합리주의적 성격이 강한 퇴폐의 허무주의를 벗어나지 못한다. 니체가 볼 때 아리스토텔레스의 비극은 타락, 몰락, 실패에 물들어 있다. 왜냐하면 아리스토텔레스의 비극은 전통윤리의 관점에서 선과 악을 표현할 뿐만 아니라 합리주의적 체계를 고수하고 있기 때문이다. 니체는 강자의 허무주의에 의해서 전통적 가치를 전도시키고 음악 정신으로부터 생기는 비극을 제시한다.

니체에게 있어서는 비극과 음악 그리고 음악적 신화가 거의 동일한 뜻을 지니고 있다. 니체에게 있어서의 신화는 아리스토텔레스가 말하는 인간적 영웅성을 의미하지 않는다. 신화는 '디오니소스적인 것의 엄청난 형상'[58] 이면서 동시에 '과도한 충만함 자체에 대한 고통'[59]이다. 니체의 비극은 그것이 문학적 장르의 한 형태이긴 하지만 어디까지나 형이상학적 내지 존재론적 성격을 가지고 있는 점에서 비극을 오직 시적 예술의 전형적인 장르로만 취급하는 아리스토텔레스의 비극과 근본적으로 다르다. 니체는 비극의 형이상학적 성격을 해명함으로서 자신의 문명비판 내지 문화비판의 틀을 마련한다. 그런가하면 아리스토텔레스는 시적 예술의 전형으로 비극을 정립하고 비극을 문학의 대표적인 장르로 만듦으로써 비극에 대한 전통적 이론을 확립한다고 말할 수 있다. 이렇게 볼 때 니체의 비극관에 결여되어 있는 것은 비극이 갖추어야 할 상세한 예술적 조건들이라고 말할 수 있고 아리스토텔레스의 비극론에 결여되어 있는 것은 형이상학적 내지 존재론적 성격

56 KSA1, 12쪽.

57 Ibid.

58 Ibid.

59 Ibid.

이라고 말할 수 있다. 그렇지만 비극 = 예술 = 철학이라는 입장을 견지하는 니체에게 있어서 비극에 관한 상세한 문학적 내지 예술적 조건이 별 필요성이 없다는 것 그리고 비극을 자연적인 인간 행동의 모방으로 보는 아리스토텔레스에게는 비극의 형이상학적 근거가 큰 의미를 가지지 못한다는 것을 볼 때 양자의 비극론의 강점과 아울러 한계를 엿볼 수 있기도 하다.

(2) 비극의 기원

아리스토텔레스와 니체가 말하는 비극의 기원을 살펴 볼 경우 양자의 비극론의 특징이 한층 더 부각될 수 있으며 동시에 두 사람에게 있어서의 예술의 의미가 확연히 드러날 것이다. 또한 양자의 비극의 기원에 관한 고찰은 그들 각각의 비극에 대한 정의를 명백하게 할 것이다.

"시의 일반적 기원은 각각이 인간본성의 일부인 두 가지 원인들에 있다는 것이 분명하다"[60]는 아리스토텔레스의 표현에서 두 가지 원인들은 모방과 모방작품에 대한 기쁨이다. 이들 두 가지 원인은 아리스토텔레스에게 있어서 시의 기원이자 예술의 기원이며 따라서 비극의 기원이다. 아리스토텔레스의 설명에 따르면 인간은 어린시절부터 자연스럽게 모방하며, 인간이 처음 배우는 것은 모방에 의한 것이고, 인간은 가장 훌륭하게 모방하는 존재이기 때문에 다른 하등 동물보다 우월하다. 인간은 모방할 뿐만 아니라 자연스럽게 모방작품에서 기쁨을 느낀다. 예컨대 하등동물이나 실체를 직접 볼 경우 고통스럽지만 예술에서 그러한 대상들 자체가 아니라 대상들에 대한 실제적 표현(모방)을 대할 경우 우리들은 기쁨을 느낀다는 것이 아리스토텔레스의 입장이다.[61]

---

60 Poetica, 1448b 5.

61 Ibid., 1448b 10.

물론 아리스토텔레스가 말하는 모방이 전혀 무조건적인 모방은 아니다. 예술에 있어서의 모방은 예술적 조화로서의 미를 동반하는 모방이고 그렇기 때문에 인간은 예술작품에서 쾌감을 얻는다. 또한 모방은 수학적 조화나 비율 이외에도 도덕적, 교육적 성격을 소유한다. 왜냐하면 조화로운 미는 청년의 교육과 아울러 시민의 윤리적 가치에 긍정적 역할을 제공하기 때문이다. 그러나 니체에 있어서 비극의 기원은 아리스토텔레스의 경우와 전혀 다르다.

내가 이미 다른 장소에서 몇 차례 언급한 것처럼 니체는 비극의 근원이 '디오니소스적 광기'에 있다고 말한다. "그러면 비극은 어디로부터 생겨나지 않으면 안 되었는가? 아마도 쾌감으로부터, 범람하는 건각으로부터, 지나치게 큰 충족함으로부터?"[62] 여기에서 쾌감, 건강, 충족함은 바로 디오니소스적 광기이다. 그런데 디오니소스적 광기는 무엇인가? 디오니소스적 광기는 직접적으로는 힘에의 의지이며 간접적으로는 힘에의 의지의 표현이다. 니체가 예술의 발전은 아폴론적인 것과 디오니소스적인 것의 이중성에 결합되어 있다고 말할 때 우리들은 니체의 비극의 근원이 디오니소스적인 것과 아폴론적인 것의 이중성이라고 생각하기 쉽다. 그와 같은 생각은 결코 틀린 것이 아니다. 왜냐하면 디오니소스적인 것은 힘에의 의지의 내용인 반면에 아폴론적인 것은 힘에의 의지의 형식이기 때문이다. 보다 더 상세하게 말하자면 힘에의 의지, 곧 디오니소스적인 것으로부터 아폴론적인 것이 생기기 때문에 디오니소스적인 것과 아폴론적 인 것은 하나에 불과하다.

니체의 비극은 '음악정신', 곧 디오니소스적 광기를 근원으로 삼는 한에 있어서 힘에의 의지의 표현이기 때문에 단순히 시적 예술의 장르에 머물지 않고 비극 = 음악 = 예술 = 철학이라는 순환구조를 가지고 있다. 따라서 니

---

62 KSA1, 16쪽.

체의 비극은 '인간의 고유한 형이상학적 활동'[63]일 수밖에 없다.

(3) 비극의 구성요소

아리스토텔레스는 서사시, 희극, 디튀람보스 시 등과 구분되는 비극의 특징을 비극의 구성요소들에서 찾고 있는데 그것들은 다음과 같다.: 플롯(mȳthos), 성격(εthe), 어법(lexis), 사상(dianoia), 정경(ő psos), 선율(melopoiía).[64] 이들 여섯 가지 요소들 중에서 플롯을 제외한 다섯 가지 요소들은 비극에서 단지 부차적인 의미를 가진다. 왜냐하면 아리스토텔레스의 비극에서 '행동'은 플롯과 거의 동일한 지위를 차지하고 있기 때문이다. "그러므로 비극의 목적인 플롯이, 곧 행동이 비극 안에 있으며 목적은 어디에서나 중요한 것이다."[65] "플롯은 따라서 제일 원리이며 사실 비극의 영혼이다."[66] 아리스토텔레스의 비극의 여섯 가지 구성요소 중에서 가장 중요한 것은 플롯이다. 왜냐하면 방금 본 것처럼 플롯은 비극의 영혼이며 비극 안에 있는 행동이기 때문이다.

아리스토텔레스는 비극의 가장 강한 매력적 요소들로서 플롯의 일부를 이루는 대단원과 발견을 제시한다.[67] 플롯은 비극의 이야기 줄거리의 구성으로서 너무 길거나 지나치게 짧으면 안 된다. 비극에 있어서 행동은 플롯에 의해서 표현되는데[68] 플롯이 지나치게 길거나 짧으면 극적 효과가 상실된다. 아리스토텔레스는 비극의 적절한 길이는 기억에 간직될 수 있는 정도의 것이라고 한다.[69] 비극에서 플롯이 알차기 위해서는 대단원(peripéleia)과

---

63 Ibid., 17쪽.
64 Poelica, 1450a 5.
65 Ibid., 1450a 21.
66 Ibid., 1450b 21.
67 Ibid., 1450a 33.
68 Ibid., 1450a 2.
69 Ibid., 1451a 5.

발견(anagnórisis)이 있어야 한다.[70] 이들 두 가지는 플롯의 가장 중요한 요소들로서 이것들에 의해서 생동감있는 비극이 성립한다. 만일 이들 두 가지 중 하나가 결여되면 비극은 훌륭한 것이 될 수 없다. 대단원이란 비극의 플롯에서 어떤 한 상태가 정반대의 상태로 변화하는 것을 지칭한다. 그런가 하면 발견은 무지의 상태로부터 지식의 상태에 도달하는 것을 지칭한다. 대부분의 경우 대단원과 아울러 발견이 성립한다. 아리스토텔레스는 플롯의 세 번째 부분(플롯의 두 가지 부분들은 대단원과 발견이다)으로서 고통(páhos)을 제시한다.[71] 고통은 살인, 고문, 상처 등과 같이 파괴적이거나 괴로운 성질을 가진 행동을 지시한다.

비극에 있어서 행동은 필수적이므로 행동의 모방(표현)인 플롯은 가장 근본적인 반면에 나머지 다섯 가지 요소들은 부차적이다. 성격은 비극에서 행동의 도덕적 목적을 보여준다. 사상은 말할 수 있는 것을 말하는 힘으로서 어떤 것이 적절한 시기에 언급될 수 있는지를 말하는 힘이다. 아리스토텔레스는 사상을 정치학과 수사학에 속하는 것으로 본다.[72] 어법은 시나 산문을 말하는데 비극의 핵심인 플롯에 비하면 어법은 부차적이다. 아리스토텔레스에 의하면 "선율은 비극의 즐거운 장식들 중에서 가장 커다란 것이다."[73] 아리스토텔레스는 비극의 구성요소들 중에서 선율과 정경을 가장 낮은 것으로 평가한다. 비록 아리스토텔레스가 『시학』의 마지막 부분에서 음악과 정경이 중요하다고 말할지라도 음악과 정경은 비극의 여섯 가지 구성요소들 중에서 가장 비중이 적은 장식적 요소들에 지나지 않는다. 이러한 아리스토텔레스의 입장은 특히 음악에 관한 한 니체의 견해와는 정반대된다.

70 Ibid., 1452a 15.
71 Ibid., 1452b 10.
72 Ibid., 1450b 5.
73 Ibid., 1450b 15.

아리스토텔레스의 비극에 있어서 플롯 못지않게 중요한 개념으로 등장하는 것들은 연민과 공포이다. 연민과 공포에 관해서는 카타르시스를 다루면서 고찰해보기로 하겠다. 왜냐하면 아리스토텔레스의 시적 예술로서의 비극은 미 곧 쾌감을 목적으로 삼는데 비극에 의해서 공포와 연민의 정서가 야기되고 그렇게 됨으로서 카타르시스(정화)가 일어나서 미적 쾌감이 성취되기 때문이다.

4. 카타르시스

아리스토텔레스의 비극에서 대단원, 발견 및 고통은 공포와 연민에 그리고 또한 카타르시스에 밀접하게 연관되어 있다. 비극은 영웅성, 완전성, 장려함을 지닌 행동의 모방으로서 쾌감을 가져다주는 장식들이 언어에 의해서 비극에서 표현된다. 표현방식은 서술적이지 않고 극적이다. 그런데 비극의 사건들은 공포와 연민의 정서들을 정화시키기 위해서 공포와 연민의 정서들을 야기시키는 사건들을 포함한다. 비극의 플롯이 전개되는 동안 대단원과 발견은 공포 및 연민을 동반한다. 공포는 비극에 등장하는 영웅(주인공)이 당면하고 있는 고통에 대한 것인 반면에 연민은 영웅의 과거 및 현재의 고통에 대한 것이다. 시적 예술로서의 비극을 매개로 하여 공포와 연민의 자극 및 배출이 성립하며 공포와 연민의 배출과 아울러 정서의 정화, 곧 카타르시스가[74] 이루어진다.

아리스토텔레스는 『시학』의 한 부분에서만 카타르시스라는 용어를 잠깐 비치고 또 『정치학』에서 음악과 연관해서 카타르시스의 정서적 효과를

74 Ibid., 1440b 25.

짤막하게 언급하기 때문에 카타르시스에 대한 그의 종합적 견해를 파악하는 것이 그리 쉬운 일은 아니다. 그렇지만 그가 카타르시스를 비극의 목적으로 삼고 있다는 것 그리고 그에게 있어서 카타르시스는 도덕적 효과를 목적으로 삼은 것이 아니라 영혼의 순화라는 정서적 효과를 목적으로 삼고 있다는 사실을 잘 알 수 있다. 예컨대 아리스토텔레스는 플룻이 도덕적 영향이 아니라 자극하는 영향을 지니고 있기 때문에 플룻연주는 '교육보다 오히려 정화의 효과'[75]를 가지고 있다고 말한다. 아리스토텔레스의 비극 전체는 물론 합리주의적 성격을 가지고 있으면서 순수한 미를 강조하기도 하지만 교육적, 윤리적 성격도 강하게 가지고 있다. 그러나 미 자체를 시적 예술의 가장 중요한 특징으로 꼽는 아리스토텔레스에게 있어서 카타르시스가 정서 내지 영혼의 정화를 뜻하고 도덕적(교육적) 의미는 소유하지 않는다는 것은 수긍할 만하다. 그렇지만 미가 합리적이며 수학적이고 또한 역사가는 단지 과거의 사실을 기술함에 비하여 시인(비극)은 개연적, 필연적인 것의 가능성을 기술하는 한에 있어서 시(비극)가 역사보다 더 철학적이라고 아리스토텔레스가 말하는 것을 놓고 볼 때 카타르시스 자체는 정서의 순화이며 비도덕적이지만 넓은 의미에서 볼 경우 카타르시스 역시 교육적, 도덕적 목적에 봉사하는 개념으로 보아야 할 것이다.

아리스토텔레스가 말하는 카타르시스는 공포와 연민의 정서를 예술수단에 의해서 정화하는 것을 뜻하므로 그것은 심리학적 및 의학적 의미의 정화이다. 니체는 비극의 효과를 황홀한 자유의 감정, 곧 최고의 열정적인 것이라고 말한다.[76] 니체는 아리스토텔레스가 말하는 카타르시스를 가리켜서 '병적 해방'[77]이라고 한다. 왜냐하면 아리스토텔레스의 비극에서는 영웅이

75 Politico, 1341a 20.

76 SA1, 142쪽.

77 Ibid.

희생됨으로써 관객이 카타르시스의 상태를 체험하기 때문이다. 제아무리 아리스토텔레스의 카타르시스의 공포와 연민이라는 정서의 순수한 정화라고 할지라도 그 효과는 의학적 내지 윤리적이라는 것이 니체의 판단이다. 따라서 니체는 비극의 효과란 결코 아리스토텔레스적인 카타르시스가 아니라 황홀한 자유의 감정이라고 주장한다. "아리스토텔레스 이래로 관객의 예술적 상태, 미적 활동이 추론될 수 있는 비극적 효과에 대한 설명이 부여된 적이 아직까지 전혀 없었다."[78] 이와 같은 니체의 견해는 아리스토텔레스적 카타르시스가 결코 최상의 예술로서의 비극에 대한 참다운 체험이 될 수 없다는 것을 말한다. 만일 아리스토텔레스적 카타르시스를 인정한다면 비극의 효과는 단지 병적 해방에 지나지 않을 것이다.

카타르시스에 관한 아리스토텔레스와 니체의 차이는 예술 또는 비극에 관한 그들 각자의 기본적 차이에서 연유한다. 아리스토텔레스는 비극을 행동의 모방으로 보고 있음에 비하여 니체는 비극을 디오니소스적인 것의 표현으로 보고 있다. 아리스토텔레스는 비극을 예술의 한 장르로서의 시적 예술의 전형으로 보고 있음에 비하여 니체는 비극을 음악적인 것, 디오니소스적인 것으로 보고 있다.

아리스토텔레스의 비극론에 보충되어야 할 것은 예술의 형이상학적 성격이라고 할 것 같으면 니체의 비극론에 보완되어야 할 것은 예술의 한 장르로서의 비극이 구체적인 구성요소라고 말할 수 있다.

---

78 Ibid.

5. 비판적 결론

지금까지 나는 '아리스토텔레스와 니체의 비극'을 고찰하기 위해서 '예술의 의미', '미의 문제', '비극', '카타르시스'의 작은 주제들을 선정하여 아리스토텔레스와 니체에게 있어서의 비극의 의미를 해석하고 양자의 비극론을 대비시키면서 비판적 관점을 도출하려고 노력하였다.

아리스토텔레스의 비극론은 전통 미학 내지 전통 예술철학의 전형이다. 그의 비극은 예술의 장르 내에서 비극의 정의, 비극의 구성 요소, 비극의 효과 등을 취급한다. 비극에서 취급되는 미와 쾌감 그리고 카타르시스는 각각 그 자체로서는 순수한 것이지만 비극이 미적 효과와 아울러 교육적 도덕적 효과를 가지는 한에 있어서 그것들 또한 의학적, 윤리적인 성격을 가지지 않을 수 없다. 그런가 하면 니체의 비극은 형이상학적 내지 존재론적 성격을 소유하고 있다. 왜냐하면 비극은 디오니소스적인 것, 곧 힘에의 의지의 표현이기 때문이다. 이와 같은 니체의 비극론은 그의 철학함으로부터 생기는 당연한 귀결이다. 왜냐하면 니체는 '모든 가치들의 전도에 대한 추구'를 힘에의 의지라는 토대를 바탕으로 삼아서 이행하고 있기 때문이다.

니체의 관점에서 볼 때 아리스토텔레스의 비극은 합리주의적(소크라테스주의적)이며 퇴폐적일 수밖에 없다. 왜냐하면 아리스토텔레스의 비극은 우선 오성적 판단개념으로서의 미와 추를 바탕으로 삼고 있으면서 동시에 의학적 교육적, 도덕적 효과를 목적으로 삼고 있기 때문이다. 그렇지만 니체의 비극론 역시 몇 가지 문제점들을 내포하고 있는 것이 사실이다. 니체의 비극에서 가장 근본적 핵심적인 것은 디오니소스적인 것, 곧 힘에의 의지인데 이와 같은 형이상학적 존재 내지 원리를 주장할 수 있는 정당성이 니체에게서 발견되지 않는다. 니체는 본능판단이라든가 본능적 직관에 의해서 디오니소스적인 것을 파악한다고 말하지만 그러한 주장은 신비주의적이거나 아니면 지나치게 주관적이다. 니체는 아리스토텔레스의 비극론이 염세주의이자 허무주의이기 때문에 해체하고 디오니소스적인 것을 기초로 한 음악적 비극을 주장한다고 말하겠지만 디오니소스적인 것, 힘에의 의지 또한 그 자신이 타파하고자 한 독단적 형이상학적인 것이 아닌가? 니체는 해체라는 실험철학적 태도에 의하여 포스트모더니즘의 문을 열어주었지만 그 자신의 형이상학적 독단론으로 인하여 그 자신의 철학함을 해체하지 않으면 안 되는 운명에 처해 있다.

참고문헌

F. Nietzsche, KSA(Kritische Studien Ausgabe) 15 Bde, München, 1988.

______, Werke 5Bde, Ffm., 1979.

______, Wille zur Macht, Stuttgart, 1964.

Aristoteles, Poetica.

______, Politica.

______, Problemata

______, Rhetorica.

______, Metaphysica.

______, Physica.

E. Behlen(Hrsg.), Nietzsche Studien Bd. 1, Berlin, 1972.

______, Nietzsche Studien Bd. 10/11, Berlin, 1984.

G. Deleuze, Nietzsche et la philosophie, Paris, 1977.

G.W.F. Hegel, Vorlesungen über die Ästhetik, Ffm., 1973. I. Kant, Kritik der Urleilskraft, Hamburg, 1980.

G. Liébert, Nietzsche et la musique, Paris, 1995.

Platon, Politeia.

F.W.J. Schelling, Philosophie der Kunst, Darmstadt, 1976. A. Schopenhauer, Werke 5Bde, Darmstadt, 1982.

니체의 미학과
예술철학

06

예술 생리학과 미래 예술

– 니체의 예술 종말론에 대한 연구

정 낙 림

1. 들어가는 말

예술철학사에서 예술의 종말(Ende der Kunst)에 관한 선언으로 가장 유명한 것은 헤겔과 아서 단토(Arthur C. Danto)의 주장일 것이다. 헤겔(Hegel)은 1823년 『미학강의』(Vorlesungen über die Ästhetik)에서 '예술의 종말'(Ende der Kunst)을 이렇게 선언한다. "우리는 예술이 항상 더 상승하여 스스로를 완성시키기를 희망할 수는 있지만, 이미 그 형식은 정신의 최상의 필요가 되기를 중지했다. …… 이제 우리는 그러한 예술작품 앞에 더 이상 무릎을 꿇지 않는다."[1] 헤겔은 감각적 직관의 형식으로 절대정신이 인식되는 통로인 예술이 더 이상 절대정신의 진리를 파악하는 최선의 통로가 될 수 없음을 선언한다. 절대정신이 종교를 통해 내면적으로 표상되기 시작될 때, 예술의 고유한 역할은 끝난다.

헤겔의 예술의 종언이 선언되고 200년 후, 아서 단토는 1964년 앤디 워홀의 〈브릴로 상자〉가 예술과 예술작품에 대한 정의를 근본적으로 다시 묻고 있음을 지적하면서 이렇게 '예술의 종말'(the end of art)을 선언한다. "앤디 워홀의 〈브릴로 상자〉와 슈퍼마켓에 있는 브릴로 상자 사이에 외적으로 어떠한 차이도 없다. …… 이것이 의미하는 바는, 이제는 더 이상 실례를 들어서 예술의 의미를 가르칠 수는 없게 되었다는 것이다. 그것은, 외관에 관한 한, 어떠한 것도 예술작품이 될 수 있다는 것을 의미한다. 또한 그것은 당신이 예술이 무엇인지를 알아내고자 한다면 감각 경험으로부터 사고로 전환해야 한다는 것을 의미한다. 간단히 말해서, 당신은 철학으로 향해야

1 G. W. F. Hegel, *Vorlesungen über die Ästhetik*, Bd 13, *Werke in zwanzig Bänden,* E. Moldenhauser u. K. M. Michel(Hg.), Frankfurt a. M. 1969-1971, 142쪽. 헤겔의 예술의 종말에 대한 논의들에 관해서는 김문환 · 권대중 편역, 『예술의 죽음과 부활』 - 헤겔의 '예술의 종말' 명제와 관련하여, 서울: 지식산업사, 2004 참조.

한다."[2] 워홀의 〈브릴로 상자〉가 어떻게 예술작품이 될 수 있는가? 지금까지 예술을 정의해왔던 어떠한 이론, 단토의 개념을 빌자면 어떤 '내러티브'(narrative)로도 〈브릴로 상자〉의 예술적 지위를 보장할 수 없다. 〈브릴로 상자〉를 예술로 정의하는 것은 작가나 예술비평가의 역할이 아니라, 철학자의 일이 된다. 이러한 주장의 귀결은 예술에서 모든 양식들이 동등하게 장점을 가지고 있으며, 다른 것보다 더 나은 양식이란 없다는 것이다. 〈브릴로 상자〉와 더불어 예술계내의 하나의 배타적인 내러티브는 종말을 고한다.

근대의 완성자로서 헤겔의 '예술의 종말'과 탈현대적 다원주의 시대의 예술관을 대변하는 단토의 '예술의 종말'은 많은 논란을 야기했을 뿐만 아니라, 동시에 미학의 발전에 촉매제 역할도 했다. 200년의 역사적 간격을 두고 벌어진 '예술의 종말'이 미학사에서 중요한 역할을 했지만 두 선언 사이의 시대에도 중요한 '예술의 종말' 선언들이 있었다. 특히 미술에서 '다다'를 비롯한 '반예술 운동'에서 펼쳐진 다양한 예술의 종말 선언은 단토의 '예술의 종말'의 토대로서 뿐만 아니라 그 자체로도 간과해서는 안 될 정도로 의미가 있다. 헤겔적 사유에 반기를 들면서 동시에 현대 철학과 현대 예술의 탄생에 중요한 역할을 한 니체도 크게 보아 두 차례에 걸쳐 '예술의 종말'을 선언한다. 특히 근대의 예술을 삶의 관점에서 데카당스 예술로 규정한 니체가 '예술생리학'에 기초한 도래할 '미래예술'에서 공표한 근대예술의 종말 선언은 흡사 단토의 그것을 떠올린다. 니체는 '미래예술'(die Kunst der Zukunft)에서는 "은둔자 같은 예술가와, 자신의 작품을 전시하는 예술가는 사라지게 될 것이다"[3]라고 확신한다. 여기에 덧붙여 자기를 조형하는 일체의 행위를

2 아서 단토, 이성훈 · 김광우 옮김, 『예술의 종말이후』, 서울: 미술문화, 2004, 59쪽. 단토의 예술의 종말 선언이 현대 미술에 끼친 영향에 대해서는 장민한, 「순수미술의 위기와 단토에 있어서 미술의 종말」, 『美學』 제32집, 한국미학회, 2002, 387-427쪽 참조.

3 F. Nietzsche, *Nachlaß*, in: *Sämtliche Werke*. Kritische Studienausgabe in 15 Bänden(앞으

예술로 정의함으로써, 모든 사람이 근본적인 의미에서 예술가임을 천명한다. 이러한 니체의 주장이 허언이 아님을 우리는 현실 속에서 확인한다.

니체의 예술의 종말이 가지는 의미가 막중함에도 국내에서 니체의 예술종말론에 대한 연구는 전무한 편이다. 미학사와 현대 예술에서 니체가 차지하는 위상을 고려할 때, 니체의 예술철학, 특히 예술의 종말에 관한 연구는 시급히 요구된다. 니체는 근대철학의 막내이자 현대철학의 아버지라는 말이 있듯이, 근대와 현대 사이에 위치한다. 근대철학의 완성자인 헤겔과 근대성의 가장 강력한 비판자인 니체는 진리와 예술의 위상에 대해서도 분명한 차이를 보이고 있다. 동시에 니체가 비록 탈현대 철학의 시조로 간주되고 있지만, 예술다원주의를 옹호하는 단토의 예술의 종말과 니체의 예술의 종말 사이에는 유사성뿐만 아니라 차이도 분명하다. 본 연구는 니체의 예술의 종말을 전기, 후기로 나누어 살펴보고, 그의 주장이 어떤 철학적, 미학적 의미가 있는지를 살펴보는 것을 목표로 한다. 또한 니체의 예술의 종말론이 헤겔과 단토의 그것과 어떤 차이가 있는지도 결론에서 살펴볼 것이다.

2. 첫 번째 예술의 종말: 소크라테스와 비극의 죽음

"그리스 비극의 죽음과 더불어 엄청난 공허가 밀려왔고, 공허는 도처에서 통절하게 느껴졌다. 마치 옛날 티베리우스 시대에 그리스의 뱃사람들이 절해의 고도에서 '위대한 판(Pan목양신-역자주)은 죽었다'라고 하는 처절하게 외치는 것처럼, 이제 '비극은 죽었다 ……' 라는 소리가 고통에 가득찬 곡성

로 KSA로 축약), Bd. 9, G. Colli u.a.(Hg.), München 1999, 25쪽(1[81]). 앞으로 니체 저서는 제목의 축약, 전집의 권수 그리고 페이지를 명기한다. 유고의 단편은 고유 번호가 있을 경우 페이지 뒤 꺽쇠로 표시한다. 예: GT; KSA1, 82; N; KSA9, 25(1[81]).

(哭聲)처럼 그리스 전역에 울려 퍼졌다."[4] 니체는 그리스 문화의 장렬한 종말을 이렇게 비가(悲歌)로 읊조린다. 니체에게 인류 역사상 가장 건강했던 민족인 그리스인은 삶을 위해 철학과 함께 예술을 탄생시켰을 정도로 지혜로웠다. 니체에게 그리스 문화의 뿌리는 비극적-디오니소스적 사유(tragischer Gedanke)[5]이며, 그것의 절정은 비극(Tragödie)이다. 비극이 종말을 고했다는 것은 곧 비극적-디오니소스적 사유의 죽음을 의미한다. 그것은 어디에서 시작되었고 누가 촉발한 것일까?

니체는 그리스 문화의 뿌리를 '디오니소스적인 것'(das Dionysische)에서 찾는다. 더불어 자신의 철학을 디오니소스-비극적 사유와 밀접한 관계가 있다고 다양한 지면에서 고백한다.[6] 그렇다면 어떤 이유에서 디오니소스적인 것이 그리스 문화의 뿌리가 되는가? 그것은 우선, 디오니소스의 존재적 이중성에서 실마리를 찾을 수 있을 것이다. 디오니소스는 비록 그리스의 신들 중의 하나이나 여타의 신들과 달리 하늘의 신인 '제우스'와 인간인 '세멜레' 사이에서 태어났다. 즉 디오니소스는 하늘로 상징되는 불사적 존재이면서, 동시에 땅으로 상징되는 사멸적 존재라는 모순적 이중성을 가진다. 따라서 디오니소스는 인간 실존의 상징으로 어떠한 신보다도 더 적합하다.

---

4 GT; KSA1, 75.

5 비극의 어원은 그리스어 tragikos에서 유래하며, tragikos는 tragohdia에서 파생되었다. 이것은 tragos(Bock, 山羊)와 ohdäh(Gesang, 노래)의 합성어이다. 즉 비극은 산양의 탈을 쓰고, 술을 마시고 노래했던 축제에서 유래했다. '산양'은 디오니소스의 다른 모습인데, 신화에 따르면 제우스는 헤라에게서 자신의 아들인 디오니소스를 보호하기 위해 산양으로 변신시켜 요정에게 맡겼다고 한다. 즉 비극은 디오니소스 축제에서 비롯되었다는 결론을 유추할 수 있다. 비극과 디오니소스에 관한 어원적 설명은 R. Loock, "Tragische, das", in: ***Historisches Wörterbuch der Philosophie,*** Joachim Ritter u.a. (Hg.), Bd 10, Darmstadt 1998, 1334-1345쪽 참조.

6 그는 스스로 '디오니소스의 제자'이며, '최초의 비극철학자'로 칭한다. EH; KSA6, 312 참조. 니체철학에서 비극적-디오니소스적 사유의 의미에 대해서는, 정낙림, 「니체의 비극적-디오니소스적 사유와 예술」, 『철학논총』 37집 제3권, 새한철학회, 2004, 147-170쪽 참조.

두 번째, 그리스 문화가 가진 '몸성'(Leiblichkeit)에 대한 강조는 디오니소스적인 것과 직접적으로 관계한다. 디오니소스적인 것은 본능, 감정, 충동 등 신체에서 직접적으로 관계하는 가치를 옹호함으로써 아폴론적인 것의 이성, 의식, 척도, 논리 등의 가치와 대립한다. 그리스 문화에서 몸성을 옹호하는 가치가 우선한다는 것은 비극에서 디오니소스적인 것이 보다 근본적인 것이라는 사실에서도 확인된다. 이 점은 고통에 대한 그리스인들의 태도에서도 확인할 수 있다. 비극의 주인공들은 공통적으로 잔인한 운명에 의해 고통을 겪는데, 고통은 구체적인 신체적 고통으로 제시된다. 그런데 그리스인들에게 고통은 기쁨의 모순개념이 아니다. 오히려 고통은 기쁨으로 변용될 수 있음을 비극은 잘 보여준다. 몸성에 대한 그리스인들의 가치부여는 몸이 의식이나 정신에 비해 세계와 직접적으로 관계하고, 정직하게 세계를 반영한다는 것 때문이다. 이것은 추상적인 삶보다 구체적인 지금, 이곳의 삶에 보다 더 큰 가치를 둔다는 의미이기도 하다.

세 번째, 그리스문화가 보여주는 우연성과 놀이 그리고 생성의 가치는 디오니소스적인 것과 밀접한 관계가 있다. 니체에게 비극은 꿈의 예술인 아폴론적인 것과 도취의 예술인 디오니소스적인 것과의 놀이에서 탄생한 예술이다. 아폴론적 "조형가의 예술은 **꿈과의 놀이**이고"[7], "디오니소스적 예술가의 창조는 도취와의 놀이이다."[8] 비극은 꿈과 도취의 놀이가 빚은 결과물인데, 비극을 주도하는 것은 도취의 놀이이다. 꿈은 도취가 야만적 형태로 흐르는 것을 제어하는 역할에 머문다.

아폴론적 충동은 꿈과 표상을 통해 아름다운 형상을 만들어낸다. 반면 디오니소스적 예술은 청각과 촉각의 예술로서 일체의 형상을 초월하는 데

---

7 DW; KSA1, 554.

8 DW; KSA1, 555.

서 성립한다. 니체의 분류에 따르면 시각예술인 회화, 조각과 건축, 즉 미술과 표상의 예술인 시는 아폴론적 예술에 속하고, 음악과 무용은 디오니소스적 예술이다. 비극은 두 예술충동의 놀이의 산물이다. 그러나 비극에서 두 충동의 무게는 음악이 비극에서 주도적 역할을 한다는 점에서 명확하다. 조형예술이 현상에 의존하는 반면, 음악은 세계의 의지의 직접적 모사이다. "음악은 원일자(Ur-Eine)의 한복판에 깃들인 원초적인 모순과 원초적 고통에 상징적으로 관련하며, 이와 함께 모든 현상을 초월한, 모든 현상 이전의 영역을 상징"[9]한다. 따라서 『비극의 탄생』 마지막 장에서 니체는 디오니소스적인 것을 "영원하며 근원적인 예술의 위력(Kunstgewalt)"[10]으로 밝힘으로써 비극에서 디오니소스적인 것이 가지는 무게를 명백히 한다.

그리스 비극에서 디오니소스적인 것이 아폴론적인 것보다 중요하다는 사실은 비극이 공연되었던 디오니소스 극장의 구조만 보더라도 알 수 있다. 디오니소스 극장은 합창단이 서는 무대가 전면에 있다. 이것은 우리에게는 매우 낯설게 느껴지는데, 오늘날 합창단은 통상적으로 무대의 가장 뒤쪽에 위치한다. 디오니소스 극장의 이러한 배치는 비극에서 중요한 것은 청중에게 극의 줄거리를 전달하는 것이 아니라, 삶의 원초적 모순과 비극성을 합창의 형식으로 청중들의 정서에 직접적으로 호소한다는 것을 보여준다. 그리스 비극의 주인공들은 하나같이 불가항력적인 운명으로 고통을 당하고 몰락의 여정을 가게 된다. 합창을 통해 전해지는 주인공들의 절절한 고통을

9 GT; KSA1, 91. 음악에 대한 니체의 이러한 사유는 쇼펜하우어에서 비롯되었다. 니체는 『비극의 탄생』에서 음악과 관련하여 쇼펜하우어를 직접 인용한다. 음악은 무엇인가를 모방하는 예술들과는 확연히 구분되는 특별한 성질과 근원을 가진다. "왜냐하면 음악은 다른 예술들처럼 현상의 모사가 아니라 오히려 의지 자체의 직접적인 모사이고 세계의 모든 물리적인 것에 대해서 형이상학적인 것을, 모든 현상에 대해서는 물자체를 표현하기 때문이다(Schopenhauer, *Welt als Wille und Vorstellung* I, 310쪽)."(GT; KSA1, 104)

10 GT; KSA1, 155.

통해 관객들은 삶의 잔혹함과 무상함 앞에서 망연자실하다가도 현상계의 변화와 개별자의 고통 너머에 있는 알 수 없는 '근원일자'(Ureine)와의 합일에 대한 예감에 사로잡힌다. 비극에서 "디오니소스적 음악이야말로 개별화의 원리, 즉 개별자의 삶 배후에 있는 저 알 수 없는 전능의 세계의지를 표현하는 예술, 모든 현상의 피안에 존재하며 어떠한 파멸에도 굴하지 않는 영원한 생명을 표현하는 예술이다. 비극은 언어로 설명할 수 없는 삶과 세계의 진리를 들려준다."[11] 그러므로 비극의 관람자는 "삶이 현상의 모든 변화에도 파괴할 수 없을 정도로 강력하고 즐거운 것이라는 …… 형이상학적 위안"[12]을 얻게 된다.

그러나 그리스의 비극은 기원전 6세기 경 쇠퇴기에 접어드는데, 3대 비극작가 중 마지막 작가인 에우리피데스의 작품은 몰락의 징후를 뚜렷하게 보여준다. 그런데 니체는 에우리피데스의 뒤편에 숨은 비극의 진정한 몰락의 원흉을 지목하는데, 그가 바로 소크라테스이다. 니체에게 소크라테스는 그리스문화와는 근본적으로 이질적인 존재이다. 소크라테스에서 발견되는 이질성은 우선 무엇보다도 "인식욕(Erkenntnislust)"[13]과 그것을 기초로 인식이 "존재의 가장 깊은 심연까지 도달할 수 있다고 믿는"[14] 이론적 낙천주의에 있다. "이론적 낙천주의자는 사물의 본성을 규명해낼 수 있다는 신념을 가지고 지식과 인식에 만병통치약의 힘을 부여하며 오류를 악덕 그 자체라고 생각하는 사람이다. 사물의 근거를 천착하고 가상과 오류에서 진정한 인식을 분리해내는 일이 소크라테스적 인간에게는 가장 고귀한 소명, 그 자체로 하나밖에 없는, 정말이지 인간적인 소명으로 생각된다."[15]

---

11 정낙림, 『니체와 현대예술』, 서울: 역락, 2012, 91-92쪽.

12 GT; KSA1, 56.

13 GT; KSA1, 116.

14 GT; KSA1, 99.

니체는 소크라테스에서 지식에 대한 충동으로 살아가는 파우스트적 인간이 최초로 세계사에 등장한 "세계사의 전환점과 회오리를"[16] 본다. 그리스인들에게 미덕인 '이중성', '몸과 본능', '우연성'은 소크라테스에게는 비이성적인 것이고, 진리의 이름으로 제거되어야할 악덕이다. 그에게 사유는 존재의 심연에 도달할 수 있을 뿐만 아니라 존재의 모순을 "교정할 수 있다."[17] 그러므로 "인간은 어떤 대가를 치루더라도 똑똑하며, 명석하고 분명해야만 한다."[18] 이러한 소크라테스의 정언명령에서 우리는 그리스문화의 기초인 디오니소스적인 것과 아폴론적인 것이 완전히 전도되는 것을 목격한다. 그리스문화에서 "모든 생산적인 인간들에게 본능이 바로 창조적인-긍정적인 힘인 것이고 의식이 비판적이고 경고하는 것을 자신 속에 가지고 있는데 반해, 소크라테스에게는 본능이 비판가로, 의식이 창조자가"[19] 된다. 그리스인들에게 소크라테스의 주장은 낯설고 당혹스러운 것이었다. 그러나 소크라테스는 그리스를 자신이 고안한 변증술로 점령해나갔다. 비극도 예외일 수 없었다.

소크라테스는 비극을 혐오했다. 왜냐하면 비극은 이성으로 도저히 이해할 수 없는 모순으로 가득 찬 것이었기 때문이다. 그에게 비극은 "비이성적인 것"인 것으로, "결과 없는 원인으로, 원인 없는 결과인 것같이 여겨졌다."[20] 그러므로 비극은 없어져야 하거나, 이성과 논리로 편입되어야 한다. "아름답기 위해 모든 것은 의식적이어야 한다."[21] 이것이 바로 "미학적 소크

---

15 GT; KSA1, 100.

16 ebd.

17 GT; KSA1, 99.

18 GD; KSA6, 72.

19 GT; KSA1, 90.

20 GT; KSA1, 92.

21 GT; KSA1, 87.

라테스주의"[22]의 명법이다. 미학적 소크라테스주의를 비극에 적용한 사람이 바로 에우리피데스이다. 이성적인 것만이 아름답다는 것을 에우리피데스는 자신의 작품속에 구현했으며, 비극을 그렇게 증오했던 소크라테스도 "에우리피데스의 새로운 작품이 상연될 때 그때만 관객들 사이에 모습을 드러냈다."[23]고 한다.

그런데 니체에게 비극과 소크라테스주의는 동시에 양립할 수 없다. 비극에서 소크라테스적인 것이 침범했다는 것은 비극의 위기를 의미한다. 이것은 비극에서 디오니소스적인 것의 쇠퇴와 더불어 음악이 비극에서 주도권을 상실할 위험에 처했다는 것을 뜻한다. 그래서 니체는 비극에서 "미학적 소크라테스주의는 살인적인 원칙"[24]이라고 단정했던 것이다. 에우리피데스의 작품에서 아폴론적인 것이 디오니소스적인 것을 압도한다. 그의 비극은 합창에 의해 진행되는 것이 아니라 대사가 극의 중심이 되었다. 비극은 이제 논쟁의 예술, "변증론의 쨍그랑거리는 무기놀이"[25]로 전락하게 된다. 소크라테스의 이론적 낙천주의는 그리스 비극의 종말, 즉 예술의 종말을 초래했던 것이다.

니체에게 소크라테스는 고유명사 이상의 의미를 가진다. 소크라테스는 이전 시대와 전혀 다른 세계관을 역사에 등장시켰고, 이후의 역사를 결정하는 전환점이 되었다. 그의 그림자는 현대에까지 긴 그늘을 드리운다. 소크라테스가 표방한 이성에 대한 절대적 신뢰와 낙관주의는 '계몽'의 이름으로, 실증주의의 이름으로 현대적 삶을 결정한다. "소크라테스는 현대의 시조"[26]

22 GT; KSA1, 85.

23 GT; KSA1, 89. v. Reibnitz는 에우리피데스의 비극과 소크라테스 철학은 모두 "합리주의"에 근거한다고 니체의 주장을 뒷받침한다. B. von Reibnitz, *Ein Kommentar zu Friedrich Nietzsche. Die Geburt der Tragödie aus dem Geist der Musik*, Stuttgart 1992, 314쪽. 참조.

24 GT; KSA1, 87.

25 ST; KSA1, 546.

라는 니체의 언명은 바로 이런 맥락에서 나온 것이다. 그런데 이론적 낙관주의의 모순은 자신을 뒤돌아볼 수 있는 힘을 자신 속에 가지고 있지 않다는 것이다. 그래서 "논리가 어떻게 자기 자신을 중심으로 맴돌고 마침내 자신의 꼬리를 무는가를 경험하고 경악"[27]할 때까지 자신의 문제를 알아차리지 못한다. 니체는 자신의 당대에 만연한 염세주의적 세계관의 이면에는 바로 이론적 낙관주의가 있다고 확신한다.

3. 두 번째 예술의 종말: 바그너와 데카당스 예술의 죽음

(1) 바그너와 비극의 부활

이론적 낙관주의가 초래한 "실천적 염세주의(praktischer Pessimis- mus)"[28]는 어떻게 극복되어야 하는가? 그것은 소크라테스가 고사시킨 그리스적 세계관, 즉 비극적-디오니소스적 사유의 복원에서 시작되어야 한다. "예술은 인식보다 더 강하다, 왜냐하면 예술은 삶을 원하지만 지식은 마지막 목표로써 단지 삶의 부정을 원하기 때문이다."[29] 니체에 따르면 그리스인들은 우리

26 GT; KSA1, 116.

27 GT; KSA1, 101.

28 GT; KSA1, 100. 니체는 아도르노에 앞서 이론적 낙관주의가 어떻게 실천적 염세주의로 귀결되는지를 생생히 묘사하고 있다. "이 힘이 인식을 위해서가 아니라 개인과 민족의 실천 목표, 이기적인 목표에 사용된 경우를 생각하면 각지에서 절멸적인 전투가 번져, 민족 이동이 쉴 새 없이 일어나고 삶에의 본능적 욕구는 약화될 것이다. 그리하여 자살은 상습화되고, 개인은 피지의 섬의 주민처럼 자식은 양친을 목 졸라 죽이고, 친구는 친구를 목 졸라 죽임으로써 자기의 의미를 다한 것처럼 느낄 것임에 틀림없다. 결국 동정에서 민족을 대량으로 살해하는 몸서리나는 윤리를 낳을 수 있을지도 모른다는 극단적인 **실천적 염세주의**가 나타난다." (ebd.)

29 CV; KSA1, 760.

에게 "학문을 예술의 렌즈로 예술을 다시 삶의 렌즈로 볼 것"[30]을 요구한다. 이것이 의미하는 것은 예술이 학문보다 더 깊이 삶에 뿌리를 내리고 있다는 것이다. 그래서 니체는 지혜로운 그리스인을 좇아 진리나 도덕이 삶을 정당화하는 것이 아니라 예술이 그 역할을 한다는 주장을 펼친다. "인간 실존과 세계는 오직 미적 현상으로서만 정당화"[31]된다는 '예술가-형이상학'(Artisten-Metaphysik)의 핵심 주장은 니체가 그리스 비극을 해석하는 토대가 되었고, 더 나아가 『비극의 탄생』의 주제가 된다.[32] 초기 니체는 예술을 "인간의 고유한 형이상학적 행위"[33]로 간주한다. 형이상학이나 종교의 내밀한 역할인 삶을 위한 위안과 치료제의 역할을 예술이 대신할 수 있다는 것이 니체의 확고한 믿음이었다.

니체는 과도한 진리에 의해 고통 받는 자신의 시대에도 그리스인들에게 그러했듯이 예술이 삶을 위한 보호와 치료제(Schutz und Heilmitel) 역할을 할 것으로 기대한다. 그러나 그가 목격한 당대의 예술은 그리스적 의미의 예술과 거리가 먼 것이었다. "예술은 저질의 오락적 대상이 되었고, 미학적 비평은 허영심 강하고 산만하고 이기적이며 게다가 불쌍하게도 독창적이지 못한 사교계의 접착제로 이용되었다."[34] 그가 찾은 희망봉은 쇼펜하우어와 바그너였다. 사실 니체의 예술가-형이상학은 쇼펜하우어의 의지철학

---

30 GT; KSA1, 14. "**학문의 제어**는 이제 **단지 예술**을 통해서만 가능하다."(N; KSA7, 428 (19[36]))

31 GT; KSA1, 47. "예술이 그리스인을 구했으며, 예술을 통해서 그리스인 스스로를 구했고-삶을"(GT; KSA1, 56) 구했다.

32 니체는 1886년 『비극의 탄생』을 고쳐 쓴 서문에서 이렇게 말한다. "본문 자체에서도 세계의 존재가 단지 미적인 현상으로서만 **정당화된다**는 암시적 명제가 여러 번 등장하고 있다. 사실상, 이 책 전체는 모든 사건의 배후에 존재하는 예술가의 진의, 예술가의 배후 의미만을 알고 있을 뿐이다."(GT; KSA1, 17)

33 GT; KSA1, 24. "사람들이 원한다면 이 의미(예술의 의미-필자)를 '신'이라 불러도 좋다."(GT; KSA1, 17)

34 GT; KSA1, 144.

과 바그너의 음악에 큰 빚을 지고 있다. 『의지와 표상으로서의 세계(Die Welt als Wille und Vorstellung)』에서 쇼펜하우어는 칸트의 '물자체'와 '현상'을 '의지'와 '표상'의 세계로 구별한다. '표상으로서의 세계'는 알 수 없는 맹목적인 의지에 의해 지배된다. 니체는 이것을 디오니소스적인 것과 아폴론적인 것으로 수용한다. 아폴론적인 것의 '개체화의 원리'와 디오니소스적인 것의 '개체화 파괴의 원리'는 쇼펜하우어의 개념을 차용한 것이다. 니체가 쇼펜하우어의 미학에서 가장 크게 영향을 받은 것은 무엇보다도 쇼펜하우어의 음악에 대한 생각이다. 쇼펜하우어는 베토벤을 비롯한 대가들의 음악은 여타의 예술과 달리 의지의 직접적 모사로 간주한다. "우리는 세계를 구체화된 음악으로 또한 구체화된 의지로 칭할 수 있다."[35] 니체는 쇼펜하우가 음악의 본질을 정확히 꿰뚫고 있다고 경탄하면서 이것을 "모든 미학의 가장 중요한 인식"[36]으로 평가한다.

니체에 따르면 쇼펜하우어의 음악철학의 심대한 의미를 정확히 간파하고 그것을 작품 속에 구현한 사람이 바그너이다. 젊은 니체에게는 바그너의 총체예술작품(Gesamtkunstwerk)으로서 음악극(Musikdrama)이 삶과 예술의 관계를 복원시킨 것으로 보였다. 니체는 특히 바그너의 〈트리스탄과 이졸데(Tristan und Isolde)〉를 그리스 비극의 재현으로 확신했다.[37] 니체가 바그

35 A. Schopenhauer, ***Die Welt als Wille und Vorstellung*** I, Wolfgang Frhr. Von Löhneysen (Hg.), Darmstadt 1982, 366쪽. 웨인 D. 보먼은 쇼펜하우어의 음악철학을 "이성의 베일 들어올리기"로 표현한다. 웨인 D. 보먼, 서원주 옮김, 『음악철학』, 서울: 까치글방, 2011, 175쪽. 쇼펜하우어의 음악철학의 의미와 영향에 관해서는 같은 책, 175-201쪽 참조.

36 GT; KSA1, 104. 니체철학에서 음악의 형이상학적 의미에 대해서는 M. Perrakis, ***Nietzsches Musikästhetik der Affekte***, Freiburg im Breisgau 2011, 42-92쪽 참조.

37 "『비극의 탄생』은 명백하게 바그너의 〈트리스탄과 이졸데〉에서 영감을 받았다."(T. Baumeister, "Stationen von Nietzsches Wagnerrezeption und Wagnerkritik", in: ***Nietzsche Studien***, Bd.16(1987), 289쪽.) 바그너의 음악극과 니체의 『비극의 탄생』의 관계에 대해서는 K.-D., Bruse, "Die Griechische Tragödie als, Gesamtkunstwerk' – Anmerkungen zu den Musikästhetischen Reflextion des frühen Nietzsche", in: ***Nietzsche Studien***, Bd.13

너의 음악극을 비극의 부활로 본 것은 우선 바그너의 작품이 신화를 소재로 한다는 점이다. 음악이 의지의 직접적 모사로서 세계에 도달하는 통로이듯이 신화는 논리적으로 설명할 수 없는 인간의 원초적 삶을 온전히 들여다 볼 수 있는 거울이다. 바그너는 신화와 음악의 공속성을 간파하고 있었던 것이다.[38] 니체가 바그너의 음악극을 비극의 재탄생으로 본 두 번째 근거는 바그너 작품에서 음악이 작품을 이끄는 주도적 역할을 한다는 점이다. 즉 바그너의 작품은 대사를 통한 줄거리 중심이 아니라 음악이 만들어 내는 상황과 분위기 중심으로 진행된다는 것이다.

니체가 바그너 음악극이 그리스 비극과 닮은 세 번째 특징으로 꼽은 것은 '불협화음'이다. 바그너는 '불협화음'을 음악의 한 부분으로 편입시켜 적극적으로 활용한다. 이것은 그리스 비극에서 잔인한 운명에 짓밟히는 주인공의 삶을 디오니소스 합창단이 노래로 전하는 것과 같은 효과를 가진다. "비극적 신화가 산출하는 쾌락은 음악에서 불협화음에 대해 느끼는 즐거움과 같은 고향에서 유래한다."[39] 바그너는 삶의 부조리함과 추함이 근원적이며, 이것이 어떻게 예술로 승화되는가를 불협화음의 효과로 보여준다. 불협화음은 음악극을 관람하는 청중들에게 비극의 관람자들이 얻게 되는 디오니소스적 지혜, 즉 삶이 그 아무리 경악스럽고, 이해할 수 없는 모순으로 둘러싸여 있어도, "파괴할 수 없이 강력하며 즐거운"[40] 것이라는 동일한 감정을 전달한다.

바그너는 비극이 개인과 개인, 개인과 공동체, 인간과 자연을 하나로

(1984), 156-176쪽 참조.

38 음악과 신화가 근대사회에서 처한 운명을 니체는 이렇게 말한다. "양자의 불가사의한 연대성을 증명하듯이 비슷한 운명의 몫이 그 양자에게 주어졌다."(WB; KSA1, 476f.)

39 GT; KSA1, 152.

40 ebd.

묶었듯이, 예술이 가진 원래의 힘을 회복함으로써 예술의 공공재로서 역할을 복권시킨다. 바그너는 근대가 '개체화의 원리'를 지나치게 좇은 결과, 분화가 모든 영역에서 진행되었고, 그 결과 인간은 파편화되었다고 본다. 예술의 경우에도 다를 바가 없었다. 예술은 특정 계급이 향유하는 사치품 정도로 취급받았다. 그래서 바그너에게 근대예술은 삶과 철저히 단절된 절름발이로 간주된다. 그에게 음악은 "국가와 사회 그리고 개인들 간의 간격이 강력한 통일감정에 의해서 사라지게 하고 자연의 심장으로 되돌려"[41]주는 원래의 역할을 해야 한다. 예술이 삶에서 가진 최고의 과제와 탁월한 형이상학적 의미를 좇았던 니체의 '예술가-형이상학'은 사실 쇼펜하우어와 바그너 사유에서 비롯되었다고 보는 것이 온당하다.

(2) 낭만주의와 데카당스 예술

니체는 바그너를 당대의 병든 유럽문명을 치유할 유일한 "혁명가"[42]로 칭송하고 추종한다. 그러나 니체는 쇼펜하우어와 바그너를 통한 유럽문명의 재탄생이 성급한 기대였음을 고백한다. 바그너에 대한 니체의 실망은 바그너의 음악극이 비극적-디오니소스적인 것에 기초한 비극의 재탄생이 아니라, 지극히 근대적 산물이며, 더욱이 병적 퇴락과 절망으로 가득찬 데카당스의 정신에서 태어난 것을 확인했기 때문이다. 니체가 바그너의 음악극이 그리스 비극과 무관하다는 것을 간파한 것은 특히 바그너의 최후의 작품인 〈파르치팔(Parsifal)〉을 통해서이다. 이 작품은 타락한 삶의 구원은 그리스도를 따르는 순수한 영혼을 통해서만 가능하다는 것을 보여준다.[43] 니체

41 GT; KSA1, 56. WB 5; KSA1, 456. 참조.

42 WB; KSA1, 475. 니체는 초기저작들에서 바그너를 '독일의 희망'으로 부르기를 주저하지 않았다. 여기에 관해서는 A. Rupschus, *Nietzsches Problem mit den Deutschen, Wagners Deutschtum und Nietzsches Philosophie*, Berlin u.a 2013, 15-51쪽 참조.

는 바그너의 음악극에서 보여주는 주인공들의 잔인한 운명과 그것으로 인한 방황과 좌절, 절망과 고통은 결국 속죄를 통해 구원을 얻게 되는데, 이때 속죄와 구원은 디오니소스적 지혜에서가 아니라 그리스도교적 구원이었다는 것을 점차 간파하게 된다.

니체는 점점 바그너의 음악이 형식과 내용적인 면 모두에서 비극과 아무런 관련이 없음을 간파하기 시작한다. 그래서 그의 전 작품을 비판적 관점에서 다시 분석한다. 바그너는 그리스 문화를 이해하는 첫 걸음에서부터 니체와 다른 태도를 취한다. 그는 그리스 문화의 정수를 디오니소스적인 것이 아니라, 아폴론적인 것, 즉 서사적인 것에서 본다. 그에게 그리스 문화의 정수는 "현실적이고 생동하는 예술로 된 아폴론"이다.[44] 이것으로부터 "연극이 목적이고, 음악은 언제나 수단일 뿐"[45]이라는 바그너의 주장은 자연스럽게 도출된다. 니체가 볼 때 바그너가 자신의 음악극을 통해 진정으로 원하는 것은 태도(Attitüde)나 자세의 전환이다. 사실 바그너에게 "'꾸며진 자세가 목적이고, …… 음악은 언제나 그 수단일 뿐이다.' …… 음악은 그에게 극적인 몸짓과 뚜렷한 배우 기질을 명료하게 하고 강화시키며 내면화시키는 수단이었다."[46]

---

43 "〈파르치팔〉은 삶의 전체들에 대항하는 책략과 복수욕과 은밀한 독살 짓거리의 산물이다. 〈파르치팔〉은 **나쁜** 작품이다."(NW; KSA6, 431) 니체는 1876년 〈파르치팔〉의 시연을 본 후의 실망감을 편지에 남긴다. "나는 이번 여름의 비할 바 없는 실망을 참아내기 위해 모든 마음의 평정을 유지해야만 했다."(F. Nietzsche, *Sämtliche Briefe*. Kritische Studienausgabe in 8 Bänden(앞으로 KSB로 축약), Bd. 5, München u.a., 1986, 182) 앞으로 니체의 편지는 권수, 쪽수(편지의 고유번호) 순으로 표기한다. 예: KSB5, 182(547). 니체는 자신이 바그너로부터 정신적 독립의 기념물로 『인간적인 너무나 인간적인』을 완성하는데, 이것이 가지는 의미를 1888년의 『이 사람을 보라』에서 "위기의 기념물"(EH, KSA6, 322)로 칭한다. 니체가 〈파르치팔〉을 거부한 철학적 이유에 대해서는 J. Georg-Lauer, *Dionysos und Parsifal, Eine Studie zu Nietzsche und Wagner*, Würzburg 2011, 105-146쪽 참조.

44 R. Wagner, *Die Kunst und die Revolution*. 1887/88, Leipzig, 11쪽.

45 NW; KSA6, 419. "그는 효과를 원하고, 효과 이외 그 무엇도 원하지 않는다. 그리고 자신이 어디에 효과를 발휘할지를 잘 알고 있다!"(W; KSA6, 31)

바그너 작품에서 음악과 연극이 태도나 자세를 극대화하는 효과라면, 그것은 구체적으로 무엇을 위한 것인가? 니체가 간파한 바그너 음악의 진정한 동기는 바로 '이념'이다. "그에게 중요한 것은 헤겔적 '이념'이다. …… 바그너는 그것을 음악에 적용시켰을 뿐이다. …… 그는 **헤겔의 유산**이다. '이념'으로서의 음악."[47] 바그너가 음악적 효과를 위해 차용한 무한선율(unendliche Melodie)과 '불협화음'은 니체가 볼 때 일차적으로 음들을 유기적으로 조직화해내지 못하는 바그너의 무능력의 산물이지만, 음의 조화와 균형을 의도적으로 깨뜨려 끊임없이 이어지게 하는 것은 혼돈을 의도적으로 부각시켜 관객들에게 무엇인가 무한한 것, 이념을 추측하게 하는 바그너의 책략에서 나온 것이다.[48]

그런데 니체에 따르면 바그너의 총체예술의 이념이 진정으로 뿌리내리는 곳은 그리스도교이다. 바그너의 음악극의 진정한 주제는 '구원의 문제'이다. "그의 오페라는 구원의 오페라이다. 누군가가 그의 곁에서 항상 구원되기를 바라고 있다: 때로는 어느 젊은 청년이, 때로는 어느 젊은 처녀가 그렇다."[49] 죽을 권리를 빼앗긴 주인공이 영원한 방랑이라는 저주를 순결한 처녀의 지고지순한 사랑으로 영면(永眠)의 권리를 되찾는다는 〈방황하는 네덜란드인〉, 주지육림의 쾌락의 늪에 빠진 난봉꾼이 그를 기다리는 순결한 처녀

46 NW; KSA6, 419.

47 Ebd. 1886년 니체는 『비극의 탄생』을 뒤돌아보면서 바그너의 영향아래 집필된 자신의 첫 책의 구성과 기술 방식 역시 헤겔의 변증법과 깊은 관계가 있음을 자백한다. 이 책은 "-불쾌한 헤겔적 냄새를 풍기고, ……. 거기서 하나의 '이념'이 — 디오니소스적과 아폴론적이라는 대립이 — 형이상학적인 것으로 옮겨졌다."(EH; KSA6, 310).

48 "바그너 예술의 수수께끼 상자. …… 그 예술에 나타나는 이념들의 다색구성이 바로 젊은이들을 바그너로 향하게 하고 유혹했던 것이다: 구름을 만드는 바그너의 천재성, 허공을 부여잡고 허공에서 배회하고 방랑하는 것. 어디나 존재하면서 어디에도 없는 것은, 그 시대에 헤겔을 유혹하고 현혹했던 천재성과 똑같은 것이다!"(W; KSA6, 36f.)

49 W; KSA6, 16.

의 기도의 힘으로 구원된다는 〈탄호이저〉 등, 바그너의 작품 전체를 관통하고 있는 주제는 '구원'이다. 탕자들의 영혼이 때묻지 않은 순진무구한 영혼에 의해 구원된다는 이야기는 바그너 작품의 기본 줄거리이다. 이것을 통해 "바그너는 '너는 **믿어야** 하며 **믿지** 않으면 안 된다'라는 그리스도교적 교리를 대변하고 있는 것이다."[50]

바그너는 그리스도교적 구원의 이념을 전파하기위해 각종 음악적 장치를 활용한다. 총체예술이라는 이름하에 그의 작품은 극장이라는 특수한 공간에서 온갖 과도한 음향을 동원하여 관객들의 신경을 고조시키고 자신의 이념을 그들에게 주입한다. '무한선율'과 '불협화음'이라는 음악 기법은 음악 애호가에게는 불편한 것이지만, 음악에 문외한들에게는 하느님으로 인도하는 마술피리와 같은 최면효과를 발휘한다. 바그너의 음악이 목표로 하는 관객은 멋모르는 대중들이다. 그래서 니체는 바그너를 대중설득의 탁월한 능력을 가진 "최면술의 대가"[51]로 부른다. 그의 음악은 점점 더 대중을 속이는 방향으로 발전했고, 최면의 "효과를 원하고, 효과 외에 아무 것도 원하지 않는"[52] 것이 되었다. 그래서 "바이로이트에 갈 때, 사람들은 자기 자신을 집에 놔두고 간다. …… 거기에서(바이로이트 극장-역자)는 가장 개인적인 양심조차 최대 다수라는 평준화 마술에 굴복한다. 거기서는 이웃이 지배하며, 거기서 우리는 이웃이 **된다**."[53]

니체는 바그너가 음악을 이념을 위해 수단화 했으며, '사랑', '죽음', '구

50 W; KSA6, 17. "음험한 그리스도교 정신: '만년의 바그너' 음악 유형."(N; KSA13, 239 (14 [42])).

51 W; KSA6, 23(5). "바그너의 음악은 극장-취향이라는 몹시 관대한 취향에 의해 보호받지 않는다면, 단순히 저급한 음악일 뿐이다."(W; KSA6, 30)

52 W; KSA6, 31.

53 NW; KSA6, 420. 바그너의 총체예술은 "취향의 문제에 있어서 대중 숭배의 한 형식이고, 일종의 대중 봉기이며, 좋은 취향에 **대적하는** 국민투표이다. …… **이 점을 바로 바그너의 경우가 입증하고 있다**: 그는 다수를 얻었다."(W; KSA6, 42)

원'이라는 그리스도교의 교리를 청중들에게 감동적으로 전하는 효과에 집착했다고 비판한다. 니체에 따르면 바그너의 이러한 태도는 낭만주의자들의 정조를 전형적으로 보여준다.[54] 니체가 그리스도교와 낭만주의에서 발견한 공통점은 삶에 대한 태도이다. 니체에 따르면 모든 삶과 예술은 자신의 확장, 즉 힘의 고양을 추구한다. 그런데 그리스도교와 바그너는 이러한 정상적인 삶의 원칙을 따르는 것이 아니라 궁핍하고 몰락하는 삶을 추구한다. 그들에게 삶이 궁핍할수록 구원의 가능성은 더 커진다.

> "낭만주의란 무엇인가? 모든 예술과 철학은 성장하고 투쟁하는 삶에 봉사하는 치료제요, 구제 수단이라고 할 수 있다. 예술과 철학은 항상 고뇌와 고뇌하는 자를 전제로 한다. 하지만 고뇌하는 자에는 두 가지 유형이 있다. 그 하나는 **삶의 충만**(Überfülle des Lebens)으로 인해 괴로움을 겪는 자들로, 이들은 디오니소스적 예술을, 그리고 또한 삶에 대한 비극적인 견해와 통찰을 원한다. 다른 하나는 **삶의 빈곤**(Verarmung des Lebens)으로 괴로움을 겪는 자들로서, 그들은 안식, 고요, 찬란한 바다, 예술과 인식을 통한 자신들로부터의 구원을 추구하거나, 아니면 도취, 경련, 마비, 광기를 추구한다. 후자의 이중의 욕구에 상응하는 것이 모든 예술과 인식에 있어서의 낭만주의다. 바로 여기에 해당하는 가장 유명하고 두드러진 낭만주의자들이 쇼펜하우어와 바그너이다."[55]

몰락하고 쇠퇴하는 삶을 바라는 욕구는 전형적인 '데카당'(dekadent)의

---

54 낭만주의의 특징 중 하나는 신화를 그리스도교와 관련지어 수용한다는 점이다. 이 점에 대해서는 M. Frank, *Der kommende Gott. Vorlesungen über die Neue Mythologie*. Frankfurt a. M. 1982, 12-14쪽 참조.

55 FW; KSA3, 620(370), W; KSA6, 51과 NW; KSA6, 425도 참조하라. "바그너가 낭만주의를 **종합한다**."(N; KSA13, 133(11[315])). 니체는 자신의 저서 『비극의 탄생』 역시 바그너적 낭만주의의 산물이었음을 나중에 고백한다. "그러나 니체여, 만일 **그대의** 책이 낭만주의가 아니라면 도대체 무엇이 낭만주의란 말인가? 그대의 예술가-형이상학에 나타나 있는 것 이상으로 '현재', '현실' 그리고 '근대적인 이념들'에 대한 깊은 증오가 나타날 수 있을까?"(GT; 「자기비판의 시도」 KSA1, 21)

자세이다. 니체가 그리스도교와 바그너의 낭만주의에서 찾은 삶의 태도는 바로 데카당한 것이다. 구원의 욕구는 "데카당스에 대한 가장 솔직한 표현 형식이고, 데카당스에 대한 섬세한 상징들과 그 실행 방법에 의해 보인, 데카당스에 대한 가장 설득력 있고 가장 고통스러운 긍정인 것이다."[56] 니체는 데카당스를 생명의 원리에 반하는 퇴행적인 것이고 생명감과 에너지를 고갈시키는 가장 위험한 것으로 본다. "내가 가장 깊이 몰두하고 있는 것은 사실 데카당스라는 문제이며 …… '선과 악'은 이 문제의 한 가지 변형일 뿐이다. …… **황폐해진** 삶과 종말에의 의지와 큰 권태가 거기에 숨겨져 있다."[57] 니체가 데카당스의 문제를 자신이 싸워야할 가장 큰 적이라고 본 것은, 근대성의 가치가 바로 데카당스와 밀접하게 관계하기 때문이다.

바그너 음악은 "**근대적 영혼의 진단술**"[58]이다. 즉 바그너 음악에는 근대가 지향하는 가치가 고스란히 담겨있다. 니체에게 "**근대**(Moderne)는 생리학적인 자기모순"[59]인데, 그것은 근대가 "몰락하는 가치들, **허무주의적인** 가치들이 신성한 이름으로 주도권을 행사"[60]하는 시대이기 때문이다. 니체가 몰락을 희구하는 근대의 가치 중 가장 위험한 것으로 손꼽은 것은 '평등'의 이념이다. 프랑스 혁명이후 '인간은 평등하다'는 가치는 인간의 가장 기본적인 권리가 되었다. 그런데 니체에 따르면 사람들이 "권리의 동등"을 "욕구의 동

---

56 W; KSA6, 51f. "리하르트 바그너. 그는 가장 성공한 것처럼 보이지만 사실은 부패해버린 절망한 데카당이고, 갑자기 어찌할 바를 모른 채 산산이 부서져 그리스도교의 십자가 앞에서 무릎을 꿇었다."(NW; KSA6, 431f.)

57 W; KSA6, 11f.

58 W; KSA6, 53. "근대 영혼의 미궁의 내막에 대해 바그너보다 더 정통한 인도자를, 바그너보다 더 유창한 영혼의 고지자를 어디서 발견하겠는가? 근대성은 바그너를 통해서 자신 안에 있는 **가장 내밀한** 말을 하고 있는 것이다."(W; KSA6, 12) "바그너는 전형적인 근대 예술가이며 근대성의 칼리오스트로(A. Cagliostro)이다. 그의 예술 안에는 오늘날 전 세계가 가장 필요로 하는 것이 가장 유혹적인 방식으로 혼합되어 있다."(W; KSA6, 23(5))

59 GD; KSA6, 143.

60 AC; KSA 6, 172.

등"[61]으로 이해함으로써, 그들은 "자신이 거의 모든 것을 할 수 있고, 거의 **모든 역할에 적합하다고 확신**"[62]하는 오류를 범하게 되었다. 즉 근대인에게 '거리의 파토스'(Pathos der Distanz)가 사라지게 되고, 같아짐의 파토스(Pathos der Gleichheit)가 중심을 차지한다. 이러한 태도를 니체는 사람들이 생리학적으로 닮아가는 과정으로 이해한다.[63]

니체에 따르면 평등에 대한 믿음은 '신 앞의 평등'을 가르치는 그리스도교에서 비롯되었다. 니체에게 근대의 가치와 제도는 그리스도교의 세속화에 지나지 않는다. "**신 앞에서의 영혼의 평등**. 그 안에서는 **평등권**에 대한 모든 종류의 이론들의 원형이 주어져 있다."[64] 니체는 근대인의 평등에 대한 욕망을 '무리본능', '노예도덕'으로 비판하고 이러한 욕망은 힘에의 의지에 반하는 '데카당스적' 태도의 전형으로 본다. 즉 근대는 데카당스적 가치가 일반화된 시대이고, 그렇기에 니체가 '근대를 생리적 모순'으로 평가할 수 있었던 것이다.

후기 니체가 바그너를 비판하는 근거는 바그너의 예술이 삶의 상승에 기여하는 것이 아니라 삶의 몰락을 촉진한다는 것이다. 전기의 예술가-형이상학은 예술을 형이상학의 고유한 기능으로 보고, 종교나 형이상학이 맡은 세계와 삶의 정당화를 예술이 떠맡을 수 있다고 보았다. 그의 이러한 생각에는 바그너의 총체예술의 이념이 함께한다. 이에 반해 후기의 니체는 바그너 예술의 주제인 '구원'이 그리스도교와 낭만주의의 산물임을 간파한다. 바

61 N; KSA13, 75(11[157]).

62 FW; KSA3, 595f(356).

63 JGB; KSA5, 182f(242) 참조. "'자기상실'(Selbstlosigkeit)은 데카당스 원칙이고, 예술과 도덕에서의 종말의지인 것이다."(NW; KLSA6, 426f).

64 N; KSA13, 424(15[30]). 니체는 그리스도교를 "'몰락에의 의지'의 모든 가능한 형식들 중에서도 가장 위험하고 가장 섬뜩한 형식으로, 적어도 삶에 있어서 가장 깊이 든 병, 피로, 불만, 쇠진, 빈곤의 징후로 생각"(GT; 「자기비판의 시도」, KSA1, 18f)한다.

그녀의 음악은 데카당스의 산물이다.

> "한 시대는 **상승**하는 삶의 덕들을 갖거나 …… 아니면 …… 그 시대는 하강하는 덕들을 필요로 한다. …… 미학은 이러한 생물학적 전제들과 떼려야 뗄 수 없게 결합되어 있다."[65] 바그너는 "온갖 허무적인 …… 본능에 아첨하며, 이 본능을 음악으로 꾸며낸다. 그는 그리스도교 정신 전부에, 데카당스의 종교적인 모든 형식에 아첨을 한다. …… **황폐해진** 삶의 토양 위에서 자라난 모든 것, 초월과 피안이라는 날조된 모든 것은 바그너 예술에서 가장 고상한 후원을 받는다."[66]

상승하는 삶의 덕을 찬양하는 예술은 삶을 위로받기 위해 '가상'을 만들어 내지 않는다. 그것은 철저히 지금 이곳의 삶과 자기를 옹호하는 예술이다. 예술은 형이상학의 기능을 대신하는 것이 아니라, 차안의 "삶에 대한 위대한 자극"[67]이며 '삶에 대한 의지'를 고취한다.

니체에게 예술은 생리적 차원에서 평가되어야 한다. "바그너 음악에 대한 나의 반박은 생리적 반박이다."[68] 바그너는 삶을 위해 예술을 하는 것이 아니라 죽음과 몰락을 원하고, 피안의 구원을 꿈꾼다. 따라서 그의 예술은 '종말의 예술'이다. 니체는 바그너에게 걸었던 자신의 희망이 착각이었음을 이렇게 고백한다. "나는 바그너 음악을 영혼의 디오니소스적 강대함을 표현하기 위한 것으로 해석했다. 바그너 음악에서 나는 태고적부터 봉쇄당해온 삶의 근원적 힘을 마침내 숨쉬게 하는 지진 소리를 들었다고 믿었다. 이로써 오늘날 문화를 자칭하는 모든 것이 흔들리게 된다는 것은 아무 상관이

65 W; KSA6, 40. 니체철학에서 음악의 생리학적 의미에 대해서는 M. Perrakis, *Nietzsches Musikästhetik der Affekte*, 125-144쪽 참조.

66 W; KSA6, 43.

67 N; KSA13, 521(17[3]).

68 NW; KSA6, 418.

없었다. 사람들은 알 것이다. 내가 잘못 생각했다는 것을"[69] 따라서 "바그너에게 등을 돌린 것은 내게는 하나의 운명"[70]이었다.

4. 예술생리학(Physiologie der Kunst)과 미래예술

(1) 예술의 생리적 조건으로서 도취와 힘에의 의지

니체는 바그너가 예술을 통해 구원을 꿈꾼 낭만주의의 후예이며, 더욱이 그가 총체예술에서 추구한 삶은 쇠약과 몰락의 징후를 뚜렷이 보여준다고 확신한다. 바그너의 예술은 데카당스의 예술이고, 그것은 삶을 위해 거부되어야만 한다. 니체가 볼 때 바그너의 가장 큰 오류는 현재의 삶을 견딜 수 있게 해주는 마취제 같은 가상을 만드는 것을 예술의 고유한 역할로 본다는 점이다. 즉 바그너에서 예술은 근본적으로 형이상학과 종교의 역할을 대신한다. 이러한 바그너의 예술관은 예술에 대한 오해에서 비롯된 것이다. 니체에 따르면 예술은 근본적으로 삶을 초월하여 유사 형이상학적, 종교적 역할을 하는 것이 아니라 삶과 철저히 밀착한다. 이 때 밀착한다는 것은 생리적인 차원이다. "바그너 음악에 대한 내 반박은 생리적인 반박이다: …… 미학이란 것은 응용 생리학에 지나지 않기 때문이다."[71] '미학이 응용생리학이다'라는 것이 뜻하는 것은 무엇일까? 여기서 우리는 니체의 후기철학의 핵심 개념인 '몸'(Leib)을 살펴볼 필요가 있다.

---

69 NW; KSA6, 425. "어느 누구도 나보다 더 위험하게 바그너적인 짓거리와 하나가 되어 있지는 않았으리라."(W; KSA6, 11) "나는 부패할 대로 부패한 바그너주의자 중 한 사람이었다."(W; KSA6, 16(3)).

70 W; KA6, 11.

71 NW; KSA6, 418.

> "더욱 놀라운 것은 오히려 몸이다. 우리는 인간의 **몸**이 어떻게 가능하게 되었는지 한없이 놀라워할 수 있다. 살아 있는 생명체들의 그렇게 놀라운 통합이 어떻게 가능하였는지! 이 각각의 생명체가 독립적이면서 동시에 예속되어 있고, 그러면서도 어떤 의미에서는 다시 명령하고 자신의 의지에 따라 행위 하면서 전체로서 살고, 성장하고 한 순간 동안 존립할 수 있는지! 이런 일은 분명히 의식을 통해서는 일어날 수 **없다**!"[72]

위와 같은 니체의 언급은 세계이해에 대해 가지는 우리의 통념을 뒤집는다. 우리는 통상 세계를 인식한다고 할 때, 의식 혹은 정신이 인식에서 본질적 역할을 하는 것으로 이해한다. 칸트가 잘 보여주듯이, 의식은 반성의 기능을 무기로 경험의 잡다(雜多)에서 오는 혼란에 질서를 부여하고 우리에게 예측 가능한 세계상을 전달한다. 의식은 사물과 사물들 또 사건과 사건 간의 차이를 제거하고 유사성을 추상하여 기억에 저장하는데, 기억은 최종적으로 언어의 형태로 고착된다. 그런데 엄밀히 말해서 언어라는 것은 외부의 대상에 반응하는 우리의 신경 체계에서 시작하는 일련의 과정의 산물이다. 니체는 이것을 이미 초기의 논문인 「도덕 외적인 의미에서 진리와 거짓에 관하여(Ueber Wahrheit und Lüge im aussermoralischen Sinne)」(1873)에서 잘 설명하고 있다. 그곳에서 그는 언어의 기원을 전이 이론(Übertragungstheorie)으로 설명한다. 니체에 따르면 언어는 사물을 "우선 신경자극에 그리고 표상으로 종국적으로 소리"[73]로 전이된 것이다. 우리가 흔히 착각하듯이 낱말이 대상을 지칭하는 것으로 생각하는 것은 "우리의 가장 오래된 습관"[74]이자 "미신"[75]이다. 이러한 습관과 미신으로 우리는 '신', '주체', '양심' 등의 개념이

72 N; KSA11, 576f(37[4]).

73 WL; KSA1, 879.

74 N; KSA12, 102(2[83]).

75 JGB; KSA5, 11.

실재와 관련이 있는 것으로 판단한다.[76]

우리의 신경을 자극하는 모종의 대상(X)이 개념으로 정착되는 과정은 개별자들의 원체험이 가진 풍부한 차이를 추상해내고, 누구나 동의할 수 있는 평균적인 특징을 찾는 과정이다. 즉 개념을 통한 세계의 이해는 심층적이기 보다는 표피적인 것에 머문다. 이에 반하여 몸에서 비롯된 기쁨, 슬픔 등의 정동들(Affekte)은 세계에 대한 직접적 정보를 우리에게 전한다. 니체에 따르면, 의식은 정동들 간의 놀이와 관계의 산물인데, 니체가 몸을 '큰 이성'으로 의식 이성을 '작은 이성' 혹은 몸의 '장난감'으로 부르는 이유도 여기에 있다.[77] 정동이 세계와 직접적으로 밀착한다면, 의식은 정동들이 남긴 흔적에서 추상적인 규칙과 규범을 찾는다. 의식이 만든 규칙과 규범은 흄(D. Hume)이 잘 지적하듯이 사실의 문제라기보다는 상상의 산물이다. 따라서 의식으로 세계를 파악한다는 것은 세계에 대한 이차적이고 자의적인 상(像)을 허용한다는 것을 의미한다.

예술과 관련하여 니체가 주목한 정동은 '도취'(Rausch)이다. 그것이 무엇이든 인간이 자신이 바라는 것을 구현하고자 할 때, 즉 창조하고자 할 때 항상 도취가 함께 한다. 도취가 없다면 인간은 세계를 자신의 방식으로 조형(Schaffen)하려는 감흥을 얻을 수 없다.

> "예술이 있으려면, 어떤 미학적 행위와 미학적 바라봄(Schauen)이 있으려면 특정한 생리적 선결조건이 필수 불가결하다: 즉, 도취(Rausch)라는 것이. 도취는 우선 기관 전체의 흥분을 고조시켜야만 한다: 그러기 전에는 예술이 발생하

76 니체는 형이상학이 언어에 대한 잘못된 믿음에서 기원한다고 본다. 인간이 근본적으로 언어로 사고할 수밖에 없다는 점, 그리고 더욱이 문법이 우리의 사유체계에 미치는 영향은 절대적인 것으로 본다. 그래서 니체는 이러한 맥락에서 "언어 형이상학"(Sprach-Metaphysik)(GD; KSA6, 77)을 언급하고 있다.

77 Z; KSA4, 39 참조.

지 않는다. 다양한 기원을 갖는 온갖 종류의 도취는 모두 예술을 발생시키는 힘을 갖추고 있다."[78]

예술이 생리학에 근거한다는 니체의 주장은 '예술생리학'(Physiologie der Kunst)으로 구체화되는데, 니체는 예술생리학을 자신의 후기의 핵심 사상으로 평가한다. 이것에 대한 직접적 증거는 그가 최후의 주저로 기획하고 준비했던 『힘에의 의지』(*Wille zur Macht*)의 한 장(章)이 「예술생리학」이었다는 사실에서 확인할 수 있다.[79] 후기 니체 철학은 유럽의 모든 가치에 대한 재평가와 가치의 전도를 목표로 진행되었고, 그 중심에 '힘에의 의지'가 있다. 니체에 따르면 예술은 힘의 징후를 확인할 수 있는 통로이다. 예술의 선결조건인 도취에서 사람들은 자신의 힘이 상승하고 고양된다는 느낌을 가진다. "도취에서 본질적인 것은 힘이 상승하는 느낌과 충만함의 느낌이다."[80] 힘은 속성상 더 큰 힘을 지향하고, 힘들 간의 경쟁과 세계를 변용시킴으로써 자신을 강화시킨다. "살아 있는 것은 힘을 **방출**하고자 한다. 생명 자체는 힘에의 의지다."[81]

도취가 예술의 전제이지만, 도취만으로 예술이 되는 것은 아니다. 또 도취가 힘의 징후를 보여주지만 더 큰 힘은 도취를 너머선 것이다. 도취가

78 GD; KSA6, 116.

79 '예술생리학'이 니체 철학에 차지하는 위상에 대해서는 V. Gerhardt, "Von der ästhetischen Metaphysik zur Physiologie der Kunst", in: *Nietzsche Studien*, Bd. 13(1984), 374-393쪽 참조. 또 A. Bitsch, "Physiologische Ästhetik, Nietzsches Konzeption des Körpers als Medium", in: V. Gerhardt/R. Rescke(Hg.), *Nietzscheforschung*, Bd.15, Berlin, 2008, 167-188쪽 참조.

80 GD; KSA6, 116. 도취의 예술적 기능에 대해서는 D. Solies, "Die Kunst-eine Krankheit des Leibes? Zum Phänomen des Rausches bei Nietzsche", in: V. Gerhardt/R. Rescke(Hg.), *Nietzscheforschung*, Bd.5/6, Berlin 2000, 151-162쪽; 백승영, 「예술생리학학의 미학적 의미-도취(Rausch) 개념을 중심으로」, 『니체연구』 27집, 한국니체학회, 2015, 91-123쪽 참조.

81 JGB; KSA5, 27(13), N; KSA9, 15(1[44]) 참조.

우선 전체 정동체계를 자극하고 정동들 간의 놀이가 세계를 변용시킨다. 이러한 사실은 이미 초기 니체에서도 잘 드러난다. 니체는 야만족의 도취와 그리스인들의 디오니소스적 도취를 분명히 구분한다. 니체는 맹목적 도취에 사로잡힌 야만족을 "도취에 완전히 잡아먹힌" 족속들로 비판하고 그리스인들을 "도취의 놀이 속에서 자신을 개시하는"[82] 자로 평가한다. 즉 삶에 밀착한 예술이란 도취에서 촉발되고, 도취는 여타의 정동들의 놀이를 촉진시켜, 세계를 조형하게 한다. 이 모든 것의 동력은 바로 '힘에의 의지'에서 비롯된다. 힘에의 의지는 하나의 목표나 목적을 지향하는 것이 아니라 힘의 강화를 유일한 목표로 한다. 힘의 강화는 우연에 개방된 실험이나 모험을 촉진 한다.

(2) 미래예술로서 확장된 예술

힘에의 의지는 "주인이 되고자 하며 보다 더 크고, 강력하고자 하는"[83] 살아 있는 모든 것의 내적 역동성을 말한다. 니체는 힘에의 의지가 근본적으로 예술적임을 강조한다. 힘이 충일하여 자기 긍정의 에너지로 고양된, 즉 도취상태의 인간은 자기와 마주한 대상세계에 자신의 힘을 투사하여 그것을 변용시키고자 한다. 이러한 활동이 원래적 의미에서 예술적인 것이다. 예술생리학에서 의미하는 예술은 자기고양과 관련된 일체의 유·무형적 행위 그 자체이다. 니체는 예술을 작가와 작품 중심에서, 활동 자체로 귀속시킴으로써, 예술을 확장시켰을 뿐만 아니라, 우리에게 예술과 삶의 밀착관계를 환기시킨다. 예술생리학에서 예술은 비범한 재능을 천부적으로 타고난

82 DW; KSA1, 562. GT; KSA1, 32 참조.

83 N; KSA13, 261 (14[81]). 예술과 힘에의 의지에 관해서는 E. Mazzarella, "Kunst und Wille zur Macht-Nietzsches Kunstdenken zwisschen Ästhetik und Ontologie", in: H. Seubert (Hg.), *Natur und Kunst in Nietzsches Denken*, Köln 2002, 153-166쪽 참조.

천재가 자연의 목적을 작품에 구현함으로써 감상자에게 감동을 준다는 칸트식의 근대적 예술관을 거부한다. 그러한 예술관은 인간 일반이 가진 예술적 본성을 간과하고 있는 것이다.

예술생리학에서 예술은 장르, 재료, 양식에 따라 구분되지 않는다. 예술생리학은 인간이 근본적 의미에서 예술가, 즉 '원예술가'(Urkünstler)임을 천명하고 예술이 가진 초월적 지위를 힘에의 의지와 그것의 발로인 '도취'라는 생리적 현상으로 귀속시킨다. 근대에서 예술은 대부분의 인간을 관람자, 소비자의 지위로 묶어두었다. 그래서 사람들은 자신의 힘을 대상에 각인하는 예술가가 되기보다는 늘 외부적 자극에 반응하는 수용자의 지위에 머물렀다. 이러한 태도는 사람들에게 자신의 힘과 능력을 과소평가하고 습관적으로 세계를 냉소적이고 피로한 눈으로 바라보게 했다. 이러한 태도를 가진 사람들에게 세계는 피폐할 수밖에 없다.

예술생리학은 예술을 도취와 힘에의 의지의 차원에서 정의내림으로써 예술을 확장시킨다. 자신의 힘을 극대화하는 유·무형의 활동 자체를 예술로 본다면, 이론적으로 모든 인간은 예술가가 되고 모든 것은 예술이 될 수 있는 자격을 얻을 수 있다. 즉 니체에게 예술가란 "자기 자신을 조형하는 자(der Sich-selbst-Gestaltende)"[84]이다. 니체의 이러한 예술관은 전통적 예술관을 해체할 뿐만 아니라, 예술의 원래적 의미를 되돌려 준다. 또한 인간 개개인에게 잠자고 있는 창조의 능력을 일깨움으로써, 외부로부터 부과된 가치를 수용하는 것이 아니라 스스로 가치의 주체임을 확인시킨다. 세계를 자신의 눈으로 인식하고, 자신의 힘을 세계에 투사하여 세계를 자신의 방식으로 조형하는 이러한 일련의 과정은 삶의 과정이자 예술창작의 과정이다. 삶을

84 N; KSA12, 89(2[66]). 니체에서 예술과 삶의 관계는, 이상엽, 「니체의 삶의 예술철학」, 『니체연구』 17집, 한국니체학회, 2010, 87-113쪽 참조.

예술작품을 창작하듯이 살아가는 것, 이것은 니체가 궁극적으로 희망하는 삶이다.

니체의 확장된 예술개념은 '미래예술'의 선언에도 잘 드러난다. 미래예술에서 "은둔자 같은 예술가와, 자신의 작품을 전시하는 예술가는 사라지게 될 것이다."[85] 니체는 자신이 말하는 미래예술이 "**예술작품의 예술에 반대하는 새로운 예술개념**"임을 천명하며, 그것이 지향하는 바가 "천재 대신에 …… 자기 자신을 넘어 인간을 창조하는 그러한 인간"[86]에 있음을 분명히 한다. 결국 니체에서 예술이란 자신의 심층에 있는 '힘에의 의지'를 신뢰하고 그 힘을 변용시켜 자신의 "위대한 양식(grossen Stil)"[87]을 창조하는 것이다.

5. 나가는 말

니체의 예술의 종말은 예술에 대한 전통적 이해방식의 철저한 전복과 예술과 삶의 새로운 정립에서 비롯되었다. 그에게 예술은 대상을 모방하거나 진리의 감각적 매개체가 아니다. 예술은 근본적으로 인간의 생명활동에서 비롯되기에 다른 것의 수단이 될 수 없다. 그에게서 예술의 종말은 삶의

85 N; KSA9, 25(1[81]). 니체의 예술의 종언이 특히 그의 근대성 비판과 어떤 관련이 있는지는 A. Hütig, "Zwischen Barbarisierung und Vergeisterung: Nietzsches Theorie der Moderne und seine These vom Ende der Kunst", in: *Nietzsche Forschung*, Bd. 10, V. Gerhardt/R. Reschke(Hg.), Berlin 2003, 181-191쪽 참조.

86 N; KSA10, 503(16[14]).

87 GD; KSA6, 119(11). 니체의 예술생리학이 현대 예술에 끼친 영향은 지대하다. 그것에 대해서는 김정현, 「니체와 현대예술의 탄생」, 『니체연구』 11집, 한국니체학회, 2007, 87-119쪽. 또 정낙림, 『니체와 현대예술』, 서울: 역락, 2012, 127-220쪽 참조. 그리고 F. Ulfers/M. D. Cohen, "Nietzsche and the Future of Art", *Hyperion*, www.nietzschecircle.com, vol. II, issue 4, December 2007, 1-23쪽 참조.

고양, 즉 힘에의 의지에 반하는 예술에 대한 거부를 의미한다. '자기를 조형하는 한' 모든 인간이 예술가가 될 수 있다는 니체의 '확장된 예술'은 작가와 작품 중심의 협소한 근대적 예술을 해체하고, 모든 인간이 가진 근원적 창조의 능력을 신뢰한다.

니체는 헤겔과 마찬가지로 예술이 가진 가치를 역사적 관점, 니체식으로 보면 계보학적 차원에서 접근한다. 니체는 헤겔처럼 그리스 예술과 문화를 높이 평가한다. 그러나 두 철학자의 예술종말론의 근본적 차이는 예술과 진리의 위계에 대한 생각에서 비롯된다. 헤겔은 플라톤과 달리 예술이 진리 인식의 능력이 있다고 본다. 예술이 진리인식에 더 이상 유효한 매체가 되지 않게 되는 순간 예술은 종말을 고한다. 이에 반해 이미 전기 니체의 '예술가-형이상학'이 보여주듯이, 진리와 예술의 위계는 헤겔의 입장과 상반된다. 예술이 진리보다 삶과 세계에 더 깊이 뿌리내리고 있다는 입장은 후기의 예술생리학에서도 보다 강화된 형태로 고수된다. 니체에서 예술의 종말은 예술이 삶과의 밀착에 실패하여 삶의 근본 조건인 힘에의 의지가 약화될 때 대두된다. 그것의 역사적 전거가 미학적 소크라테스주의와 바그너류의 낭만주의이다. 이러한 예술을 니체는 데카당스 예술로 칭한다. 또한 헤겔과 니체는 예술에 대한 정의에서도 차이가 난다. 헤겔은 예술을 감각적 직관으로 경험될 수 있는 것으로 제한한다. 이에 반해 니체는 인간의 일체 조형활동을 예술로 보는 '확장된 예술관'을 대변한다.

예술생리학에 기초한 니체의 '미래예술'은 창작자, 감상자, 작품 그리고 소재의 경계를 과감히 해체한다. 니체는 자기를 형성하는 일체의 행위를 예술로 보는 '확장된 예술관'을 주창한다. 니체의 이러한 주장은 다다(DADA)를 비롯한 20세기 초 '반예술운동'의 이론적 근거가 된다. 단토의 예술의 종말은 이러한 반예술운동을 기치로 내세운 다양한 모더니즘 운동의 극단에서 비롯된다. 〈브릴로 상자〉가 보여주듯이 모든 것이 예술의 지위를 공평하게 누린다는 단토의 주장 속에 우리는 니체의 예술생리학의 흔적을 발견할 수 있다. 더욱이 단토는 오랫동안 니체 철학에 천착했다. 그것에 대한 증거가 단토의 저서 *Nietzsche as Philosopher*(1965)이다. 그런데 두 사람의 예술의 종말론에도 분명한 차이가 존재한다. 두 사람 모두 확장된 예술을 옹호하나, 단토에서 예술과 비예술, 고급예술과 저급예술을 구별할 수 있는 이른바 '네러티브'는 존재하지 않는다. 그에게 모든 예술과 예술활동이 동등한 자격을 가진다. 단토는 이른바 '모든 것이 허용된다'(Anything goes)는 다원주의 시대의 예술을 적극 옹호한다. 그러나 니체는 인간의 모든 활동이 예술의 지위를 가질 수는 있으나, 그것들 사이에는 분명한 차이가 존재한다고 본다. 즉 니체에 따르면 힘의 강화와 약화에 따라 예술은 디오니소스적 예술과 데카당스 예술로 구분된다. 따라서 니체는 모든 예술이 동등한 가치를 가진다는 점을 명백히 거부함으로써 탈현대주의적 상대주의와 거리를 취한다.

참고문헌

김문환 · 권대중 편역, 『예술의 죽음과 부활』 - 헤겔의 '예술의 종말'명제와 관련하여, 서울: 지식산업사, 2004.

김정현, 「니체와 현대예술의 탄생」, 『니체연구』 11집, 한국니체학회, 2007, 87-119쪽.

단토, 아서, 이성훈 · 김광우 옮김, 『예술의 종말이후』, 서울: 미술문화, 2004.

백승영, 「예술생리학학의 미학적 의미-도취(Rausch) 개념을 중심으로」, 『니체연구』 27집, 한국니체학회, 2015, 91-123쪽.

보먼, 웨인 D., 서원주 옮김, 『음악철학』, 서울: 까치글방, 2011.

이상엽, 「니체의 삶의 예술철학」, 『니체연구』, 17집, 한국니체학회, 2010, 87-113쪽.

장민한, 「순수미술의 위기와 단토에 있어서 미술의 종말」, 『美學』 제32집, 한국미학회, 2002, 387-427쪽.

정낙림, 「니체의 비극적-디오니소스적 사유와 예술」, 『철학논총』 37집 제3권, 새한철학회, 2004, 147-170쪽.

______, 『니체와 현대예술』, 서울: 역락, 2012.

Baumeister, T., "Stationen von Nietzsches Wagnerrezeption und Wagnerkritik", in: *Nietzsche Studien*, Bd.16(1987), 288-309쪽.

Bitsch, A., "Physiologische Ästhetik, Nietzsches Konzeption des Körpers als Medium", in: V. Gerhardt/R. Rescke(Hg.), *Nietzscheforschung*, Bd.15, Berlin, 2008, 167-188쪽.

Bruse, K.-D., "Die Griechische Tragödie als ‚Gesamtkunstwerk' - Anmerkungen zu den Musikästhetischen Reflextion des frühen Nietzsche", in: *Nietzsche Studien*, Bd.13(1984), 156-176쪽.

Danto, A. C., *Nietzsche as Philosopher: An Original Study*, Macmillan Company, New York 1965.

Frank, M., *Der kommende Gott. Vorlesungen über die Neue Mythologie*. Frankfurt a. M. 1982.

Georg-Lauer, J. *Dionysos und Parsifal, Eine Studie zu Nietzsche und Wagner*, Würzburg 2011.

Gerhardt, V., "Von der ästhetischen Metaphysik zur Physiologie der Kunst", in: *Nietzsche Studien*, Bd. 13(1984), 374-393쪽.

Hegel, G. W. F., *Vorlesungen über die Ästhetik,* Bd 13-15, in: Werke in zwanzig Bänden, hrsg. von E. Moldenhauser u. K. M. Michel, Frankfurt a. M. 1969-1971.

Hütig, A., "Zwischen Barbarisierung und Vergeisterung: Nietzsches Theorie der Moderne und seine These vom Ende der Kunst", in: *Nietzsche Forschung*, Bd. 10, Gerhardt, V./ Reschke, R.(Hg.), Berlin 2003, 181-191쪽.

Nietzsche, F., *Friedrich Nietzsche Sämtliche Werke, Kritische Studienausgabe in 15 Bänden*(=KSA), G. Colli und M. Montinari(Hg.), Berlin/New York 1980ff.

_____, *Friedrich Nietzsche Sämtliche Briefe*, *Kritische Studienausgabe in 8 Bänden*(=KSB), G. Colli und M. Montinari(Hg.), Berlin/New York 1986.

Loock, R. "Tragische, das", in: *Historisches Wörterbuch der Philosophie,* Joachim Ritter u.a. (Hg.), Bd 10, Darmstadt 1998, 1334-1345쪽.

Mazzarella, E., "Kunst und Wille zur Macht-Nietzsches Kunstdenken zwischen Ästhetik und Ontologie", in: H. Seubert(Hg.), *Natur und Kunst in Nietzsches Denken*, Köln 2002. 153-166쪽.

Perrakis, M., *Nietzsches Musikästhetik der Affekte*, Freiburg im Breisgau 2011.

von Reibnitz, B., *Ein Kommentar zu Friedrich Nietzsche. Die Geburt der Tragödie aus dem Geist der Musik*, Stuttgart 1992.

Rupschus, A., *Nietzsches Problem mit den Deutschen, Wagners Deutschtum und Nietzsches Philosophie*, Berlin u. a 2013.

Schopenhauer, A., *Die Welt als Wille und Vorstellung* I, Wolfgang Frhr. Von Löhneysen (Hg.), Darmstadt 1982.

Solies, D., "Die Kunst-eine Krankheit des Leibes? Zum Phänomen des Rausches bei Nietzsche", in: V. Gerhardt/R. Rescke(Hg.), *Nietzscheforschung*, Bd.5/6, Berlin 2000, 151-162쪽.

Wagner, R., *Die Kunst und die Revolution*. 1887/88, Leipzig.

Ulfers, F./Cohen, M. D., "Nietzsche and the Future of Art", *Hyperion*, www.nietzschecircle.com, vol. II, issue 4, December 2007, 1-23쪽.

니체의 미학과
예술철학

3부 니체와 현대예술

니체의 미학과
예술철학

07

니체철학의 해석들
– 니체와 현대예술의 탄생

김 정 현

1. 니체의 미학정신과 현대 예술의 실험정신

현대예술이란 무엇인가? 현대예술은 과연 어디에 서 있는 것일까? 현대예술은 어떤 사상의 모태 위에서 탄생했으며, 어디로 가고 있는 것일까? 현대예술은 니체의 사상과 어떤 연관성이 있는 것일까? 우리는 이러한 물음을 통해 현대예술의 정체성과 계보, 그 방향이나 과제를 물을 수 있을 것이다. 현대예술은 다양한 전위적 예술실험을 토대로 탄생했고 '예술의 죽음(L'art est mort)' 선언 이후 지금도 끊임없이 급진적 새로움을 추구하며 다시 태어나고 있다. 예술과 예술가, 예술작품의 관계, 아름다움과 추함, 진리와 가상의 관계에 대한 니체의 근원적인 물음은 이러한 현대예술이 탄생하고 발전하는데 중요한 길잡이 역할을 하였다.

니체의 예술철학의 내용이나 미학적 사유는 분명 서양의 현대성을 넘어서는 하나의 단서를 제공해 주고 있다. 그의 미학은 비례와 조화, 질서와 통일성이라는 형식적 아름다움을 강조하고 이성에 의해 재현된 합리적 아름다움을 추구하던 근대의 이상적 모방론이라는 전통적인 미 개념을 파괴하고 있을 뿐만 아니라, 예술가가 만든 아름다운 예술작품이라는 형식적 척도마저 붕괴시키고 있다. 비극적 디오니소스적 사유를 언급하면서 그는 세계와 인간, 인간과 존재, 진리와 인식의 관계에서 우연성, 비결정성, 불협화음, 생성의 과정, 놀이(유희)와 같은 개념을 활용하며 생성과 생명의 인식문제를 제기한다. 그의 미학은 분명 헤겔이 제기한 예술의 종말에 관한 내용을 계승하고 있고, 숭고미에 관한 논의에서는 버크나 칸트의 근대 미학적 견해를 수용하고 있지만, 다른 한편으로 예술이 더 이상 진리내용을 담고 있는 예술작품 속에 있는 것이 아니라, 매 순간 일상세계나 삶의 과정 속에 있다는 것을, 즉 우리의 삶이나 세계 자체가 하나의 예술적 생성과정이나 예술적 창조성이라고 말함으로써 근대 미학의 범주를 넘어선다. 예술가 형이상학 혹은 예술생리학으로 정리될 수 있는 니체의 예술철학이나 삶의 미학, 몸의 미학, 창조미학, 숭고미학으로 정리될 수 있는 니체 미학의 성격[1]은 이후 서양의 현대성을 비판하고 이를 극복하고자 하는 문학, 음악, 미술, 무용 등 많은 예술영역이나 예술가들에게 사상적인 영감의 원천역할을 하거나 영향을 줌으로써 아방가르드나 포스트모더니즘 예술이 탄생하게 되는 계기를 제공해 주었다.

음악의 세계에서 슈트라우스(Richard Strauss)는 바그너(Richard Wagner)와 니체의 영향을 받으며 교향시를 만들고 불협화음을 사용하며 오페라를 작곡하였고, 니체나 괴테의 철학 또는 중세의 상징주의나 영성을 표현하는 가사를 교향곡에 사용하며 형이상학적 깊이를 부여하고 또 교향곡의 길이를 체계화한 말러(Gustav Mahler), 불협화음을 해방시키며 무조음악과 신음악을 창시한 쇤베르크(Arnold Schönberg)나 그의 제자 베르크(Alban Berg)나 베베른(Anton von Webern) 등은 기존의 화성, 선율, 리듬의 조성체계를 전복시키고 음악의 형식과 성격, 음악 장르의 범주를 변화시키면서 표현주의, 12음기법, 신음악, 아방가르드 등 다양한 급진적 실험양식을 만들어냈다.

미술의 영역에서 직간접적인 니체의 영향은 매우 다양한 조류와 형식을 만들었다. 다다(Dada)를 주창하며 작품 아닌 작품, 일상의 예술작품을 보여주었던 반(反)예술운동의 그룹들, 뭉크(Edvard Munch)나 칸딘스키(Vassily Kandinsky) 등 작가의 정신적 체험이나 주관적 감정을 단순한 형태와 강렬한 색체를 통해 표출하는 표현주의(Expressionismus), 시점을 복수화하며 대상을 선이나 면 등 가장 단순한 기하학적 형태로 포착하고 형태를 원자화하며 사물의 존재성을 규명하려고 한 피카소(Pablo Picasso)나 브라크(Georges

1 니체 미학의 성격에 대한 구체적인 논의로는, 김정현, 「니체의 미학과 현대예술」, 『니체연구』 제10집 (한국니체학회, 2006. 가을), 37-67쪽을 참조할 것.

Braque) 등의 큐비즘(cubisme), 기계문명의 역동성을 찬미하며 기계가 지닌 속도감, 기하학적 미, 리듬감, 운동감 등을 표현하고 있는 미래주의(Futurismo), 달리(Salvador Dalí)나 마그리트(René Magritte), 에른스트(Max Ernst)와 같이 이성적 합리주의를 반박하며 모든 도덕적 예술적 속박이나 선입견에서 벗어난 무의식이나 초월적 상상력, 시적 이미지를 문제시한 초현실주의(surréalisme), 음악과 연극, 미술의 영역을 넘나들며 예술개념을 확장시키면서 창작의 허구성 대신에 살아있는 행위의 자발성이나 즉흥성, 즉 해프닝을 통해 기존의 인습적이고 형식적인 예술을 깨뜨리고 비형식적 현실을 찾는 요셉 보이스(Joseph Beuys)의 플럭서스 운동(Fluxusbewegung) 등 현대미술에 있어서 다양한 아방가르드운동은 극단적인 불명료함이나 애매성의 현대 미학적 상황 아래서 다원주의적 실험을 통해 탄생한 것이었다.

무용의 영역에서도 니체의 영향은 기존의 발레의 형식으로부터 몸을 해방시켰으며, 현대무용이 탄생하고 발전해 나가는데 중요한 역할을 하였다. 자유정신이나 자연스러운 몸의 춤으로 현대 무용의 문을 연 던컨(Isadora Duncan)이나 우주의 춤에 인간이 참여한다는 '운동의 합창' 개념을 만들고 무용기보법을 최초로 정립한 라반(Rudolf von Laban), 그의 제자이면서 '무(無)음악의 무용'이라는 표현주의 무용을 만든 마리 뷔그만(Mary Wigman), 그리고 '열린 장'의 개념으로 '새로운 춤'을 만든 포스트모더니즘 무용의 아버지인 커닝엄(Merce Cunningham) 등은 역시 현대무용의 영역을 개척하고 확장한 니체적 실험정신의 대표자다.

이 글은 니체의 예술철학이나 미학의 성격에 대한 논의가 아니라 니체의 미학 혹은 그의 사상이 현대의 음악, 미술, 무용의 세계에 어떤 영향을 주었고 현대예술의 세계가 니체와 연관해 어떻게 탄생하였는가를 구체적으로 살펴보는 작업이다. 니체가 현대의 각 예술가 혹은 그들의 예술작품에 어떻게 영향을 주었고 그 내용이 구체적으로 무엇인가를 살펴보는 것은 앞으로 논의해야만 할 방대한 작업에 속한다. 따라서 여기에서는 니체의 사상을 토대로 현대예술의 전반적 흐름이 어떻게 형성되고 변형되고 발전되었는가, 또 현대의 음악, 미술, 무용의 각 개별영역들이 어떠한 영향을 주고 받으며 전위적 실험정신을 표현하였는가를 살펴보는 것에 그 논의를 국한할 것이다. 왜냐하면 현대예술의 다양한 영역에 있어서 다양한 조류가 서로 접합되고 분리되고 변형되고 발달되어가는 과정 자체를 이해하는 것은 간단한 작업이 아니며, 그 안에서 니체 사상의 창조적 수용과 재탄생과정을 정리하는 것은 현대예술의 이해에 하나의 중요한 단서를 제공해 주기 때문이다.

2. 니체와 현대음악

니체가 현대예술, 특히 현대음악에 끼친 영향은 적지 않다. 니체는 스스로 작곡을 하며 많은 작품을 남겨놓았고, 쇼펜하우어의 예술관, 특히 음악이란 사물의 본질을 반영하는 최고의 직접적 매체라고 보는 음악관에 영향을 받았고, 바그너와 교류하면서 예술을 통해 근대문명의 병리현상을 극복하고자 하였는데, 아마 서양정신사에서 니체만큼 음악에 대해 고민한 철학자도 그리 많지 않을 것이다. 니체의 사유는 음악적 사유라고 할 수 있을 만큼 그는 음악을 언어나 다른 텍스트의 매개 없이 사물의 본질 그 자체를 반영하는 언어라고 강조하였다. "음악 없는 삶이란 하나의 오류"[2]이며, 음악은 삶의 메타퍼에 다름 아니라고 보는 그의 음악관은 음악을 가사나 표제와 같은 언어적 요소가 배제된 음악의 가치를 인정함으로써 절대음악과 부합

2 F. Nietzsche, *Götzen-Dämmerung*, Spüche und Pfeile 33, in: *Sämtliche Werke Kritische Studienausgabe*(이하 KSA로 표기함), Bd. 6, hrsg. von G. Colli und M. Montinari, Berlin/New York 1980, 64쪽.

되는 면을 보이고 있을 뿐만 아니라, 그는 여기서 더 나아가 불협화음이나 대립의 상호작용 등을 강조함으로써 음악의 영역에서 새로운 표현주의적 형식이나 무조음악의 실험을 가능하게 하는 길을 열어 주었다.

현대음악에 끼친 니체미학 혹은 그의 사상의 영향은 실로 큰 것이었다. 대처(David S. Thatcher)의 연구에 따르면, 약 219명의 작곡가들이 420개의 작품에서 니체의 텍스트나 시에 음악을 붙여 작곡을 하거나 그의 음악이념 혹은 예술정신에 영향을 받으며 작곡하였다.[3] 그 가운데 제일 먼저 언급할 수 있는 음악가는 리하르트 슈트라우스(Richard Strauss)다. 그는 1885년 바그너의 조카로서 그에게 바그너, 리스트(Franz Liszt), 베르리오즈(Hector Berlioz)의 음악이나 작품들을 이해하게 해준 알렉산더 리터(Alexander Ritter)를 만났는데, 이로 말미암아 미래음악뿐만 아니라 쇼펜하우어의 철학에로 들어가게 되었고, 더 나아가 스티르너(Max Stirner)와 니체를 알게 되었다. 1893년 이집트에 머물 때 그는 니체의 저작을 읽게 되었고, 니체의 그리스도교에 대한 문제의식에 공감하며 작품번호 25번의 3악장으로 된 오페라 〈군트람(Guntram)〉(1895)을 작곡하게 된다. 이 〈군트람〉의 마지막 악장은 스티르너나 니체적 의미에서의 자아의 해방을 다룬 것이었다. 그는 그 후 1년 뒤 니체의 주저 제목을 그대로 단 작품 〈차라투스트라는 이렇게 말했다(Also sprach Zarathustra)〉(op. 30, 1896)를 작곡하였다. 그는 종교적, 과학적 단계를 거쳐 극복인(Übermensch)의 이상에 도달하는 인류의 다양한 발

3 David S. Thatcher, "Musical Settings of Nietzsches Texts: An Annotated Bibliography(I)", in: *Nietzsche Studien* 4(1975), 284-323쪽; David S. Thatcher, "Musical Settings of Nietzsches Texts: An Annotated Bibliography(II)", in: *Nietzsche Studien* 5(1976), 355-383쪽; David S. Thatcher, "Musical Settings of Nietzsches Texts: An Annotated Bibliography(III)", in: *Nietzsche Studien* 15(1986), 440-452쪽: 현대음악에 대한 니체의 영향관계를 간략하게 정리한 글로, 홍사현, 「니체의 예술적 사유와 현대예술」, 정동호 외, 『오늘 왜 우리는 니체를 읽는가』, 책세상, 2006, 409-419쪽 참조할 것.

달단계를 그 기원으로부터 시작하여 음악으로 그리고자 했는데, 이때 니체의 극복인 사상이 그의 관심을 끌었으며, 니체의 주저인 『차라투스트라는 이렇게 말했다』에서 그 실증적 사례를 찾았던 것이다. 슈트라우스의 이 곡에서는 "저편의 또 다른 세계를 신봉하고 있는 사람들에 대하여", "위대한 동경에 대하여", "희열과 열정에 대하여", "만가", "과학에 대하여", "건강을 되찾고 있는 자", "춤에 붙인 노래", "밤의 노래" 등 니체의 『차라투스트라』에 나오는 8개의 장 제목이 다루어지고 있는데, 이 작품은 표제음악을 지닌 교양시의 형식을 취하고 있다.[4] 파울 리젠펠트(Paul Riesenfeld)는 이 작품을 "다른 모든 작품이 행성으로서 그 주위를 도는 위대한 태양"이며, "모든 슈트라우스의 영혼의 불빛이 천가지 색깔의 영상으로 통합되는 춤추는 별"이라고 극찬을 한 반면, 딜리어스(Frederick Theodore Albert Delius), 디펜브록(Alphons Diepenbrock), 스물더(Smulder)와 같은 작곡가는 야만적이고 자기만족적 억지해석을 담고 있는 작품이라고 힐난했다. 즉 "잔인하고 미성숙한 불협화음"과 "다성적 무절제"는 니체적 성향 가운데 "단순히 무도한 행위에 대한 쾌락"을 반영하고 있다는 것이다.[5] 이러한 양 극단의 평가를 받았던 슈트라우스의 오케스트라 대작 〈차라투스트라는 이렇게 말했다〉는 그 화려한 소절의 시작이 스탠리 큐브릭(Stanley Kubrick) 감독의 영화 〈2001 스페이스 오디세이(2001: A Space Odyssey)〉(1968)에 주제음악으로 채택됨으로써 최근에 니체와 슈트라우스의 관계는 다시 한번 사람들의 관심을 끌게 되었다.[6]

딜리어스는 1887년 도보여행을 하면서 노르웨이 친구집에 머물며 비

4 David S. Thatcher, "Musical Settings of Nietzsches Texts: An Annotated Bibliography(II)", 367쪽.

5 같은 논문, 368-369쪽.

6 같은 논문, 370쪽.

오는 어느 날 『차라투스트라는 이렇게 말했다』의 복사본을 구해서 읽기 시작하였는데, 이러한 니체 저서의 우연한 발견과 독서는 이후 그의 음악세계의 중심에서 커다란 영향력을 발휘하게 된다.[7] 그는 니체의 주저 『차라투스트라는 이렇게 말했다』의 영향을 받으며 〈원무는 계속되다(La Ronde se déroule)〉(1898, 1911년에 〈삶의 춤(Life's Dance)〉으로 제목이 변경됨), 〈차라투스트라의 자정의 노래(Nachtlied Zarathustras)〉(1898), 〈프리드리히 니체의 시에 붙인 노래(Lieder nach Gedichten von Friedrich Nietzsche, für mittlere Stimme und Klavier)〉(1924), 영원성이나 삶의 기쁨, 인간 안에 있는 신의 탄생 등을 노래하는 〈삶의 전체(A Mass of Life)〉(1907), 〈레퀴엠(Requiem)〉(1922), 〈해뜨기 전의 노래(A Song before Sunrise)〉(1922) 등을 작곡하였다.

니체의 영향을 받은 또 한명의 중요한 음악가는 교향시를 통해 감정의 역사를 이야기형식으로 전달하는 슈트라우스와는 달리 교향곡을 통해 감정의 내적 독백을 표현하고자 한 말러였다.[8] 1894년 함부르크에 머무르며 니체연구에 열중하던 말러는 니체가 "내 생애에 획기적으로 영향을 미쳤다"고 말하며,[9] 니체의 사상이 자신의 음악작곡에 깊이 삼투되어 있다고 스스로 생각하였다. 그는 니체의 반(反)그리스도교, 반(反)바그너주의, 극복인 이데올로기, 잠언적 글쓰기 방식 등에는 반대의 입장을 표명했지만, 높은 정조의 몰아적 인간의 길, 엥가딘의 높은 길을 산보하는 것, 『차라투스트라』가 생겨난 실즈 마리아 집의 방문, 고상한 산의 모습을 바라보는 것, 순수한 공

7 David S. Thatcher, "Musical Settings of Nietzsches Texts: An Annotated Bibliography(I)", 295쪽.

8 슈트라우스, 딜리어스, 말러 등 음악가들에 대한 니체의 영향에 대해서는, Z. Roman, "Nietzsche via Mahler, Delius and Strauss: A New Look at some *fin-de-siècle* 'philosophical Music'", in: *Nietzsche Studien* 19(1990), 292-311쪽 참조할 것.

9 David S. Thatcher, "Musical Settings of Nietzsches Texts: An Annotated Bibliography(I)", 318쪽.

기를 호흡하는 것, "오 인간이여, 주의하라"를 쓴 샤스떼(Chasté) 섬에 머무는 것 등에는 열광하였다.[10] 그는 『차라투스트라』의 제3부 "또 다른 무도곡(Das andere Tanzlied)"과 제4부 "몽유병자의 노래(Das Nachtwandler-Lied)"에 나오는 시를 〈3번 교향곡(Symphonie No.3)〉의 4악장으로 가져왔는데, 이 심포니에서 새, 꽃, 숲, 졸졸 흐르는 시냇물에 감상적으로 사로잡히는 관습적 습관을 넘어선 자연개념을 표현하고자 했으며, 이를 니체가 언급한 디오니소스적인 것을 통해 보며, 설명할 수 없는 침묵으로부터 음향을 일깨운 것은 전체로서의 자연이자 세계라고 보았다. 니체는 말러의 문학적 취향이나 표현 방식뿐만 아니라 그의 음악의 핵심에도 영향을 끼친 것이다.[11]

베베른은 〈성악과 피아노를 위한 8개의 초기 가곡(Eight Early Songs for Voice and Piano)〉(1901-1904)에 나오는 제6번 곡 〈명랑함 Heiter ("내 가슴은 호수처럼 넓다(Mein Herz ist wie ein See so weit)")〉을 작곡하였고, 오르프(Carl Orff)는 작품번호 11번 〈바리톤 혹은 피아노를 수반한 알트(Alt)를 위한 세개의 성악(Drei Gesänge für Bariton oder Alt mit Klavierbegleitung)〉(1911)에 나오는 제2번 곡 〈밤의 노래(Nachtlied)〉와 니체의 주저 『차라투스트라는 이렇게 말했다』의 내용 〈밤의 노래〉, 〈자정(Mitternacht)〉, 〈해뜨기 전(Vor Sonnenaufgang)〉 등을 담고 있는 〈차라투스트라(Zarathustra)〉(1912), 그리고 〈가곡들(Lieder)〉 가운데 제2번 곡인 〈내 가슴은 호수처럼 넓다(Mein Herz ist wie ein See so weit)〉(1919)를 작곡하였다. 힌데미트(Paul Hindemith)는 〈세 개의 합창곡(Drei Chöre)〉 가운데 제2번 곡인 〈그 날이 왔다(Nun da der Tag)〉(1939)를 작곡했는데, 이 곡의 마지막 줄에는 스위스가 점령당해 나라를 떠나야만 했던 그의 정신적 불안이 숨겨져 있었다. 이와 같이 많은 작곡

10 같은 논문, 319-320쪽.

11 같은 논문, 320쪽.

가들이 니체의 그리스도교비판의 내용이나 삶의 예술, 혹은 극복인 사상에 영향을 받으며 작곡하였다.

또한 불협화음을 해방시킴으로써 무조음악(atonale Musik)을 창시한 쇤베르크 역시 니체와 친근한 거리에 있었다.[12] 그는 1901년 봄 베를린의 카바레 "위버브레틀(Überbrettl)"을 만든 폰 볼조겐(Ernst Freiherr von Wolzogen)과 만났으며, 니체사상을 운반하는 도구로 여겼던 이 카바레(이 카바레의 현관에 막스 클링거가 만든 니체 흉상이 있었다)를 위해 비어바움(Bierbaum)과 데멜(Dehmel)에 의해 만들어진 텍스트에 가사를 붙이면서 그의 음악생활을 시작하였다. 그는 이 시절 니체에게 빠져들어갔는데, 이때 그에게 문제가 되었던 것은 니체의 극복인이나 디오니소스적 인간, 춤추는 인간, 즐거운 학문, 기품있는 문화나 고귀한 삶의 태도가 있는 문화에 의해 금발의 야수가 제어된다는 것이었다. 빈으로 돌아와 그는 니체의 생일날인 1905년 10월 15일 작품번호 6번 〈성악과 피아노를 위한 8개의 가곡(Acht Lieder, für Gesang und Klavier)〉을 완성했는데, 그 가운데 여덟 번째 곡인 〈방랑자(Der Wanderer)〉는 가장 길면서도 야심에 찬 작품이었다.

협화음과 불협화음 사이에는 단지 정도의 차이만이 존재한다고 본 쇤베르크는 음악의 기본 구성요소를 이루던 화성, 운율, 리듬의 기능과 내용뿐만 아니라 그 조성체계를 부정하면서 이와는 다른 구성원리, 즉 무조음악의 원리를 찾았다. 조성의 붕괴, 화성법칙과 협화음의 의미상실 등 전통적 음악의 기본원리를 파괴한 그의 이러한 행위는 '예술음악'의 종말이라는 비판을 받기도 하였다. 표현주의의 대표적인 화가인 칸딘스키와 더불어 청기사(Der Blaue Reiter) 그룹전 활동을 함께 하며 그와 더불어 니체에 대한 관

12 니체와 바그너, 쇤베르크의 관계에 대한 분석으로, 홍사현, 「니체의 음악적 사유와 현대성」, 『니체연구』 제10집 (한국니체학회, 2006. 가을), 69-104쪽 참조할 것.

심을 마음으로 키웠고, 그 과정에서 니체의 『비극의 탄생』이나 『차라투스트라는 이렇게 말했다』의 영향을 받았던 그는 표현주의 음악을 선도하였다. 그의 저서 『화성의 구조적 기능(Structual Funtions of Hamony)』의 제12장 〈디오니소스적 시대에 대한 아폴론적 가치평가〉는 분명 니체의 비극의 탄생에 빚을 진 것이다.[13] 그는 니체가 비례, 절제, 질서, 조화를 추구하는 아폴론적 정신과 이와는 반대로 열정적이고, 도취적이고, 역동적이고, 확장적이고, 창조적이며 심지어는 파괴적이기까지 한 디오니소스적 정신의 대비를 세웠다고 보면서, 이를 음악에 적용하여 화성의 조성체계에 기초한 전통적인 음악을 파괴하며 새로운 음악을 모색한 것이다. 그는 음열구성에서 복잡성이나 점묘성을 증대시키는 방법으로 12음기법(dodecaphony)을 체계화하는 '신음악(Neue Musik)'을 주도하였고, 이러한 음악이 그의 제자인 베르크나 베베른에게 영향을 미치는 등 20세기 음악에 지대한 영향을 미쳤다.

이와 연관해 언급할 만한 흥미로운 사실은 소위 니체소설로 알려진 토마스 만(Thomas Mann)의 『파우스트 박사(Doktor Faustus)』의 주인공인 아드리안 레버퀸(Adrian Leverkühn)은 그 예술가적 삶의 정신적 배경에서 니체사상을 구현하는 인물이자 12음계 음악에 대한 논의에서는 쇤베르크를 연상시키고 있다는 점에서, 니체와 쇤베르크가 하나의 인물 속에 종합되어 표현되고 있다.[14] 그러나 이러한 쇤베르크의 니체에 대한 음악적 친연성이 니체적 음악세계 자체를 계보학적으로 계승하고 있는지는 더 많은 논의를 필요로 한다.[15]

13 David S. Thatcher, "Musical Settings of Nietzsches Texts: An Annotated Bibliography(II)", 362쪽.

14 같은 곳.

15 쇤베르크 음악의 해체주의적 전위성이 니체와 계보학적으로 단절되어 있다는 것을 주장하는 글로, 원동훈, 「현대음악과 프랑스 현대예술 담론의 계보학-니체, 푸코, 리오타르를 중심으로」, 『니체연구』 제10집 (한국니체학회, 2006년 가을), 195-229쪽 참조: 원동훈은 "생리

3. 니체와 현대미술

음악뿐만 아니라 현대미술의 영역에 니체가 끼친 영향은 더욱 지대한 것이었다. 슈미트(Wieland Schmied)는 "어떤 철학적 정신도 20세기 전환기에 — 그리고 이 세기의 폭넓은 기간을 통해 — 니체만큼 조형예술에 보다 큰 영향을 미친 사람은 없다"고 평가한다.[16] 현대미술은 니체사상의 수원지로부터 발원되어 나온 정신적 자양분을 토대로 그 열매가 열렸다고 말할 수 있을 정도로 그의 현대 조형예술에 대한 영향은 실로 지대한 것이었다.

조형예술에 대한 니체의 영향을 잘 보여주는 것이 바로 화가나 조각가들에 의한 니체의 초상화나 흉상 제작 등의 활동이었다. 스퇴빙(Curt Stoeving)은 니체가 마지막으로 살았던 나움부르크의 집 베란다에 앉아있는 니체를 배경으로 초상화를 그렸고, 또한 케슬러(Kessler)와 함께 니체의 〈데드마스크〉(1900)를 제작하였으며, 올데(Hans Olde)는 니체가 죽기 1년 전부터 그의 마지막 일상생활이나 침대 위에서의 모습을 세밀하게 스케치했고, 뭉크는 1904년 3월 17일 바이마르에 있는 니체의 여동생을 방문 한 이후 니체에 대해 관심을 갖고 1906년에 니체에 관한 여러 점의 초상화와 작품을 그렸다.[17] 독일 낭만주의 소설가인 〈호프만(E.T.A. Hoffmann)〉(1972)이나 〈칸트(I. Kant)〉의 초상화를 그린 것으로도 유명한 얀센(Host Janssen)은 수채화

미학적 관점에서 보면 쇤베르크의 음악이 가지고 있는 해체주의적 전위성은 니체가 근대성의 징후라고 얘기한 '생리학적 자기모순', 즉 '데카당스'의 전위성"(위의 논문, 212쪽)이라고 말하면서, 그의 음악은 니체가 통렬하게 비판했던 데카당스 문화의 음악적, 미학적 표현이라고 주장한다.

16 Wieland Schmied, "Im Namen des Dionysos", in: Heinz Friedrich(Hrsg.), *Friedrich Nietzsche. Philosophie als Kunst, hrsg.* von Heinz Friedrich, München 1999, 149쪽.

17 뭉크가 바이마르에 있는 니체 여동생 엘리자베트의 집을 방문하고 니체에 관한 그림을 완성하는 과정에 대한 뭉크 자신의 편지글로, 에드바르드 뭉크, 『뭉크뭉크』, 이충순 옮김, 다빈치, 2005, 142, 154쪽.

의 기법으로 〈니체(Friedrich Nietzsche)〉(1982/83)의 초상화를 그려냈다. 조각가 클링거(Max Klinger)는 석고와 브론즈로 된 여러 점의 니체 흉상을 만들어 현재 실즈 마리아의 니체하우스를 비롯하여 니체관련 장소에 그의 작품이 보관 전시되고 있다. 그뤼츠케(Johannes Grützke)는 〈라인다리 중간에 서 있는 뵈클린, 바흐오펜, 부르크하르트, 니체(Böcklin, Bachofen, Burckhardt und Nietzsche auf der mitteleren Rheinbrücke)〉(1970) 등 바젤에서 활동했던 세기의 지성들을 함께 그려냄으로써 19세말의 정신세계가 현대에 끼치는 영향을 보여주었다. 이와 같이 현대의 화가나 조각가들은 니체의 초상화를 그리거나 조각을 만들거나 혹은 자신의 그림 안에 니체의 모습을 그려넣거나 그의 사상의 내용을 조형예술의 언어로 표현하는 방식으로 작품활동을 했다.

피카소는 『즐거운 학문(Die fröhlich Wissenschaft)』에 나오는 니체의 문구 "찾는 것에 지친 이후 나는 발견하는 것을 배웠다(Seit ich des Suchens müde ward, erlernte ich das Finden)"[18]를 변용해 "나는 찾는 것이 아니라 발견한다(Ich suche nicht, ich finde)"고 말하며, 예술이란 우리로 하여금 진리를 파악하게 하는 거짓말이며, 이러한 진리를 통해 우리는 자신의 현실을 다시 산출할 수 있어야 한다는 신념을 회화로 표현하였다.[19] 복수적 시점을 활용하여 대상을 해체하고 대상의 본질을 기하학적으로 재구성하여 표현하는 그의 큐비즘적 경향 역시 니체의 관점주의와 가족 유사성이 있다. 큐비즘은 객관적 사실이 아니라 관념의 사실, 즉 개념적 인식에 따라 비가시적인 세계의 영역을 포함해 현실을 재해석하고 이를 입체와 평면, 형태의 기하학적 언어를 활용해 표현하고 있는데, 이는 예술가들의 시각적 세계를 확대하는 새로운 조형언어를 발견하는데 기여했던 것이다. 인식과 관점, 가시적인 세

18 F. Nietzsche, *Die fröhliche Wissenschaft*, in: KSA 3, 353쪽.

19 Wieland Schmied, 같은 논문, 154쪽.

계와 비가시적인 세계, 사실과 현실, 체험과 표현, 진리와 거짓 등 니체에게서 인식론적으로 문제시되던 것이 브라크나 피카소의 큐비즘에서도, 내적 감정의 전달을 목표로 하는 표현주의에서도 그리고 데 키리코 등의 초현실주의에서도 회화적 언어로 표현되고 있다.

니체의 현대회화세계에 대한 영향은 다양한 형태와 내용으로 나타난다. 아르 누보 운동의 독일적 경향으로 생동감 넘치는 양식이라는 의미를 가지고 있는 유켄트스틸(Jugendstil)은 주로 식물의 꽃이나 잎에서 볼 수 있는 율동적 곡선을 양식화, 추상화하며 건축이나 장식, 판화 등에 적용한 것인데, 1895년 이래 간행된 유겐트스틸에 중요한 잡지 〈판(PAN)〉은 이 이념을 니체의 주저 『차라투스트라는 이렇게 말했다』에서 인용하고 있으며, 따라서 이 양식을 '차라투스트라-스틸'이라고 부르기도 하였다.[20] 벨기에의 건축가이자 바이마르 공예학교장이었던 반 데 벨데(Henry van de Velde)는 바이마르에 있는 니체 아키브의 이층으로 올라가는 계단의 모양을 곡선의 율동적 모습으로 바꾸어 놓음으로써 니체가 마지막에 살던 집을 차라투스트라-스틸이라고 불리던 유겐트스틸로 만들어 놓았다. 자연, 생명성, 역동성, 대지, 여성성을 강조하던 니체의 철학은 건축이나 장식, 판화에 활용되며 유겐트스틸의 양식이 만들어지는데 기여했고, 이러한 이념에 기초한 예술적 양식은 유럽의 현대 건물의 형태, 문이나 건물의 일부 장식, 의자, 도자기, 접시, 목걸이 등 일상생활용품의 양식에뿐만 아니라, 페터 베렌스(Peter Behrens), 루드비히 폰 줌부쉬(Ludwig von Zumbusch) 등이 보여주고 있듯이 여성의 유려한 모습, 꽃이나 식물의 율동적 곡선, 남녀의 생명력있는 키스하는 모습 등 다양한 주제와 형태로 판화의 영역에까지 크게 영향을 주었다.

니체는 또한 미래주의에도 커다란 영향을 주었다. 미래주의는 이탈리

20 Wieland Schmied, 같은 논문, 155쪽.

아 시인인 마리네티(Filippo Tommaso Marinetti)가 1909년 〈미래주의 시 선언〉을 발표했고, 다음 해인 1910년 3월 8일 보치오니(Umberto Boccioni), 세베리니(Gino Severini), 카라(Carlo Carrà), 루솔로(Luigi Russolo), 발라(Giacomo Balla) 등 다섯 명의 화가들이 〈미래주의 화가 선언〉을 발표함으로써 전개된 미술운동이었다. 이는 과거와 전통을 거부하고 기계문명이나 거대도시, 젊음, 운동, 힘, 속도 등 새로운 시대의 보편적 아름다움을 다이나미즘으로 해석하며 화면에 담고자 하였다. 근대 산업문명의 발전에 도취되어 이를 미래적 희망으로 표현하고 있는 미래주의 작가들에게 세상의 어떤 장애나 저항도 이겨내는 강인한 인간상으로서 니체의 극복인은 새로 시작하는 세기의 희망을 반영한 미래적 영웅상으로 해석되었던 것이다. 도시문명의 한 가운데서 시뻘건 색으로 불이 타오르듯 결렬한 역동을 표현하고 그 한가운데 슈퍼맨처럼 하늘을 나르는 모습의 인간을 그린 보치오니의 〈도시가 솟아오르다(Die Stadt erhebt sich)〉(1910)나 움직이는 인간의 역동적 모습의 한 순간을 포착해내 조각한 〈공간의 연속 속에 있는 유일한 형식들(Einzigartige Formen in der Kontinuität des Raumes)〉 (1913) 등의 작품은 도시문명과 인간의 삶 혹은 몸의 역동적 움직임을 찬미하는 것이었다. 기차와 마차, 도시와 여인의 기억이 활력있게 뒤섞여있는 세베리니의 〈여행의 추억(Souvenir de voyage)〉(1911)이나 기차가 활기있게 연기를 내뿜으며 도시 한가운데를 질주하는 〈적십자사 기차가 도시를 가로지르다(Red Cross Train Passing a Village)〉(1915)와 같은 작품 역시 도시문명이나 산업문명의 역동성을 미래적 희망으로 읽어낸 것이다. 카라는 〈이상적인 인물, 니체(Ideale Figuration, Nietzsche)〉(1919)에서 높은 언덕 위에 구름과 더불어 걸려 있는 니체의 얼굴 모습을 그려냄으로써 니체를 그의 예술적 활동의 이상적 중심에 놓았으며, 로솔로는 도시의 약동적 기운이 하늘을 향해 치솟아 오르는 느낌을 주는 〈혁명(Revoltie)〉(1911/12)이나 자동차가 역동적으로 움직이는 순간적인 모습을 그린 〈자동차의 역동성(Dynamismus eines Automobils)〉(1912/13), 실즈마리아의 산과 실바프라나호수를 연상시키는 풍광에 아우라가 하늘로 비추어 오르는 모습을 그린 〈북극의 아우라(Aurora boreale)〉(1938) 등을 그려냈다. 그러나 이것은 20세기가 시작되면서 자본주의나 기계문명, 도시문명의 희망찬 비전을 니체에 의존해 그려낸 것으로, 근대문명을 비판한 니체의 철학적 내용과 달리 그들의 취향에 맞추어 변용되어 그려진 것이었다. 이와는 대조적으로 니체의 근대문명 비판을 수렴하며 거대한 대도시의 소음과 파괴적 속성을 묵시론적으로 그려냈던 마이트너(Ludwig Meidner)의 〈묵시론적 도시(Apokalyptische Stadt)〉(1913)는 오히려 차라투스트라의 내용을 잘 소화하며 그것을 표현주의적 양식으로 그려내고 있다.

또한 1차 세계대전을 초래한 전통적인 서양문명을 부정하고 기존의 모든 사회적 도덕적 구속에서 해방되고자 했던 독일의 작가 발(Hugo Ball)이나 휠젠벡(Richard Huelsenbeck), 스위스의 화가 아르프(Jean Arp) 등은 합리적인 과학과 테크놀로지의 발전에 회의를 품고 부조리와 허무주의, 직관과 감정의 세계 등 비합리적인 세계에 대한 철학적 물음을 예술적으로 묻기 시작했다. 다다운동을 이끌던 발은 니체를 '삶의 개혁자'로 읽었으며, 휠젠벡은 1920년 다다연보에서 '세계사의 패러디 작가'이자 '신의 광대'라고 말했던 『선악의 저편(Jenseits von Gut und Böse)』의 니체를 다다이즘의 선구자라고 선포하였다.[21] 그 당시 다다운동은 휠젠벡이 후일 고백하고 있듯이 '니체라는 신'에 의해 둘러싸여 있었던 것이다.

칸딘스키, 클레(Paul Klee), 마르크(Franz Marc), 뮌터(Gabriele Münter) 등 청기사(Der Blaue Reiter) 그룹의 표현주의 예술가들은 니체의 주저 『차

---

21 Wieland Schmied, 같은 논문, 156쪽; Richard Huelsenbeck(Hrsg.), *DADA ALMANACH*, Berlin 1920, 7쪽.

라투스트라는 이렇게 말했다』를 중요하게 생각했으며, 또한 1905년 드레스덴에서 키르히너(Ernst Ludwig Kirchner), 블로일(Fritz Bleyl), 헤켈(Erich Heckel), 슈미트-로틀루프(Karl Schmidt-Rottluff)와 같은 화가들은 "인간은 하나의 다리이지 목적이 아니며", "상승이자 몰락"[22]이라는 『차라투스트라』에 나오는 말에 기초해 예술모임의 명칭을 '다리파(Die Brücke)'라고 칭했으며, 1906년 이후 페흐슈타인(Max Pechstein), 에밀 놀데(Emil Nolde), 뮐러(Otto Mueller) 등이 이에 가담해 공동의 작품활동을 하며 표현주의의 문을 열 준비하였다. 놀데는 니체의 『차라투스트라는 이렇게 말했다』를 독일이 자랑할 만한 가장 뛰어난 작품으로 평가하였고, 슈미트-로틀루프와 대화 가운데 칸트나 니체에 대한 통찰과 지식에 경탄하곤 했다.[23] 레오나르도 다빈치의 〈최후의 만찬〉과 같이 열두 제자들에 의해 성스럽게 둘러쌓여 있는 모습이 아니라 예수의 인간적 모습을 보여주는 놀데의 〈최후의 만찬〉(1909)은 니체의 영향을 가장 많이 받은 작품으로, 이는 거칠고 큰 목수의 손을 가진 평범한 인간인 예수의 손을 화면의 한가운데 배치함으로써 신성의 파괴와 인간 실존의 고뇌라는 시대정신을 기독교의 변천사 한가운데 새로 부각시켜 놓았고, 이후 그는 더 나아가 죄, 부활, 승천, 십자가의 죽음, 영원성, 성스러움 등 많은 종교적 주제를 그림으로 그려냈다. 1913년 한국을 방문해 한국인을 그리기도 했던 그는 니체의 예술에 대한 관념인 근원적 상태, 자연성, 창조성, 원초적 일자 등의 관념에 공명하며 자신의 세계체험을 표현주의 양식으로 그려냈으며,[24] 후일 나치에 의해 칸딘스키, 클레, 마르크, 키르히너, 헤켈, 슈미트-로틀루프, 딕스의 그림들과 함께 그의 그림은 퇴폐미술의 하나로 주목받게 된다.

---

22 F. Nietzsche, *Also sprach Zarathustra*, Vorrede 4, in: KSA 4, 16-17쪽.

23 김혜련, 『낭만을 꿈꾼 표현주의 화가 에밀 놀데』, 열화당, 2002, 41쪽.

24 니체가 놀데의 회화세계에 끼친 영향에 대해서는, 김혜련, 같은 책, 235-239쪽 참조할 것.

표현주의 작가 가운데 니체의 영향을 받은 가장 주목할 만한 화가는 뭉크다.[25] 그는 니체와 생전에 직접 교류했던 스웨덴의 작가 스트린드베리(August Stirndberg)가 결성한 문학그룹의 일원이 되었으며, 상징주의, 성애, 죽음의 환상, 우울, 불안, 두려움 등 시대적 병리현상과 문제들을 회화적으로 묘사했는데, 자신의 누이의 정신질병과 자신의 신경증적 위기를 니체와 동일시하며 니체의 모습이 있는 〈프리드리히 니체(Friedrich Nietzsche)〉(1905)를 그렸고, 더 나아가 『차라투스트라』의 영향을 받으며 시대적 문제를 극복하려는 듯 산과 바다 위로 떠오르는 태양의 심연을 그려낸 〈태양(Die Sonne)〉(1909-1911)과 오슬러대학의 강당 벽화인 〈성장한 남자들(Erwachsene Männer)〉(1911-1916)을 그렸다. 니체와의 만남을 통해 뭉크의 그림은 절망이나 우울에 젖어있는 모습으로부터 점차 빛과 힘, 에너지와 극복, 강함의 모습으로 변해 갔다.

니체의 영향 아래 있었던 독일계의 또 한 사람의 표현주의 작가는 오토 딕스(Otto Dix)였다. 1912년 니체의 흉상 〈프리드리히 니체(Friedrich Nietzsche)〉를 조각한 그는 가장 어두운 그림자의 측면이나 깊은 심연에 이르기까지 있는 그대로의 세계를 긍정하고 생산하는 세계생산자를 강조하는 니체에게서 예술적 영감을 얻으며 작품활동을 하였다. 이러한 과정에서 그는 일차세계대전 이후 전쟁과 죽음, 고통과 삶의 좌절 등을 그린 〈카드놀이를 하는 전쟁불구자(Kartenspielende Kriegskrüppel)〉(1920)나 기계문명 속에 조각난 인체와 삶을 구걸하는 거리의 사람들을 그린 〈프라하의 거리(Prager Straße)〉(1920), 원초적인 욕망을 의미하는 나신의 젊은 여자와 그녀를 무릎에 앉혀 놓고 성(性)을 구걸하는 늙은 남자의 모습을 그려놓은 〈어울리지 않은 한쌍의 연인

25 뭉크와 니체의 관계에 대한 비교적 상세한 분석으로, 정낙림, 「니체와 현대미술-니체의 조형예술 이해와 뭉크, 보이스 작품에 드러난 니체의 흔적」, 『니체연구』 제10집 (한국니체학회, 2006. 가을), 116-130쪽 참조할 것.

(Ungleiches Liebespaar)〉(1925), 고양이처럼 거리에서 남자들을 탐닉하듯 노려보고 있는 창녀의 모습을 담은 〈거리에 있는 세명의 창녀들(Drei Dirnen auf der Straße)〉(1925), 한편으로는 허공 속에서 긴 손으로 담배를 피우는 모습을, 다른 한편으로는 시대적인 허무주의를 쓰는 듯한 공허한 긴 손을 허벅지 위에 놓은 모습을 담은 〈여자 저널리스트 실비아 폰 하르덴(Journalistin Sylvia von Harden)〉(1926) 등을 그려냈다. 즉 그는 힘에의 의지가 리비도의 형태로 노출되는 현실의 개별적 장소, 즉 노인, 젊은 여자의 육체, 카드놀이, 창녀 등 인간의 근원적 본능이 움직이는 삶의 추한 모습을 그대로 노출시켜 그림을 그려냄으로써 '추의 미학(Die Ästhetik des Häßlichen)'을 표현주의 기법으로 보여 주었다. 특히 그의 작품 〈일곱가지 중죄(Die sieben Todsünden)〉(1933)는 마녀, 난쟁이, 해골의 형상을 한 인간, 음탕한 여인, 뿔 달린 괴물, 코를 세우고 하늘로 얼굴을 들고 있는 인간, 솥단지같은 헬멧을 쓴 인간 등 일곱가지 형상을 의인화하여 묘사함으로써 인색(Geiz), 시기심(Neid), 태만(Trägheit), 음탕(Unzucht), 분노(Zorn), 교만(Hoffart), 탐식(Völlerei) 등 인간의 파괴적 추한 속성을 표현하였다. 그리고 이들 행렬이 지나가는 뒤의 배경에는 창틀만 달려있는 폐허가 된 집이 있는데, 그 집의 담벼락 하단부에 니체의 『디오니소스 송가(Dionysos-Dithyramben)』에 나오는 "사막은 자라고 있다: 화 있을지어다, 사막을 감추고 있는 자에게!"[26]라는 구절이 적혀있고, 그 옆 공간에는 파도처럼 모든 것을 빨아들일 듯한 모래물결이 휘날리고 있어 사막이나 황무지의 느낌을 주고 있다. 이는 점점 커지는 악마적이고 파괴적인 힘을 암시하는 것으로 1933년 당시 시대적 체험을 반영하고 있으며 니체의 사상을 빌어 재난과 죽음의 시대를 묵시론적으로 예고하는 그림이었다. 딕스는 1946년과 1950년 두 번에 걸쳐 그림에 덧칠을 하여 난쟁이의 가면

26 F. Nietzsche, *Dionysos-Dithyramben*, in: KSA 6, 382, 387쪽.

코밑에 검은색의 작은 수염을 추가함으로써 이러한 파괴적인 힘이 히틀러와 연관되어 있다는 것을 보여줌으로써 자신의 추의 미학을 통해 반파시즘의 사상을 표현해 내고 있다.[27]

브르통(André Breton), 데 키리코(Giorgio de Chirico), 에른스트, 달리, 마송(André Masson) 등과 같은 초현실주의 예술가에게도 니체는 큰 영향을 미쳤다. 이들의 작품세계는 한편으로는 프로이트의 정신분석학적 꿈이나 무의식의 세계에 영향을 받고 있지만, 다른 한편으로는 니체의 사상을 기반으로 한 것이다. 초현실주의는 사물에 대한 객관적 재현보다는 인간의 주관적 체험과 내면심리의 시각화에 초점을 맞추면서 꿈이나 본능, 무의식의 세계 혹은 인간의 내적 심리세계의 역동적 모순과 존재론적인 신비의 비밀에 관심을 갖게 된다. 초현실주의에게는 니체가 형식화한 "너는 너 자신이 되어야 한다(Du sollst der werden, der du bist)"[28]는 말, 즉 '인간이 된다는 것(Menschwerdung)'이 문제가 되었으며,[29] 특히 브르통에게 '인간이 된다는 것' 즉 인간 생성의 과정은 곧 '불협화음'을 의미하는 것이었다. 브르통은 시간의 분열과 이를 보충하는 공간구조 및 신체구조를 반영하고 있는 자아의 변형과정들, 즉 자아생성의 내적 과정에서 발생하는 분열과 차이, 불협화음을 문제시한 것이다. 따라서 그에게는 경련을 야기하는 아름다움이라는 초현실주의적

27 니체가 딕스의 추의 미학에 끼친 영향에 대해서는, 이승진, 「'칠거지악': 생명력 있는 교육적 모티브」, 이창복 편저, 『독일문학의 소재와 모티브』, 사랑의 학교, 1997, 347-353쪽 참조할 것; 중세의 교황 그레고리 1세(540-604)가 규정한 '일곱가지 중죄'는 Superbia(자만/자부심), Avaritia(탐욕), Luxuria(음탕), Ira(분노/증오), Gula(식탐), Invidia(시기심), Acedia(게으름/우울)이었으며, 13세기에는 각 죄목의 첫 글자를 딴 'SALIGIA'라는 단어가 '일곱가지 중죄'라는 의미로 사용되었다.(같은 책, 346쪽)

28 F. Nietzsche, *Die fröhliche Wissenschaft*, III, 270, in: KSA 3, 519쪽.

29 Miriam Ommeln, "Perspektivenwechsel als Methode: 'Die Verkörperung von Nietzsches Ästhetik ist der Surrealismus'", in: Beatrix Vogel und Harald Seubert (Hrsg.), *Die Auflösung des abendländischen Subjekts und das Schicksal Europas*, München 2005, 313쪽.

개념이 "고요와 운동의 대립의 통일"을 뜻하는 것이었으며, 따라서 아름다움이란 정적이지도 역동적이지도 않은 것이었고, 단지 하나의 '태도(attitude)'일뿐이었다.[30]

니체의 인간의 몸에 대한 철학적 언급은 초현실주의의 관심이 되었다. 이는 '지성적 감성(intelligente Sinnlichkeit)'으로서의 몸(Leib)이 바로 세계를 바라보고 표현되는 매체가 될 수 있다는 것을 의미한다. "정신은 위(胃)다"[31]는 니체의 말은 달리에게서 "정신성은 내장에서 나온다(Die Geistigkeit kommt aus den Eingeweiden)"는 명제로 바뀌었는데,[32] 이것은 욕구와 소망의 세계가 몸으로 유입되고, 몸의 리비도가 정신화되어 다시 세계로 유출되며 이때 세계 속에서 표현된 영상적 언어의 세계가 다시 몸의 욕구로 변하는 몸과 세계의 상호 관계적 흐름을 표현한 것이었다. 니체에 있어서의 수수께끼 같은 것, 미궁적인 것, 의인화, 변형 등 영상적 요소들이나 아리아드네, 마스크, 기만, 관점주의, 가치의 전도, 놀이 등의 주제들은 초현실주의에 깊은 영향을 주었다.[33]

그리스에서 태어난 이탈리아인인 데 키리코는 니체의 사유를 관통하는 진리와 가상의 문제, 보이는 것과 보이지 않는 것 사이의 존재론적 비밀에 영향을 받으며 감정, 수수께끼 같은 것, 심오한 것 등을 그려 '형이상학적 화화(pittura metafisica)'를 만들어냈다.[34] 그는 자신이 니체를 이해하고 작품을 그려낸 유일한 사람이라고 말하며 니체의 죽음과 자신의 탄생을 연관시킨 작품 〈침묵의 삶, 투린 1888(Stillleben, Turin 1888)〉(1914-1915)이나 〈침묵

30 같은 논문, 330쪽.

31 F. Nietzsche, *Also sprach Zarathustra*, III, in: KSA 4, 258쪽.

32 Miriam Ommeln, 같은 논문, 316쪽.

33 같은 논문, 320쪽.

34 데 키리코의 형이상학적 회화에 대한 자세한 논의로는, 김은진, 『니체의 관점주의를 통해 본 G. 데 키리코의 多 시점 원근법 연구』, 성신여자대학교 박사논문, 2005 참조할 것.

의 삶, 투린, 봄(Stillleben, Turin, Frühling)〉(1914)을 그리기도 하였고, 보이는 것과 보이지 않는 것, 진리와 가상의 수수께끼를 〈신탁의 수수께끼(Rätsel des Orakels)〉(1909), 〈어느 가을 오후의 수수께끼(Rätsel eines Herbstnachmittags)〉(1910), 〈시간의 수수께끼(Rätsel der Stunde)〉(1910) 등과 같은 작품으로 그렸으며, 또한 가상, 꿈, 비전으로서의 세계를 주제로 무(無), 무대, 놀이, 고통, 무한성, 영원성 등을 그린 〈두 사람(Das Duo)〉(1915), 〈불안한 뮤즈들(Die beunruhigenden Musen)〉(1918), 〈위대한 형이상학자(Der große Metaphysiker)〉(1917) 등의 형이상학적 그림을 그려냈다. 그의 그림은 프로이트의 정신분석학적 입장을 받아들이고 이를 하나의 무대와 연관시킴으로써 표현주의적 초현실주의를 창출한 에른스트에게도 영향을 주었을 뿐만 아니라, 프로이트의 무의식의 개념에 의존하고 있던 초현실주의를 거부하고 평범한 대상을 비논리적 병렬로 정리함으로써 또 하나의 존재의 신비를 보여준 마그리트(René Magritte)에게도 영향을 주었다. 특히 안과 밖, 하늘과 건물 내부, 구름의 흐름과 내부의 정지를 대비하여 병렬적으로 정비함으로써 생의 신비를 보여주고 있는 마그리트의 〈비밀의 생(The Secret Life)〉(1928)은 데 키리코의 형이상학적 회화의 영향을 그대로 보여주고 있다.

에른스트는 초현실주의의 모든 것이 니체의 『즐거운 학문』에 숨겨져 있다고 말하기도 하였다. 그러나 그는 여기에서 더 나아가 니체의 전 저작을 자신의 회화의 세계로 수렴한다. 그의 17명의 정신적 친구들의 모습을 그리고 있는 〈친구들의 만남(Rendez-Vous des Amis)〉(1922)은 화면의 왼쪽 뒤에 니체의 저서 『이 사람을 보라(Ecce homo)』에서 묘사되고 있는 빙산과 그 차가운 고산의 정신적인 분위기를 그려놓았다. 그의 〈희극의 탄생(Geburt der Komödie)〉(1947)은 인간의 속성을 의미하는 두 개의 가면을 앞 뒤로 배치해 놓음으로써 디오니소스와 아폴론의 신을 예술형식으로 해석한 『비극의 탄생』에 의존하고 있으며, 〈어두운 신들(Die dunklen Götter)〉(1957)은 가면 속에 있는 심오한 정신을 심리학적으로 통찰하는 니체의 『선악의 저편』 등을 참조로 한 것이었다. "깊이 있는 모든 것은 가면을 사랑한다"[35]는 니체의 말은 에른스트에게서 어두운 망토 속에서 가면을 쓰고 있는 인간의 또 하나의 모습으로 표현된 것이다. 달리는 니체의 콧수염을 패러디하여 자신의 대표적 표징으로 만들었고, 또 이를 이용해 레오나르도 다 빈치의 모나리자에 콧수염을 붙인 〈모나리자로서 자화상(Selfportait as Mona Lisa)〉(1954)을 그림으로써 모라니자를 매개로 자신과 니체를 동일시하였다.

마송 역시 니체를 '위대한 각성자(Le Grand Eveilleur)'라고 부르며 헤라클레이토스와 니체적 시각으로 자연의 생성변화하는 모습을 연작 〈자연의 신화(Mythologie de la Nature)〉(1938)로 표현하였다. 생성소멸하는 자연 속에서 마치 울며 고뇌하는 듯한 인간의 모습을 그린 그의 〈헤라클레이토스(Héraclite)〉(1939)는 니체의 초기 저작인 『그리스 비극시대의 철학(*Die Philosophie im tragischen Zeitalter der Griechen*)』의 영향을 받은 것이며, 활 속에서 마치 화살처럼 인간 존재가 최고의 긴장의 상태로 놓여져 있고 그 위에 태양처럼 존재의 결정체가 빛을 내며 있는 〈존재의 신화(Mythologie de l'Être)〉(1939), 높은 산의 절벽 끝에서 화살 속에 놓여져 있는 인간의 모습과 그 활의 한쪽을 손으로 잡고 다른 한 손으로는 다이아몬드처럼 빛나는 결정체를 높이 들고 있는 모습을 그린 〈만약 존재의 살이 …(Quand la Flèche d'Existence…)〉(1939)나 산맥의 정상에서 나무로 솟아오른 인간이 어느 순간 독수리가 되어 날개를 창공에 펼치고 독수리 울음을 우는 모습을 그린 〈독수리, 그것이 너다(Cet Aigle c'est Toi…)〉 등은 완전히 『차라투스트라』의 회화적 표현이라고 할 수 있다.

---

35 F. Nietzsche, *Jenseits von Gut und Böse*, 40, in: KSA 5, 57쪽 (니체, 『선악의 저편』, 김정현 옮김, 책세상, 2002, 70쪽).

현대 예술에서 언급되어야 할 또 하나의 인물이 요셉 보이스인데, 그 역시 바이마르에 있는 니체아키브를 방문하며 평생 니체의 철학적 세계와 동반하며 작품활동을 했다. 그는 니체의 "세계 자체는 예술에 다름이 아니다(Die Welt selbst ist nichts als Kunst)"[36]는 말에 영향을 받아 "모든 것이 예술이다(Alles ist Kunst)"[37]고 말하며 니체적 예술관을 자신의 예술관으로 정초하였다. 그는 쇤베르크의 제자이자 우연, 비결정성, 과정, 소음이라는 개념을 가지고 삶과 예술, 음악과 소음의 구분을 인정하지 않고 예술이란 살아있다는 것에 대한 경축행위라고 주장한 음악가 존 케이지(John Cage)와 더불어 비디오매체예술을 창시한 백남준에게도 큰 정신적 예술적 영감을 제공한 작가로 니체의 유럽 니힐리즘의 도래를 〈일식과 코로나(Sonnenfinsternis und Corona)〉(1978)라는 작품을 통해 표현했다. 한스 올데의 에칭작품과 폐허화된 사진을 콜라쥬화한 이 그림은 동공이 풀린 니체의 병든 마지막 모습을 통해 유럽의 허무주의가 임박해 있다는 것을, 그리고 유리창이 깨지고 사물들이 어수선하게 놓여있는 폐허화된 사무실과 그 건너로 보이는 유대인 상점의 모습을 병렬적으로 보여줌으로써 1938년 11월 9일의 유대인 박해의 현장을 암시적으로 제시하며, 그림들 사이에 6개의 하얗게 뚫려진 구멍인 코로나를 통해 이러한 역사적 상흔이 아직 서양의 역사에 빛을 비추고 있다는 것을 암시한다. 그는 또한 음악과 미술, 무용의 경계를 파괴하며 해프닝, 퍼포먼스라는 일회적이고 즉흥적이고 순간적인 비형식적 현실을 보여주는 플럭서스라는 현대의 새로운 생성의 조형예술을 만들었고, 모든 사람이 예술가라고 주장함으로써 모든 삶의 영역이 하나의 창조적 예술영역이 될 수 있다는 니체적인 창조미학으로 현대의 개념예술에 큰 영향을 주었

36 F. Nietzsche, N 2[119], in: KSA 12, 121쪽.

37 정낙림, 위의 논문, 130쪽.

다. 니체의 영향을 받은 이러한 그의 예술정신이 어느 정도까지 백남준의 예술세계에 삼투되어 있는지도 앞으로 연구해야할 과제이기도 하다. 큐비즘, 유겐트스틸, 다다이즘, 표현주의, 미래주의, 초현실주의, 플럭서스 등 실로 다양한 현대 조형예술의 영역은 니체의 미학적 철학적 사상을 발판으로 해서 탄생한 것이다.

4. 니체와 현대무용

니체의 영향이 드러나는 또 하나의 예술영역이 바로 무용이다.[38] 현대무용은 니체의 미학사상의 세례 아래 태어난 것이다. 현대무용의 정신은 자유, 즉 어떠한 움직임이나 기법, 표현방식이나 아이디어를 허용하는 자유정신에 있는데, 이러한 자유정신을 무용에 접목시킨 창조적 수혜자가 현대무용의 창시자로 알려진 던컨이다. 그녀는 조명과 치마의 효과를 이용해 이미지의 구상성을 표현한 빛의 마술사 풀러(Loie Fuller)와 더불어 코르셋과 페티코트, 토슈즈 등 전통적 발레형식을 벗어던지고 현대무용을 열어놓은 현대무용의 혁명적 기수였다. 그녀는 자신의 최초의 춤 스승은 "바람과 파도, 새와 벌의 날개짓"이며, 최상의 춤 스승은 "루소, 휘트만, 니체"라고 말했다.[39]

---

38 니체의 춤의 사유를 분석하며 이를 현대 무용의 발전 속에서 설명하는 글로, 장정윤, 「현대 무용의 발전에 나타난 철학 사상-니체를 중심으로」, 『니체연구』 제4집 (한국니체학회, 2001.08), 225-238쪽; Maxine Sheets-Jhostone 엮음, 『무용철학』, 장정윤 옮김, 교학연구사, 1995, 14-27쪽; 그리고 던컨, 커닝엄과 니체의 관계에 대한 분석으로, 김미기, 「현대 춤에 나타난 니체 무용미학의 영향에 대한 분석 - 던컨과 커닝엄을 중심으로」, 『니체연구』 제10집(한국니체학회, 2006. 가을), 143-172쪽을 참조할 것.

39 월터 소렐, 『서양무용사상사』, 신길수 옮김, 예전사, 1999, 325쪽.

그녀는 『차라투스트라는 이렇게 말했다』를 평생동안 자신의 침대곁에 두며 보았고, 니체를 '최초의 춤추는 철학자'라고 불렀으며,[40] 니체로부터 많은 춤의 영감을 얻었다. 자신의 생애와 예술이 바다의 산물이라고 밝히는 그녀는 기존의 무대에서 벗어나 바다에 나가 춤을 추거나 그리스신전을 찾아가 춤을 추었고, 전통적 발레의 형식을 벗어나 벌거벗은 모습으로 자유로운 신체의 움직임을 보여주며 각성된 몸의 아름다움을 보여주었다. 그녀는 파도의 흔들리는 리듬, 숲 속에서 나뭇가지의 흔들림, 바람의 움직임 등 자연과 조화되는 춤을 추구하였고, 그 때 일어나는 정서적 감흥을 즉흥적으로 춤으로 표현한 것이다. 우주 삼라만상의 움직임이나 대지의 운동을 담고있는 '자연의 움직임 자체'가 그녀의 춤의 관심과 주제가 된 것이다.[41] 그녀에게 춤이란 바로 자연을 바라보고 연구하고 이해하며 표현하는 것이었고, 자연의 움직임에 맞추어 생명을 느끼고 표현하는 조화로운 율동이었다. 그녀는 기존의 발레의 무용법이 부자유스러운 자세를 강요하고 있으며 감정의 자유로운 표출을 방해한다고 보았고, 춤(무용)이란 단지 체조적인 기교나 아리따운 일련의 동작이 아니라 생명의 표현이어야 한다고 생각하였다.[42] 그녀는 자연스럽고 자유로운 몸의 움직임을 통해 자유정신과 자발성의 이미지를 창출하였고, 무용에서 순수음악을 선택하여 순수음악과 무용음악의 경계를 없애며 내면의 감정을 자연스럽게 극대화하는 움직임을 보여주었다. 춤이 신체를 매개로 인간 영혼의 신성한 표현이 될 수 있다고 본 던컨은 몸에 대한 부정적인 사고를 전복시켰던 니체처럼 인간의 신체에 대한 부정적인 견해를 뒤집으며 인간의 신체의 자연성을 숭고하게 무용 예술을 통해

40 Kenneth King, "The Dancing Philosopher", in: D. Hollier(ed.), *Nietzsche's Return*, New York, 1977, 22쪽.

41 이사도라 덩컨, 『이사도라 덩컨의 무용에세이』, 최혁순 옮김, 범우사, 2006, 142쪽.

42 같은 책, 134쪽.

긍정하였던 것이다. 전통적 형식의 파괴와 몸의 긍정, 자유정신을 체현하는 몸의 율동으로서의 춤, 바다와 파도 등 자연 속에서 그것과 조화를 이루며 자연적 몸의 움직임을 표현하는 춤, 그리스세계를 통해 현대세계를 다시 표현하고자 하는 예술정신 등 현대무용의 문을 연 그녀의 무용정신은 니체에게 영향을 받은 것이었다. 현대무용의 근본정신이 자연스러운 몸의 움직임이나 풍부한 정서의 표현을 허용하는 자유를 담고있다면, 덩컨의 무용세계는 니체의 사상의 빛을 받으며 현대무용의 길을 새롭게 열어놓은 것이다.

이와 동시에 유럽에서는 루돌프 폰 라반과 그의 제자인 마리 뷔그만 등이 니체의 영향을 받으며 표현주의 무용의 영역을 열어놓았다. 그 스스로 시인이자 화가이며 건축학도였고 저술가이자 교육자이기도 했던 라반은 청기사운동이나 다다이즘에 참여하고 후일 초현실주의자가 된 화가 아르프(Hans Arp)의 아내 소피 토이버를 제자로 받아들이며 니체의 영향을 받은 화가그룹인 다다이즘의 화가들과 가까이 지내기도 하였고, 그 스스로 니체주의자이기도 하였다. 그는 우주의 춤에 인간이 참여한다는 '운동의 합창(Bewegungschöre)'이라는 개념을 고안하며, 이를 무용비극, 무용시, 무용희극, 무용심포니 등에서 모든 춤의 표현가능성을 개발하고자 하였다.[43] 니체는 춤이란 최상의 사물에 대한 비유이며, 춤을 통해 인간은 존재의 신비를 이해할 수 있고 진정 신성한 웃음을 웃을 수 있다고, 즉 우주적 춤을 추는 시바신 같이 춤추는 신을 믿고 그 신이 내 몸에서 가볍게 우주적 춤을 출 수 있을 때 인간은 사물의 진정한 이치를 깨달을 수 있다고 보았는데, 라반의 우주적 춤의 개념은 이러한 니체적 춤의 사유가 변주된 것이었다. 그의 또 다른 공적은 48세때 당한 사고로 무용을 할 수 없게 되자 무용작품을 기보화한 것, 즉 그의 이름을 따서 명명한 '라바노테이션(Labanotation)'이라는 무용

43 이덕희, 『불멸의 무용가들』, 작가정신, 2000, 263-265쪽 참조.

기보 체계의 확립에 있다. 그는 움직임의 모든 유형과 방향의 일람표, 신체와 공간, 심리학과 움직임의 관계를 연구하며 무용기보법의 기초를 세워 『무용보(Schrifttanz)』(1928)를 발표함으로써 현대무용의 이론적 기초를 정립하였다.

마리 뷔그만은 27세때 화가 에밀 놀데의 부인을 통해 움직임으로서의 움직임(Eukinetik)에 몰두하던 라반을 만나게 된다.[44] 그녀는 다리파의 일원으로서 후일 표현주의의 대표적인 화가였던 놀데의 부인을 통해 니체주의적 이론가이자 바그너적 혁신자였던 라반을 만나 그의 제자가 된 것이다. 그녀는 라반의 움직임의 기보체계를 완성하는데 일조를 하지만, 몸의 자연적 움직임에 춤의 정서적 측면을 강조함으로써 표현주의 무용을 이끌어갔다. 그녀는 몸의 움직임 속에서 인간본연의 본능을 그대로 표현할 수 있다고 보며 '무(無)음악 무용'을 시도하였다.[45] 이는 이미 만들어진 음악의 리듬에 맞추어 움직이는 것이 아니라 내면적으로 넘치는 움직임에 근거해 무용의 예술성을 추구하는 것으로, 그녀는 힘주기와 힘빼기, 긴장과 이완, 밀침과 당김의 교대라는 특수한 몸 동작이나 무용가와 공간의 상호작용과 정서적 지각이라는 방법을 통해 2차 대전 전후의 시대적 불행과 그 내적 체험의 내용을 춤으로 표현해 냈다. "춤이란 무용가의 내적 체험을 표현해야 한다"는 그녀의 무용철학은 독일 표현주의 무용의 이정표가 되었을 뿐만 아니라 현대 무용에 풍요로운 정신적 세례를 주었다.[46]

몸의 미학과 연관해 춤의 본질에 의문을 던지며 '새로운 춤(New Dance)'을 시도한 포스트모던 무용의 아버지는 커닝엄이다. 그는 니체의 세례를 받으며 표현주의의 회화영역을 개척한 화가 에른스트와 만나며 현대회화를 이해했고, "모든 움직임은 무용이다"라고 주장한 존 케이지와 공동작업을

44 같은 책, 271쪽.

45 김말복, 『무용 예술의 이해』, 이화여자대학교출판부, 2003, 209쪽.

46 이덕희, 위의 책, 284-285쪽.

하며 음악을 무용에서 해방시키는 실험적 무용양식을 창안했다.[47] 그는 뒤샹이나 팝아트의 선구자인 워홀(Andy Warhol)을 통해 회화적 세계를 이해했고, 쇤베르크나 음악의 아방가르드주의자인 케이지를 통해 음악세계에 접근하면서, 이를 현대무용을 정초하는데 활용했다. 그는 안무, 무용, 무대장치 등을 각기 독립된 실체로 취급하고, 정형화된 무용 구성원리에서 움직임을 해방시켰으며, 우연의 원리를 채택하고, 특정 솔리스트를 배제하고 모든 무용수에게 우선 순위를 두지 않는, 즉 모든 무용수에게 솔로의 기회를 부여하되 하나의 총체적인 앙상블을 강조함으로써 관객이 스스로 볼 것을 선택하도록 함으로써 무용에서 '열린 장(open field)'을 설치하였다.[48] 그는 또한 무용에서 우연성을 강조함으로써 춤의 주제, 주인공, 사건을 떠나 '춤의 본질' 자체에 눈을 돌리게 하였다. 몸의 긍정이나 자유정신, 자유로운 움직임이나 우연의 강조 등 현대 무용의 탄생과정이나 그 전개과정 역시 니체와 직간접적인 영향 아래서 진행되었던 것이다.

5. 니체미학에서 바라본 현대예술의 방향과 과제

현대예술에 대한 니체의 영향은 지대한 것이었다. 음악에서의 표현주의, 12음기법, 신음악이나 미술에서의 유겐트스틸, 다다이즘, 큐비즘, 미래주의, 표현주의, 초현실주의, 플럭서스운동, 그리고 무용에서의 표현주의, 포스트모던 무용 등 현대의 음악, 미술, 무용의 영역은 직간접적으로 니체의 미학이나 사상의 영향을 받았고, 그 정신적 모태 속에서 태어났다. 니체

47 머스 커닝햄 재단, 『무용수 그리고 그 무용: 머스 커닝햄 - 쟈클린 레샤에브와의 대화』, 장정윤 옮김, 교학연구사, 1998, 46-47, 108-109, 134-135쪽.

48 김말복, 위의 책, 222쪽.

사상의 자양분을 흡수하며 현대예술가들은 자신들의 예술세계를 구축하거나 작품으로 표현해 냈고, 이를 통해 시대와 대면하기도 하고 현대문명을 찬양하거나 비판하는 작업을 수행하기도 하였다. 아폴론적인 것과 디오니소스적인 것, 진리와 가상, 그리스도교 비판과 미래철학의 사유, 삶의 예술과 창조성의 미학, 몸과 대지, 자유정신과 자연성, 생명과 여성성, 생성과 운동, 극복인 사상과 힘에의 의지 및 관점주의 등 니체의 사상은 현대예술가들의 실험정신을 풍부하게 자극했고, 그들이 새로운 전위적 작품을 창조하는데 커다란 역할을 하였으며, 또한 그들의 예술의 이론적 토대를 제공해 주기도 하였다.

니체의 정신세계를 공유한 예술가들의 상호 교류도 새로운 현대예술운동이 탄생하는데 일조하였다. 무조음악의 창시자인 쇤베르크는 칸딘스키와 더불어 '청기사' 활동을 하며 말러의 초상화나 그의 장례식 모습을 표현주의적 회화기법으로 그려내기도 하였고, 요셉 보이스는 음악가 존 케이지나 백남준과 함께 작품활동을 하였다. 무용가인 라반은 다다이즘 그룹의 화가들과 친교를 나누었으며, 뷔그만은 표현주의 화가들의 분위기 속에 있었고, 커닝엄은 화가 에른스트나 케이지와 공동작업을 하며 실험적 무용양식을 창안해 냈다. 이들의 이러한 인간적인 교제나 정신적인 교류는 그 배경에 니체라는 정신적 세계가 하나의 아우라처럼 형성되어 있었기에 가능한 것이었다. 물론 이들 개별 예술가들의 정신세계나 그들의 정신적 교류의 배경에 니체만이 유일의 정신적 토대로 자리한 것은 아닐 것이다. 그러나 니체가 이들의 예술세계의 역동을 만들어내며 창조적 실험정신을 자극한 것은 분명 사실이다.

니체의 영향을 받은 이들 예술가들은 미래주의처럼 니체의 의도와는 다르게 현대기술문명을 찬양하기도 하고, 다다운동처럼 니체의 철학을 소화하며 합리적 과학이나 테크놀로지의 발전에 회의를 품는 알이 되기도 하였다. 딕스처럼 니체로부터 있는 그대로의 세계를 그 자체로 긍정하고 인간의 원초적 리비도의 흐름을 읽는 방법을 배운 화가도 있었고, 데 키리코처럼 니체의 죽음과 자신의 탄생을 동일시하며 존재의 형이상학적 신비를 그려낸 예술가도 있었다. 말러처럼 니체의 사상을 자신의 교향곡에 형이상학 깊이를 부여하는 데 활용한 작곡가도 있었고, 쇤베르크처럼 불협화음을 해방하는데, 즉 음악의 형식을 파괴하는 양식을 실험하는 데 이용한 음악가도 있었다. 던컨처럼 니체를 매개로 그 형식과 내용 모두에서 기존의 전통적인 발레로부터 벗어나는 현대무용의 길을 연 무용가도 있었고, 뷔그만처럼 인간의 내적 체험의 표현을 강조함으로써 표현주의 무용을 열어놓거나, 커닝엄처럼 우연성과 춤의 본질에 주목함으로써 '새로운 춤'을 만든 무용가도 있었다. 현대의 예술가들이 니체를 받아들이고 자신의 작품으로 표현할 때, 니체는 경우에 따라서 그 자신의 사상과 다른 반(反)니체적 모습으로 드러나기도 하고, 또 경우에 따라서 전위적 모습으로 드러나기도 하였으며, 때로는 형식의 실험을 강조하는 양식적 니체의 모습으로 또 때로는 내적 체험이나 감정의 흐름을 강조하는 내적 니체의 모습으로 나타나기도 하였다. 니체가 다양하게 변주되고 변화를 일으키며 현대예술이 탄생한 것이다.

이러한 현대예술의 탄생과정은 그 극단주의적 전위적 실험과정에서 햄머로 서양정신사 전체를 파괴하는 니체를 닮아있다. 현대예술의 다양한 모습과 내용이 탄생하는데 이러한 실험주의가 중요한 역할을 한 것은 사실이다. 그러나 그 실험과정에서 오늘날 극단적인 형식의 놀이와 기표의 긴장만을 일으키는 파열적 작업은 진정한 삶의 에너지를 제공할 수 있는 예술의 창조적 실험주의로 다시 되돌아가야만 할 것이다. 니체의 미학이나 사상은 오늘날에도 여전히 삶에 기여할 수 있고 시대의 리비도를 건강하게 흐르게 할 수 있는 예술창조의 정신문법을 제공해 줄 수 있을 것이다.

참고문헌

김말복, 『무용 예술의 이해』, 이화여자대학교출판부, 2003.

김미기, 「현대 무용에 나타난 니체 무용미학의 영향에 대한 분석 - 던컨과 커닝엄을 중심으로」, 『니체연구』 제10집 (한국니체학회, 2006. 가을), 143-172쪽.

김은진, 『니체의 관점주의를 통해 본 G. 데 키리코의 多 시점 원근법 연구』, 성신여자대학교 박사논문, 2005.

김정현, 「니체의 미학과 현대예술」, 『니체연구』 제10집 (한국니체학회, 2006. 가을), 37-67쪽.

김혜련, 『낭만을 꿈꾼 표현주의 화가 에밀 놀데』, 열화당, 2002.

Maxine Sheets-Jhostone 엮음, 『무용철학』, 장정윤 옮김, 교학연구사, 1995.

머스 커닝햄 재단, 『무용수 그리고 그 무용: 머스 커닝햄 - 쟈클린 레샤에브와의 대화』, 장정윤 옮김, 교학연구사, 1998.

에드바르드 뭉크, 『뭉크뭉크』, 이충순 옮김, 다빈치, 2005.

원동훈, 「현대음악과 프랑스 현대예술 담론의 계보학 - 니체, 푸코, 리오타르를 중심으로」, 『니체연구』 제10집 (한국니체학회, 2006년 가을), 195-229쪽.

월터 소렌, 『서양무용사상사』, 신길수 옮김, 예전사, 1999.

이덕희, 『불멸의 무용가들』, 작가정신, 2000.

이사도라 덩컨, 『이사도라 덩컨의 무용에세이』, 최혁순 옮김, 범우사, 2006.

이승진, 「'칠거지악': 생명력 있는 교육적 모티브」, 이창복 편저, 『독일문학의 소재와 모티브』, 사랑의 학교, 1997, 342-364쪽.

장정윤, 「현대 무용의 발전에 나타난 철학 사상 - 니체를 중심으로」, 『니체연구』 제4집 (한국니체학회, 2001.08), 225-238쪽.

정낙림, 「니체와 현대미술 - 니체의 조형예술 이해와 뭉크, 보이스 작품에 드러난 니체의 흔적」, 『니체연구』 제10집 (한국니체학회, 2006. 가을), 105-142쪽.

홍사현, 「니체의 예술적 사유와 현대예술」, 정동호 외, 『오늘 왜 우리는 니체를 읽는가』, 책세상, 2006, 393-429쪽.

______, 「니체의 음악적 사유와 현대성」, 『니체연구』 제10집 (한국니체학회, 2006. 가을), 69-103쪽.

Huelsenbeck, Richard (Hrsg.), *DADA ALMANACH*, Berlin 1920.

King, Kenneth, "The Dancing Philosopher", in: D. Hollier(ed.), *Nietzsche's Return*, New York 1977, 22-23쪽.

Nietzsche, Friedrich, *Sämtliche Werke Kritische Studienausgabe*, hrsg. von G. Colli und M. Montinari, Berlin/New York 1980.

Ommeln, Miriam, "Perspektivenwechsel als Methode: 'Die Verkörperung von Nietzsches Ästhetik ist der Surrealismus'", in: Beatrix Vogel und Harald Seubert (Hrsg.), *Die Auflösung des abendländischen Subjekts und das Schicksal Europas*, München 2005, 311-333쪽.

Roman, Z., "Nietzsche via Mahler, Delius and Strauss: A New Look at some *fin-de-siècle* 'philosophical Music'", in: *Nietzsche Studien* 19(1990), 292-311쪽.

Schmied, Wieland, "Im Namen des Dionysos", in: Heinz Friedrich(Hrsg.), *Friedrich Nietzsche. Philosophie als Kunst*, hrsg. von Heinz Friedrich, München 1999, 141-216쪽.

Thatcher, David S., "Musical Settings of Nietzsches Texts: An Annotates Bibliography(I)", in: *Nietzsche Studien* 4(1975), 284-323쪽.

______, "Musical Settings of Nietzsches Texts: An Annotates Bibliography(II)", in: *Nietzsche Studien* 5(1976), 455-483쪽.

______, "Musical Settings of Nietzsches Texts: An Annotates Bibliography(III)", in: *Nietzsche Studien* 15(1986), 440-452쪽.

니체의 미학과
예술철학

08

니체의 음악적 사유와 현대성

– 바그너, 한슬릭, 쇤베르크와의 관계를 중심으로

홍 사 현

1. 들어가는 말

이 글은 음악의 문제를 중심으로 프리드리히 니체의 예술적 인식을 고찰하고 그 비판적 성격과 현대성을 부각시키는 것을 목적으로 한다. 이때 19세기말 바그너와 한슬릭(Eduard Hanslick)의 절대음악 사이의 논쟁에서 다루어졌던 핵심문제를 니체의 입장에서 조명해보고, 니체의 음악관에서 쇤베르크의 현대음악과도 공유하는 인식론적 태도의 단초를 찾고자 한다. 잘 알려진 대로 니체는 초기에 바그너 음악으로부터 지대한 영향을 받았고 이것은 동시에 니체의 낭만주의적 요소를 설명하는 부분이다. 그러나 열광은 곧 비판으로 바뀌었으며, 이때 드러나는 니체의 음악에 대한 입장은 절대음악과 매우 유사하다. (니체는 이미 1865년에 한슬릭의 『음악적 아름다움에 대하여』를 읽었으며, 이에 대한 긍정적인 입장을 유고나 편지에 남겨놓고 있다.) 이 점은 니체가 낭만주의적 전통과 결별하고 현대성으로 넘어가는 정신사적 이행과정에서 맞물려 있는 사유와 음악의 관계를 분명히 드러낸다.

이러한 내용을 위한 출발점을 이루는 것은 니체의 음악적 사유이다. 예술과 철학을 결합함으로써 이성과 개념적 사고를 비판한 니체의 사상은 음악 또는 음악적인 것의 본질과 구조에 대한 논의와 동일한 차원에서 접근될 수 있다. 음악은 예술 중에서도 가장 비개념적이고 비대상적인 예술이며, 따라서 음악적 현상에서 주체와 대상이 매개하는 방식은 이원론과 동일성이라는 전통적 사고를 벗어나 있기 때문이다. 이점이 음악에 내재해있는 진리내용의 성격을 존재와 현상, 표면과 깊이 사이의 모순적 일치에 대한 니체의 인식과 연결시킨다. 음악에서도 존재와 의미는 분리될 수 없다.

즉 니체가 진리의 내용은 있는가, 존재에는 그 현상 뒤의 의미가 있는가라고 묻고 회의하는 것처럼 음악에서도 우리는 다음과 같은 일련의 질문을 던져볼 수 있다. 음악의 내용은 있는가? 음악은 그 어떤 의미나 대상을 표현하는 것인가? 그런 점에서 음악은 언어인가? 감정이라고 우리가 믿는 것, 음악은 그것을 묘사하는 것인가? 음악은 감정의 표현이라는 이유로, 감정은 주관적이기 때문에, 이러한 근거로 음악은 무엇보다 주관성의 예술이라 말할 수 있는가? 하지만 주관성은 감정의 영역으로서 주관적인가? 음악이 내면적이라고 해서 곧바로 주관적인 것이라 할 수 있는가? 주관적 감정을 내용으로 하지 않는 음악의 내면성 혹은 내적 세계란 음악이나 니체의 사고에서 어떤 내면성인가?

이성이 대상인식능력을 담보하는 인간주체의 확고한 속성이라 할 수 없는 것처럼, 감정 역시 인간의 내면적 본질이라고, 오로지 인간에만 속하는 자연이며 인간의 속성이라고 할 수 없다. 니체가 암시하듯이 감정의 영역 역시 이성이나 마찬가지로 일종의 관습, 믿음일 수 있다. 니체 또는 절대음악의 근본인식이 출발하는 곳도 이러한 종류의 회의이다. 그들에게 순수한 음악적인 것, 음악의 아름다움은 이성도 감정도 넘어서 있는 일종의 '중간적 공간'에 있다. 음악이 의미하는 대상은 흔히 생각하는 것처럼 그 어떤 이념의 표현이나 감정의 표현이 아니다. 그것은 음악이라는 현상 자체이다. 즉 음악은 음악외적인 그 어떤 의미대상을 지니지 않는다. (슈만은 자신이 작곡한 곡을 발표한 후 그 곡이 의미하는 것이 무엇이냐는 질문을 받자, 아무 말 없이 그 곡을 다시 한 번 연주했다고 한다.) 음악의 본질은 단지 음악 자체의 내적인 구조에 있으며, 여기서부터 발생되는 현상은 음악의 형식이자 동시에 내용자체가 된다. 이런 점에서 음악적 내면성은 이성과 감정 모두를 선행하는 이중적 내적세계로서의 내면성에 대한 니체의 사유와 부합한다.

물론 우리는 아직 니체의 음악관 내지 음악적 사유가 음악미학사에서 어떤 특정하고도 결정적인 의미를 가진다고 강조할 수 없다. 또 음악미학자나 작곡가에 끼친 직접적이고도 괄목할만한 영향에 대해 논할 수 있는 것도 아니다. 다른 한편 당시의 음악들이 니체의 철학에 중요한 영향을 끼쳤으며, 니체의 사유가 발전하는 정신적 토대가 되기도 했지만, 이에 대한 구체적인 논의는 아직 니체연구에서 관심을 끄는 문제로 대두되지 않은 상황이다. 이 글의 의도 역시 음악사와 관련된 이러한 니체 연구의 공백을 조금이나마 메우는 데 있지 않다. 단지 니체의 철학과 음악에 대한 사유가 서로 만나는 그 곳에서 개념으로는 접근할 수 없는 가능성의 세계, 삶의 모순구조와 그 긍정을 드러내는 음악적 세계에 대한 비유를 발견하고자 한다. 삶의 음악, 또는 음악적 사유는 내용과 형식이 상호 교환될 수 있고 내면과 외부의 구별이 무의미한 세계로의 확대된 인식을 보여주고 있다. 니체는 『우상의 황혼』에서 다음과 같이 말한다. "음악 없는 삶은 하나의 오류일지도 모른다."[49] 니체에게 음악은 삶의 '일부' 또는 단순히 사유의 '매개'가 아니다. 음악은 가장 넓은 의미에서의 삶, 혹은 가장 넓은 의미의 사유 자체에 대한 메타포이다.

2. 니체의 음악적 사유

(1) 철학과 음악

니체의 사유를 불일치와 불협화음을 내용으로 하는 비동일적, 비극적 인식으로 특징짓는다면, 음악의 문제 역시 동일성으로부터의 이러한 해방을 표방한다. 여기서 우리는 니체의 음악적 사유에 대해 말할 수 있다. 이것은 니체가 초기 저술에서 '디오니소스적인 음악정신'을 통하여 비교적 명시적으로 말하고 있는 것이며, 더 나아가 니체의 사상 전반에 걸쳐있는 그의

49 F. Nietzsche, Götzen-Dämmerung, in: *Werke. Kritische Gesamtausgabe*, hrsg. v. G. Colli und M. Montinari, Berlin 1967 ff. (이하 KGW로 약기) VI-3, 5쪽. (또는 페터가스트에게 보낸 1888년 1월 15일의 편지 참조)

음악미학과 철학적 내용 사이의 긴밀한 관계를 말해주는 것이기도 하다. 이는 물론 니체가 열렬한 음악애호가였기 때문도, 그가 직접 작곡을 했었다는 사실 때문도 아니다. 또 니체 자신이 『이 사람을 보라』에서 쓰고 있듯이 『차라투스트라』의 시적 문체와 언어를 거의 완벽한 음악성으로 이해할 수 있다는 사실에 그치는 것도 아니다. 철학과 예술을 삶 속에서 합일시키고자 하는 니체에게 음악은 삶으로서의 사유와도 분리될 수 없는 것이다. 『바그너의 경우』에서 "음악이 우리의 정신을 자유롭게 만든다는 것을 아는지, 음악이 생각에 날개를 달아준다는 것을 아는지, 그리고 음악적이 될수록 그만큼 더 철학적으로 된다는 사실을 아느냐"[50]고 묻는 것처럼 말이다. 니체가 예술과 학문을 대립적으로 놓고 학문적 진리보다 예술이 더 가치있는 것이라 강조한다면, 그 이유는 말이나 언어를 통한 개념적 인식을 통해서는 사유와 인식의 문제가 온전히 해명될 수 없다고 보기 때문이다. 말과 사유, 또는 '말과 사물은 서로 완전히 일치하는 것도, 필연적으로 일치하는 것도 아니다.'[51] 마찬가지로 음악 역시 개념을 통해 접근하거나 정의할 수 없는 '무개념적인 조화'로 파악된다는 점에서, 니체에서 음악의 문제는 생각의 문제와 깊이 연결되어 있다. 디오니소스적인 것과 음악적인 것이 동일한 존재 구조를 이루고 있다는 것은 음악의 무개념적인 아름다움이 자체 내에 모순을 지니고 있고, 그 자체로 모순인 디오니소스적 상태로 설명될 수 있기 때문이다. 표현 형식으로서의 음악적 공간은 보통 '형식'이 담고 있거나 지시한다고 하는 본질적인 '내용'과 대상을 가지지 않는다. 음악을 일종의 움직이는 형식으로, 기의로부터 해방된 채 떠다니는 기표로 보는 견해는 본질과 현상이, 존재와 언어가, 기의와 기표가 일대일 대응관계에 놓여있다고 하는 동일성의 사고

50 F. Nietzsche, *Der Fall Wagner*, in: KGW VI-3, 8쪽.

51 F. Nietzsche, Nachgelassene Fragmente, in: KGW III-3, 378쪽 이하.

를 부정한다.

여기서 우리는 니체가 언어에 대해 회의했던 가장 큰 이유가 언어가 대상을 표현함으로써 동일성을 정립한다고 하는 믿음에 있다는 것을 알 수 있다. 니체에게는 언어적 속성과 결부되어 있는 '개념적 인식'이 아니라, '음악적-예술적 인식'이 존재 자체에 더 가까이 도달할 수 있는 사유방법이다. 음악과 언어, 이 두 매체 사이의 관계 및 결정적 차이를 둘러싼 논의에서 우리는 현대 언어철학적, 기호학적 명제로까지 연결되는 초기 니체의 언어비판의 핵심을 확인할 수 있을 뿐 아니라, 자신이 유산으로 물려받은 낭만주의 전통과 결별하고, 모더니즘이라는 시대적 운동과 함께 이성비판적 심미성과 모순성을 근본정신으로 삼아 새로운 사유를 시작하는 니체의 현대성을 확인할 수 있다.

이런 점에서 음악과 언어와의 관계는 음악에 대한 니체의 견해에서 독창적인 측면을 내포하는 장소이다. 이것은 바그너와 쇼펜하우어의 영향에도 불구하고, 이미 일찍부터 바그너 음악에 대한 한켠의 회의가 니체에게 존재했음을 입증해준다. 니체의 음악적 사유의 내용을 자세히 들여다보면, 니체가 처음에 바그너 음악에서 주목한 것이 무엇인지, 왜 바그너에게 경도되었는가 하는 이유뿐 아니라, 그런 그가 이후 바그너 음악을 어떤 측면에서 강하게 비판하는지도 동시에 설명할 수 있다. 또 같은 맥락에서, 바그너에 대해 격렬하게 비판했던 음악비평가이자 이론가인 한슬릭의 절대음악적 입장을 통해서도 음악과 니체의 현대적 사유와의 관계를 더욱 분명히 드러낼 수 있다.[52]

---

52 하지만 한슬릭 역시 바그너의 〈탄호이저〉를 높이 평가하면서 그를 "현존하는 최고의 오페라 작곡가이자, 역사적인 의미에서 언급할 만한 유일한 독일작곡가"라는 점은 인정했다고 한다. (S. Toulmin/A. Janik, *Wittgenstein's Vienna*, London 1973, 104쪽 참조)

(2) 언어와 음악

음악은 언어와는 달리 특정한 대상에 대한 지시기능을 결여하고 있고, 그래서 지시내용을 담고 있는 '언어'로 볼 수 없다는 견해를 니체는 피력한다. 니체가 유고에서 음악을 '전체적으로 말 이전의 상태로 존재하는 언어'(die universal vorwortliche Sprache)[53]라 부르는 것처럼, 음악은 표현으로, 또는 음악적 현상으로 존재하기 이전에 먼저 존재하는 것이다. (힘에의 의지처럼) 먼저 존재하기 때문에 표현될 뿐이다. 자율적이고 자유로운 놀이로서 음악은 목적과 방향이 없다. 음악에서 표현 형식과 그 표현 내용은 결코 일대일 대응 내지 동일성의 관계에 있지 않다. 이러한 음악은 의미나 내용의 재현도, 심지어 어떠한 감정의 표현도 목적으로 하지 않으며 의사소통과도 무관하며, 이런 점에서 회화나 언어 등 다른 매체예술에서와는 다른 방식으로 대상과 관계한다. 1881년의 유고에서 니체는 "말을 필요로 하지 않는 음악은, 개념에 호소하며, 그래서 철학이나 학문과 충돌하기도 하는 시문학에 훨씬 앞선 우위를 차지한다"[54]고 말한다. 언어적 구속으로부터 벗어나 있는 음악적 주체는 자율적이고 자기 지시적이어서, 대상을 향하거나 그에 의존하지 않으며, 그 때문에 그 자체로 완전히 자유롭다. 음악은 자기 자신의 주체인 가운데 대상화, 이미지화, 개념화, 모방 등을 통한 동일성의 충동에 무관심하다. 음악이라는 현상에서 해석 대상이 없다는 점, 또는 자기 바깥의 어떤 대상을 모방하지 않는다는 점, 이것이 "엄밀한 의미에서 음악의 해석학은 있을 수 없는"[55] 이유이다. 언어와 이성의 구속으로부터 자유로운 자율

53 F. Nietzsche, KGW IV-1, 12[24], 336쪽 참조. 여기서 니체의 언어비판과 음악관은 언어(랑그)와 말(파롤)을 구별하고, 보편적 체계로서의 랑그가 파롤에 선행한다는 소쉬르의 구조주의 언어학을 연상시킨다.

54 F. Nietzsche, KGW V-2, 11[261], 438쪽.

55 Rudolf Fietz, *Medienphilosophie. Musik, Sprache und Schrift bei Friedrich Nietzsche*, Würzburg 1992, 48쪽.

적인 음악이라는 맥락에서 볼 때, 이러한 비대상적 음악적 사유는 니체에서 전통적 주체개념을 부정하며 나타나는 자기지시적인 새로운 주체의 개념과도 불가분의 관계에 있다고 할 수 있다.[56] 니체는『아침놀』중의〈음악에 관한 대화〉라는 장에서 가령 다음과 같이 쓰고 있다. "나는 오로지 자기 자신만을 생각하고, 자기 자신만을 믿으며, 자신 너머 세계를 잊어버린 그런 음악을 죄가 없는 순수한 음악이라고 부르겠다. 그 음악은 자신에 대해 자신과 이야기를 나누며, 자기 바깥에 듣고 귀 기울이는 사람들, 영향, 오해, 실패 같은 것들이 있다는 것을 더 이상 알지 못하는 심원한 고독이 스스로 충만해 울리는 소리이다."[57]

이와 연관해서 주목할 것은, 음악의 토대를 이루는 것은 소리 자체이며, 소리 자체에는 그 어떤 본질도 존재하지 않는다는 입장이다. 소리 하나하나는 그 자체로 어떤 의미도 없으며, 구체적으로 어떤 내용도 지시하지 않는 우연적인 것이다. 그 자체로 영원히 동일한 음은 있을 수 없다. 음악을 이루는 결정적인 것은 여러 음들 사이의 차이이며, 그 역동적인 "관계"이다. 물론 이 관계는 어떤 중심점도 가지지 않고 쉴 새 없이 변화하는 순간적 힘들이 맺고 있는 관계들의 조합이다. 달리 표현하여 몇 몇 (후기) 구조주의자들이나 루만의 체계이론을 연상시키는 용어를 사용하자면, 음들의 내적 체계로서의 음악은 동일성과 차이의 놀이이며, 차이를 토대로 이루어진 단일성이다. 바로 직전에 존재했던 것과 끊임없이 차이가 되어버리는 순간, 그리고 동시에 이 순간은 다음 순간에게 다시 존재 직전의 순간이 된다. 변화와 시간이라는 요소와 결부되어 있음으로 인해 음악은 '너무나 순간적이어

---

56 니체에게서 주체와 음악은 같은 문제를 함의하고 있으며, 이것은 디오니소스적 구조로 설명될 수 있다. 니체의 디오니소스적 자기 지시적 구조에 대해서는 필자의 논문「니체의 비극이론과 루만의 관찰 개념 비교. 주체의 문제를 중심으로」(니체연구 제7집)를 참조.

57 F. Nietzsche, *Morgenröthe*, in: KGW V-1, [255], 209쪽 이하.

서, 되돌릴 수 없는 시간에 맞추기 위해 계속해서 재생산되지 않으면 안 되는' '자기재생산적인 체계'[58]에 비견될 수 있다. 이것은 위에서 언급한 대로 음악이 비대상성, 비개념성에 기초하기 때문에 가능한 것이다. 시간예술로서의 음악이 순수한 형식임에도 불구하고 변화와 유동성이라는 계기 없이는 생각할 수 없다는 이러한 점은 음악적 정신과 디오니소스적인 것을 연결시키는 중요한 근거가 된다. "어떤 경우라도 현재의 상태는 하나의 가능태이다"라고 1881년의 유고에서 니체는 쓰고 있는데, 음악적 현상의 일회성과 무상성도 바로 그렇게 발생 과정 자체인 동시에, 발생 직전의, 표현 직전의 존재적 내면성의 표현이다. 물론 표현이 목적은 아니다. 표현이 일어남으로써, 가능성으로 있던 순간은 그 표현의 내면성이 되고, 영원한 운동의 발생 근거가 된다. 시각예술과는 달리 음악에는 모사대상으로서의 원형이나 원본이 없다는 점도 이와 관계가 있다. '영원회귀' 속에서 어떤 노래나 곡은 매번 새롭게 나타나고 새롭게 들린다. 음악의 형태 자체에 들어있는 문제, 즉 시간과 변화 속에서 일어나는 구조와 과정의 문제는 이런 점에서 내적으로 복합적인 구조를 만들어내면서 동시에 존재를 발생시키는 힘에의 의지의 성격과 같은 것이다. 음악적 본질이 긴장과 이완의 놀이이고 시작과 끝의 반복 현상이라면, 이는 파괴와 생성의 반복 작용 속에서 끊임없이 솟아오르는 존재욕망의 영원회귀로서 디오니소스적인 것과 동일한 것을 함의하는 것이다.

음악의 시간성에 대한 상기의 견해에서 우리는 음악과 디오니소스적인 것이, 그리고 니체의 사유의 특징이 어떤 문제에서 서로 결부되어 있는지 다시 확인하게 된다. 즉 '무엇'의 표현이 아니라, 존재로서의 형식 자체가 곧

58 Peter Fuchs, Vom Zeitzauber der Musik. Eine Diskussionsanregung, in: Dirk Baecker(Hrsg.), *Theorie als Passion*, Frankfurt a. M. 1987, 214-237쪽 참조.

표현의 내용이 되는 것, 이것은 니체 사상에서 가장 근본적이면서도 쉽게 오해되는 문제, 즉 '발생'의 문제를 담고 있다. 어떻게 특정한 형태가 없는 것으로부터, 혹은 다양한 것이 서로 섞인 상태로부터 어떤 하나의 형태가 생겨나는가? 어떻게 생성하는 동시에 존재하고, 그와 동시에 다시 생성하는가? 형식을 이루자마자 곧 내용이 되어버리는 이러한 음악의 역동성을 우리는 물론 힘에의 의지라는 개념으로, 또는 니체가 유럽 형이상학적 전통에서 비판하는 근원의 성격으로 깊이 들어감으로써 보다 잘 해명할 수 있을 것이다. 서양 형이상학적 전통에서 본질이 무엇인가 묻는 것은 많은 경우 근원에 대한 물음과 연결된다. 니체 역시 마찬가지이다.

그러나 니체가 플라톤적인 본질을 부정하면서도 존재의 본질과 근원이 서로 분리될 수 없으며, 근원으로부터 벗어난 것을 변질된 것으로 본다면, 이는 근원에 대한 상이한 생각이 전제되기 때문이다. 니체에게 근원은 최초의 시작이나 기원, 이데아, 제일 원인, 유일한 것, 혹은 영원히 불변하는 것 등이 아니다. 니체에게 근원은 이미 이질적인 것, 무규정적인 것이며, 구별이 일어나기 전의 모순적인 상태이다. 따라서 니체에게는 동일화의 과정이란 바로 근원으로부터 멀어지는 것, 본질이 변질되는 과정이다. 형이상학적 근원에 대한 니체의 이러한 부정은 무엇보다도 내용이 형식을 만드는 것이 아니며, 진리나 이유가 내용상으로는 텅 비어 있는 순수한 형식이라는 인식을 통해서도 강조되는 것이다. 이런 니체의 입장에서 볼 때 그 어떤 감정도 음악의 내용이 될 수 없으며, 따라서 쇼펜하우어적 의미에서의 '의지' 조차도 결코 음악적 표현의 대상이 아니다. 달하우스가 지적하듯이, 니체에게 음악의 근원은 '해독할 수 없는 것'이며, 니체는 이것을 '힘'으로 이해하고 있기 때문이다.[59] 니체가 과장된 표현과 연극적 효과를 노리는 바그너의 예술

59 Carl Dahlhaus, *Zwischen Romantik und Moderne. Vierstudien zur Musikgeschichte des späteren*

관을 비판하면서, 절대음악과 동일한 미학적 태도를 드러내는 것도 이 '형식 자체에 대한 요구'와 불가분의 관계에 있다. 다음에서는 이와 관련하여, 바그너에 대한 니체의 비판적 태도와 니체의 음악미학에서의 절대음악적 요소를 살펴볼 것인데, 이를 통해 감정이나 무의식적 충동에 근거하는 후기 낭만주의적 예술관을 넘어 음악적 현대성으로 이행하는 니체의 음악적 입장이 선명히 부각될 수 있다. 즉 음악외적인 그 무엇의 모방이 아니라, 내적 형식적 관계 속에서 자율적이고 무개념적인 예술의 구조에 대해 말하는 형식미학의 옹호자로서의 니체를 강조하는 입장이 드러날 것이다.

3. 니체의 음악미학

(1) 바그너 비판

니체와 바그너의 관계는 곧 니체가 받은 낭만주의의 영향을 말해준다.[60] "새로운 문화"를 창조해야 한다는 문화적 혁명의 이념은 바그너가 낭만주의적 정신적 전통을 직접 물려받았다는 것을 입증해주는 것이다. 그리고 이를 위해 바그너가 필요로 하고 추구했던 것은 당시의 시대, 근대를 대체시킬 수 있을 만큼 고대적인 것, 정통 그리스적인 요소를 지녀야 했다. 즉 이상적 상황으로서의 신화성이 필요했던 것인데, 바그너에게 그 주된 내용을 이루는 것은 아이스퀼로스와 소포클레스의 비극이었다. 에우리피데스는 이점에서 볼 때 너무 근대적이었다. 폴리스가 와해되기 이전 즉 그리스인들이 가졌던 신화적 사고의 본질이 변질되기 이전의 그리스 비극만이 바그너

19. Jahrhunderts, München 1974, 30쪽 참조.

60 니체와 바그너의 관계에 대한 논의로는 김미기, 「니체, 바그너 그리고 그 역사적 의미」(니체연구 제7집)를 참조.

에게는 새로운 시대의 문화적 혁명을 이루는 데 모범이 될 수 있었기 때문이다. 니체가 『비극의 탄생』에서 에우리피데스를 비판했던 것도 슐레겔을 비롯해 낭만주의시대에 일반적으로 에우리피데스는 반신화적 인물로 부정적인 평가가 널리 퍼져있었고, 그것이 특히 바그너를 통해 니체에까지 이어졌기 때문이다.

하지만 바그너와 니체는 세계에 대해 근본적으로 다른 이해방식, 다른 성향을 가졌다. 니체는 결코 낭만주의적 전통에 머무를 수 없었다. 니체와 바그너의 복잡 미묘한 관계가 단순히 인간적인 찬양이나 실망으로 엮인 우여곡절에 의한 것이 아니라, 두 사람이 각각 지닌 음악에 대한 기본 입장의 차이에 근거한 것이라는 점은 분명하다. 바그너에게 낭만주의적 이념의 형상화가 무엇보다 중요했던 반면 니체는 어떤 이념이나 가치가 이데올로기적으로 고착되는 것을 거부하는 현대성의 사유를 시작하였다. 바그너의 후기 낭만주의와 페시미즘의 예술이 도피주의나 일면적 부정성으로 설명되는 것을 피할 수 없다면, 니체의 음악관은 그의 사유의 성격과 마찬가지로 이중적 긍정이나 모순적 이중구조를 특징으로 한다.[61] 이런 점에서 니체와 바그너의 관계는 현대성과 낭만주의 사이의 계승, 비판 관계를 말해주는 것이다.

니체는 초기 『비극의 탄생』(1871/72)에서 그리스 비극을 탄생시킨 본질적인 것으로 합창과 그 음악적 요소를 강조했다. 그는 바그너의 음악극을 그동안 소멸했던 신화적, 음악적인 비극적 정신, 이성과 언어와 개념으로부터의 해방된 디오니소스적 음악정신이 재탄생하는 장소로 보고 이를 환영했다. 니체가 그리스 비극에서 사건과 대사의 역할이나 그 의미보다는 음악적 정신을 강조하면서, 특히 바그너의 '총체적 예술작품'으로서의 '음악극'에

61 『이 사람을 보라』에서 니체는 자신이 바그너를 깊이 이해하고 있다고 말한다. "더 건강해진다는 것-이것은 바그너 같은 본성의 소유자에게는 일종의 퇴보다." 그리고 바그너로 인해 자신이 더 강해졌기 때문에 그를 자신의 삶의 은인이라 부른다.

서 그리스 비극의 부활을 기대했다면, 그것은 아리스토텔레스의 시학에 기초한 '행위'나 '줄거리' 등의 드라마적 측면 때문이 아니다. 분명 바그너의 음악극은 오페라에 비해 줄거리나 대사의 비중이 질적으로 줄었고, 사건이나 이야기보다는 음악이 만들어 내는 상황과 분위기 자체에 강조점이 놓여 있다. 텍스트나 언어, 줄거리보다는 음악적 요소를 강조함으로써 이전의 오페라 전통과 분명히 구별되는 음악극의 이러한 측면이 바로 니체가 바그너에게 경도되었던 근거이다. 따라서 우리는 니체가 처음에 바그너의 음악극을 언어와 줄거리 위주의 단순한 오페라로서가 아니라, 음악 자체가 주도하는 순수음악적 교향곡의 측면에서, 혹은 기악곡의 측면에서 이해하고자 했음을 알 수 있다. "교향곡으로의 진보, 바그너의 음악".(1871년 유고, KGW III-3, 318쪽, 9[90])[62]

그러나 드라마적인 것에 대한 니체의 경멸은 이후 바그너에 대한 비판을 통해 빈번히 표현된다. 『비극의 탄생』과 그 당시의 많은 저술들이 바그너의 음악이념이나 쇼펜하우어의 음악형이상학의 직접적인 영향 없이는 물론 생각할 수 없는 것이라 해도, 니체에게 있어 바그너와의 결별 및 절대음악적 성향은 이미 이때부터 분명히 예고되어 있었다. 『바이로이트의 리하

62 바그너는 이런 점에서 확실히 이중적이다. 바그너는 니체와의 관계에서는 물론이고 현대음악과의 계승관계에서도 애매하고 복잡하게 얽혀있다. 음악사에서의 역할을 보아도 알 수 있듯이 그는 분명 전통파괴적임에도 불구하고, 낭만주의적 이념을 벗어나지 못했다. 이 때문에 이념에 매이지 않은 절대음악의 순수한 형식적 요구를 음악적 본질이라고 보았던 니체는 결국 바그너 음악이 가지는 감정의 몰입을 통한 강한 연극적 도취의 효과를 비난한다. 그러나 칼 달하우스의 지적대로 그의 음악은 '전통적인 화성적 기능, 언어, 줄거리, 결국 심지어 경험이나 정감으로부터도 점점 멀어짐으로써 그 형이상학적 토대에 도달한다고 볼 때, 분명히 절대음악에 대한 니체의 사유는 바그너의 트리스탄과 밀접한 연관을 맺고 있다는 점을 간과할 수 없다. 그리고 이런 점에서 바그너의 트리스탄을 니체는 절대음악으로 이해했다고 할 수 있다. (C. Dahlhaus, *Die Idee der absoluten Musik*, 38-39쪽 참조) 니체가 『비극의 탄생』에서 바그너의 트리스탄을 어떤 무의식적 원천의 영역이 구현된 것으로 본 것도 절대음악의 맥락에서 해석할 수 있다.

르트 바그너』에서야 비로소 바그너 비판이 등장하는 것이 아니다. 바그너의 영향이 전면에 나타나는 『비극의 탄생』 저술 시기에 이미 바그너의 음악관과 음악이념에 대한 니체의 회의적인 태도를 관찰할 수 있다. 『비극의 탄생』에는 들어가지 않았지만, 단편으로 남겨진 1871년의 유고는 「미래의 예술 작품」이나 「오페라와 드라마」등에서 바그너가 개진한 입장에 반대하는 중요한 내용을 담고 있다.[63] 여기서 바그너의 음악극이 표방하는 드라마의 이념과 니체가 절대음악적 견지에서 주장하는 순수한 음악의 공존불가능성에 대한 생각이 이미 이 당시부터 표출되기 시작하는 것을 확인할 수 있다.

니체에게 음악적 정신, 디오니소스적 음악은 결코 줄거리나 대사를 위한 보조수단이 될 수 없기 때문이다. 니체는 1871년의 유고 9[149]에서 "음악의 본래적인 드라마성은 있을 수 없다"라고 말함으로써 드라마와 음악은 서로 상이한 전제에서 출발하며 상이한 차원의 원칙과 목적을 가지고 있다는 생각을 분명히 드러낸다. 니체가 볼 때 오페라나 음악극 속에서 음악은 자율성을 상실하고, 음악이 '개념과 개념의 내용을 상징하는 데 이용됨으로써 음악 형식 자체는 파괴되어버리는 위험을 안고 있으며' 이런 점에서 "개념은 예술의 죽음이다"라고 쓰고 있다.[64] 드라마적인 음악은 개념 이전의 삶의 음악, 즉 절대[순수] 음악이기를 멈추기 때문이다. 이미지나 개념을 강화하고 해명하기 위한 수단으로서의 음악, 즉 오페라 음악을 경계하는 태도에서 우리는 음악과 드라마의 관계에 대해 니체와 바그너가 결국에는 결코 합일점을 찾을 수 없는 근본적으로 상이한 입장을 가지고 있었다는 것을 알 수

63 C. Dahlhaus, *Die Idee der absoluten Musik*, 35쪽. (이 책에서 달하우스는 「Über Musik und Wort」라는 제목으로 다음의 책에 실린 니체의 글을 주로 참조, 인용하고 있다. Jakob Knaus(Hrsg.), *Sprache, Dichtung, Musik*, Tübingen 1973. 이 글은 니체 전집 III-3. Nachgelassene Fragmente 1871 12[1]에 해당하는 부분이다.)

64 F. Nietzsche, Nachgelassene Fragmente Herbst 1869-Herbst 1872, in: KGW III-3, 9[88], 318쪽.

있다.

『오페라와 드라마』에서 드러나듯이 바그너는 음악 자체보다는 음악극의 '이념'을 더 중요하게 여긴다. 바그너에 따르면 음악은 "표현의 수단"일 뿐이고, 그 반면 드라마가 표현의 목적이다.[65] 성악곡과 기악곡 사이, 음악극과 심포니 사이의, 또는 프로그램음악(강령음악)과 절대음악 사이의 갈등에서 '음악은 드라마라는 목적을 위한 수단'에 지나지 않는다는 그의 입장은 중요한 쟁점이다. 음악 자체로서의 음악이 아니라 언어로 정당화되는 전통적인 음악관이나 마찬가지로 음악이 감정을 위시한 추상적 '이념'을 묘사하는 수단이라고 보는 바그너의 입장은 절대음악에 의해 근본적으로 비판된다. 반면 '언어와 춤이라는 뿌리를 상실했기 때문에 수준 낮고 열등한 추상음악'이라는 절대음악에 대한 바그너의 부정적 평가도 같은 맥락에서 이해할 수 있다.[66]

반면 니체에 따르면 "음악은 결코 수단이 될 수 없다."(1870/1871년 유고, KGW III-3, 194쪽, 7[127]) 이것은 바그너와 정면으로 반대되는 입장이다. 음악은 텍스트의 내용과 이념 또는 개념을 상징화하는 도구도 아니며, 청중의 감정을 이끌어내기 위한 도구도 아니다. 대중의 감정에 호소함으로써 극적 효과를 위한 수단으로 음악을 사용하는 효용론에 반대하는 이러한 니체의 입장은 예술에 있어서 대중의 역할에도 마찬가지의 회의적 태도를 보인다.(KGW VII-3, 407쪽, 41[2]-6) 목적론적이고 효용론적인 예술이해에 반대하는 니체의 기본적인 견지는 예술의 자율성이나 내적 논리를 옹호한다는 점에서 절대음악과 유사하다는 것이 이런 측면에서도 확인된다.[67] 동시에

65 Richard Wagner, *Oper und Drama*, Stuttgart: Reclam 1984, 19쪽 참조.

66 C. Dahlhaus, *Die Idee der absoluten Musik*, 27쪽 참조.

67 니체의 이러한 입장은 감정의 정화라는 교화적 의도나 목적으로 비극의 효과를 설명하는 아리스토텔레스의 비극론과도 상치된다.

바그너 음악의 극적인 측면이 대중과의 합일점을 발견하는 문화적 분위기를 니체는 '바그너풍'이라고 폄하해서 부르며 비판의 대상으로 삼는다. 니체는 『니체 대 바그너』에서 다음과 같이 쓰고 있다. "내가 천성적으로 반극장적 유형이라는 것을 사람들은 잘 알고 있다. 나는 내 영혼의 심층에 전형적인 대중 예술인 연극에 대한 깊은 경멸을 가지고 있다. 이것은 오늘날 예술가라면 누구나 가지고 있는 것이다."[68]

유사한 맥락에서 바그너 음악이 가지는 강력한 최면효과도 비판받는다. 몰입이나 황홀경에 빠지게 하는 바그너의 무한 선율은 '최면술사가 효과를 내기 위해 사용하는 수단과 기묘하게 닮아있다'고 니체는 1887년 유고에서(VIII-2, 248쪽) 말한다.[69] 니체에 따르면 결국 아폴론적인 것이 결여된 상태의 디오니소스적 도취에서는, 이중성에 대한 인식, 모순에 대한 인식, 자기로부터의 거리를 느낄 수 없다. 이것은 디오니소스적 음악의 본질이 아니다. 따라서 바그너 음악을 비롯한 낭만주의에서 볼 수 있는 예술에 대한 열광이나 예술지상주의는 니체의 양가적 심미성에 토대를 둔 예술 개념과 구별되는 것이다. 반낭만주의, 반이상주의적인 니체에게 음악은 심오하면서도 동시에 가볍고 경쾌할 때 자유로운 것이다. 니체는 『이 사람을 보라』에서 음악이 '10월의 오후처럼 맑으면서도 깊이 있는 것', '개성있고 자유분방하며 부드러운 것'이길 진정으로 바란다고 쓰고 있다.[70]

(2) 니체와 절대음악

음악을 언어의 일종으로 이해해서는 안 된다는 점에서, 즉 음악은 감정을 표현하기 위한 수단이 아니라는 점에서 음악에 대해 니체가 취했던 상기

---

68 F. Nietzsche, *Nietzsche contra Wagner*, in: KGW VI-3, 417쪽.

69 각주 15번 참조.

70 F. Nietzsche, *Ecce Homo*, in: KGW VI-3, 288쪽.

의 태도는 당시 음악 평론가로 활동했던 한슬릭의 절대음악과 입장을 공유한다.[71] 생전에 출판된 니체의 책에서는 한슬릭을 직접 언급하는 부분이 없지만, 메모나 편지 등의 몇몇 문헌을 통해서 우리는 그가 한슬릭을 읽었다는 사실을 확인할 수 있다.[72]

당시 바그너의 프로그램 음악과 한슬릭으로 대표되는 절대음악 사이의 논쟁은 니체 사유의 특징 및 그 정신사적 위치와 불가분의 관계를 맺고 있다. 음악의 본질과 목적에 대한 상반된 이 두 가지 입장 사이의 메워질 수 없는 대립은 단순히 음악미학적인 문제에 국한되지 않으며,[73] 더 나아가 근본적인 세계상의 차이, 예술행위나 삶, 존재 자체에 대한 상이한 태도를 전제하는 것이기 때문이다. 그렇다면 절대음악과 니체의 음악적 사유는 음악에 대한 어떤 공통된 문제의식을 가지고 있는가? 음악은 무엇을 표현하는가라는 문제를 둘러싸고 음악의 표현적 기능 내지 감정미학에 강하게 반대했던 절대음악은 니체의 비판적 인식론과 어떻게 관련되는가? 이러한 문제들

---

71 1854년 "Vom Musikalisch-Schönen"(음악적 아름다움에 관하여)을 출간한 한슬릭은 음악의 미학을 객관적 과학으로 정립하고자 했고, 이를 위해 헬름홀츠의 음향학이나 심리학, 생리학 등의 과학적 연구를 중요시했다고 한다. 이것은 낭만주의에 대한 반동으로 등장한 철학적 실증주의의 영향으로 볼 수 있는데, 이러한 영향은 니체에게서도 간과할 수 없는 것이다.

72 니체와 음악을 주제로 다룬 드문 연구 중의 하나로 한슬릭과 니체의 관계를 절대음악이라는 측면에서 연결시킨 다음의 논문이 있다. Chr. Landerer/M.-O. Schuster, Nietzsches Vorstudien zur *Geburt der Tragödie* in ihrer Beziehung zur Musikästhetik Eduard Hanslicks, in: Nietzsche-Studien 31(2002), 114-133쪽. 또 음악학자인 달하우스도 절대음악의 역사나 배경, 이념 등을 다룬 책 "*Die Idee der absoluten Musik*(절대음악의 이념)"에서 니체의 음악관에 상세히 접근하고 있다.

73 이 두 입장이 각각 대변하는 내용미학과 형식미학의 대립은 음악미학사의 측면에서 볼 때 19세기 말 행해졌던 이론적 논쟁 이상의 의미를 가지지 않는 것처럼 보인다. 왜냐하면 이미 그 당시에도 바그너의 프로그램 음악에도 절대음악에도 속하지 않는 작곡가들이 많았고, 또는 두 가지 입장 모두로부터 영향을 받거나, 어느 한쪽에서 시작해서 다른 쪽으로 경향을 바꾼 경우도 많기 때문이다(이런 작곡가들의 구체적인 예는 Rudolf Stephan, Außermusikalischer Inhalt-musikalischer Gehalt, in: ders. *Vom musikalischen Denken*, Mainz 1985, 309쪽 참조).

은 앞에서 제시되었던 니체의 바그너 비판의 연장선상에서 생각해볼 수 있으며 그와 연관된 음악의 형식과 내용에 대한 니체의 사유는 절대음악에 내재되어 있는 낭만주의적 음악관에 대한 비판과 현대성을 공유한다.

플라톤 이래 음악은 조화와 리듬과 로고스로 이루어져 있다는 음악에 대한 전통적인 견해는 항상 언어 및 텍스트와 결부되어 있었고, 이 표상은 17세기까지 흔들리지 않는 가운데, 언어가 없는 음악은 축소되거나 본질을 결여한 열등한 음악으로 이해되었다.[74] 이러한 당시의 문화적, 음악적 분위기를 강하게 비판하는 니체는 가령 『비극의 탄생』에서 '오페라의 문화'를 '소크라테스적 문화'로 칭한다. 음악이 주로 이념이나 내용을 전달하기 위한 수단으로 전락한 오페라는 낙관적 합리주의를 대변하며, 그 영향으로 인해 "음악은 하인으로, 가사는 주인으로 간주되며, 음악은 몸으로, 가사는 정신과 비교되는" 상황이 되었다.[75] 니체가 주창한 디오니소스적 음악 정신의 회복은 이런 맥락에서 음악이 음악외적인 요소에 종속되는 그 어떤 음악관에도 반대하는 절대음악과 부합한다.

특히 앞에서 언급한 언어와의 관계에서 본 음악의 본질과 정의에 대한 물음은 바그너와 쇼펜하우어, 니체, 그리고 당시 바그너에 반대했던 음악미학자 한슬릭의 음악미학을 둘러싼 미묘한 문제의 핵심을 이룬다. 이는 동시에 음악의 본질에 대한 전통적인 태도와 현대성의 태도의 근본적인 상이함을 보여주는 것이다. 그 내용은 다음과 같은 질문으로 제기될 수 있다: 음악은 언어인가 아닌가? 무엇이 표현된다는 점에서 음악이 언어라 한다면, 그 표현되는 내용이 언어의 지시대상과 같은 그런 "뜻"이라고 할 수 있는가? 또는 음악이 의도하는 것이 "표현"이라 할 수 있는가?

74 C. Dahlhaus, *Die Idee der absoluten Musik*, 14쪽.

75 F. Nietzsche, *Die Geburt der Tragödie*, in: KGW III-1, 122쪽.

이미 살펴보았듯이 음악에서는 내용과 형식, 지시대상과 지시체, 기의와 기표가 분리되지 않는다. 그래서 음악은 무엇인가를 의미하지 않으며 따라서 '번역될 수 없는' 언어,[76] 그 자체로 존재하는 세계라는 점에서 분명히 언어와는 다르다. 음악적 지시체가 가리키는 것은 오로지 순수한 음악적 형식 그 자체이며, 음악외적인 그 어떤 내용을 가리키지 않는다는 점에 언어와 음악이라는 두 매체 사이의 근본적인 차이가 있다는 한슬릭의 생각은 니체의 음악적-철학적 사유와 핵심적인 면에서 공통되는 것이다. 물론 이미 쇼펜하우어도 『의지와 표상으로서의 세계』에서 음악이 다른 예술과는 달리 결코 현상의 모사가 아니며, '세계의 가장 내적인 본질', 의지 자체의 직접적인 모사라는 점에서 개념이나 대상을 가지지 않는다는 입장을 전개한다.[77] 따라서 순수음악의 옹호라는 측면에서 볼 때 쇼펜하우어는 절대음악을 지지하는 것으로 해석될 수도 있다.[78] 그러나 의지의 형이상학에 근거하여 음악이 물자체의 묘사이며, 세계의지의 표현이라 주장하는 쇼펜하우어의 음악미학에서 음악은 미규정적이긴 하지만 여전히 무언가를 모방하고 표현하는 '일종의 언어'로 파악된다. 즉 음악외적인 본질을 그 모사대상으로 가진다. 하지만 한슬릭에게는 음악의 이러한 불특정성이야말로 그 언어적 특징을 부정할 수밖에 없게 만드는 근본적인 요인이다. 그리고 니체가 절대음악을 '의지나 물 자체에 대해 말하지는 않으며, 그 자체로는 심오하지도 중요하지 않는 형식 자체 또는 형식의 상징성'이라 이해한다면 이것은 절대음악과 쇼펜하우어의 음악미학과의 본질적 유사성을 분명히 거부하는 것이다.[79]

76 Eduard Hanslick, *Vom Musikalisch-Schönen*, Wiesbaden 1989 (21. Aufl.), 35쪽 참조.

77 Schopenhauer, Arthur, *Die Welt als Wille und Vorstellung* (hrsg. von W. F. von Löhneysen), 2 Bde., Frankfurt a. M. und Leipzig 1996, 356-372쪽 (§ 52) 참조.

78 Sorgner/Fürbeth(Hrsg.), *Musik in der deutschen Philosophie*, Stuttgart 2003, 107쪽 이하 참조.

79 주 39)에 해당하는 본문의 인용문 참조. (이런 점에서 볼 때 니체의 음악관이 '음악은 세계의지의 표현'이라는 쇼펜하우어에 전적으로 근거한다는 Theo Meyer의 말은 니체와 음악의

결국 아직 음악이 음악 자체로 정당화되는 것이 아니라, 언어적 성격을 통해 규정되거나 음악외적 모사대상을 가지고 있으며, 그럼으로써 형이상학적 사유에서 완전히 해방되지 않았다는 바로 이러한 측면으로 인해, 쇼펜하우어(와 바그너)의 음악론은, 절대음악과 부분적으로 공유하는 음악적 진보의 요소를 보이고 있음에도 불구하고, 니체와 한슬릭의 현대성과는 결정적으로 구별되는 것이다.

그렇다면 음악이 어떤 다른 구체적인 내용을 지시하는 것이 아니라면, 음악을 통해 표현되는 것처럼 보이는 그 모든 것은 무엇인가? 한슬릭은 이에 대한 대답으로 "음악의 내용은 음으로 울리는 움직임의 형식들이다."[80]라고 말한다. 많은 음악미학자들이 인용하는 이 문장은 절대음악의 핵심적인 내용을 드러내는 말이다. 분명 음악의 형식 자체가 음악의 내용이라는 한슬릭의 견해는 달하우스가 지적하듯이, 자명한 명제가 아니라 '일종의 역설'로 들린다.[81] 루돌프 슈테판 역시 이 문장에 대해 동어반복적으로, 그래서 역설

관계에 대한 불충분하고 잘못된 이해를 드러내고 있다: Theo Meyer, *Nietzsche und die Musik*, 1993 Tübingen, 96쪽 참조)

80 E. Hanslick, *Vom Musikalisch-Schönen*, 59쪽.

81 C. Dahlhaus, *Die Idee der absoluten Musik*, 111쪽; 이 역설과 관련해서 형식이 음악의 내용을 만든다는 한슬릭의 주장은 분명 니체의 음악관, 더 나아가 그의 사유의 특징과 같은 내용을 담고 있다. 하지만 한슬릭이 『음악적 아름다움에 대하여』에서 개진하는 절대음악의 "음악적 이념"은 니체와 연관된 우리의 맥락에서는 오해를 피하기 위한 설명을 요구한다. "이념"이라는 용어를 사용한 배경에는 당시 유행했었던 헤겔의 사상이 깔려있는 듯 하고, 그래서 이념이 순수한 추상성, 순수한 논리, 정신을 의미하는 듯하기 때문이다. 그렇다면 절대음악의 이념이 한편으로는 니체와, 다른 한편으로는 헤겔과 맺고 있는 이중적 관계는 어떻게 설명할 수 있을까? 역시 내용과 형식의 모순을 말하는 니체가 결정적 열쇠이다. 즉 음악적 이념으로서의 "이념"은 한슬릭에게 곧 형식이다. 이때 (음악적) 형식은 현상과 본질이 일치하는 장소이며, 단순한 현상(형식)이 아니라 본질(존재형식)로 이해할 수 있다. 우리가 일반적으로 생각하고 받아들이는 것과는 달리 형식은 외적인 것이 아니라 '자신'의 내면으로 향하는 것, 즉 '내용이 된다'. "움직이는 음들"은 존재하자마자 사라지는 순간적 현상이지만, 그러한 존재의 순간성이 본질인 청각적 실체이며 이것이 음악의 내용이다. 이런 의미에서 그가 사용한 '이념'이라는 단어를 이해해야 한다.

적인 다음과 같은 말로 설명한다. "음악의 내용은 음악이다. 더 정확하게 말해서, 음악의 음악적 내용은 음악이다"[82] 여기서 사용된 '음악적'이란 말에서 우리는 '음악적인 것'과 '음악외적인 것'사이의 갈등관계를 추측할 수 있다. 절대음악은 음악에서 음악외적인 요소를 철저히 거부하며, 음악적 아름다움은 오로지 음악 자체 내의 내적인 결합과 조합에 의해 이루어진 순수한 음들의 체계에 있다고 본다. 음악적 음들이 만드는 형식은 자신의 내면으로부터 형성된 형식이다. 이 때문에 이념이나 감정 등 음악외적인 어떤 목적에 종속되거나 언어적 요소와 결합된 음악에서는 음악은 독립적이거나 자율적이지 못한 제한된 예술에 그친다고 보았다. 따라서 『오페라와 드라마』에서 '음은 심장의 기관이고, 이 음이 예술적으로 의식된 음의 언어가 음악이다.'라고 말하는 바그너나 그가 주창하는 프로그램음악은 절대음악의 열렬한 비판의 대상이 되었다. 절대음악의 입장에서 볼 때 음악적 조화나 아름다움을 흔히 감정이나 열정의 표현으로 설명하거나, 비이성적인 느낌, 정감 등으로 음악적 현상을 설명하는 피상적인 태도는 음악에 대한 철저한 오류에 지나지 않는 것이었다.

음악을 통한 극대화된 감정 상태의 표현이라는 바그너의 의도에 니체가 강하게 회의를 보이는 것도 같은 맥락에서 설명할 수 있다. 니체 역시 음악이 그 무엇의 표현이 아니기 때문에 개념을 통해 접근할 수 없는 것은 물론, 그렇다고 음악이 감정의 표현도 아니라는 입장을 피력한다. 또 음악은 개개인이 느끼는 감정을 표현하지 않을 뿐 아니라 감정 그 자체, 가령 사랑이나 미덕 등에 대한 어떤 보편적 표상 역시 묘사할 수 없다.(쇼펜하우어는 음악을 '보편적 감정'의 표현이라 규정했다) 1871년의 유고 12[1]에서 이미 니체는 '음

82 Rudolf Stephan, Außermusikalischer Inhalt-musikalischer Gehalt, in: ders. *Vom musikalischen Denken*, 309쪽.

악은 감정을 묘사하지 않으며, 감정을 대상으로 삼지 않는다'라고 쓰고 있다.[83] 바그너에서도 볼 수 있듯이 가장 강력한 감정의 고양과 도취로 이끄는 음악은 동시에 이념과 결합됨으로써 그 상승효과를 배가시킬 수 있다. 이렇게 이념의 수단이 된 음악에 대한 비판과 함께 음악의 본질과 형식이 감정과는 상관이 없다는 니체의 생각은 1871년 유고에서 다시 드러난다. '감정은 창조적 예술의 영역에서 그 자체로는 비예술적이며, 오히려 감정을 완전히 배제하게 되면, 예술가는 완전한 몰입의 경지와 무관심한 관조"에 이르게 된다.[84]

감정에의 몰입이 아니라 감정을 벗어난 몰입을 이야기한다는 점에서 니체의 예술관은 또 한슬릭과 마찬가지로 낭만주의적 요소에서 탈피한다. 『음악적 아름다움에 관하여』에 등장하는 한슬릭의 주요 입장은 "낡아빠진 감정미학"[85]에 대한 거부이다. 이 테제에 따르면 '음악은 감정의 내용을 표현하는 것이 아니며, 기껏해야 감정의 역동성만을 표현할 뿐'이다.[86] '소리나는 움직임(tönende Bewegung)' 내지 움직이는 음들의 형식으로서의 음악은 감정이라는 현상의 한 계기일 뿐이지 감정 그 자체는 아니다. 이는 원인과 자극이 혼동되어서는 안 된다고 지적하는 니체의 입장과 유사하다. 물론 음악은 기쁨이나 슬픔 등을 불러일으킬 수 있다. 음악이 감성적 반응을 이끌어낸다는 점이 부인되지는 않는다. 그러나 이런 현상은 음악뿐 아니라 예술 일반의 부차적 특징이나 효과에 지나지 않는다고 할 수 있다. 음악이 감정

---

83 F. Nietzsche, KGW III-3, 12[1], 383쪽.

84 F. Nietzsche, KGW III-3, 12[1], 382쪽 참조. 니체는 음악의 내적 구조에 대해 언어나 개념과는 달리 내적인 논리에 의한 자율적이고 내면성의 영역에서 일어나는 음악에 대해 말하고 있다. 그러나 이때의 내면성은 감정과 동일한 것이 아니며, 니체가 내면성을 주장한다고 해서 이성을 거부하고 감정을 옹호한다고 단순하게 말할 수도 없다. 니체는 고전주의적인 형식이나 법칙도, 낭만주의적 감정 숭배 모두 거부한다.

85 E. Hanslick, *Vom Musikalisch-Schönen*, 26쪽.

86 E. Hanslick, *Vom Musikalisch-Schönen*, 26쪽 참조.

을 자극한다고 해서 음악이 감정의 절대적 원인이거나 감정이 음악의 궁극적 목적은 아니다. 또는 음악에서 어떤 감정이나 이념을 발견한다면, 그것은 음악이 그런 내용을 담고 있어서가 아니라 우리 스스로가 음악에 투사한 것에 지나지 않는다. 사물을 있는 그대로, 그 자체로 인식하고자 하는 니체에게 이성이나 감정이나 관습적 인식이 된 것은 마찬가지이다. 따라서 그는 이성과 개념적 인식에 대한 비판으로서 감정을 지성에 대립시키면서 음악의 감정적인 측면만을 강조하거나 극대화시키지 않는다. 니체가 지적하는 인식의 오류는 인간주체에 의한 감정의 영역에서도 일어나는 것이기 때문이다. 『인간적인 너무나 인간적인』 215장에서 니체는 다음과 같이 말한다. "음악 그 자체는 우리의 내면을 위해 중요한 것도 아니고, 감정의 직접적인 언어로 간주해도 좋을 만큼 감동을 주는 것도 아니다. 오히려 음악은 너무나 오래 전부터 시와 결합되어 왔기 때문에 리듬의 운동과 음의 강약 속에는 대단히 많은 상징성이 들어 있다. 그래서 오늘날 우리는 음악이 직접 내면을 향하여 말하며, 내면에서 나온다고 잘못 생각하고 있다. …… '절대음악'이란 박자와 여러 가지 강도를 가진 음 일반이 기쁨을 주는 음악의 원시 상태에서 형식 그 자체이거나, 또는 시 없이도 이해력에 호소할 수 있는 형식의 상징성이다. …… 어떠한 음악도 그 자체로는 심오하고 중요하지 않다. 그런 음악은 '의지'나 물 자체에 대해서 말하지는 않는다. …… 지성이 스스로 이 의미를 처음으로 음향 속에 집어넣었던 것이다. 그것은 마치 지성이 건축 양식의 경우에 그 자체로는 역학적 법칙과 전혀 무관한 의미를 선(線)과 양(量)의 여러 관계 속에 부여해온 것과 같다."[87]

그렇다면 음악적 아름다움, 음악에 고유한 특성은 어디에 있는가? 한슬릭에 따르면 음악적 아름다움이 감정과 관계가 있는 것은 아니며, 오히려

87 F. Nietzsche, *Menschliches, Allzumenschliches I*, in: KGW IV-2, 177쪽.

논리적 형식이나 정교한 구조 자체가 불러일으키는 '상상력을 미학적 판단 기준으로 보아야 한다'.[88] 또는 "아름다움을 감지하는 기관은 감정이 아니라 순수한 직관의 활동인 상상력이다", "음악적 현상의 부차적이고 불확정적인 감정 작용에 집착하지 말고 작품의 내부로 들어가서, 감동의 특별한 힘을 그 조직 자체의 고유한 법칙으로부터 설명하는 것이 더 중요하다"[89]는 주장들에서 드러나는 입장은 형식과 내용의 관계를 구조와 변화 사이의 역동성으로 보는 이상의 니체의 존재론에 대한 음악적 비유와 일치한다. 형식 혹은 '조직 자체의 고유법칙'은 디오니소스적 내적 운동의 원리에서도 발생이나 현상을 낳는 역동적 구조적 규칙이기 때문이다.

따라서 니체나 한슬릭의 절대음악적·형식미학적 견해에서 볼 때 음악의 고유한 아름다움은 그것이 "무엇"에 대한 표현이기 때문이 아니라, 표현의 대상을 별도로 가지지 않고 음악적 형식 자체가 그 표현의 내용을 이룬다는 데에 있다. 한슬릭은 언어와 음악을 구별하면서 "말을 할 때 나는 소리는 하나의 기호일 뿐이다. 즉 이 소리와는 아무 상관없는 의미 내용을 표현하기 위한 수단일 뿐이다." 그러나 언어에서와는 달리 "음악에서는 소리, 즉 음은 그 자체가 목적이다."[90]라고 말한다. 내용과 형식의 이원론 내지 일대일 대응 관계에 대한 이러한 전복적인 접근은 음악사의 전통에서도 철학사의 전통에서도 철저히 현대적인 태도로서 형이상학적 이분법을 벗어난 사유에서만 가능한 것이다. 왜냐하면 음악의 궁극적 목적을 더 이상 어떤 본질적 내용이나 의미에서 찾지 않기 때문이다. 형식 자체가 하나의 사유임을 보여주는 니체도 유사한 방식으로 다음과 같이 내용과 형식의 관계에 대해 말한다. "예술가가 예술가인 이유는, 예술가가 아닌 모든 사람이 "형식"이라

88 E. Hanslick, *Vom Musikalisch-Schönen*, 8쪽 참조.

89 E. Hanslick, *Vom Musikalisch-Schönen*, 7, 11쪽.

90 E. Hanslick, *Vom Musikalisch-Schönen*, 88쪽.

고 부르는 것을 예술가는 "내용" 또는 "사태 그 자체"로 여기는 데 있다. 그럼으로써 물론 그는 거꾸로 된 세계에 속하게 된다. 왜냐하면 원래 내용이었던 것이 이제는 형식적인 것에 지나지 않는 것이 되어버리기 때문이다. 우리의 삶도 포함해서."[91]

4. 쇤베르크와 니체의 예술적 인식, 불협화음의 이념

절대음악과의 관련 속에서 드러난 니체의 음악적 사유는 심미성과 자율성이라는 현대적 예술관의 핵심적인 성격을 함축함으로써 개념과 동일성의 사유를 비판하는 장소이다. 절대음악에서 보이는 순수한 형식의 강조는, 예술이 재현이나 모방을 목적으로 하지 않고, 인식 자체의 문제가 된다는 점에서 현대음악, 더 나아가 현대사상과도 이어지는 부분이다. 가령 "형식이 사상을 전달하기 위한 수단이 되어서는 안 되고 사유방식이 되어야 한다"[92]는 형식미학의 옹호자인 움베르토 에코의 말은 앞서 다루어진 니체의 '절대음악적 사유'에 적용될 수 있을 뿐 아니라, 바로 쇤베르크 음악의 형식적 구조의 혁신과 전통과의 관계를 다루는 맥락에서 언급된 것이다.

니체가 바그너 및 낭만주의와의 연속성에서 출발했지만 이를 비판적으로 극복함으로써 현대성으로 전환하는 계기를 마련했다면, 현대음악에서 이와 유사한 영향관계는 쇤베르크에서 잘 드러난다. 물론 음악이 드라마의 이념을 위한 표현수단이 됨으로써 니체로부터 비판받은 바그너의 음악은 다른 한편 음악형식의 측면에서는 분명히 20세기 현대음악의 변혁을 위한

91 F. Nietzsche, KGW VIII-2, 251쪽 이하.

92 Umberto Eco, *The Open Work*, Cambridge 1989, 142쪽.

발판을 마련했다는 점에서 음악사적 의미를 지닌다.[93] 가령 바그너가 「트리스탄과 이졸데」에서 사용한 반음계 화성은 전통적인 3화음적 화성구조와 온음계조성이 만들어내는 협화음에 비교하면 극도로 모호한 느낌과 불협화음적인 요소를 뚜렷이 드러낸다. 불협화음의 처리나 주도동기로 이루어진 구조, 그로부터 발전되는 주제의 변화가능성 등은 초기의 쇤베르크도 바그너로부터 받은 중요한 영향이다.[94] 그러나 쇤베르크 역시 — 니체와 마찬가지로 — 바그너의 비합리적, 신비적, 초월적 낭만주의 음악미학의 영향에서 벗어난다. 이후 조성으로부터의 해방을 시도하며 전개되는 그의 음악적 입장은 오히려 합리적 음악관에 기초하는 한슬릭의 절대음악의 이념과 부합하는 것이다.[95] 쇤베르크 역시 순수하게 음악적인 것이 아닌 어떤 다른 효과를 목적으로 하는 작품을 거부했다는 점도 같은 맥락으로 설명될 수 있다. 이렇게 볼 때 니체, 한슬릭, 쇤베르크 모두 바그너의 영향에서 시작했지만 음악의 효과보다는 음악의 구조 자체를 더 중요시한다는 점에서 음악의 형식과 내용에 대한 현대적 해석과 입장을 공유한다.

절대음악에서 음이 만들어내는 세계는 순수한 형식이며, 동시에 그 형식 자체가 내용이다. 그리고 '음악 내적인 논리'에 의해 '음악적 소우주'(한슬릭)를 이룬다. 이와 유사하게 쇤베르크가 "음악에서 사유는 무엇보다도 음들이 서로 맺고 있는 관계에 있는 것이다"[96]라고 설명하는 "음악적 사유" 역시

93 달하우스에 따르면 언어로부터의 음악의 해방이라는 점에서 "바그너의 트리스탄은 니체의 미학에서는 절대음악이다." 절대음악의 이념으로 볼 때 음악은 기능이나 언어, 줄거리 등의 텍스트의 구속성 뿐 아니라 감정이나 정서이라는 제약성으로부터 점점 멀리 벗어남으로써 '형이상학적 목적지'에 도달하기 때문이다. (C. Dahlhaus, *Die Idee der absoluten Musik*, 38-39쪽)

94 쇤베르크의 현악 6중주 「정화된 밤」(op.4)은 철저하게 반음계적이지만 조성적 중심을 갖는다는 점에서 후기낭만주의적인 경향을 나타내는 쇤베르크의 초기 대표작이라 할 수 있다.

95 Frank Schneider, Schönbergs Denken über Musik, in: Arnold Schönberg, *Stil und Gedanke*, Leipzig: Reclam 1989, 11쪽 참조.

96 Rudolf Stephan, Der musikalische Gedanke bei Schönberg in: ders., *Vom musikalischen*

내면적 분화, 내면적 미분의 상태에 대한 관심을 근거로 한 "음악적 논리"이다. 즉 "음악적 논리를 연습하는 것은 음악적 사유를 연습하는 것이다."[97] 이 점에서 쇤베르크가 "음악적 사유는 인간의 논리의 법칙에 상응해야 한다"[98]고 말할 때의 '논리'는 물론 넓은 의미에서의 사유의 특성, 즉 인식으로 이해되는 것이며, 니체에서의 예술적 인식이나 '큰 이성'과 같이 균형감각에 대한 요구를 담고 있다.(아도르노가 말하는 심미적 합리성은 이런 측면에서 쇤베르크나 니체 모두에게 적용된다) 쇤베르크는 이를 전제로 음악적 사유가 전개되는 "음악적 공간"은 하나의 내적 '단일체'[99]라고 말한다. 음악적 공간의 내적 체계에서 모든 요소는 동시에 작용함으로써만 음악적·논리적으로 의미 있는 구조를 이루기 때문이다. 여기서 보이는 수평적 차원과 수직적 차원, 단선적 방식과 다성적 방식의 종합, 멜로디와 하모니 등의 상이한 두 차원의 상호관계가 시간성의 요소와 함께 만들어내는 음악의 움직이는 구조는 이런 점에서 디오니소스적 불협화음이 함축하는 바이기도 하다.

여기서 전통적 사유형식 및 음악형식의 극복이 이중적으로 결부되어 있는 쇤베르크의 음악적 사유를 '불협화음'의 이념을 통해 니체와 가까이 연결시켜볼 수 있다. 니체가 대립적 가치로 이루어진 선과 악 등이 오래된 망상이며 잘못된 믿음에 지나지 않는다고 말한다면(차라투스트라), 쇤베르크 역시 음악에 대한 인간의 인식에도 관습에 지나지 않는 오래된 믿음이 있으며 그것은 바로 협화음과 불협화음이라 불린다고 말한다. 니체나 쇤베르크에

Denken, 133쪽 참조.

97 Hans Heinrich Eggebrecht, Musikalisches Denken, in: ders. *Musikalisches Denken*, Wilhelmshaven 1999, 132쪽.

98 A. Schönberg, *Stil und Gedanke*, Hrsg. v. Ivan Vojtech, Frankfurt a. M.: Fischer 1995, 111쪽 이하.

99 A. Schönberg, *Stil und Gedanke*, Hrsg. v. Ivan Vojtech, 112쪽 참조. 구조적 공간 내에서의 부분들 사이의 관계에 대한 이 부분에서 각 단어가 다른 단어와의 관계없이는 전체의 의미가 발생하지 않는다는 언급은 구조주의를 연상시킨다.

게서는 기존의 인식에 따라 자명하게 여겨졌던 대립적인 것들은 더 이상 단순한 대립이 아니라 끊임없는 상호작용 속에서 병존하는 것으로 이해된다. 우리는 대립적인 것이 공존하는 상태를 일반적으로 모순이나 불협화음의 상태로 부른다. 그러나 이때 이 불협화음에서 보이는 이질적인 것의 존재, 모아지지 않은 채 흩어져 있는 요소들에 대한 인정은 대립성을 포함하기 때문에 결국 모순적 양가성을 의미하는 것이다. 니체에서 꿈과 도취, 아폴론적 충동과 디오니소스적 충동의 차원과 힘은 궁극적으로 상이한 것이지만 그 둘 사이의 관계는 끊임없는 상호작용 속에 있으며, 끊임없이 확대되고 수축되는 긴장관계를 형성한다.[100] 이러한 맥락에서 니체가 "음악적 불협화음이라는 신기한 의미"로 설명하는 디오니소스적 정신은 쇤베르크의 음악적 사유가 주장하는 "불협화음의 해방"과 함께 "내용으로부터의 형식의 해방"이라는 점에서 절대음악과 같은 맥락에서 이해될 수 있다.

『비극의 탄생』의 24장에서 니체는 다음과 같이 말한다. "비극적 신화를 설명할 때 가장 먼저 요구되는 것은 연민, 공포, 도덕적 숭고의 영역으로 넘어가지 않고 신화 고유의 쾌감을 순수한 심미적 영역에서 찾는 것이다. 어떻게 추한 것과 불협화음적인 것이, 즉 비극적 신화의 내용이 미적 쾌감을 불러일으킬 수 있는 것일까? …… 이를 위해 나는 앞서 말한 문장, 즉 존재와 세계는 오로지 하나의 미적 현상으로서만 정당화되어 나타난다는 말을 다시 한 번 반복하고자 한다. 이런 의미에서 추하고 불협화음적인 것조차도 하나의 예술적 놀이, 쾌락으로 충만한 상태에서 의지가 혼자서 자기 자신과 노는 놀이라는 것을 바로 비극적 신화가 우리에게 확신시켜야 하는

100 마이클 캐넌은 불협화음이 '작곡가의 정신 속에서 디오니소스적 본능과 아폴론적 본능이 오르내리는 리듬을 나타낸다'고 말하고 이런 점에서 쇤베르크의 생각이 '단지 진화론적이고 심리학적일 뿐 아니라, 의미심장하게도 니체의 생각과 일치한다'고 지적한다: 마이클 캐넌, 『무지카 프라티카』, 서울 1994, 105쪽 참조.

것이다. 그런데 디오니소스적 예술이라는 이해하기 어려운 이런 근원적 현상은 **음악적 불협화음**의 신비한 의미를 통해서만 비로소 이해될 수 있고 또 직접적으로 바로 파악될 수 있다. …… 비극적 신화가 만들어내는 쾌감은 음악의 불협화음에서 느끼는 쾌감과 같은 근원을 가지고 있다."[101]

쇤베르크에 있어서 불협화음의 영역은 근원적 자연의 일부로 이해되며, 협화음과 마찬가지로 이해가능한 음악적 재료로 수용된다. 그의 입장에서 볼 때 서양음악의 발전에서 지금까지 당연한 금기로 여겨졌던 것, 그래서 기존의 조성원칙에서 제외되어 있던 소리인 불협화음은 이상적이고 조화롭게 통일된 세계상을 표현하기 위해 의도적으로 배제되었던 합리화의 산물에 지나지 않는다. 『화성학 이론』에서 쇤베르크는 "협화음과 불협화음의 차이는 정도의 문제일 뿐 본질적으로 다른 것이 아니며", "대립적인 관계를 나타내는 협화음/불협화음이라는 표현은 잘못된 것이다"[102]라고 말한다. 그의 견해에 따르면, 협화음은 기본음에서 가까이 있고 더 단순하기 때문에 우리의 귀가 쉽게 감지할 수 있고 쉽게 동화할 수 있다. 반면 불협화음은 이로부터 멀리 떨어져있어 우리의 청각에 늦게 인식이 되며 따라서 잘 모르는 영역으로 남겨진다. 그러나 불협화음은 '확장된 협화음', 즉 '멀리 떨어져 있는 협화음'에 지나지 않기 때문에 청각이 불협화음을 잘 알게 되고 익숙해지면 그 난해성과 낯섦은 점차 사라지게 되는 것이다.[103] 가령 많은 민속음악에서 찾아볼 수 있는 불완전하거나 이상하게 들리는 토속적 음계들이 오히려 자연적인 것이며, 서양의 화성규칙에 의한 소리보다 더 세밀하고 정확한 음을 낸다고 하는 것도 이런 맥락에서 언급된다. '불협화음도 일종의 하모니'로 인식함으로써 불협화음을 '이해 가능한 형식'으로 끌어들이는 것, 여기

101 F. Nietzsche, *Die Geburt der Tragödie*, in: KGW III-1, 148쪽.

102 A. Schönberg, *Harmonielehre*, Wien 1922, 18쪽.

103 A. Schönberg, *Stil und Gedanke*, 107쪽; A. Schönberg, *Harmonielehre*, 19쪽 참조.

서 쇤베르크는 12음 작곡이라는 음계 확장의 필요성에 도달했으며, 여기서 '불협화음의 해방'을 보았다.[104]

이러한 태도는 협화음이 주는 '하모니'가 인간의 본성에 어울리는 자연스러운 것이라는 믿음도 단지 인간 스스로가 만든 관습에 지나지 않는다는 것을 말해준다. 우리의 귀에 익숙해져서 편안하게 들리고, 편안하게 들린다고 해서 아름답거나 조화롭다고 하면 이것 역시 착각이고 오류이다. 니체에서 읽을 수 있듯이 우리의 인식은 길들여진 합리화 속에서, 즉 관습 속에서 관습을 자연으로 오해하기 쉽기 때문이다. 자연 자체로 간주되었던 하모니는 이성과 마찬가지로 제한된 이차적 자연, '제2의 자연'이다.[105] 따라서 불협화음을 배제하지 않고 "확장된 협화음"으로 수용함으로써 협화/불협화의 경계를 허문 쇤베르크의 음악적 이념과 실천은 현대성이 함의하는 자기비판의 예술적 표현으로 읽을 수 있다. 쇤베르크가 서양화성의 발전을 '중세의 선법의 쇠퇴와 함께 출현한 장, 단조 및 조성에 이어진 진화의 과정으로, 협화음과 불협화음 사이의 관계가 진보적으로 명확히 표현된 결과로 이해'[106] 했다는 마이클 캐넌의 지적처럼 쇤베르크의 불협화음의 이념은 음악사적 진화론의 관점에서 설명될 수 있는 것이다. 쇤베르크에게 반음계주의와 불협화음은 화성체계에 필수적인 부분이며 음악에서 무시되거나 비본질적인 요소가 아니며 결코 소음도 아니다. 12음 기법이나 쇤베르크 자신이 '다조음악'의 의미로 이해되기를 선호했다고 하는 무조음악 역시 더 자유로운 조성에 대한 요구라는 점에서 일종의 '잠재적 구조의 해방'을 의미한다. 이 맥락에서 쇤베르크의 음악적 진보성은 니체나 프로이트에 비견될 만한 것이다. 아도르노는 이를 다음과 같이 설명한다. "표면 밑에는 제2의 구조, 잠재

104 A. Schönberg, *Stil und Gedanke*, 106쪽 이하 참조.

105 Th. Adorno, *Philosophie der neuen Musik*, Frankfurt a. M. 2003, 20쪽 참조.

106 마이클 캐넌, 『무지카 프라티카』, 354쪽 참조.

적인 구조가 놓여있었다. 잠재적인 구조는 표면에 의해 다양하게 결정되었지만, 동시에 지속적으로 존재하는 문제로서의 표면을 항상 새롭게 산출해 내었고 정당화하였다. 전통적인 음악을 이해한다는 것은 언제나 표면의 구조와 함께 제2의 구조를 인식하고, 이 양자의 관계를 현실화한다는 것을 말하기도 한다. …… 쇤베르크는 잠재적 구조를 자유롭게 하였고 드러난 구조를 전복하였다."[107] 아도르노에 따르면 이를 통해 '음악적 표현이 가진 기능이 변화되었다는 것'이 쇤베르크가 감행한 형식적 혁신에서 혁명적인 것인데, 가령 그의 초기 무조음악은 마치 '정신분석에서의 꿈의 기록과도 같은' 역할을 한다.[108] 그리고 불협화음이 가지는 기능과 의미는 현대라는 달라진 시대적 조건하에서 이 세계가 처한 공포와 위기의 상황과 그 속에서 생겨나는 고통의 감정을 묘사하기 위해 적합한 예술적 표현이라는 것이다. 아도르노가 말하듯이 현대음악이 불협화음을 사용하고 불협화음의 느낌 자체를 표현함으로써 청중을 불편하게 한다면, 그 이유는 바로 그들 자신의 상황과 조건 자체에 대해 이야기하기 때문이다.

그렇다면 여기서 이러한 쇤베르크의 진보성은 어떤 조건하에서 가능하게 된 것인가의 문제가 본질적임은 당연하다. 가령 움베르토 에코는 쇤베르크가 '아주 오랫동안 세계와 예술의 관계에 대해 형식의 차원에서 고심해왔으며, 그 때문에 새로운 세계관을 새로운 음악적 형식으로 옮기는 진보성을 획득했다고'지적하고,[109] 새로운 형식을 통한 특정한 음악적 모델의 거부와 특정한 사회적 모델의 거부 사이의 실제적인 상관성을 강조한다. 그는 『열린 예술 작품』의 '사회적 참여로서의 형식'이라는 장에서 다음과 같이 설명

---

107 Th. Adorno, *Prismen. Kulturkritik und Gesellschaft*, in: ders., Gesammelte Schriften 10-1, 160쪽.

108 Th. Adorno, *Philosophie der neuen Musik*, 44쪽 참조.

109 Umberto Eco, *The Open Work*, 143쪽 참조.

한다. "몇몇 음파들은 특정한 심리적 상황들과 너무 오랫동안 동일시되어 왔기 때문에, 청취자가 직관적으로 어떤 특별한 도덕적, 이념적 혹은 사회적 현실, 즉 어떤 특별한 세계관과 연관시키지 않고서는 더 이상 그것들을 들을 수 없음을 어떤 음악가가 깨닫는 순간, 그는 조성 체계의 위기를 알아차리게 된다."[110] 여기에 음악이 가지는 사회적 관습의 위기와 사회적 가치체계에 대한 인식이 맞물려있는 근거가 제시되어 있다. 에코의 말에는 하나의 음악적 전통과 모델에 대해 반기를 드는 음악가는 이를 통해 동시에 이와 연관되어 있는 사회적 이데올로기를 거부하는 것이라는 내용이 들어있기 때문이다. 그러나 이러한 예술가의 태도는 이데올로기나 사회적 전통을 '절대적'으로 거부하는 것은 아니다. 그의 음악의 예술적 진보성은 — 니체의 역할과 유사하게 — 시대적 필요성에 의한 것이며, 쇤베르크 자신도 말했듯이 "누군가는 해야 할 일"이 생겨난 역사적, 사회적 상황에 따른 것이기 때문이다. 이는 당시 서양 음악의 전통이 이미 사회적 인식론적 가치체계의 고질화에 따른 관습적 위기에 처해있었다는 점을 반영하는 것이다. 진리에 대한 변화된 태도에서 나온 새로운 양식의 추구는 그 자체로 전통으로부터의 해방을 의미하는 것이고, 이러한 해방에의 요구는 전통과 전통의 발전이 그 과정에서 고착화되는 양식에 대한 자체 반성에 필연적으로 뒤따르는 결과이다.

5. 나가는 말

상기한 내용으로 보아 현대음악에서 아놀트 쇤베르크가 수행한 역할은

110 Umberto Eco, *The Open Work*, 140쪽.

유럽정신사에서 니체가 갖는 위상과 비교할 만하다. 전통적 고전양식에 대한 쇤베르크의 단절과 거부에는 예술적 창작 원리의 사상적 토대를 형성하는 새로운 인식이 깔려있다. 그는 19세기 말 현대성의 시작과 함께 다양한 맥락에서 전개되었던 문화비판과 전통비판이 음악의 영역에서는 어떻게 발전되고 실현되었는지를 잘 보여준다. 결국 이성의 좁은 테두리를 벗어나 심미성을 함의하는 디오니소스적 인식으로 더 "큰 이성"까지 나아감으로써 개념철학으로부터의 해방을 시도한 니체처럼, 12음기법과 무조음악이라는 쇤베르크의 작곡기법과 이념 역시 전통적 예술 형식에 대한 비판의 모델로 작용함으로써 철저한 인식의 해방을 추구한 것으로 이해될 수 있다. 니체와 쇤베르크가 각각 새로운 사유형식과 새로운 음악형식의 창조를 통해 추구한 전통 유럽 철학에 대한 비판과 전통 음악 형식에 대한 근본적인 혁신은 인식의 심미성을 토대로 전통적 이데올로기에 대한 일종의 내재적 비판을 수행했다. 그리고 바로 예술의 문제에, 특히 음악의 본질로서의 심미적인 것에 사회비판이라는 예술의 인식론적 기능이 근원적으로 내포되어 있다는 것은 특히 아도르노가 쇤베르크의 음악에 대한 자신의 철학적, 이론적 해석을 통해 강조하는 내용이다.[111]

이러한 맥락에서 『계몽의 변증법』뿐 아니라 『신음악의 철학』, 『음악사회학 입문』 등의 저서에 나타나는 아도르노의 미학적 입장에서 음악적 심미성은 존재방식의 자연적 본질을 표현하는 것이다. 이는 단순히 비합리적인 것의 옹호를 의미하는 것이 아니다. 개념적 사유, 동일성의 사유의 한계를 넘어서는 심미적 사유는 니체의 '디오니소스적인 것'과 동일한 예술적 인

111 이 주제와 관련된 자세한 내용은 다음의 국내연구서에 잘 정리되어 있다: 노명우, 『계몽의 변증법을 넘어서-아도르노와 쇤베르크』, 서울 2002년: 그리고 음악과 관련한 니체-아도르노의 관계에 대해서는: Matthew Rampley, *Nietzsche, Aesthetics and Modernity*, Cambridge 2000, 특히 215-241쪽 참조.

식태도를 나타내며, 니체에서나 아도르노에게서나 이분법적 사고전통과는 전적으로 상이한 주객관계를 함축 내지 전제하고 있기 때문이다. 그들의 예술관에 따르면 음악이나 예술에는 창조자의 주관성이나 내면의 표현을 넘어서 동시에 객관적으로 존재하는 사회적 기능이 있다. 아도르노는 "미적 현상은 미적인 동시에 사회적 사실이다"[112]라고 예술의 모순적 · 이중적 성격에 대해 말한다. 예술작품이 직접적인 사회비판의 내용을 담거나 현실을 적나라하게 묘사하기 때문에 사회적인 것은 아니다. 사회적으로 아무런 기능이 없는 것처럼 보이는 예술의 무기능 자체에 역설적으로 사회적 관습과 전통에 대한 반성과 반영이라는 사회적 기능이 내재되어 있기 때문이다. 비판적 인식태도와 예술적 창조가 결합된 '음악적 사유'는 이들 모두에게서 현대성으로의 전환을 보여주는 결정적인 계기이다. '음악은 장식해서는 안 되고, 참이어야 한다'는 쇤베르크의 자주 인용되는 말은 예술과 인식의 불가분의 관계에 대한 이러한 현대성의 예술적 실현 방식을 요구하는 것으로 이해된다.

이와 함께 '카오스는 코스모스의 기능이며, 질서 전의 무질서이다. 카오스와 체계는 사회에서나 철학에서나 서로 함께 속해 있는 것이다'[113]라는 아도르노의 말은 진화론적이며 발생론적 인식론의 관점에서 쇤베르크와 니체가 공유하는 태도를 설명한다. 여기서도 니체의 디오니소스적 음악적 정신과 쇤베르크의 불협화음의 의미가 지닌 철학사적, 음악사적 역할을 확인할 수 있다.

112 Th. Adorno, *Ästhetische Theorie*, Frankfurt a. M. 2003, 375쪽.

113 Th. Adorno, *Philosophie der neuen Musik*, Frankfurt a. M. 2003, 50쪽.

참고문헌

노명우, 『계몽의 변증법을 넘어서-아도르노와 쇤베르크』, 서울: 문학과지성사 2002.

마이클 캐넌(Michael Chanan), 『무지카 프라티카』(Musica Pratica), 김혜중 옮김, 서울: 동문선 1994.

Adorno, Theodor W., Prismen. Kulturkritik und Gesellschaft, in: ders. Gesammelte Schriften 10-1, Frankfurt a. M. 1977.

Adorno, Theodor W., Dissonanzen/Einleitung in die Musiksoziologie, Frankfurt a. M. 2003.

Adorno, Theodor W., Philosophie der neuen Musik, Frankfurt a. M. 2003.

Adorno, Theodor W., Ästhetische Theorie, Frankfurt a. M. 2003.

Baecker, Dirk(Hrsg.), Theorie als Passion, Frankfurt a. M. 1987.

Dahlhaus, Carl, Zwischen Romantik und Moderne. Vierstudien zur Musikgeschichte des späteren 19. Jahrhunderts, München 1974.

Dahlhaus, Carl, Schönberg und andere. Gesammelte Aufsätze zur Neuen Musik, Mainz 1978.

Dahlhaus, Carl, Die Idee der absoluten Musik, Kassel 1994.

Eggebrecht, Hans Heinrich, Musikalisches Denken, Wilhelmshaven 1999.

Eco, Umberto, The Open Work, Cambridge 1989.

Fietz, Rudolf, Medienphilosophie. Musik, Sprache und Schrift bei Friedrich Nietzsche, Würzburg 1992.

Hanslick, Eduard, Vom Musikalisch-Schönen, Wiesbaden 1989 (21. Aufl.).

Landerer, Chr./Schuster, M.-O., Nietzsches Vorstudien zur Geburt der Tragödie in ihrer Beziehung zur Musikästhetik Eduard Hanslicks, in: Nietzsche-Studien 31(2002), 114-133쪽.

Liébert, Georges, Nietzsche et la musique, Paris 1995.

Nietzsche, Friedrich, Werke. Kritische Gesamtausgabe, hrsg. v. G. Colli und M. Montinari, Berlin 1967 ff.

Rampley, Matthew, Nietzsche, Aesthetics and Modernity, New York 2000.

Schönberg, Arnold, Stil und Gedanke, Frankfurt a. M. 1995.

Schönberg, Arnold, Stil und Gedanke, Leipzig 1989.

Schönberg, Arnold, Harmonielehre, Wien 1922.

Schopenhauer, Arthur, Die Welt als Wille und Vorstellung (hrsg. von W. F. von

Löhneysen), 2 Bde., Frankfurt a. M. und Leipzig 1996.
Sorgner, S. L./Fürbeth, O.(Hrsg.), Musik in der deutschen Philosophie, Stuttgart 2003.
Stephan, Rudolf, Vom musikalischen Denken, Mainz 1985.
Toulmin, S./Janik, A., Wittgenstein's Vienna, London 1973.
Wagner, Richard, Oper und Drama, Stuttgart 1984.

09

니체의 조형예술 이해와 뭉크, 보이스 작품에 드러난 니체의 흔적

정 낙 림

1. 들어가는 말

이 연구는 니체의 조형예술 이해와 현대 미술에서 니체의 영향을 살펴보는 것을 목표로 한다. 비록 니체가 예술의 기원이 디오니소스적인 것과 아폴론적인 것에서 비롯된다고 했지만, 근본적으로 예술은 디오니소스적인 것에서 출발한다. 음악의 기원이 되는 디오니소스적 예술충동은 비극의 탄생을 촉발한다. 비극에서 조형예술의 근거인 아폴론적인 것은 어디까지나 소극적이며 제한적 의미를 가진다. 따라서 니체에게 조형예술에 대한 언급 빈도가 음악에 비해 대단히 적다는 것은 놀랄 일이 아니다. 그러나 우리는 이 연구를 통해 니체의 예술철학에 있어서 조형예술이 지니는 적극적 의미를 살펴볼 것이다. 더불어 우리는 니체가 현대미술에 끼친 영향도 되짚어볼 것이다.

우선, 다음 2장에서 우리는 니체가 예술을 분류하는 양식의 특이성과 더불어 '가상'의 예술인 조형예술이 어떻게 아폴론적 예술 충동에서 기원하는가를 라파엘의 '그리스도의 변용'의 분석을 통해 살펴볼 것이다. 3장에서 우리는 니체의 저서에 나타난 조형 예술가들과 그들에 대한 니체의 평가를 살펴볼 것이다. 4장에서 우리는 현대예술에 끼친 니체의 영향의 대강을 살펴보고, 니체를 주제로 하는 대표적 현대 예술가 중의 한 사람인 뭉크와 그의 니체 초상화를 통해 뭉크와 니체의 관계를 살펴볼 것이다. 5장에서 우리는 니체의 '예술생리학'이 적극적으로 현대 조형예술에 미친 영향을 보이스의 '확장된 예술개념'에서 살펴볼 것이다.

2. 니체 예술철학에서 양식의 문제

(1) 디오니소스적 예술과 아폴론적 예술

예술에 있어서 양식은 크게 보아 ① 역사적 양식, ② 장르양식, ③ 기본양식으로 나뉠 수 있다. 역사적 양식은 일정한 시기의 어떤 집단의 객관적 정신의 차이에 따라 구별되는 것으로서 시대정신에 대응하는 고딕 · 르네상스 · 바로크양식 등을 의미하며, 장르양식은 표현의 수단 또는 재료의 차이에서 규정되는 수채화양식과 유채화양식, 청동양식과 표현의 대상 또는 제재의 성질에 따른 정물화 · 풍경화양식, 역사문예 · 풍속문예양식, 숭고 · 비장양식 등을 말한다. 마지막으로 기본양식은 예술체험의 근본구조에 대한 이해의 차이에 따라 나눠지는 양식이다. 예를 들어 쉴러의 소박적 · 정념적인 것, 그리고 니체의 아폴론적 · 디오니소스적인 것이 그것이다.[1]

니체는 아폴론적인 것과 디오니소스적인 것을 인간의 심리적 본질, 형이상학적 원리 그리고 예술 기원의 두 원천으로 해석한다. 심리적인 차원에서 아폴론적인 것은 꿈을, 디오니소스적인 것은 도취를 상징하고, 형이상학적, 우주론적 차원에서 그것은 각각 척도, 즉 개체화의 원리를 부여하는 본질과 그것을 파괴하는 본질을 대변한다.

아폴론과 디오니소스는 또한 각기 상이한 예술적 양식을 대변한다. 아폴론은 꿈과 표상을 통해 아름다운 형상을 만들어낸다. 그런데 형상은 다른 형상과 구별될 때에만 하나의 형상으로서 아름답게 인식될 수 있다. 그렇기 때문에 니체는 "아름다운 가상의 신은 곧 참된 인식의 신이기도 해야 한다"[2]

---

1 강미진, 「조형예술에 있어서 '양식'의 문제(1)」, 미학 10집, 한국미학회, 1984/85, 112쪽 참조.

2 Friedrich Nietzsche, *Die dionysische Weltanschauung*(앞으로 DW로 축약), in: *Sämtliche Werke*. Kritische Studienausgabe in 15 Bänden(앞으로 KSA로 축약), Bd. 1, G. Colli u.a.(Hg), Münschen 1999, 582쪽. 앞으로 니체 저서는 제목의 축약, 전집의 권수 그리고 페이지를 명기한다. 예: DW; KSA1, 582.

고 말한다. 형상은 언제나 우리의 눈과 관계한다. 따라서 시각예술인 회화, 조각과 건축, 즉 미술은 아폴론적 예술에 속한다. 반면 디오니소스적 예술은 청각의 예술로서 일체의 형상을 초월하는 데서 기원한다. 음악이 그것이다. 니체에 따르면 이 두 예술의 양식은 서로 경쟁하면서 상호 발전을 촉진한다. 이 둘의 가장 고양된 힘이 '비극'을 탄생시킨다.

니체가 비록 예술의 두 근원으로 아폴론적인 것과 디오니소스적인 것으로 설명하지만, 이 두 예술 충동이 비극에서 동일한 비중을 차지한다는 것을 의미하지는 않는다. 비극에서 아폴론적인 것은 디오니소스적인 것을 보충하는 제한적 역할 만을 수행할 뿐이다. 음악은 니체에 따르면 세계의 의지를 직접적으로 전달한다. "음악은 원일자(Ur-Eine)의 한복판에 깃들인 원초적인 모순과 원초적 고통에 상징적으로 관련하며, 이와 함께 모든 현상을 초월한, 모든 현상 이전의 영역을 상징"[3]한다. 따라서 디오니소스적인 것은 "영원하며 근원적인 예술의 위력(Kunstgewalt)"[4]으로서 등장한다.

(2) 라파엘의 '그리스도의 변용'

미술은 재료의 차이와 기법의 차이에도 불구하고 '상(Bild)'의 창조를 목표로 한다. 그것이 회화의 2차원적 세계에서 그리고 조각이나 건축의 3차원적 세계에 실현되건 그 속에는 작가 나름대로의 세계가 재현된다. 조형예술가가 보는 세계는 원일자인 '의지'와 달리 진정한 세계가 아니다. 즉 그것은 가상이다. 니체에 따르면, 미술작품 속에서 원일자(Ur-eine)의 고통은 '아름다운 외양', 즉 가상에 의해서 가려진다. 조형예술에서 가상의 미와 더불어 '가상의 쾌감과 지혜'는 영구화 된다. 가상의 지속적 생성은 부정되며 현

3 GT; KSA1, 51.

4 GT; KSA1, 155.

상은 영구화 되어 굳어 버린다. 따라서 "고통은 어떤 의미에서 자연의 특질에 속하지 않는 것처럼 기만당한다."[5] 이런 의미에서 니체는 꿈의 예술인 아폴론적 예술을 "가상의 가상(Schein des Scheins)"[6]이라고 표현한다.

『비극의 탄생』에서 니체는 라파엘의 '그리스도의 변용(Transfiguration)'을 통해 조형예술의 본질을 설명한다. "저 불멸의 소박 예술가 중의 한사람인 '라파엘'은 우리에게 한 비유적 그림 속에서 가상이 다시 한 번 더 가상으로 승화되는 과정, 소박 예술가 및 아폴론적 문화의 근본적 진행과정을 묘사해 주었다. 그의 작품 '그리스도의 변용'의 하반부는 도깨비에 홀린 소년과, 절망한 부모와, 어찌할 바를 모르고 수심에 잠겨 있는 사도들의 모습을 통해서 영원히 존재하는 근원적 고통, 세계의 유일한 근본을 반영해주고 있다. 여기서 '가상'이란 영원한 모순, 사물의 근원의 반영이다. 이 가상으로부터 이제 매혹적 향기와 같이 마치 환상 같은 가상의 세계가 피어오른다. 첫 번째의 가상에만 사로잡힌 사람은 이를 볼 수 없다. 이것은 가장 순수한 환희와, 큰 눈에서 반사되는 고통 없는 관조 속에 빛을 발하며 떠다닌다. 여기서 우리는 최고의 예술적 상징을 통하여 아폴론적인 미의 세계와 그 토대, 즉 실레노스의 무서운 지혜를 눈앞에 보게 되고 직관을 통하여 이 두 가지의 상호 필연성을 이해하게 된다."[7]

조형 예술가는 가상의 가상을 통해 고통의 세계에서 우리를 구원할 환영을 만든다. 그 환영이 곧 그림이 되고, 조각이 된다. 조각가가 대리석으로 신의 형상을 만들 때, 그는 비록 모델을 현상 세계, 즉 눈에 보이는 세계의 일차적 가상에서 찾지만 그 모델을 대리석 속에 옮겨 놓을 때 그것은 가상의 가상이 된다.

---

5 GT; KSA1, 108.

6 GT; KSA1, 39.

7 Ebd.

3. 니체, 뒤러 그리고 레오나르도

(1) 니체와 조형예술가들

니체는 자신의 저서를 통해 적지 않은 조형 예술가를 언급한다. 우선 우리는 뵈클린(Böcklin)을 들 수 있다. 니체는 상징주의 예술가인 뵈클린을 상이하게 평가하는데, "뵈클린 같은 유사한 선구적인 화가"[8], 그러나 다른 곳에서 니체는 현대 예술에서 상징에 대한 과도함과 증대하는 지성화의 경향을 비판한다. 니체가 "예술의 탈감성화"를 언급할 때 그는 뵈클린을 염두에 두고 있는 것이다.[9] 들라크루아(Delacroix)도 니체가 자주 언급한 미술가이다. 니체는 들라크루아를 우선 전형적인 데카당스의 대변자로, "'어떤 희생도 마다하지 않는' 표현의 광신자"[10], "바그너의 변종"[11], "화가-시인"[12] 그리고 "후기 낭만주의자"[13]로 평가한다. 그러나 들라크루아에 대한 니체의 평가는 부정적인 것만은 아니다. 니체는 그를 일방적으로 병든 데카당으로만 취급하지는 않았다. "내가 강조하는 사람은 …… 들라크루아이다 — 이들은 모두 숭고한 것 그리고 또한 추한 것과 잔혹한 것의 영역에서 위대한 발견자였고, 효과와 전시, 진열의 기술에서 더욱 위대한 발견자였다. 이들은 모두 자신의 천재성을 훨씬 넘어서는 재능을 지니고 있었으며, 유혹하고 유인하며 강제하고 전복시키는 모든 것으로 통하는 섬뜩한 통로를 가진 철저한

---

8 N, KSA9, 536(11[249]).

9 MA I, KSA2, 177(217).

10 JGB; KSA5, 202(256) u. EH; KSA6, 289.

11 N, KSA11, 51(25[141]).

12 N, KSA11, 476(34[166]).

13 Ferdinand Avenarius에게 보내는 1888.12.10의 편지. F. Nietzsche, *Sämtliche Briefe*. Kritische Studienausgabe(앞으로 KSB로 축약) Bd.8, G. Colli u.a(Hg), Berlin u.a.1986, 517f 쪽(1184). 앞으로 니체의 서간은 권수, 그리고 쪽수 그리고 괄호안의 편지번호로 나타낸다. 예시: KSB 8, 517f(1184).

대가였으며, 논리와 직선의 타고난 적이었고, 이질적인 것, 이국적인 것, 기괴한 것, 구부러진 것, 자기 모순적인 것을 갈구했던 것이다."[14] 그에 대한 니체의 전체적인 평가는 긍정적이다.

뛰어난 풍경화가인 클로드 로랭(Claude Lorrain)에 대해 니체는 특별한 호감을 표시한다. 니체는 자주 그가 자신의 풍경에 대한 인상 혹은 가을의 기분을 전달하고자 할 때, 로랭과 연결시킨다. 예를 들어 "색채의 끊임없는 클로드 로랭"[15], 가을은 "아름다움과 빛으로 충만한 하나의 진정한 기적"[16] 등이 그것이다. 니체는 특히 로랭의 목가적 그림들에서 정지한 시간의 표현을 보고 감탄했다. "그제 저녁에 나는 아주 클로드 로랭적인 도취에 빠졌고 결국 오랫동안 격한 슬픔에 빠졌다. 내가 아직 이것을 체험해도 되는 것인가! 나는 대지가 이것을 보이는 것을 알지 못했고 좋은 화가는 그것을 발명했어야 한다고 생각했다. 장엄한-전원적인 것은 이제 나의 영혼의 발견이다: 그리고 고대의 모든 목가적인 것은 일격에 지금 내 앞에서 베일을 벗고 분명해졌다 — 드디어 이제 나는 그것에 대해 아무것도 파악하지 못했다."[17] 또한 니체는 자신의 후기의 사상을 로랭의 예술과 관련지어 설명한다.[18]

"— 나는 한 번도 그런 가을을 체험해보지 못했다. 또한 그런 것이 지상에서 가능하리라고도 생각조차 해보지 못했다 — 클로드 로랭 같은 사람이 무한을 생각하듯이 하루하루가 똑같이 무한하게 완벽했다 —."[19]

14 JGB; KSA5, 202f. 니체의 들라크루아에 대한 해석은 D. Schubert, "Nietzsches Blick auf Delacroix als Künstlertypus", in: *Nietzscheforschung* 4(1998), 227-242쪽 참조.

15 Emily Finn에게 보내는 1888. 12. 6의 편지. KSB 8, 506f(1175).

16 Overbeck에게 보내는 1888. 11. 13의 편지. KSB8, 469(1143).

17 N, KSA8, 610(43[3]).

18 K. H. Bohrer, *Der Abschied. Eine Theorie der Trauer*. Frankfurt am Main 1998. 422ff쪽.

19 EH, KSA6, 356. 니체의 로랭에 대한 해석에 대해서는 I. Schulze, "Nietzsche und Claude Lorrain", in: *Nietzscheforschung* 4(1998), 217-226쪽 참조.

(2) 뒤러(Dürer)의 '기사, 죽음 그리고 악마'

뒤러는 니체에게 지대한 의미를 가지는 화가이다. 『비극의 탄생』에서 니체는 고대의 신화적 세계관의 몰락이후 불모화된 문화의 황폐한 전경을 묘사하면서 뒤러를 언급한다. "이럴 때 위로할 수 없이 고독한 사람은 뒤러가 우리에게 그려준 죽음과 악마를 거느린 기사보다 더 좋은 자기 신세에 대한 상징을 찾을 수는 없을 것이다. 갑옷에 몸을 감춘 기사, 그 눈은 청동처럼 굳고 준엄하다. 공포의 나그네 길을 아무런 동요 없이 아무런 희망 없이 단지 홀로 말과 개를 거느리고 전진할 줄밖에 모른다."[20] 이 고독한 영웅과 쇼펜하우어를 니체는 동일화 했다. "이와 같은 뒤러의 기사는 바로 우리의 쇼펜하우어이다. 그에게는 아무 희망이 없었다. 그럼에도 불구하고 그는 그저 진리를 바랐던 것이다. 세상에 그와 견줄만한 자는 없다."[21]

1871년의 유고의 한 단편에서 이미 니체는 뒤러의 '기사, 죽음 그리고 악마'(Ritter, Tod und Teufel, 1513)를 "우리의 실존의 상징"[22]으로 파악한다. 비극시대 니체는 뒤러의 동판화가 영웅적이고 염세적인 삶의 태도를 상징적으로 표현하는 것으로 해석한다. 니체에게 뒤러의 그림이 지니는 의미는 Malwida von Meysenbug에게 보내는 한 편지에서 보다 심화된 형태로 드러난다. 니체는 이렇게 설명한다: "나는 화가적 표현에 즐거움을 만끽한 적은 매우 드물다. 그러나 이 '기사, 죽음 그리고 악마'의 그림은 내게 가까이 있고, 어떤 말로 표현할 수도 없었다."[23] 이 그림은 죽음과 악마로부터 자신을 지키면서 말을 타고 가는 중세의 한 기사를 주제로 한다. 악마는 모래시계를 들고 있고 기사 뒤에는 또 다른 악마를 상징하는 용이 무기를 들고 있으며 말 발굽

20 GT; KSA1, 131.

21 Ebd.

22 N, KSA 7, 305(9[85]).

23 Malwida von Meysenbug에게 보내는 1875. 3. 20 편지. KSB5, 36(436).

아래엔 해골이 나뒹굴고 있다. 기사는 완전무장을 하고 특히 자신의 키보다 훨씬 긴 창을 들고 조금도 겁먹지 않고 정면을 응시하면서 당당히 말을 타고 간다. 그의 눈은 어떤 운명과도 맞서 싸워 이길 듯한 결의가 보인다.

이 그림에 대한 니체의 언급은 Meysenbug에게 보내는 편지가 끝이다. '내게 너무나 가까이 있었다'라는 말은 거듭 되새겨봐야 할 부분이다. 우리는 니체가 이 말을 한 시점에 주목할 필요가 있다. 1870년대 중반이면 니체가 쇼펜하우어와 바그너의 영향권에서 벗어나 독자적인 철학을 모색하던 시기이다. 디오니소스적 광기에서 이성을 구출하기 시작했고 개체화는 더 이상 고통의 근원이 아니고 자유정신의 상징으로 받아들이기 시작한 시기이다. 니체는 어쩌면 죽음과 악마와 정면으로 맞서 싸우는 한 사람의 기사를 통해 자신을 보았는지도 모르고 위버멘쉬(Übermensch)의 현현을 보았을지도 모른다. 그리고 니체는 자신의 후기 사상에서 매우 중요한 역할을 하는 '위대한 개인'에 대한 하나의 전형을 뒤러의 기사에게 보지는 않았을까? 니체가 기사의 앞만을 주시하는 눈과 꾹 다문 입술에서 자기상승의 징후인 '힘에의 의지'를, 그리고 해골과 모래시계로 상징되는 형이상학적 시간과 그것을 초월한 듯한 그의 자세에서 영원회귀와 그것의 산물인 '운명에 대한 사랑'을 보는 것은 아니었을까? 여기에 대한 니체의 구체적 대답은 없으며 이 그림이 니체철학에 지니는 의미에 대한 논쟁은 거듭 된다.[24]

(3) 레오나르도의 자화상과 차라투스트라

니체는 르네상스 시대의 대표적인 조형예술가들인 라파엘(Raffaello), 미켈란젤로(Michelangelo) 그리고 레오나르도(Leonardo)를 비중 있게 다루고

24 Dürer의 '기사, 죽음 그리고 악마'가 니체에게 어떤 영향을 미쳤는가는 논란거리다. 거기에 관해서는 Dietrich Schubert, "Nietzsche-Konkretionsformen in der bildenden Kunst 1890-1933. Ein Überblick", in: *Nietzsche-Studien*(10/11), 326쪽 참조.

있다. 모든 조형예술가들 중에서 니체가 가장 많이 언급한 사람이 라파엘이다. 이러한 사실은 니체의 Kritische Studienausgabe(=KSA)의 제 15권의 색인을 봐도 알 수 있다. 거기에 따르면 니체 저작에서 라파엘은 70회 가까이 언급된다.[25] 라파엘은 '조화를 추구하는'[26] 그리고 '순진한' 예술가로, "예술중의 최고"[27], 고전주의의 이상적 스타일에 상응하는 예술가 등으로 평가된다.[28] 니체는 특히 라파엘의 세 그림, 즉 '그리스도의 **변용**'[29], **성녀 세실리아**[30] 그리고 **시스티나의 마돈나**[31]를 언급한다. 이 세 그림 중 니체는, 이미 앞서 보았듯이, 예술의 형식과 관련하여 '그리스도의 변용'을 자세히 다룬다.

니체의 미켈란젤로에 대한 평가는 이중적이다. 우선 니체는 미켈란젤로를 지나간 예술의 황금기의 대변자로 평가한다. 그의 예술은 "예술적 대상의 우주적인 의미뿐만 아니라 형이상학적 의미 또한"[32] 전제한다. 그러나 니체는 그 후 미켈란젤로를 바로크 스타일을 통해 고전예술 시대의 몰락을 촉진하는 예술가로 비판한다. "최고의 극적 긴장감을 나타낼 소재와 주제를 선택하는 것부터가 벌써 그것에 속한다. 이런 것에 마주치면 예술이란 것 없이도 사람들의 가슴은 떨리게 마련인데, 왜냐하면 감각의 천국과 지속이 서로 너무도 밀접하기 때문이다. 다음에는, 강력한 감정과 몸짓을 수반한 웅변, 추악한 숭고미를 지닌 영웅, 엄청난 분량, 즉 일반적으로 양 그 자체인 웅변 — 이것은 이태리 바로크 예술의 아버지 혹은 할아버지인 미켈란젤로

25 KSA15, 343f.

26 N, KSA7, 734(30[9]) 참조.

27 N, KSA9, 352(7[173]).

28 Th. Meyer, *Nietzsche. Kunstauffassung und Lebensbegriff*. Tübingen 1991, 369f쪽 참조.

29 GT 4; KSA1, 39 u. M, KSA3, 21(8) 참조.

30 WB; KSA1, 490(9) 참조.

31 WS; KSA2, 585(73) 참조.

32 MA I; KSA2, 180.

에게서 벌써 나타나는 것인데 — 이 그러한 것이다."[33] 그러나 니체는 미켈란젤로를 라파엘 보다는 높게 평가한다. 그 이유는 그가 "자기 시대의 온갖 그리스도교적인 베일과 편견을 통해, 기독교적이고 라파엘로적인 문화보다 **더 고귀한** 문화의 이념을"[34] 보았기 때문이다. 그러나 니체는 미켈란젤로에게서 다음의 문제를 발견한다. "미켈란젤로는 당연한 일이지만, 오직 순간 속에서만 그렇게 높고 그렇게 자기 시대와 기독교적 유럽의 밖에 있었다: 그는 대부분 기독교의 영원히 여성적인 것에 대해 몸을 낮추어 처신했다. 그는 결국 바로 이것으로 인해 붕괴했고, 자신의 최고의 삶의 내용을 가진 인간만이 — 그러나 낡은 인간은 그렇지 못하다! — 그곳에서 성장할 수 있는 이상이 있었다. 근본적으로 그는 자신의 이상으로부터 그리스도교를 없애버려야만 했다! 그러나 그 일을 하기 위해 그는 사상가나 철학자로 충분하지 않았다."[35]

니체에 따르면, 모든 르네상스 예술가들 중에서 레오나르도는 창작의 유연성과 힘에 있어서 단연 최고봉이다. "레오나르도 다빈치는 미켈란젤로보다 더 뛰어나며, 미켈란젤로는 라파엘보다 더 뛰어나다."[36] 레오나르도는 다빈치는 "아마도 오직 저 예술가들에게서 실제로 초기독교적인 시선을 가졌던 것 같다. 그는 '동양'을 알고 있으며, 내적인 영역뿐만 아니라 외적인 영역도 잘 알고 있다. …… 그에게는 초 유럽적이고 숨어 있는 무엇이 있다."[37] 여기에 덧붙여 니체는 레오나르도를 "매력적이며 파악하기 어려운 사람 그리고 상상할 수 없는 사람", "수수께끼 같은 사람"[38] 그리고 마치 프리

33 MAII; KSA2, 438.

34 N, KSA11, 470(34[149]).

35 N, KSA11, 470f.(34[149]) 미켈란젤로에 대한 니체의 평가는 N, KSA9, 320(7[17]) u. N, KSA10, 236(7[1])참조.

36 N, KSA11, 429(34[25]).

37 N, KSA11, 471(34[149]).

드리히 2세와 같은 "**최초의** 유럽인"[39]에 속하는 사람 등으로 표현한다. 레오나르도에 대한 니체의 이러한 평가에도 불구하고, 니체가 레오나르도의 개별 작품을 구체적으로 거론한 것은 거의 없다. 유일한 것은 페터 가스트가 언급한 것에 확인할 수 있는데, 니체가 그에게서 빨간 연필로 그린 레오나르도의 자화상 스케치를 보았고 그때 이렇게 외쳤다고 한다: "아, 이것이 바로 차라투스트라이다! 내가 어렴풋이 그를 생각한 것과 같은 것이다."[40]

4. 뭉크의 니체초상화와 디오니소스적 미술의 가능성

(1) 작품의 모델로서의 니체

투린에서 졸도할 때까지 독일 강단철학자들 사이에서 니체는 국외자였다. 역설적이게도 그의 철학에 대한 객관적 평가는 북유럽에서 시작되었다. 덴마크의 Georg Brandes는 1888년 4월과 5월 코펜하겐 대학에서 니체에 관해 4회에 걸쳐 강연을 하게 된다. 이 강연에서 그는 니체를 새로운 시대를 여는 자로 규정했으며, 이 강연은 청중으로부터 뜨거운 반응을 불러일으키게 된다.[41] 강연에 대한 소문이 스웨덴과 노르웨이로 퍼지게 되고 그 이후

38 JGB, KSA5, 121.

39 Ebd.

40 M. Montinari, *Nietzsche lesen*. Berlin u.a 1982, 140쪽.

41 이것에 관하여는 Detlef Brennecke, *Die Nietzsche-Bildnisse Edvard Munchs*. Berlin 2000, 9쪽 참조. 니체는 Brandes의 강연과 그 뒷이야기를 전해 들었고, 그것에 대한 자신의 심경을 밝힌다. "작년 봄에 그 자신이 심리학자임을 한 번 더 입증시켜주었던 게오르크 브란데스 박사의 코펜하겐 대학에서의 강의 같은 내 철학에 대한 강의가 오늘날 어느 독일 대학에서에서 가능할 것인가?-하지만 나는 한 번도 그런 모든 일로 고통스러워하지 않았다."(EH, KSA6, 363.) 또한 유고의 한 단편에서 "지난 겨울 영민한 덴마크인 게오르크 브란데스 박사가 코펜하겐 대학에서 일련의 강의를 니체라는 철학자에게 바쳤다는 이야기를 듣는 것은, 철학자 프리드리히 니체의 친구들에게는 가치가 있다. 어려운 사유 복합체를 제시하는 자

많은 니체 추종자들이 등장하기 시작한다. 20세기 초 니체는 유럽지성의 새로운 화두로 등장한다. 니체에 대한 당시의 뜨거운 관심은, 니체가 조형 예술가들의 모델로 빈번히 등장하는 것만 봐도 알 수 있다. 심지어 니체는 상품의 광고에도 등장한다.[42] 이러한 조류는 국가사회주의라는 정치, 사회적 분위기와도 무관하지 않다.

니체의 첫 초상화는 Curt Stoeving(1863-1939)이 그린 것이다. 1894년 Stoeving은 나움부르크 저택의 정자에 앉아있는 니체를 그렸다. 니체 초상화로 보다 유명한 것은 Hans Olde(1855-1917)가 1899년 '병상의' 니체를 그리고 에칭한 것이다. Olde의 작품은 그 후 다양한 형태로 변형되어 나타난다.[43] Sascha Schneide, Heinrich Heim, Benjamin Gordon 등이 니체의 초상화를 다양한 양식으로 그렸으나 Hans Olde의 초상화와 더불어 작품으로서 완성도가 가장 높은 것은 Edvard Munch(1863-1944)가 1905년에 그린 것이다. 2차 대전 후 니체의 초상화를 그리는 화가는 급격히 줄어들게 되었고, 가장 유명한 것은 Horst Janssen(1929-1995)이 Olde의 에칭을 변형시킨 것과 Johannes Grützke(1937-)가 바젤의 다리 위를 배경으로 Böcklin, Bachofen, Burckhardt 그리고 니체의 상상적 회합을 그린 것이다.

니체를 모델로 하는 첫 조각은 Elisabeth Fröster-Nietzsche에 의해 1895년 주문되었고 Siegfried Schellbach에 의해 완성된 것이다. Stoeving과 함께 Rudolph Saudeck(1880-1965)은 니체의 데드 마스크(Totenmaske)를 떴

기의 대가적 능력을 처음 입증하는 것은 아닌 그 강사는 300명 이상의 청자들이 독일 철학의 새롭고도 감행적인 사유 방식에 몹시 흥미를 느낀다는 것을 알고 있었다: 이 강의의 강사와 강의 주제에 대한 대대적인 박수갈채가 쏟아졌다."(N, KSA13, 506(16[63])).

42 Steven E. Aschheim, *Nietzsche und die Deutschen. Karriere eines Kults*. Stuttgart u.a. 1996, 210쪽 참조.

43 C. Stoeving과 H. Olde의 니체 초상화에 관한 것은 H. Kock, "Nietzschenildnisse als Begegnungsdenkmale", in: H. Seubert(Hg.), *Natur und Kunst in Nietzsches Denken*. Köln u.a 2002, 1-3쪽 참조.

다. Saudeck은 이것을 1910년 다시 손보고 1912년 부조초상으로 변형시켰다. 그는 그것을 기초로 니체의 대리석 흉상(1906)과 하나의 대리석주상(柱像)(1916)을 만들었다. 가장 널리 알려져 있는 조각상은 1898년 Arnold Kramer(1863-1918)가 창작한 앉은 니체를 형상화한 청동입상과 Max Kruse(1854-1942)가 1898년의 니체를 모델로 했던 대리석 흉상이다. 니체에 대한 조형적 표현의 최고점은 의심할 여지없이 Max Klinger(1857-1920)가 1902년에서 1904년까지 창작한 다양한 흉상과 주상(柱像)이다. 1914년 니체의 70회 생일을 기념해서 만든 Donndorf의 '니체 주두성자(Stylite)'는 매우 특이한 작품이다. '니체-주두성자'는, 주두성자로 변신한 니체를 묘사한 것인데, 약 6m높이의 도리스식 기둥위에 목사복장을 한 니체를 형상화한 것이다.

(2) 뭉크의 니체 초상화

니체 초상화로 가장 많이 알려진 것은 뭉크의 작품이다. 뭉크와 니체의 관계에 대한 많은 연구에도 불구하고 논란은 여전하다. 논란의 핵심은 뭉크를 니체주의자로 규정할 수 있는가라는 것이다. 일군의 연구가들은 캔버스에 표현된 뭉크의 그림이 인간본성의 심연을 표현하고 있고, 뭉크가 가진 기독교에 대한 관점, 창작행위와 정동(Affekt), 특히, 광기와 고통의 문제를 보는 관점이 니체와 매우 흡사하다는 것을 지적한다. 그러나 다른 쪽에서는 뭉크를 니체주의자로 규정하는 것은 뭉크가 니체의 초상화를 그렸다는 사실에서 온 오해이며, 사실 그가 서있는 회화의 양식은 오히려 니체가 비판한 것에 속한다는 점을 지적하고, 두 사람의 사이의 내적 연결고리가 없음을 주장한다.

뭉크는 다양한 경로를 통해 니체에 관한 정보를 얻었고, 그에게 호감을 가진 것은 사실이다. 이것에 대한 직접적 증거는 1904년 3월 17일 뭉크가 바이마르(Weimar)에 있는 니체의 여동생(Elisabeth Fröster-Nietzsche)을 방문한 사실이 말해주고 있다. 엘리자베스는 뭉크의 명성을 이미 알고 있었고, 뭉크를 통해 자신의 오빠와 자신의 초상화를 그리게 할 계획을 가지게 된다. 이 계획은 스웨덴의 백만장자인 Magnat Ernest Thiel를 통하여 성사된다. Ernest Thiel은 열렬한 니체추종자였으며, 자신의 부를 기꺼이 예술가와 문화 기관에 투자했다. 그는 『선악의 저편』의 스웨덴어 번역에도 관여했다.[44] 1904년 5월 바이마르 방문을 시작으로 그와 엘리자베스 사이에 수백 통의 편지가 오고갔다. Thiel은 Nietzsch-Archiv와 Nietzsche-Stiftung을 위해 1908년과 1925년 사이에 약 백만 제국 마르크(Mark)를 기부하게 된다. Thiel은 뭉크의 그림인 '저녁대화'(Abendgespräch)를 소장할 만큼 뭉크에 대해서도 관심이 많았다. 엘리자베스는 Thiel에게 보낸 1905년 7월 3일 편지에서 그가 뭉크를 의무감을 가지고 돌봐주기를 청했다. 그리고 "뭉크가 곧바로 다시 바이마르를 방문하기를" 고대하고 오빠의 초상화를 뭉크를 통해 그리게 하고 싶지만, 경제적 어려움으로 불가능하다는 말과 더불어 이렇게 제안한다. "그래서 내게 하나의 생각이 떠올랐습니다. 혹시 당신은 뭉크에게 나의 오빠의 그림을 주문하기를 원하십니까?"[45] 거기에 덧붙여 엘리자베스는 자신의 초상화도 원한다고 밝힌다.

Ernest Thiel은 1905년 7월 6일 뭉크에게 편지를 쓴다. 편지의 내용은 니체의 여동생이 뭉크의 방문을 원한다는 것, 그리고 자신을 위해 니체를 그려줄 수 있느냐는 것, 이미 뭉크의 청년시기의 작품을 자신이 소유하고 있다는 것 그리고 니체의 초상화를 가지기를 원한다는 것 등이었다.[46] 1905

44 Brennecke, a.a.O., 23쪽 참조.

45 Elisabeth Fröster-Nietzsche가 Ernest Thiel에게 보내는 편지(1905. 7. 3). Brennecke, a.a.O., 25쪽.

46 Ernest Thiel이 Edvard Munch에게 보내는 편지 (1905.7.6). Brennecke, a.a.O., 25f쪽 참조.

년 7월 25일 뭉크는 Thiel에게 답장을 쓴다. 엘리자베스가 자신을 바이마르에 초청한 것을 감사하게 생각하고 Thiel의 소망인 니체의 그림을 그리는 것을 매우 기쁜 과제로 여긴다는 내용이었다.[47] 니체의 초상화에 대한 뭉크의 고민은 날짜가 명기되지 않은 한 편지에서 잘 드러난다. "나는 어떻게 니체를 그리는 과제에 착수해야할지를 고민하고 있습니다. — 내가 생각하기에, 대작 스타일로 처리해야할 것 같습니다 — 죽은 사람을 그리는 것은 어려운 일입니다"[48] Thiel은 조심스럽게 뭉크에게 1905년 8월 29일 자신의 생각을 설명했다. "당신은 당신이 원하는 데로 그렇게 그리면 됩니다. 나는 이번 일에 대하여 당신을 어떠한 방식으로도 구속하고 싶지 않습니다. …… 당신의 니체를 그리십시오."[49] 뭉크는 어떤 니체를 재현시킬 것인가를 고민하게 된다. 고민의 핵심은 니체에 대한 다양한 단편적 지식, 특히 차라투스트라에 관한 당시의 다양한 묘사를 어떻게 니체의 초상화와 연결할 것인가였다.

뭉크는 니체 초상화에 대한 자신의 생각을 보다 구체화 시킨다: "창문 옆에 앉아있는 니체 — (그의 바이마르의 거실에) 아마 당신도 알듯이 그곳에는 그를 매우 두드러지게 하는 — 매우 우수에 가득 찬 풍경이 존재합니다."[50] 뭉크가 니체초상화를 위해 그린 첫 스케치는 21.3cm × 28cm 크기였다. 자유롭게 그린 연필 그림 속에는 한 사람의 노인이 생각에 잠긴 채 창가의 책상에 앉아있다. 그의 둥근 머리는 뭉크의 그림들 속의 전형적인 인물에 가깝다. 특히 '우울'(Melancholie)에 나오는 주인공 Jappe Nilssen과 매우 흡사하다. 손을 턱에 괴고 있는 모습도 매우 닮았다. 창밖에 펼쳐진 구릉의 연결, 창공의 오른쪽 위에 걸려있는 태양, 그리고 왼쪽 아래 처마 위로 사나이

47 Edvard Munch가 Ernest Thiel에게 보내는 편지(1905. 7. 25). Brennecke, a.a.O., 26쪽 참조.

48 Edvard Munch가 Ernest Thiel에게 보내는 편지(날짜없음 1905. 8). Ebd.

49 Ernest Thiel이 Edvard Munch에게 보내는 편지(1905. 8. 29). Brennecke, a.a.O., 27쪽.

50 Edvard Munch가 Ernest Thiel에게 보내는 편지(날짜없음 1905. 9). Ebd.

는 희미한 윤곽의 교회를 물끄러미 본다. 이 전경은 유화 '성 클로드의 밤'과 도 유사하다.

뭉크는 책상에 앉아 있는 노인의 얼굴을 당시 널리 유행하던 우편엽서 시리즈의 니체 얼굴을 모방했다. 그러나 그는 니체 얼굴을 그대로 모사한 것이 아니고 자신의 개성을 그림에 담았다. 뭉크는 똑같은 방식으로 골똘히 생각하는 사람을 주변 분위기에 조금 더 어울리게 고치고 철학자의 심리적 상태를 더 고려하면서 그리게 되는데, 그것이 두 번째 스케치이다. 두 번째 초상화는 71 × 91.3cm크기로 처음 것과 비교해서 훨씬 커진 것으로 실물 크기에 가깝다. 초상화의 내부공간은 뭉크가 이미 6년 전에 그린 '우울 (Laura)'과 매우 흡사하다: 우울한 동생 Laura가 책상에 앉아 있는 자세, 그리고 탁자 보의 꽃그림의 장식, 그리고 각진 벽들이 곧바로 서있고 유리창의 오른쪽은 깨져있다.

뭉크는 그 후에 『차라투스트라는 이렇게 말했다』를 다시 읽는다. 그것을 통해 뭉크는 거실에서 명상하는 자가 아닌 '방랑하는 자'에 가까운 자를 그림 속에 재현할 것을 결정한다. 그림에서 방은 이제 더 이상 존재하지 않는다. 그는 니체를 야외로 배치시킨다. 세 번째 스케치는 22.3 × 13.8cm의 공책크기로 대강 그리게 된다. 뭉크는 세 번째 스케치가 자신에게 주어진 과제에 가장 가깝다고 느꼈다. 그래서 그는 세 번째 스케치의 내용을 27.8 × 21.3cm 의 크기로 다시 스케치한다. 네 번째 스케치에서 니체의 모습은 전면에 그 어떤 것이 손을 떠받치고, 외투를 입은 사상가가 산을 배경으로 서 있다. 뭉크의 전형적인 물결모양의 무늬가 하늘을 통과하고 오른쪽 머리가 까이에 태양이 걸려있다. 네 번째의 스케치를 끝내고 뭉크는 독일로 향한다. 뭉크는 10월 24일 쓴 엘리자베스의 편지를 받는다. "여기에서 Ernest Thiel이 당신에게 청탁한, 나의 오빠를 그려야만 하고 우리는 거기에 관해 서로 대화를 해야만 합니다. 그래서 나는 당신에게 묻고 싶습니다. 언제 바이마르에 올 수 있는지, 왜냐하면 내가 여기에서 진정으로 이번 일에 관해 당신과 심도 있게 토론할 시간을 갖기 위해서입니다."[51]

1905년 12월 7일과 8일 뭉크는 48시간을 바이마르에서 보낸다. 짧은 방문의 목적은 뭉크가 자신의 니체 초상화에서 부족한 니체 두상에 대한 시각적 자료를 얻기 위해서였다. 엘리자베스는 뭉크에게 Hans Olde의 1899년의 석판화와 Max Klinger의 1903년의 대리석 흉상과 1882년의 니체 사진을 제시한다. 뭉크는 엘리자베스에 의해 사전에 선택된 자료들을 보고 자신의 준비된 계획을 포기한다. 200 × 130cm크기의, 목탄, 물감 그리고 파스텔로 완성된 다섯 번째 스케치는 네 번째 스케치에서 제거된 세 번째 스케치 속의 난간을 다시 배치시킨다. 그 이외에 니체의 어깨 높이에서 걸쳐있는 산들의 전경과 네 번째 스케치의 태양과 마찬가지로 정형화된 니체의 머리를 배치시켰다. 니체의 자세는 니체와 그의 어머니의 사진에서 본 것인데, 왼쪽 팔은 구부려있고 왼쪽 손은 오른쪽 손위에 놓여있다. 강물의 흐름에 따라 늘어선 건물들과 구릉의 묘사는 뭉크가 1896년의 파리 전시회에 선보인 페르귄트(Peer Gynt)의 상연을 위한 포스터의 배경과 거의 일치한다. 1905년 12월 17일 뭉크는 작업을 끝낸다.

하루 뒤 뭉크는 엘리자베스 니체에게 결과를 통보한다. 그는 거의 동시에 니체 초상화의 청탁자인 Thiel에게 중간 결과를 보고한다. "나는 바이마르에서 두 개의 그림을 그릴 수 있었습니다. 우선 나는 니체 초상화의 뼈대를 그렸는데, 기대해도 좋습니다. 나는 니체를 웅대하고 기념비적으로 그리기로 결정했습니다. …… 따라서 나는 그를 조금 실물보다 크게 그리는 것을 통해서 나의 계획을 실현하고자 합니다. 나는 그를 산들 사이 그의 동굴

51 Elisabeth Fröster-Nietzsche가 Edvard Munch에게 보내는 편지(1905. 10. 24). Brennecke, a.a.O., 35쪽.

에 있는 차라투스트라의 시인으로 묘사했습니다. 그는 그의 베란다 위에 서 있고 그리고 깊은 계곡아래를 보고 있고, 산맥위로 빛나는 태양이 떠오릅니다."[52] 엘리자베스는 그림을 위한 스케치에 대체로 만족하면서도 니체의 머리 부분이 약간 이상하고 이것이 수정되어야 한다고 밝힌다.[53]

오늘날 우리에게 많이 알려진 그림은 다섯 번째 스케치를 기본으로 완성된 두 번째 유화이다. 니체의 머리가 조심스럽게 그려져 있으며, 노랑, 보라 그리고 초록 등의 색상들의 교차는 하늘과, 구릉과 계곡 등을 암시한다. 거친 붓의 선영이 느껴지고 부분적으로 바탕칠이 그대로 남아있다. 큰 곡선 형태의 강은 뚜렷하지 않으며, 집들은 물감으로 칠해지지 않은 채 남아있다. 오른쪽 위의 태양은 형체를 알아볼 수 없을 정도이다. 첫 번째 유화는 201 × 160cm크기인데 두 번째 것 보다 조금 크다. 그것은 뭉크 자신이 의도한 효과를 얻기 위해서 일 것이다. 난간의 내벽과 난간의 손잡이 부분이 위아래로 거칠게 칠한 화필의 흔적이 남아있으나, 전체적 구도에는 큰 변화가 없다. 그러나 공간은 각각의 지리적 배경에 따라 선명한 단색으로 처리되어 있다. 칠보주의를 연상케 하는, 빨강, 노랑, 파랑, 녹색, 보라, 갈색 등의 색깔들이 차례로 경계지어있다. 두 번째 초상화와 달리 가까운 하늘과 먼 하늘을 노랑과 붉은 색의 대비로 표현되어 있다.

두 번째 초상화는 스톡홀름의 Thiel을 위한 것이고 첫 번째 초상화는 뭉크 자신을 위한 것이다. 스톡홀름 판은 구성에서 다소 넓고 스케치와 비교하여 손 부분에서 교정의 흔적이 보인다. 뭉크의 니체초상화는 또 하나 더 있다. 앞의 두 초상화와 비슷한 구도로 1906년 니체의 옆모습을 표현한 61.5 × 46.2cm크기의 붉고 회색이 곁들인 보라색의 석판화가 그것이다. 뭉

52 Edvard Munch가 Ernest Thiel에게 보내는 편지(날짜없음 1905.12). Brennecke, a.a.O., 42쪽.
53 Brennecke, a.a.O., 45쪽 참조.

크는 이 초상화에 큰 의미를 부여하지는 않았다.[54]

뭉크의 니체초상화에 대한 예술적 완성도에 관한 평가는 분분하다. Peter Krieger는 오슬로 판과 관련해서 이렇게 평한다. 이것은 "뭉크가 집중하여 그린 것이다. 이 그림이 매우 중요하였기에 그는 그것을 소유하기를 원했고, 보다 급진적인 형식으로 그는 구도를 보다 좁게 선택하고 …… 전체적으로 그림은 격렬하고 극단적으로 밝다. 우선 무엇보다도 넓고, 핏빛의 붉은 줄을 통해 노란 하늘과 ……"[55] 이에 반해 Hedberg는 뭉크를 방문하고 난 이후 이렇게 보고한다. "니체 초상화는 세 가지 판이 있고, 동일한 것 위에 성립하지만, 그러나 각각은 상이한 색채의 효과를 노렸다. 마지막 그림, 지금 Thielska의 미술관에 있는 것은 가장 모험적이고, 가장 강한 색채로 이루어졌고, 정열적인 파토스로 고양되었다."[56] 마찬가지로 Ernest Thiel 은 1944년 Josef Paul Hodin과의 대담에서 다음과 같이 말한다. "그중에서 마지막 그림이 최고였고 오늘날 Thielska Gallerieт에 걸려있습니다."[57] 작품에 대한 뭉크의 입장은 다음의 언급이 참조할 만하다. 1906년 7월 2일 그는 Thiel에게 이렇게 쓴다. "나는 손을 세밀하고 작게 그림으로써, 니체의 그림을 많이 개선했습니다."[58] 뭉크는 타자로 쓴 1906년 7월 7일 Gustav Schiefler에게 보내는 편지에서 이렇게 쓴다. "마지막 니체그림이 잘 되었습니다. 그것을 스웨덴으로 부쳤습니다."[59]

그렇다면 니체의 초상화는 뭉크의 작품들 속에서 어떤 위치를 차지하

54 Brennecke, a.a.O., 52쪽 참조.

55 P. Krieger, *Edvard Munch. Der Lebensfries für Max Reinhardts Kammerspiele*. Ausstellungskatalog. Berlin 1978, 71f쪽.

56 T. Hedberg, "Thielska galleriet. Nyare förvärt. II, in: *Svenska Dagbladet*. 1907. 8. 2.

57 J.P. Hodin, "Edvard Munch", in: *Paletten5,* 1944. Brennecke, a.a.O., 49쪽 참조.

58 Edvard Munch가 Ernest Thiel에게 보내는 편지(1906. 7. 2). Brennecke, a.a.O., 49쪽.

59 Edvard Munch가 Gustav Schiefler에게 보내는 편지(1906. 7. 7). Brennecke, a.a.O., 50쪽.

고 있는가? 전문가들 사이에 평가가 엇갈리지만 예술적 완성도 측면에서 대체적으로 부정적이다. John Boulton Smith와 Brita Lindes는 작품의 예술적 완성도가 떨어짐을 단적으로 지적한다. "뭉크의 다른 그림들과 비교해서 예술적 수준이 떨어진다."[60] Hans Gerhard Ever는 이렇게 혹평한다. 뭉크는 "니체를 마치 입센의 드라마에 나오는 서민적인 목사로 만들었다."[61] Josef Adolf Schmol 또한 Olde의 에칭에 훨씬 높은 점수를 주면서 뭉크의 그림은 낯설게 느껴진다고 평한다.[62] 이와는 대조적으로 Otto Bennesch는 이렇게 평가한다. "그림의 밝은 색채는 그를 Toulouse-Lautrec의 포스터를 상기시킬 만큼"[63] 강렬한 인상을 준다. 그렇다면 뭉크의 니체 초상화에 대한 비판적 평가의 원인은 무엇인가? 우선 우리는 뭉크가 니체 초상화를 자의에 의해 그린 것이 아니고, 계약에 의한 것임을 지적할 수 있다. 니체 초상화 제작에서 뭉크 자신의 창작적 자유는 제한될 수밖에 없었다.[64] "이것은 어려운 전제하에서 완성되었다. 뭉크는 철학자를 한 번도 보지 못했고 그는 사진으로 제시되었고, 그 외에 뭉크는 그를 살아있을 때 보다 두 배 크기로 그릴 생각을 했다. 이것은 그에게 대단한 모험이었다."[65]

그리고 엘리자베스와 Thiel의 간섭도 작품의 예술적 가치를 떨어뜨리는 원인이 된다. 작품이 완성되었음을 통보받았을 때, 니체의 여동생은 평가단들과 함께 바이마르에 있는 호텔, 'Russischer Hof'에 있는 뭉크의 급조

60 B. Linde, *Ernest Thiel*. Stockholm 1969, p. 131. Brennecke, a.a.O., 53쪽.

61 H.G. Ever, "Munchs fotografische Studien", in: *Edvard Munch. Probleme-Forschungen-Thesen*. München 1970, 187-225쪽.

62 J.A. Schmoll, "*Munchs fotografische Studien*", München 1973. 194쪽 참조.

63 O. Benesch, *Edvard Munch*, Köln u.a. 1960, 141쪽.

64 Arne Eggum도 뭉크의 입장에서 그것은 "익숙지 않은 계약에 의한 일"로 규정한다. Ders., *Edvard Munch*. Gemälde, Zeichnungen und Studien[1984], übers. v. Grete u.a., Stuttgart 1986, 212쪽.

65 Brennecke, a.a.O., 53쪽.

된 화실로 급히 왔고 화가에게 자신의 권력을 유감없이 발휘했다. "머리모양이 약간 이상합니다. 몇 일내로 다시 고쳐져야만 합니다."[66] 더욱이 초상화 주문자인 Ernet Thiel은 창작과정에서 자신의 약속을 어기고 참견하게 된다. 그는 '당신이 원하는 방식으로'라는 계약당시의 약속을 무시하고 다음과 같은 것을 요청했다. 그는 뭉크에게 니체의 오른쪽과 마찬가지로 왼쪽도 기울어지게 그려주기를 요구했으며 뭉크가 손을 "분명하고 작게" 그리는 것을 주저하지말기를 요구했다.[67] 따라서 뭉크가 니체 초상화에서 할 수 있는 일이란 엘리자베스가 제시한 니체의 사진과 조각들을 모방하여 니체를 그리는 것이었고, 따라서 그는 자신의 개성을 배경그림과 색채의 배치 등에서 소극적으로 드러낼 수밖에 없었다. 1906년 7월의 한 편지에서 뭉크는 Thiel이 그림에 대한 대가로 5,000 제국 Mark을 송금해준 것에 감사함을 표한다. 그러나 자신의 속내를 그는 Schiefler에게 보내는 편지에서 드러낸다. "니체 그림은 제가 노르웨이에 머무를 때 스웨덴으로부터 받은 주문입니다. 그림을 완성한 다음에는 스웨덴으로 가져갈 겁니다. 제 생각에 한 푼도 안 줘도 되지 않을까요?"[68]

(3) 뭉크는 니체주의자인가?

뭉크가 니체를 처음으로 언급한 때는 1890년 여름 그의 나이 29세 때였다.[69] 앞서 언급했듯이 1890년이면 북유럽에서 니체는 더 이상 낯선 철학자가 아니었다. 1888년의 코펜하겐 대학에서 행한 Georg Brandes의 강연

66 Elisabeth Fröster-Nietzsche가 Edvard Munch에게 보내는 편지(1906.2.14). Brennecke, a.a.O., 67쪽.

67 ebd.

68 뭉크, 『뭉크 뭉크』, 이충순 옮김, 서울: 다빈치 출판사, 2000, 176쪽.

69 Brennecke, a.a.O., 9쪽 참조.

은 오슬로의 지성계에서도 큰 화제가 되었고 뭉크도 이 소식을 알고 있었다. 1891년 11월 뭉크는 코펜하겐에서 니스로 가는 도중에 함부르크에서 짧게 체류하게 되는데 그곳의 화랑에서 Arnold Böcklin의 'Die Feueranbeter (배화교도)'를 보고 깊은 인상을 받게 된다. 그때 인상을 1893년 초 뭉크는 자신의 덴마크 지인인 Johan Rohde에게 쓴 편지에서 드러낸다. "뵈클린, 내가 생각하기에, 모든 다른 현대의 화가보다 뛰어나다. …… 철학자들 중에서 니체와 같은 자"[70]에 비교된다.

뭉크를 니체주의자로 규정하는데 결정적 역할을 한 사람이 Przybyszewski 이다. 그는 1889년 21살 때 베를린으로 와 처음에 건축학을 나중에 의학을 공부하게 된다. 매우 지적이며 다방면에 관심이 많았던 그는 독일어로 출판된 Ola Hansson의 니체에 관한 수필을 읽고 난 후, 니체를 보다 더 알기위해 『우상의 황혼』을 읽게 된다. 그는 그때의 느낌을 병원의 차트 여백에 쓴다. 그것을 그는 '쇼팽과 니체로' 명명했으며, 나중에 책으로 출판한다.[71] 특히 그는 니체가 『비극의 탄생』에서 예술의 기원을 디오니소스적 도취에서 찾는 것에 주목한다. 그는 1892년 12월 거의 매일 베를린에서 열린 뭉크의 전시회를[72] 방문한다. 그는 니체의 예술철학과 뭉크의 회화세계를 연결시키려고 노력하게 된다. 뭉크는 그에게 디오니소스적 도취를 회화에서 실현하는 자로 보였다. '절규'로 대표되는 뭉크의 그림세계는 인간 내면세계, 특히 우울, 광기, 고독의 구체화이며, 이 점은 니체의 심층심리학의 차

70 Edvard Munch가 Johan Rohde에게 보내는 편지(1893년 초), Brennecke, a.a.O., 17쪽.

71 S. Przybyszewski, *Zur Psychologie des Indiviuums. Friedrich Chopin und Nietzsche*. Berlin 1902.

72 1892년 11월 뭉크는 베를린의 예술가 협회의 초대로 베를린의 건축회관(Architektenhaus)에서 55점의 그림을 전시했다. 그 중의 '그 날 이후'(Der Tag danach), '병든 아이'(Das kranke Kind), '우수'(Melancholie), '키스'(Der Kuß) 그리고 '전망'(Vision)등이 있다. Brennecke, a.a.O., 14쪽 참조.

원에서 이해될 수 있다고 보았다.[73] 1893년 12월, 뭉크는 베를린에서 전시된 작품들 중 선별하여 다시 소개한다. Przybyszewski는 뭉크의 작품을 'Neue deutsche Rundschau'에 소개하면서 그의 작품세계를 "심리적 자연주의"(Psychischer Naturalismus)로 규정한다.[74] 그 후 그는 동일한 예술비평문을 1894년에 '에드바르트 뭉크의 작품 요약'으로 다시 발표한다. 그는 뭉크의 "고독의 위대한 예술"[75]에 관한 연구를 확대한다. Przybyszewski가 뭉크를 니체주의자로 규정한 이후 문화계에서 뭉크는 언제나 니체와 불가분적인 존재로 취급되었다.

Przybyszewski 이후 Gösta Svenaeus, Reinhold Heller 그리고 Jürgen Krause등이 뭉크를 니체주의자로 규정하는데 앞장선다. 그러나 뭉크 스스로 자신을 니체주의자로 규정하는데 어떤 의견도 제시하지 않는다. 비록 그가 니체에 대한 호의적 평가를 일기, 편지 그리고 메모 등에 남기지만, 자신의 작품세계와 니체 사상과의 직접적 관계에 대해서는 침묵한다. 뭉크를 니체주의자로 규정하는 것에 반론을 제기하는 연구가들도 많다. 대표적인 사람이 Otto Benesch이다. 그는 뭉크를 니체주의자로 규정하는 것은 스칸디나비아, 특히 스웨덴적 해석에 기인하며, 뭉크가 니체초상화의 청탁을 받고 그린 사실이 증폭된 것이라 보았다. "오늘날의 느낌으로 니체의 영향이 너무 강조되었다 …….."[76] 1984년 Jürgen Krause도 니체와 뭉크의 관계에 대

---

73 Przybyszewski는 뭉크와 쇼팽의 창작을 니체의 사상에 접합시키고자 했으며, 디오니소스적 망아의 세계가 두 예술가에게 넘쳤고, 사회적 규범으로 이해될 수 없는 원초적 인간군상이 그들의 작품에 드러난다는 것이다. 그는 뭉크에게서 특히 그러한 세계가 '봄의 기운', '키스', '흡혈귀', '질투', '절망' 그리고 '마돈나'에서 표본적으로 드러난다고 보았다. Brennecke, a.a.O., 18쪽 참조.

74 S. Przybyszewski, "Psychischer Naturalismus", in: *Neue deutsche Rundschau* 5(1894), 150-156쪽.

75 S. Przybyszewski, *Das Werk des Edvard Munch*. Vier Beitäge v. S. Przybyszewski u.a., Berlin 1894, 4쪽.

한 문제를 공론화한다. 그의 입장은 분명하다. “니체의 사유가 뭉크의 작품에 관계가 있다는 것은 순전히 임시방편적으로(ad-hoch) 고안된 것이다.”[77]

뭉크를 니체주의자로 끌어들이는 사람들은 우선 사실의 문제로, 뭉크가 오랫동안 니체의 『차라투스트라』에 천착한 것을 실증적으로 제시한다. 뭉크는 1905년 12월 Thiel에게 보내는 편지에서 자신이 니체초상화의 모델로 삼은 것이, 『차라투스트라』의 2부에 나오는 “밤의 노래”를 배경으로 한 것임을 밝히고 있고, 니체의 머리카락을 어떤 색깔로 표현할 것인가를 고민하면서, 『차라투스트라』 4부의 도입부에서 언급되는 차라투스트라의 머리칼을 택할 수 없음을 아쉬워한다. 뭉크가 언급한 내용은 이것이다: “차라투스트라의 영혼 위로 또다시 달이 가고 해가 갔다. 그러나 그는 가는 세월에 아랑곳하지 않았다. 어느새 그의 머리도 백발이 되었다.”[78] 니체 초상화에 나타난 배경도 물론 뭉크 자신의 작품에서 차용한 것이지만, 동시에 『차라투스트라』 속의 배경을 많이 고려한 것은 확실한 것 같다. 그림에서 보이는 산, 태양, 계곡 그리고 강은 니체가 차라투스트라와 관련하여 즐겨 묘사하는 것이다. “굴곡을 이룬 심연 저 너머”[79], “오, 심연은 여기서 저 아래로, 밑으로, 속으로, 점점 깊이를 더해가며 어찌 그리도 소용돌이치며 떨어지고 있는가!”[80], “굽이굽이 돌고 돌아 다시 그 근원으로 되돌아가는 강을 보라!”[81] 태양은 “막 차라투스트라 머리 위로”[82] 불탄다. “심원한 노랑과 강렬한 빨강,

---

76 O. Benesch, a.a.O., 39쪽.

77 Brennecke, a.a.O., 55쪽. J. Krause, *'Märtyrer' und 'Prophet'. Studien zum Nietzsche-Kult in der bildenden Kunst der Jahrhundertwende*, Berlin u.a. 1984, 196쪽 참조.

78 Za; KSA4, 295.

79 Ebd.

80 Za; KSA4, 373.

81 Za; KSA4, 211.

82 Za; KSA4, 342.

나의 취향이 바라는 것들이다. 나의 취향은 모든 색에다 피를 섞는다."[83]

뭉크의 서가에서 『차라투스트라는 이렇게 말했다』를 발견 할 수 있다는 사실[84] 그리고 그가 책의 내용에 낯설지 않았다는 사실 이외에 뭉크를 니체주의자로 규정하는 사람들의 입장을 더욱 강화시키는 것은 뭉크가 니체의 초상화 이후에도 다양한 작품에서 니체로 확인될 수 있는 인물을 그린다는 점이다. 1908년 뭉크는 Kristiania 대학의 전시관의 벽을 장식할 벽화를 위한 공모에 참가하기로 결심하고, 그것의 대강을 그리게 되는데 오늘날 '천재'로 알려진 미완성의 작품이 그것이다. 작품의 왼쪽 맨 앞에 사자머리를 하고 있는 입센이 서있고, 오른쪽 입센의 약간 뒤에 희미하지만 연무에 휩싸인 니체가 서있다. 이외에도 1907년의 '피에타(Pieta)', '해수욕하는 사람'과 '거지들' 등의 작품과 노르웨이이의 수도에 있는 한 대학의 기념강의실을 위한 넓은 장식물들 등에도 니체의 얼굴이 등장한다.[85] 이러한 사실은 뭉크에게 니체가 단순히 청탁받은 초상화의 인물 이상임을 의미하는 것으로 보인다.

그러나 뭉크와 니체의 관계를 과도하게 강조하는 것을 반대하는 연구자들도 많다. 그들은 니체주의자로서의 뭉크는 니체숭배자인 Stanislaw Przybyszewski와 Gösta Svenaeus 등이 자신의 관점과 자신들의 필요에 의해 창작한 허구임을 폭로한다. 니체는 뭉크의 화풍과 무관하며 단지 개인적 관심에 불과하다는 것이 그들의 주장이다. 그들은 앞서 밝혔지만, 뭉크가 스스로 니체사상과 자신의 작품 경향에 모종의 관계가 있다는 그 어떤 사실도 말하지 않았다 점을 강조한다. 오히려 그들은 니체가 상징주의를 비판한다는 점을 지적한다. 니체가 『인간적인 너무나 인간적인』에서 당대의 예술

83 Za; KSA4, 244.

84 Brennecke, a.a.O., 65쪽 참조.

85 Brennecke, a.a.O., 69쪽 참조.

이 가진 문제점을 "예술의 탈감각화"[86]로 규정하는데 그는 이때 뭉크에게도 큰 영향을 끼친 상징주의자 '뵈켈린'을 염두에 두고 있다. 따라서 니체의 관점에서 상징주의는 자신의 예술철학을 구현하는 것이 아니다. 이러한 정황으로 봐서 연구가들은 뭉크의 상징주의 화풍과 니체의 예술철학은 대립된다고 주장한다.[87] 또한 뭉크를 니체주의자로 규정하는 것을 반대하는 자들은 뭉크가 니체철학에 정통하지 않았음을 반증함으로써 자신들의 입장을 강화한다. 그들은 니체에 관한 뭉크의 지식은 대단히 지엽적인 것이라고 본다. 뭉크는 '도덕의 허위', '신은 죽었다', '정신의 자유' 그리고 '힘에의 의지'에 관한 것을 간접적으로 들어서 알고 있을 뿐이며, 거기에 관한 사려 깊은 통찰을 시도하지 않았다는 것이다. 비록 그것에 관해 우연히 발견되는 뭉크의 기록들에 우리가 너무 큰 의미를 부여할 필요는 없다는 것이다.[88] 당시 북유럽의 지성계와 살롱가에 퍼진 니체 신드롬에 뭉크가 편승했을 뿐이라는 것이 그들의 주장이다. 그들은 1890년의 Otto Erich Hartleben이 북유럽에 퍼진 니체 신드롬에 대해 언급한 것을 우리에게 상기시킨다. "어디에도 지금 니체에 관해서 이야기하지 않는 곳이 있는가!"[89]

5. 보이스와 확장된 예술개념

(1) '일식과 코로나'

뭉크와 달리 보이스(J. Beuys)는 자신이 니체주의자라는 사실을 작품

86 MAI; KSA2, 26 u. 177.

87 Brennecke, a.a.O., 71쪽 참조.

88 Ebd.

89 O. E. Hartleben, ***Tagebuch***. Albert Langen 1906, 117쪽.

활동 속에 직접적으로 드러낸다. "모든 것은 예술이다"[90]라는 그의 언명은 곧바로 "세계자체는 예술이외 아무 것도 아니다"[91]라는 니체의 주장과 일치한다. 보이스는 1942년 초 그의 나이 21살 때 바이마르에 있는 니체 문서 보관소를 방문하게 된다. 그는 방문의 인상을 적은 메모를 남기는데 거기에서 그는 "그 사람은 자신의 천재성과 그 멋진 의지를 통해 자신이 하고자한 바를 할 수 있다. …… Apollo와 Dionysos ……"[92] 보이스가 니체에게 받은 영감은 구체적으로 1954년의 스케치가 증명하는데, 거기서 '차라투스트라'는 손을 변형된 별로 뻗치고 있다.

1978년의 꼴라주 '일식과 코로나'(Sonnenfinsternis und Corona)에서 보이스는 니체를 직접 모델로 삼는다. 이 콜라주 작품에는 두 개의 사진이 위 아래로 포개어져 배치되어있다. 위의 사진은 1899년, 즉 니체가 죽기 1년 전 병상의 모습을 한 Olde의 유명한 에칭 작품이다. 위아래의 사진에는 각각 3개의 구멍이 대각선으로 놓여있고, 따라서 그 구멍형태의 종이 때문에 그 부분의 사진은 가려진다. 그 구멍의 가장자리는 갈색을 띄고 있다. 그것은 일식을 표현하는 방편일 것이다. 여기서 '일식'이란 제목은, 의식이 흐릿해지고 동공이 풀린 눈으로 우리를 흘끗 쳐다보는 병든 니체를 암시한다. 또한 일식은 니체에 의해 예고된 임박한 유럽의 허무주의와 깊은 관계가 있다. 그리고 '광관(光冠)(Corona)'은 이와 반대로 광채를 의미하는데, 니체가 비록 일식에 묶여 있지만, 얼마나 많은 놀라움이 병든 니체로부터 발산되는가를 암시한다. 따라서 일식과 코로나는 상보적인 관계에 있다고 볼 수 있

90 J. Beuys, in:(Katalog) *Kunst im politischen Kampf*, Kunstverein Hannover 1973, 18쪽.

91 N, KSA12, 121(2[119]).

92 Wieland Schmied, "Im Namen des Dionysos. Friedrich Nietzsche und die Bildende Kunst", in: *Friedrich Nietzsche. Philosophie als Kunst*. Hrsg. v. H. Friedrich, München 1999. 150쪽.

다. 어두움 속의 빛은 더욱 빛나 보인다. 니체가 바로 그러한 위치에 있는 사람이다.

그러나 이것과는 대비되는 사진이 아래에 놓여있다. 우리는 이 사진을 가볍게 다룰 수 없다. 사진은 우리에게 박살난 사무실을 보여준다. 즉 폐허화의 여러 정황이 사진의 여러 곳에 배치되어 있다. 서류를 보관하는 책장은 바닥으로 박살난 채 넘어져 있다. 바닥과 책상 위에는 깨진 유리 조각이 널려있다. 사무실 너머의 반대쪽 집들의 창들 또한 마찬가지로 온전하지 못하다. 집들의 벽에는 유태인 이름을 상기시키는 상점의 이름이 눈에 들어온다. 이것은 우리에게 파국의 흔적을 보여준다. 보이스가 이 사진을 통해 보여주고자 하는 것은 명백하다. 그 파국은 1938년 11월 9일의 소위 "Reichskristallnacht"[93]로 불리는 나치의 야만적인 유태인 박해의 날을 의미한다. 여기서 일식은 유럽 휴머니즘의 죽음을 암시한다. 그렇다면 위에 배치된 니체의 사진과 아래의 파괴된 건물은 도대체 어떤 관계가 있는가? 그리고 사망한 유럽휴머니즘과 두 사진의 일식의 가장자리에서 흘러나오는 코로나와는 무슨 관계가 있는가? "Reichskristallnacht"는 니체사상의 결과물인가? 아니면 니체를 통해 그것을 치유할 수 있다는 것인가? 보이스는 이 꼴라주를 통하여 치유되지 않은 고통처럼 여전히 남아있는 뿌리 깊은 문제를 유럽인들에게 제기한다.

(2) 예술의 재정의

보이스와 니체와의 관련성은 그들의 예술개념에 대한 정의에서 분명히 드러난다. 보이스의 예술개념을 이해하는데 '플럭서스 운동'(Fluxusbewegung)은 결정적 열쇠역할을 한다. 반예술주의를 표방했던 다다운동을 계승

93 나치주의자들에 의한 유태인의 사원과 집 그리고 상점들이 불탄 날을 의미.

한 플럭서스(Fluxus)그룹은 1961년 결성되었다. 플럭서스란 '흐르는 것'(das Fließend)을 의미하며, Heraklit의 '만물은 유전한다'는 것에서 유래했다고 한다.[94] 플럭서스는 전통적 예술개념과 예술의 소재개념에 반기를 든다. 창작의 절대적 개방성이 플럭서스를 특징짓는다. 플럭서스에서 예술적 수단과 재료는 무한하다. 플럭서스 주창자들은 음악적 · 연극적 요소를 비롯하여 장르의 구분이 모호한 다양한 예술행위를 통하여 자신들의 주장을 사람들에게 전달했다. 그들의 예술행위는 퍼포먼스에서 잘 드러난다. 그들은 예술행위의 목표를 설정하지 않고 청중과의 그때그때의 순간적 교감에 집중한다.

플럭서스 운동의 일원으로서 보이스는 매우 의미 있는 공연을 하는데, 대표적인 것이 1963년에 있었던 '2인의 음악가를 위한 콘서트'[95]와 1965년 뒤셀도르프에 있었던 '어떻게 사람들은 죽은 토끼에게 그림을 설명할 것인가' 등이다. 보이스는 플럭서스 운동을 '확장된 예술개념'(erweiterter Kunstbegriff)으로 심화시킨다.

1965년 보이스는 예술에 대한 새로운 생각을 질문의 형태로 제기한다. "어떻게 …… 이 지상에 모든 살아있는 사람들은 …… 예술가가 …… 될 수 있는가?"[96] 이 질문에 대한 대답은 '확장된 예술개념'으로 나타난다. 확장된 예술개념은 모든 인간이 자신과 사회를 위해 자신의 잠재된 창작능력을 발산해야 하며, 이러한 창작능력을 발휘하는 한 모든 인간은 예술가가 될 수 있다는 것이다.[97] '모든 사람은 예술가이다'라는 그의 발언은 더 이상 예술을

---

94 대표적인 사람으로 George Macunias, Nam June Paik, John Cage등이 있다. R. Barce, "Offene Musik-Vom Klang zum Ritus", in: Jürgen Becker u.a., *Happenings, Fluxus, Pop Art, Nouveau Realisme,* Reinbek bei Hamburg 1965, 143쪽 참조.

95 보이스는 청중들 앞에서 짧은 시간 드럼을 치는 장난감 토끼에 태엽을 감아 피아노 위에 올려놓고 태엽이 다 풀릴 때까지 인형을 그냥 놔두었다.

96 V. Haralan u.a., *Sozial Plastik-Materialen zu Joseph Beuys*. Achberg 1984, 58쪽.

97 C. Weber, *Vom 'Erweiterten Kunstbegriff' zum 'Erweiterten Pädagogikbegriff'. Versuch einer Standortbestimmung von Joseph Beuys*. Frankfurt am Main 1991, 19쪽 참조.

인간 행위의 특수한 영역으로 가두어 두는 것을 거부한다. "나는 다음의 사실이 원리상 동일하다고 본다: 하나의 생산물이 화가 혹은 조각가에 기원하거나 또는 물리학자에 의한 것이건 동일한 것이다."[98] 보이스에게 예술은 인간적 인식과 행위의 모든 영역에서 가능하다.

우리는 여기서 니체가 『비극의 탄생』에서 언급한 내용을 상기할 필요가 있다. 디오니소스적인 음악 정신에서 탄생했던 비극에서 결정적인 요소는 예술가, 예술의 수혜자, 그리고 예술 작품 자체의 분리를 폐기한 데에 있다. 디오니소스 축제에서 인간은 "더 이상 예술가가 아니며, 예술작품 자체가 되었다."[99] 니체는 비극시대의 생각을 1880년대 초에도 되풀이 한다. "은둔자 같은 예술가와, 자신의 작품을 전시하는 예술가는 사라지게 될 것이다."[100] 1897년 사유의 완성기에 니체는 세계 자체를 예술작품으로서 본다. "예술가 없는 예술작품 …… 스스로 분만하는 예술 작품으로서의 세계"[101], "세계자체가 예술이외 아무 것도 아니다."[102] 예술 생산자와 소비자, 혹은 생산자와 생산품간의 어떠한 분리도 무의미해질 것이란 니체의 통찰은 보이스에서 실현된다. 보이스에게 '모든 사람은 예술가'이고, "예술은 삶"이고 "삶은 예술"이다.[103]

(3) 치료술로서의 예술

보이스는 인간의 모든 인식과 행위를 예술행위로 규정짓고, 그 속에서

98 Haralan, a.a.O., 102쪽.

99 GT; KSA1, 30.

100 N, KSA9, 25(1[81]).

101 N, KSA12, 119(2[114]).

102 N, KSA12, 121(2[119]).

103 J. Stüttgen, "Fluxus und der 'Erweiterte Kunstbegriff'", in: *Kunstmagazin, August Heft.* Wiesbaden 1980, 53쪽.

개인과 사회의 치료를 위한 '혁명적 힘'을 본다. 여기서 그의 '사회조각'(Soziale Pastik) 운동이 주목을 받는다. '사회조각'이란 사회를 하나의 조각품으로 보며, 각자는 자신의 방식으로 사회를 조각한다. "우리는 우리가 살고 있는 세계를 어떻게 만들고 창작하는가: 조각은 모든 사람이 예술가가 되는 혁명적 과정이다. 그 때문에 내가 조각하는 행위는 확정되거나 완성되지 않는다. 이 과정은 계속된다: 화학적 반응, 발효과정, 색채변화, 부패, 말라비틀어짐, 이 모든 것은 유전한다."[104] 보이스에게 조각의 개념은 사유, 말 등의 일체의 삶의 과정을 지칭한다. 따라서 사회조각은 개인적 능력을 사회 속으로 끌어들이고 사회 속에서 작동하게 하는 것이다.[105] 보이스에 따르면 일체의 인간행위, 정치적, 사회적 그리고 의식적 행위는 예술적 행위, 즉 조각행위이다.

보이스가 카셀의 도큐멘타(documenta)전에서 보여준 일련의 행위는 대표적인 사회조각의 일환이다. 1971년 '자유대학을 위한 위원회'(Komitte für eine Freie Hochschule), 1972년의 '직접 민주주의를 위한 조직체'(Organisation für Direkte Demokratie), 1977년의 '창조성과 학제간의 연구를 위한 자유 국제대학 협회'(Freie internationale Hochschule für Kreativität und inter-disziplinäre Forschung e.V)의 창설 그리고 1982년의 '식목운동' 등이 사회조각의 구체적 사례이다. 보이스는 자신의 이 모든 행위를 예술행위로 보고 그것을 실행하는 자신을 현대의 무당으로 규정한다. 다시 말하면, 자신은 좀 더 건강한 사회를 위해 종교적인 의식이나 마술행위를 하도록 권능을 행사하는 자라는 것이다.[106] 보이스는 자신의 '사회조각'을 통해 사람들의 감수

104 J. Beuyes, in: *Tisdall*, 7쪽.

105 Weber, a.a.O., 22쪽 참조.

106 Wilhelm Bojescul, *Zum Kunstbegriff des Joseph Beuys*. Essen 1985, 140-142쪽 참조. 보이스는 자신을 무당으로 규정하는 데는 2차 대전 당시의 체험과 무관하지 않다. 1943년 겨울 크

성을 깨우는 것을 의도하였다. 현대 기술권력은 진리의 이름으로 자연과 인간 그리고 인간과 인간의 연결고리를 끊어 놓았다. 보이스에게 예술은 기술권력이 낳은 파국을 치료하는 치료제로 등장한다. "'사회 조각', '사회 건축'은 이제 지상에서 살아가는 인간이 사회적 조직체에서 조각가, 건축가, 공동제작자로 되는 그때, 비로소 완전한 방식으로 등장한다."[107]

여기서 우리는 다시 한 번 니체를 상기해야 한다. "예술이 최고의 삶의 과제", "삶을 지배하는 예술의 필연성"[108]을 강조하는 니체는 과학정신의 과다가 낳은 파국을 예술을 통해 치유되어야 한다고 본다. 따라서 과학적 정당화가 아닌 "미학적 현상으로서만 세계와 실존은 정당화 된다."[109] 니체에게 예술은 특정한 삶의 양식을 고집하는 모든 독단적 형태의 형이상학적, 신학적 그리고 도덕적 세계에서 해방된 인간 삶을 지칭하며, 이러한 삶에서 나오는 예술적 활동은 "생의 위대한 유혹자"이고 삶을 위한 위대한 "자극제"[110]이다. 바로 그 때문에 "예술은 인간을 구원한다."[111]

림반도에서 그가 공군 조종사로 전투에 참가 중 악천후로 비행기가 추락하는 사고가 있었다. 보이스는 의식을 잃었고 그의 부조종사는 사망한다. 그는 눈 속에 실종되었고 그 때 기적 같은 일이 일어난다. 타타르족의 유목민이 그를 발견하고 텐트로 옮긴다. 보이스는 8일 동안 의식불명의 상태로 지내게 되는데, 유목민은 그의 상처를 동물 지방으로 치료하고 체온을 유지시키기 위해 동물 가죽으로 감싸두었다. 그에게 우유, 요구르트 그리고 치즈를 먹였다. 보이스는 사고로 갈비뼈, 팔 그리고 다리가 골절되는 큰 부상에도 불구하고 유목민의 도움으로 살아남는데, 이 원초적 경험을 통해 그는 신화, 특히 샤먼에 대한 새로운 이해를 획득한다. 그의 생존의 근거가 되었던 모피와 동물 지방은 그의 창작의 기초적 재료로 자주 채택된다. Heiner Stachelhaus, *Joseph Beuys*. translated by David Britt, New York 1991, 21쪽 참조.

107 Beuys, in: Harlan 1984, 121쪽.

108 N, KSA7, 428(19[36]).

109 GT; KSA1, 152.

110 GT; KSA1, 101.

111 GT; KSA1, 56.

6. 나가는 말

우리는 지금까지 니체의 조형예술 이해와 현대 미술에서 니체의 영향을 살펴보았다. 우리는 조형예술에 대한 니체의 소극적 태도에도 불구하고 그것이 니체 철학에서 가지는 의미가 결코 작지 않음을 확인했다. 특히 뒤러의 '기사, 죽음 그리고 악마'가 니체에게 준 영향은 니체 본인의 매우 짤막한 언급에도 확인할 수 있다. 그리고 르네상스의 세 거장을 평가하는 니체의 기준도 눈여겨 볼만하다. 레오나르도 다빈치에 대한 니체의 호평에도 불구하고 뒤러의 경우와 마찬가지로 그의 언급은 매우 짧은 몇 문장이 전부이다.

니체가 현대미술에 끼친 영향은 우선 니체를 모델로 삼은 수많은 작품들에서 찾을 수 있다. 그러나 그 작품들의 예술적 완성도에 대해서는 부정적 평가가 다수이다. 그것은 대부분 정치, 사회적 분위기와 깊은 관계가 있다. 니체를 모델로 하는 작품 중에서 우리는 뭉크의 작품을 눈여겨보아야 한다. 오랫동안 뭉크를 니체주의자로 규정하려는 시도가 많았다. 그가 니체의 초상화를 그렸다는 점에서 뿐만 아니라, '절규'로 대표되는 인간 내면의 깊은 세계를 표현하는 그의 작품들에서 니체의 이른바 '심층심리학'적인 인간 탐구의 내용이 엿보인다는 것이다. 그러나 반론도 만만치 않다. 그가 속한 회화 양식을 니체가 '탈감성화'로 비판했기 때문이다. 니체 초상화를 통해 드러난 배경들은 『차라투스트라』의 내용을 상기시키지만 그것으로 뭉크를 니체주의자로 규정할 수는 없다. 그러나 뭉크가 '니체 초상화'의 완성 이후에도 니체에 대한 그의 관심은 계속된다. 그 결과는 그의 많은 작품에서 나타난다. 그러나 니체사상과 뭉크의 화풍이 어떤 관계가 있는지는 분명하지 않다는 것이 우리의 잠정적인 결론이다.

뭉크와 달리 우리는 보이스를 니체주의자로 분명히 규정할 수 있다. 그의 '확장된 예술개념'과 '치료'로서의 예술의 역할은 니체의 예술사상과 일치한다. 니체의 영향은 현대 미술에 올수록 더 뚜렷해진다. 현대 미술의 다양한 유파들은 니체의 사상에 직 · 간접적으로 관계가 있다. 특히 예술을 새롭게 규정하려는 실험주의에서 그 영향은 뚜렷하다. 다다를 비롯한 '반예술 운동'은 니체의 확장된 예술개념과 뜻을 같이한다. 특히 다다운동의 선구자인 뒤샹은 삶과 무관하게 독자적이고 지고한 가치를 지니는 것으로 받아들였던 전통적 예술의 개념, 즉 '예술을 위한 예술'을 부정한다. 그의 확장된 예술개념에 따르면, 지금까지 미술작품으로 성립되기 위해 꼭 필요했던 형태, 재료, 내용, 범주, 기술 등은 무의미해졌으며, 오히려 미술가가 어떻게 그것을 미술로서 규정하는가가 문제이다. 뒤샹의 혁명적인 사유는 무언가를 만드는 것이 미술이라는 오래된 정의를 부인함으로써 전통적인 서양미술을 전면적으로 전복시킨다. 뒤샹은 전통적 미술양식을 파괴했을 뿐만 아니라 미술에 우연의 요소를 적극적으로 수용했다. 이러한 우연적 요소는 뒤샹의 실험적 작가정신에 의해 새로운 표현방법을 성취한다. 그것이 레이디메이드이다. 우연과 순간의 긍정은 인간 삶을 구속했던 필연성의 무게에서 해방되는 첩경이다. 뒤샹을 비롯한 다다운동이 공통적으로 우연, 놀이적 성격 그리고 순간을 모두 강조했다는 점은 얼마나 그들의 사상이 니체의 그것과 상응하는가를 보여준다.

참고문헌

강미진, 「조형예술에 있어서 '양식'의 문제(1)」, 미학 10집, 한국미학회, 1984/85.

뭉크, 『뭉크 뭉크』, 이충순 옮김, 서울: 다빈치 출판사, 2000.

Aschheim, S. E., *Nietzsche und die Deutschen. Karriere eines Kults*. Stuttgart u.a. 1996.

Barce, R., "Offene Musik-Vom Klang zum Ritus", in: Jürgen Becker u.a., *Happenings, Fluxus, Pop Art, Nouveau Realisme,* Reinbek bei Hamburg 1965.

Benesch, O., *Edvard Munch*, Köln u.a. 1960.

Beuys, J., in:(Katalog) *Kunst im politischen Kampf*, Kunstverein Hannover 1973.

Bohrer, K.-H., *Der Abschied. Eine Theorie der Trauer*. Frankfurt am Main 1998.

Bojescul, W., *Zum Kunstbegriff des Joseph Beuys*. Essen 1985.

Brennecke, D., *Die Nietzsche-Bildnisse Edvard Munchs*. Berlin 2000.

Eggum, A., *Edvard Munch*. Gemälde, Zeichnungen und Studien[1984], übers. v. Grete u.a., Stuttgart 1986.

Ever, H.G., "Munchs fotografische Studien", in: *Edvard Munch. Probleme-Forschun gen -Thesen.* 187-225, München 1970.

Haralan, V. u.a., *Sozial Plastik-Materialen zu Joseph Beuys*. Achberg 1984.

Hartleben, O. E., *Tagebuch*. Albert Langen 1906.

Kock, H., "Nietzschenildnisse als Begegnungsdenkmale", in: H. Seubert(Hg.), *Natur und Kunst in Nietzsches Denken*. Köln u.a 2002.

Krause, J., *'Märtyrer' und 'Prophet'. Studien zum Nietzsche-Kult in der bildenden Kunst der Jahrhundertwende*, Berlin u.a. 1984.

Krieger, P., *Edvard Munch. Der Lebensfries für Max Reinhardts Kammerspiele*. Ausstellungskatalog. Berlin 1978.

Linde, B., *Ernest Thiel.* Stockholm 1969.

Meyer, Th., *Nietzsche. Kunstauffassung und Lebensbegriff*. Tübingen 1991.

Montinari, M., *Nietzsche lesen*. Berlin u.a 1982.

Nietzsche, F., *Sämtliche Werke*. Kritische Studienausgabe in 15 Bänden, G. Colli u.a.(Hg), Münschen 1999.

______, *Sämtliche Briefe*. Kritische Studienausgabe, Colli u.a(Hg.), Münschen 1986.

Przybyszewski, S., *Das Werk des Edvard Munch*. Vier Beitäge v. S. Przybyszewski u.a., Berlin 1894.

______, "Psychischer Naturalismus", in: *Neue deutsche Rundschau* 5(1894)

______, *Zur Psychologie des Indiviuums. Friedrich Chopin und Nietzsche*. Berlin 1902.

Schmied, W., "Im Namen des Dionysos. Friedrich Nietzsche und die Bildende Kunst", in: *Friedrich Nietzsche. Philosophie als Kunst*. Hrsg. v. H. Friedrich, München 1999.

Schmoll, J.A., "*Munchs fotografische Studien*", München 1973.

Schubert, D., "Nietzsche-Konkretionsformen in der bildenden Kunst 1890-1933. Ein Überblick", in: *Nietzsche-Studien*(10/11).

______, "Nietzsches Blick auf Delacroix als Künstlertypus", in: *Nietzscheforschung* 4(1998).

Schulze, I., "Nietzsche und Claude Lorrain", in: *Nietzscheforschung* 4(1998).

Stachelhaus, H., *Joseph Beuys*. translated by David Britt, New York 1991.

Stüttgen, J., "Fluxus und der 'Erweiterte Kunstbegriff'", in: ***Kunstmagazin, August Heft.*** Wiesbaden 1980.

Weber, C., *Vom 'Erweiterten Kunstbegriff' zum 'Erweiterten Pädagogikbegriff'. Versuch einer Standortbestimmung von Joseph Beuys*. Frankfurt am Main 1991.

10

현대무용에 나타난 니체 무용미학의 영향에 대한 분석

– 던컨과 커닝엄을 중심으로

김 미 기

1. 들어가는 말: 사유형식으로서의 춤

무용이란 다른 예술 분야에서는 표현할 수 없는 특유의 시간성과 공간(무대)을 소유하고 있고, 또 이 시간과 공간 속의 표현양식들이 현실적인 혹은 상징적인 방법으로 전달되는 예술이다. 무용예술의 본질을 정의함에 있어 문제가 되는 것은 '다른 단순한 동작들과는 구분되는 무용이라는 동작이 전달하고자 하는 의미가 무엇인가?' 혹은 '몸을 매개로 하는 동작표현을 통해 과연 의미가 말해질 수 있는가'에 대한 의문점들이다. 다시 말하면 무용의 본질을 철학적으로 논하는 작업은 '무용동작이 감정이나 정신적 가치를 표현하고 있는가' 그리고 '무용표현들이 하나의 의미의 상징체계로서 가능한가'라는 의문에 대한 해답을 찾지 않으면 안 된다는 것이다. 20세기 이전에도 무용의 표현기법이나 상징적인 의미에 대한 해석이 존재했으나 그 논의가 무용예술에 대한 깊이 있는 철학적 접근은 되지 못하였다. 그 이유는 육체를 매개로 하는 무용은 그 자체로 정신을 표현하기 어려운 예술로 치부되었고 유일한 형태의 무용이었던 발레가 예술적 표현보다는 여성적 아름다움과 기교만을 강조하는 경향이 있었기 때문에 공공연히 경시되거나 가치 폄하되는 원인이 되었으며 그 결과 무용에 대한 철학적 해석이 결여되어 왔기 때문이다. 즉 예술의 한 장르로서의 무용이 진정한 철학적 논의의 대상이 된 것은 20세기 이후 현대무용이 등장한 이후라고 할 수 있다. 이사도라 던컨(Isadora Duncun: 1878-1927)의 현대무용이 등장한 다음부터 무용이란 인간의 내면세계와 사유하는 정신을 표현하는 예술로 인정되었고 따라서 무용예술의 이론적 해명도 가능하게 되었다.

다음 단계로 현대무용이 특정한 의미와 철학을 담고 있다고 전제한다면, '그 의미는 어떻게 전달되며 해석될 수 있는가', '무용은 하나의 언어인가' 라는 질문에도 답하고 넘어가야 한다. 이러한 질문에 대한 해답은 다양하고 구체적인 설명을 필요로 할 뿐만 아니라 관점의 한계를 분명히 해야 하기 때문에, 본 논문에서 무용은 "몸짓의 언어"[1]라는 니체의 입장을 전적으로 수용하고 나아가 사유형식을 표현하고 전달하는 상징적 언어를 가진 예술이라는 전제로부터 출발할 것이다. 니체는 『인간적인, 너무나 인간적인』에서 인간의 "몸짓의 모방은 언어보다 더 오래된"[2] 상호간의 이해수단이었다는 사실을 지적하면서 "몸짓의 언어"와 "몸짓의 상징성"을 강조하고 있다. 니체에 의하면 무용은 분명 사유의 의미를 전달하고 몸짓을 통해 의미전달을 가능하게 하는 상징적 언어이다. 여기서는 먼저 무용은 몸을 통한 사상의 표현, 즉 특정한 사유형식의 표현이라는 점에 주목하면서, 니체의 무용 미학이 현대무용의 양식에 미친 영향을 구체적으로 분석할 것이다. 나아가 니체가 무용을 해석하는 철학적인 배경과 내용을 규명하고, 이러한 니체의 무용 미학이 현대무용의 사상적 배경으로 해석될 수 있는 이론적 근거와 현대무용 속에 나타난 니체의 직접적인 영향을 제시하고자 한다.

1 F. Nietzsche, MA I, KSA 2, 176쪽. 니체의 인용은 저작의 경우 Friedrich Nietzsche Samtliche Werke, Kritische Studienausgabe in 15 Bänden, hrsg., G.Colli und M.Montinari, Berlin/New York 1980ff의 니체 전집을 KSA로, 편지의 경우 Friedrich Nietzsche Sämtliche Briefe, Kritische Studienausgabe in 8 Bänden, hrsg., G.Colli und MMontinari, Berlin/New York 1986을 KSB로 약기하고 책의 제목, 권수와 쪽수의 순으로 기록한다.

2 같은 곳.

2. 니체에 있어 '춤'의 상징적 의미 분석

(1) 디오니소스(적인 것)의 춤의 미학

현대무용에 미친 니체 무용미학의 결정적 요소들을 제시하기 위해서는 니체 철학에 나타난 춤의 상징적 의미들에 대한 분석이 먼저 진행되어야 한다. 일하는 동작과 같은 기능적인 동작, 제스처와 같은 표현적인 동작과는 달리 무용은 일반적으로 의미를 전달하는 상징적인 체계라는 특징을 통하여 정의된다. 고전적인 무용에서는 무용수들이 동작을 통해 의미를 전달하고 표현하기보다는 형식적 틀 안에서의 기교적 행위에서 벗어나지 못했기 때문에, 그 내용과 형식에 있어 소위 정신적인 사유의 자유로운 표현, 인간성 해방 혹은 육체의 해방과는 거리가 멀었다. 정신이 배제되어 있는 정형화 되어 있는 전통적 무용형식, 특히 발레 동작의 체계화된 움직임의 형식을 해체하는 현대무용의 새로운 운동에 사상적 뿌리가 된 것이 니체의 철학이었고, 그 저변에는 디오니소스적 예술충동과 '힘에의 의지'의 긍정으로서의 춤을 상징적 의미를 통해 예찬하는 그의 무용미학이 있었다. 여기서는 니체의 춤 개념을 전후로 나누어, 초기의 개념은 『비극의 탄생』의 디오니소스(적인 것)의 개념을 중심으로, 후기의 개념은 『차라투스트라는 이렇게 말했다』 이후 저작을 중심으로 몸(Leib)개념과 함께 강조되는 춤의 상징적 의미들을 살펴볼 것이다.

니체에 의하면 디오니소스적인 노래와 "춤에서 그리스의 본성은 드러난다."[3] 예술은 자연의 통찰을 통해 삶의 힘을 창조적으로 표현하는 것이며, 예술의 충동에는 두 가지가 있는데 하나는 아폴론적인 것과 디오니소스적인 것이다. 즉 꿈(아폴론적인 것)과 명정(디오니소스적인 것)이라고 불리는 이 두

3 F. Nietzsche, GT, KSA1, 64쪽.

가지 자연의 힘의 대립을 통해 예술이 전개되는 것이다. 조형미술적 힘을 가진 아폴론적인 것과 열정, 노래, 몸짓의 힘을 가진 디오니소스적인 것은 특히 자연의 본질을 상징적으로 표현하는 춤의 형식을 통하여 실현된다. 인간의 고뇌가 극에 달하는 숭고한 순간에 디오니소스적 도취의 상태가 나타나고 춤과 노래의 근본적인 리듬을 통하여 인간과 자연과 신의 완벽한 조화가 이루어진다:

> "인간은 노래하고 춤추면서 보다 높은 공동체의 일원임을 표현한다. 그는 걷는 법과 말하는 법을 잊어버리고, 춤추며 허공으로 날아오르려 한다. …… 인간은 스스로를 신으로 느끼며, 마치 꿈속에서 신들이 소요하는 것을 본 것처럼 그 자신도 황홀해지고 고양되어 돌아다닌다."[4]

디오니소스적인 춤을 통해서 인간은 '스스로 신으로 느끼는' 상태에까지 상승할 수 있다. 왜냐하면 "디오니소스적 송가에서 인간은 자신이 가진 모든 상징적 능력을 최고로 고양시키도록 자극받고"[5], 자연의 예술적인 힘이 도취의 상태에서 나타날 때, 인간은 자신을 넘어선 몰아의 상태에서 신적으로 고양되기 때문이다. 이성적 논리를 따르는 세계와 예술은 한계에 부딪히게 되기 때문에, 무용이 훌륭한 예술이 되기 위해서는 다시 디오니소스적인 그리스 비극으로 되돌아가지 않으면 안 된다. 이것이 곧 무용이 부활할 수 있는 유일한 길이며, "더 강해지고 더 풍요롭게 되며 더 완전하게"[6] 되는 예술의 생리학적 전제조건들을 충족시키는 길이다. 이성적 반성이 아닌 디오니소스적 도취의 상태에 의해 인간은 '춤추며 날아오를' 수 있다. 그 디오니소스적 춤의 동력 속에서 인간은 삶의 최고긍정을 경험할 수 있는 것이

4 F. Nietzsche, GT, KSA 1, 30쪽.
5 F. Nietzsche, GT, KSA 1, 33f쪽.
6 F. Nietzsche, N. KSA 13, 299쪽.

다. 디오니소스적인 춤은 삶의 비극적-디오니소스적 긍정의 최고상태이며, 해방과 자유의 결정적인 조건이다. "삶에 대한 긍정이자 축복이며 삶을 신격화 하는"[7] 춤은 디오니소스적 삶의 결정체이다.

에드워드 문니(Edward Moony)는 니체의 춤추는 신으로서의 디오니소스에 대한 개념은 인도의 무용신 "시바(Siva)"로부터 영감을 받았을 수도 있다는 가능성을 시사하고 있다: "시바는 역동성과 에너지의 구현인 변화무쌍한 현상의 흐름을 밀어내는 원동력이다. 그는 창조와 파괴의 신이며 무용을 통해 자연계를 창조하기도 하고 파괴하기도 한다."[8] 시바가 가진 이중적 속성, 즉 창조하며 파괴하기도 하는 신적 속성은 아폴론적인 것과 디오니소스적인 것의 예술의 이중성과도 유사하다. 르나테 레쉬케(Renate Reschke)는 문화사적으로 관찰할 때, 춤추는 신은 신화속의 "시바"와 "디오니소스" 두 신이 있으며 니체는 『비극의 탄생』시기를 전후로 하여 신화에 관심을 가지면서 무용신 시바와 디오니소스에 대한 지식을 가지고 있었다고 말한다.[9] 이 두 신은 공통적으로 파괴적이고 열정적이며 압도적인 동시에 삶에 기쁨을 주는 이중성을 가지고 있는데, 이러한 신적 속성은 아폴론적인 것과 디오니소스적인 것의 이중성에서 잘 드러난다. 디오니소스(적인 것)는 자연의 근본충동인 '힘에의 의지'를 원천으로 하고 있으며 그 힘의 이중적 속성이 유기적이고 동적인 방식으로 표현되는 것이 곧 춤이며 춤추는 신 디오니소스(적인 것)이다. 얀츠(Curt Paul Janz)에 의하면 춤추는 신으로서의 디오니

7 F. Nietzsche, N. KSA 13, 241쪽.

8 E. F. Moony, "Nietzsche and the Dance", Philosophy Today, Vol. 14(1970), 39쪽.

9 R. Reschke, "Die andere Perspektive, Ein Gott, der zu tanzen verstünde. Eine Skizze zur Ästhetik des Dionysischen in Zarathustra", in: *Klassker Auslegen* (hrsg.V.Gerhardt), *F.Nietzsche, Also sprach Zarathustra,* Berlin 2000, 259쪽. 레쉬케는 니체가 에르빈 로데(Erwin Rohde)와의 편지교환을 통하여 그의 그리스신화에 대한 연구(psyche. *Seelenkult und Unsterblichkeit der Griechen)*의 영향을 받았으며, 파울 도이센(Paul Deussen)의 인도 철학연구(Das System des Vedanta)를 통하여 시바의 상징성에 대해 알고 있었다고 주장한다. 같은 책, 260쪽.

소스와 관련하여, 니체는 『차라투스트라는 이렇게 말했다』가 써질 무렵에 다시 한 번 집중적으로 종교와 신화의 역사와 관련된 자료들을 연구했다.[10] 니체가 『차라투스트라는 이렇게 말했다』가 써질 무렵에 종교와 신화의 역사에 대한 연구를 집중적으로 했다는 것은 결코 우연이 아니다. 즉 새로운 '춤 양식'이 차라투스트라와 디오니소스를 통하여 태어나는 과정이었던 것이다.

(2) 자유정신과 해방의 상징으로서의 춤: 예술생리학적 관점들

니체에게 춤은 어떤 상징적 의미들을 가지고 있는 개념인가? 니체철학의 개념적 정의가 모두 그러하듯이, 이 질문에도 명쾌한 해답을 제시하기는 쉽지 않다. 그러나 여기서는 그리스 신화에 대한 초기의 연구에서 니체가 많은 영향을 받았고 사상적으로 특별히 긴밀한 편지를 주고받았던 에르빈 로데(Erwin Rohde)에게 보낸 두 편지 — 공교롭게도 하나는 『비극의 탄생』의 준비시기인 1870년 2월, 다른 하나는 『차라투스트라는 이렇게 말했다』의 집필이 완료되고 난 직후인 1884년 2월에 보낸 — 의 배경에 주목하면서 『차라투스트라』와 그 이후의 저작들을 중심으로 니체의 춤 개념의 상징적 의미들을 정의할 것이다. 니체 철학에서 춤이라는 개념은 "켄타우루스"와 비유해도 좋을 만하다. 로데에게 보낸 두 편지는 이러한 주장을 가능하게 해주는 데, 특히 1870년 2월의 편지에서 춤이라는 양식의 탄생은 이미 예견된 것임을 보여주고 있다:

> "요즈음 내 안에서는 학문, 예술 그리고 철학이 아주 강하게 함께 자라나고 있다. 나는 언젠가 반드시 켄타우루스를 낳게 될 것이다."[11]

---

10 C.P. Janz, Friedrich Nietzsche, Biographie in drei Banden, München/Wien 1978, Bd.2, 228ff쪽 참조.

11 F. Nietzsche, KSB3, 95쪽. 편지인용의 경우 Friedrich Nietsche Sämtliche Briefe, Kritische

14년 後, 디오니소스와 관련된 종교와 신화의 역사를 다시 한 번 집중적으로 연구한 니체는 『차라투스트라는 이렇게 말했다』 제1, 2, 3부를 단숨에 써내려가고 1884년 1월 제4부의 집필을 완료한 직후인 1884년 2월 22일, 다시 로데에게 "나의 양식은 춤이다(Mein Stil ist Tanz)"[12]라는 내용이 든 편지를 보낸다. 니체의 '춤 양식'은 이렇게 『차라투스트라』와 함께 제 모습을 갖추게 된 그리고 학문, 예술, 철학이 오랜 시간 함께 자라난 결과로 '언젠가 반드시 낳게 될 것'이라고 니체 스스로 공언했던 바로 그 '켄티우루스'가 아닐까? 다음에서는 『차라투스트라는 이렇게 말했다』 이후부터 두드러지는 예술생리학(Physiologie der Kunst)적 관점에서 주목하여 니체의 '춤 양식'을 학문, 종교, 철학 그리고 예술 비판과 그로부터 생성된 반대형상으로 보는 몇 가지 관점들로 정의하고자 한다. 이 관점들은 전체적으로 니체철학의 문화비판적 입장에서 이해되는 것이 타당할 것이다.

첫째, 춤은 정신(이성/영혼)에 대한 육체(감성/자연)의 우위를 의미하는 것으로 이원론적 인간해석의 극복을 상징한다. 즉 춤은 육체란 정신도 없고 이성도 없는 단순한 물질에 지나지 않는다는 전통적인 심신이원론적 가치해석의 전도를 의미한다.[13] 니체에 의하면 육체를 경멸하고 정신을 우위에 두는 전통 형이상학은 관념적인 독단론에 지나지 않는다. 이성만이 진리를 인식할 수 있고 육체는 이성에 의해 지배되는 것이라고 주장한 과거의 이성중심주의에 대하여,

---

Studienausgabe in 8 Bänden, hrsg., G.Colli und M.Montinari, Berlin/New York 1986을 KSB로 약기하고 책의 제목, 권수와 쪽수의 순으로 기록한다.

12 F. Nietzsche, KSA6, 479쪽. 강세표시는 니체에 의한 것임. 이 편지에서 니체는 『차라투스트라』를 완결함으로써 루터와 괴테의 뒤를 이어 자신이 독일어를 완성시켰다는 내용으로 마지막 부분에서 자신의 '양식은 춤'이라고 적고 있다.

13 니체의 무용철학이 영혼 · 육체의 이원론적 인간해석의 극복이라고 해석한 논문으로, 장정윤, 「현대무용의 발전에 나타난 철학사상 - 니체를 중심으로」, 『니체연구』 제4집(2001), 225-238쪽 참조.

"영혼은 육체(Leib)에 있어 그 무엇을 나타내는 말에 불과하다 …… 육체는 큰 이성이며 하나의 의미를 지닌 다양성이고 …… 너희들이 '정신'이라 부르는 작은 이성은 너의 육체의 도구 즉 큰 이성의 작은 도구이자 장난감에 불과하다."[14]

라고 말하는 차라투스트라의 정의와 함께 육체와 영혼의 가치는 단적으로 전환된다. 그 결과 전통 철학에서의 정신은 '작은 이성'으로서 육체가 가진 다양한 가능들 중의 하나로 전락하여 육체의 도구가 되고, 육체는 '큰 이성' 으로서 과거 전통 철학이 주장했던 이성의 모든 권능을 다 가지게 되는 것이다. 여기서 니체의 육체(몸, Leib)라는 개념은 단순히 신체를 의미하는 것이 아니라 인간의 정신과 육체를 하나의 전체로 보는 니체 후기의 몸철학(Philosophie der Leiblichkeit)적 개념으로 이해하여야 한다. '큰 이성'으로서의 육체는 이제 능동적인 가치창조자가 되어 '대지'로 상징되는 현실세계를 긍정하고 그 가치를 부여하는 창조의 힘 그 자체를 의미하게 된 것이다. 육체는 춤이라는 상징과 만나 최고의 힘을 얻게 된다. 춤은 이제 창조적인 힘, 즉 '힘에의 의지'를 가장 잘 유기적으로 표현해주는 몸의 언어이다. 인간의 근원적인 본질인 '힘에의 의지'와 '큰 이성으로서의 몸'은 오직 춤의 형식을 통해서만 가장 현실적이고 직접적으로 전달될 수 있기 때문이다.

둘째, 춤은 모든 종교적 가치들과 허무주의를 극복한 "자유정신"의 상징이며 그리스도교적 신의 극복을 의미한다. 여기에는 현세의 부정, 내세의 미화, 죄의식, 염세주의, 도덕적 가치판단 등 허무주의적인 성격을 단호하게 거부하는 니체의 종교 비판적 관점이 자리잡고 있다:

"불교와 그리스도교라는 두 세계종교가 생겨나 급속하게 전파된 원인은 의지의

14 F. Nietzsche, Z, KSA4, 39쪽.

커다란 질병에 있을지도 모른다. 그리고 실제로 그랬다. 이 두 종교는 의지의 질병으로 인해 '너는 마땅히 해야 한다'를 향한 불합리하고 절망적인 요구에 직면했던 것이다 …… 반대로 하나의 정신이 저 신앙과 확실성에의 요구와 결별하고, 있는 그대로의 자신을 실행하여, 가벼운 밧줄과 가능성 위에서도 몸을 바로 세우고 드리워진 심연 위에서 **춤을 추는** 자기규정의 기쁨과 힘, 의지의 자유도 생각해 볼 수 있다 그러한 정신이야말로 **자유정신 그 자체**인 것이다."[15]

의지의 나약함으로 인해 생겨난 종교적인 가치는 신앙과 결별하고 '심연 위에서 춤을 추는' 위험을 감수해야만 하고 인간 스스로 자신을 규정할 수 있는 강한 의지의 힘을 가져야 한다. 그러한 사유의 가벼움은 인간을 춤추게 만들고 신마저도 춤추게 한다:

"이제 나는 가볍다. 나는 날고 있으며 나 자신을 내려다보고 있다. 이제야 한 신이 나를 통해 춤을 추고 있다."[16] 그리고 "나는 춤추는 신만을 믿을 것이다."[17]

이미 죽은 신 혹은 죽어야만할 신 대신 "춤추는 신만을 믿으려는" 차라투스트라는 가치를 완벽하게 전도한 자이며 스스로 춤추는 법을 아는 자이다. 춤은 또 신의 죽음, 그리스도교의 부정, 허무주의의 극복을 상징한다. 다시 말하면 최고 가치를 거부하고 허무주의를 극복하여 스스로 새로운 가치를 창조할 줄 아는 인간은 스스로 춤추는 자이며 신조차 춤추게 한다는 것이다. 이것은 10년 만에 새로운 정신을 품고 산에서 내려온 차라투스트라의 모습과도 같다. 10년 전 차라투스트라의 모습을 본 한 노인은 '어린 아이'

15 F. Nietzsche, FW, KSA3, 583쪽. 강세표시는 필자에 의한 것임.
16 F. Nietzsche, Z, KSA4, 50쪽.
17 F. Nietzsche, Z, KSA4, 49쪽.

처럼 변한 차라투스트라의 모습을 보고, "그는 마치 춤추는 사람처럼 걷고 있지 않은가?"[18]라고 말한다. 차라투스트라의 걸음걸이가 '춤추는 사람'의 가벼운 발걸음으로 변해 있었기 때문이다. 이렇게 춤추는 행위는 인간의 자기극복의 행위와 정신의 건강을 비유한 것으로, 삶의 우위에 기초한 자유로운 가치창조를 상징하고 있다. 차라투스트라에 의하면 "인간은 춤추는 별을 낳을 수 있기 위해서, 자신 속에 혼동을 품지 않으면 안 된다."[19] 먼저 가치의 혼란과 '의지의 질병'을 이겨내야 하고 '심연 위에서 춤을 추는' 위험도 감수하면서 자기 극복할 수 있는 의지의 힘을 길러야만 한다. 춤은 혼동을 이겨내고 새로운 가치를 창조한 위버멘쉬(übermensch)의 행위이며 '춤추는 신'은 곧 디오니소스, 디오니소스적 긍정을 의미한다. 차라투스트라가 믿고자 하는 '춤추는 신'은 그리스도교적 신의 반대형상이며 이는 곧 '십자가에 못 박힌 자'에 대한 디오니소스의 완전한 승리를 상징한다.

셋째, 춤은 전통철학의 극복을 의미하며 '철학자의 이상'[20]을 상징한다. 여기에는 전통철학에 대한 비판뿐만 아니라 '보다 높은 문화'와 '고급교육'을 위한 니체의 문화비판적 의지가 직접적으로 관련되어 있다:

> "훌륭한 무용수가 음식에서 원하는 것은 포만이 아니라 최대의 유연함과 힘이다. 그리고 나는 철학자의 정신이 훌륭한 무용수가 되는 것 이상 무엇을 더 바라야 하는지 알지 못한다. 말하자면 춤이야말로 철학자의 이상이자 예술이다."[21]

한 시대의 삶과 정신을 표현하는 총체적 현상을 문화라고 정의한다면, 니체는 그가 살던 시대의 학문, 종교, 예술 그리고 철학을 비롯한 문화 전체

18 F. Nietzsche, Z, KSA4, 12쪽.
19 F. Nietzsche, Z, KSA4, 19쪽.
20 F. Nietzsche, FW, KSA3, 635쪽.
21 같은 곳.

를 비판한 독설적인 문화비판자였다. 니체의 춤 개념은 이성, 도덕, 전통철학의 사유형식들이 억압하는 우울한 정신에 대한 대립운동이며, 고양되고 해방된 지혜, 삶의 가벼움 그리고 실험적 유희를 상징하는 것이다. 보다 높은 문화를 실현하기 위해서 인간들은 자기극복을 위한 성공적인 유희인 춤을 배워야만 한다. 춤은 차라투스트라가 '보다 높은 인간들'의 고양을 위해 부여하는 의무이자 경고이다:

> "내가 나의 악마를 보았을 때 나는 그 악마가 엄숙하여, 심각하고 심오하며 장중하다는 것을 알았다. 그것은 중력의 악령인 것이다. 그로 인해 모든 사물은 나락으로 떨어진다. 사람들은 분노에 의해서가 아니라 웃음에 의해서 죽인다. …… 나는 걷는 법을 배웠다. 그 후 나는 줄곧 달렸다. 나는 나는 법을 배웠다. 그 후 나는 다른 사람의 도움이 없이도 움직일 수 있었다."[22]

> "너희들 보다 높은 인간들에게 더 나쁜 것은 너희 모두가 따라야할 방식대로 춤을 배우지 못했다는 것, 너 자신을 넘어서서 춤추는 것을 배우지 못했다는 점이다."[23]

여기서 다시 한 번 드러나고 있듯이 '보다 높은 인간'이 되기 위한 필수조건인 춤은 이성적 사유의 무거운 '중력의 악령'을 극복해 나가는 사유의 가벼움을 의미한다. 니체는 위버멘쉬의 진리를 인식하기 위하여 먼저 사유의 경쾌한 발걸음으로 무겁고 우울한 형이상학적 사유와 "자신을 넘어서서 춤을 출" 것을 요청한다. 철학자 역시 이렇게 춤출 수 있어야만 한다. 즉 철학자는 무용가-철학자가 되어야만 하고 이것이 그의 이상이어야만 한다. 뿐만 아니라 차라투스트라는 춤추는 것은 가르칠 수 있고 배울 수 있는 것으

22 F. Nietzsche, Z, KSA 4, 49f.
23 F. Nietzsche, Z, KSA, 4, 367쪽.

로 간주하고 "춤을 배우려 하는 것처럼 사유하는 법도 배우려고 해야 한다"[24]고 주장한다. 니체에게는 "사유도 춤의 일종"[25]이기 때문이다. 사고하는 행위도 춤의 동작을 배울 때처럼 "정신의 **가벼운 발**이 근육 전체로 옮기는 그 정교한 전율"[26]을 느끼고 배워야만 한다. 먼저 웃음을 배우고 걷는 것을 배우며 더 빨리 걷고 달리는 것을 배우면서 자기 스스로 춤추는 법을 터득하는 것은 보다 높은 인간유형이 되기 위해 거쳐야 할 과정이다. 니체에게 춤과 웃음은 불가분의 관계에 있는 두 개념이다. '중력의 악령'을 보고 웃을 줄 아는 것 그리고 웃으면서 춤추는 것은 '무용수'가 되어야 하는 '철학자의 정신'이 반드시 배워야만 하는 것이다. 웃음은 춤을 추는 데 있어 전제조건이기 때문이다. 재빠른 걸음걸이로 걷고 달리고 나는 법을 배우며 '다른 사람의 도움이 없이도 움직일 수 있는' 자는 춤의 단계에 가까워졌음을 의미한다. 니체에게 웃음, 무거운 중력의 극복, 정신의 가벼운 발 그리고 사유의 가벼움은 4철학자의 이상'인 춤, 즉 가치의 자기창조를 상징하는 다양한 표현들 중의 하나다.

넷째, 춤은 데카당스로서의 바그너음악과 낭만주의 예술의 반대형상을 상징하는 기호이며 예술생리학적 전제조건을 가장 완벽하게 충족시키는 예술의 전형이다:

> "나의 '자그마한 진실'은 그런 음악이 내게 영향을 미치기 시작하면 나는 더 이상 편하게 숨쉬지 못한다는 것이다. 내 발은 곧 그것에 분개하며 반항한다. 내 발은 박자와 춤과 행진을 필요로 한다 - 그런데 바그너의 행진곡에 맞추어서는 독일의 젊은 황제라도 행진할 수 없다. 내 발은 음악으로부터 가장 먼저 황홀감을 요구한다. 훌륭한 걸음과 발걸음과 춤에서 느껴지는 황홀감을."[27]

24 F. Nietzsche, GD, KSA6, 109쪽.
25 같은 곳.
26 같은 곳. 강세표시는 니체에 의한 것임.
27 F. Nietzsche, NW, KSA6, 418쪽.

그러나 니체에 의하면 디오니소스적 도취와 황홀감을 주는 음악의 정반대인 바그너 음악에서 사람들을 마치 바다에 있는 것처럼 "헤엄을 칠 수밖에 없다."[28] 바다에서 인간은 땅위에서와 같은 걸음걸이로 힘차게 걷고 달릴 수 없기 때문에 곧 바다의 압도적인 힘에 굴복하지 않으면 안 된다. 그러나 "과거의 음악에서 사람들은 헤엄치는 것과는 전혀 다른, 즉 때로는 우아하게, 때로는 장엄하게, 때로는 격렬하게, 빠르게 혹은 천천히, 그렇게 춤을 추지 않을 수가 없었다. …… 그런데 리하르트 바그너는 다른 종류의 움직임을 원했다. 그는 **과거 음악의 생리학적 전제조건**들을 전복시켜 버렸다 그는 헤엄치고 둥둥 떠다니기를 원했던 것이다 - 걷거나 춤추는 것이 아니라 ……."[29]

위의 인용들에서 '생리학적 전제조건들'과 '춤에서 느껴지는 황홀감'을 춤뿐만 아니라 음악으로부터도 요청하는 니체의 예술생리학적 관점에 주목하는 일은 매우 흥미롭다. 디오니소스적 윤무가 그러했듯이 니체에게 음악과 춤은 결코 서로 분리되지 않는다. 니체는 음악에서 디오니소스적인 춤을 가능하게 하는, 즉 때로는 우아하게, 때로는 장엄하게, 때로는 격렬하게, 빠르게 혹은 천천히 춤추게' 하는 역동적인 리듬을 요구하고 그러한 디오니소스적인 음악의 도취 상태에서만 가능한 무한한 자유와 해방감을 인식하고자 한다. 디오니소스적인 음악이란 강제에 의해서가 아니라 스스로 도취되어 춤출 수 있게 만드는, 건강하고 생동적인 힘이 있는 것이어야만 한다. '춤에서 느껴지는 황홀감'을 가능하게 하는 음악적인 힘과 리듬을 제공하지 못하는 낭만주의적이고 종교적인 음악은 삶과 예술로부터는 거리가 먼 데카당트한 음악이다. 니체가 여기서 걷거나 춤추는 것이 아닌 다른 종류의 운동을 추구하는 바그너 음악을 비판하는 이유는, 비제(G.Bizet)의 음악과는

28 F. Nietzsche, NW, KSA6, 422쪽.
29 F. Nietzsche, NW, KSA6, 422쪽. 강세표시는 필자에 의한 것임.

달리 바그너 음악의 리듬과 구조 속에는 디오니소스적인 춤을 가능하게 하는 건강한 힘과 음악적 요소가 결여되어 있다고 보기 때문이다.[30] 니체는 철학도 음악도 가볍게 춤출 수 있는 예술이기를 바란다. 그의 무용미학에서는 철학과 음악뿐만 아니라 삶 자체가 예술이어야만 하고 그것도 최고의 예술형식, 곧 춤이어야만 한다.

3. 현대무용에 나타난 니체 무용미학의 영향

(1) 전통적 무용요소의 해체와 몸의 해방

주지한 바와 같이 무용에 대한 진지한 철학적 논의의 정당성이 주장된 것은 20세기 초 이후의 일이다. 19세기를 지나면서 니체사상의 영향을 받은 현대무용에서도 형식과 질서를 추구하는 아폴론적인 본성보다는 강함과 열정의 상징인 디오니소스적 본성에 대한 새로운 인식이 고조된다. 새로운 철학과 예술, 하나의 독립된 예술로서의 무용에 대한 욕구는 전통에 대한 도전이었고, 자유를 향한 새로운 시도였다. 20세기에 현대무용이라는 이름으로 등장한 새로운 춤의 형태는 그 예술성에 대해 부정적인 평가를 받아온 발레의 움직임이나 무용이념과는 정반대되는 시각에서 출발하였다. 현대의 무용혁명은 그때까지 유일한 무용예술이었던 발레의 형식을 부정하는 '자유로움' 혹은 '자연스러움'을 추구하는 것에서 시작되었다. 이러한 현대무용에

30 바그너음악에 대조되는 디오니소스적인 음악으로 니체는 비제의 카르멘을 든다. 니체에 의하면 비제의 음악은 자유로운 감성이 소유한 건강하고 해방된 음악형식이 드러나는 완전 한 예술작품이다(F. Nietzsche, KSA 6, 13f 참조 니체의 바그너비판에 대한 다양한 문화철학적 관점들에 대해서는 김미기, 니체, 바그너 그리고 그 역사적 의미-예술철학적 문화 비판의 시도, 니체연구 제7집, 191-219쪽 참조). 바그너음악에 대한 비판은 Th. W. Adorno, "Versuch liber Wagner", in; *Die musikalischen Monographien, Th.W. Adorno Gesammelte Schriften,* Bd.13 참조.

자유정신, 자연과 감정의 표현, 육체의 해방을 강조하는 니체의 무용철학이 미친 영향은 지대하다. 현대적 춤에의 접근은 무용의 예술성에 대한 인식을 크게 변화시켰고 특히 니체의 무용미학은 무용이 예술적, 철학적으로 해석될 수 있는 가능성을 열어 놓았다. 현대무용의 혁명적인 성격은 인간의 몸과 몸의 자유를 통해서 삶에 자유와 개성을 부여하는 표현가능성을 인정했다는 데에 있을 것이다.

전통적인 체계에 대한 도전과 발레의 형식에 대한 개혁으로서의 현대무용에서도 특정한 철학자들의 사상을 무용으로 재해석하는 시도들이 혁신적인 무용가들에 의해 이루어져 왔는데, 저명한 무용가 로이 풀러(Lois Fouiler, 1862-1928)는 퀴리부부가 라디움을 발명한 1898년 '인상주의 무용'이라고 불리는 새로운 무용을 최초로 시도하게 된다. 전기기술자에 못지않을 만큼 과학에 지대한 관심을 가지고 있었던 그는 여러 가지 모양과 색을 이용한 화려한 무대조명으로 무용의 효과를 바꾸어 놓는데 성공했다. 고전적인 발레나 다른 춤 형식에 대한 교육을 전혀 받지 않은 풀러에 의하면 기술적인 지식에서 인간이 해방될 수 있을 때 가장 자연스럽게 인간의 감정을 몸을 통해서 표현할 수 있다. 단순한 무용가가 아니라 그 시대와 시대정신을 대표하는 예술가였던 로이 풀러 외에도, 이사도라 던컨(Isadora Duncun, 1878-1927), 오늘날의 창작무용의 기초와 체계를 만들어낸 루돌프 폰 라반(Rudolf von Laban, 1879-1958), 루스 세인트 데니스(Ruth St. Denis, 1877-1968) 그리고 라반의 제자인 마리 비그만(Mary Wigman, 1886-1959)의 무용에서도 니체의 무용철학과 현대무용이 추구하는 새로운 무용기법의 혁명적 시도와의 연관성을 찾을 수 있다. 그들의 공통적인 관심은 형식을 벗어나 무용가 자신의 감정적 체험과 직관적 인식 그리고 자신의 사상과 세계관을 표현하고 전달하는 것이며 몸의 자유를 추구하는 것이다. 몸의 동작과 근육을 조절하는 경이로운 능력을 소유하고 있었던 데니스도 던컨과 마찬가지로 얽매인 무용형식을 거부했으며 동작상의 기교보다는 내적 세계에 중심을 둔 철학적 정신에 관심을 가졌다. 독일무용계의 제1인자로서 최초로 무용의 동작을 과학적으로 분석하여 음악가가 음계를 사용하듯 그 기호들을 몸의 동작에 적용시키는 등 뛰어난 창작력으로 현대무용에 새로운 생명력을 불어넣은 마라 비그만을 비롯하여 이들 현대무용의 계승자들의 위대한 공적은 무용수의 감정과 자유로운 정신세계를 몸을 통한 다양한 양식의 표현방법을 통해 표현하고자 했던 시도에 있다.

현대무용의 제2세대에 해당하는 마타 그라함(1893-1991)의 무용에서도 억제되고 속박된 인간의 정신을 해방하려는 의지는 여전히 두드러지게 나타난다. 그라함의 입장은 몸의 해방을 통하여 자연의 아름다움과 자연스러움 그 자체를 표현하려고 한 던컨과는 차이가 있는 것으로, "던컨에 있어서 신체는 자유의 정신이 깃드는 곳이라면, 그라함의 신체는 자기인식의 객체로서 신체와 정신적 해방의 주체역할을 한다."[31] 던컨이나 데니스가 지녔던 아름다움과는 거리가 멀었던 그라함은 먼저 자신의 세계를 파괴하고 난 후에 다시 새롭게 창조해야한다는 신념을 가지고 있었다. 오랜 시간 동안 대중의 이해를 받지 못했던 그라함 작품세계는 여성적이거나 쾌활하고 낭만적인 성격을 거부했으며 침울하고 사색적이었다. "나무, 꽃, 물결같이 춤추고 싶지 않다. 그 무엇인가 기적 같은 것, 즉 인간을 춤추고 싶다"[32]는 무용이념과 함께 "모든 무용은 흥분을 도표화한 심장그래프"와 같은 것이며 "현대무용은 동작화되기 이전의 정신상태"[33]라고 주장한다. 이렇게 던컨에서 그라함까지의 현대무용은 정신이 살아 숨쉬는 육체를 통하여, 니체의 표현을 빌리자면 '몸 이성'을 통하여 삶의 새로운 가치를 창조하고자 하는 새로

31 장정윤, 「현대무용의 철학사조」, 『대한무용학회지』 제18집, 223쪽.
32 육완순, 『현대무용』, 이대출판부 1979, 107쪽.
33 같은 책, 109쪽.

운 모험적 사유방식이다. 그들은 발레예술의 귀족주의적이고 도식화된 표현기법을 극복하고 무대 위에서 맨발로 춤을 추거나 혹은 자연 그대로의 모습으로 자유롭게 걷고 뛰고 날아오르면서 "자유정신"들만이 출 수 있는 춤을 추었다. 고대와 중세를 걸쳐 신체예술이라는 관점에서 내려진 무용에 대한 부정적인 평가는 이렇게 '인간의 감정과 정신을 몸을 통해서 자유롭게 표현하는 것'이라는 현대무용의 새로운 무용이념에 의해 극복된다. 전통적 무용의 요소를 완전히 해체하고 새로운 표현기법을 시도하는, 커닝엄을 선두주자로 하는 현대무용의 제3세대로 넘어가기에 앞서 진정한 현대무용의 기수 이사도라 던컨을 중심으로 니체의 무용미학이 현대무용에 미친 영향을 좀 더 구체적으로 살펴 볼 필요가 있다.

(2) 던컨의 "미래무용"과 니체의 자연(몸)철학

현대무용의 새로운 정신은 인위적인 기교에서 벗어나 어떠한 움직임, 어떠한 표현기법도 허용하는 다양한 표현의 자유에 있다. 다른 예술분야에서도 그러한 것처럼 무용의 역사 속에서도 새로운 무용가가 탄생하고 새로운 춤의 시도가 이루어졌을 때마다 혁신적인 표현기법이 등장하였고, 그 배후에는 새로운 사상을 가진 철학자들의 영향이 있었다. 이렇게 현대무용의 혁명적 선구자 이사도라 던컨의 디오니소스적 무용정신의 배후에는 디오니소스적인 무용철학자 니체가 있었고, 그의 실험적 무용미학은 던컨의 모험적 생애와 무용을 통해 적나라하게 반영되었다. 니체는 "미래철학"을 말하고 던컨은 "미래무용"에 대해 말한다. 던컨에게 니체는 숭고한 철학자였으며, 그의 『차라투스트라는 이렇게 말했다』는 경전과 같았다. 여기서는 이 두 천재적인 "예술가-철학자"들의 사상적 만남에서 가능했던 현대무용의 탄생에 주목하고, 전통적 무용형식으로부터의 해방과 몸의 해방이라는 맥락에서 던컨의 무용에 나타난 니체 무용미학의 영향을 정의할 것이다.

그들의 무용철학 속에서 공통적으로 눈에 띄는 '자연'에 대한 강조는 니체의 문화비판의 연장선상에서 이루어지고 있는데, 이는 충동과 몸을 토대로 하는 니체의 몸 철학의 대표적인 관점들 중의 하나다. 소크라테스 철학부터 경시되어 온 인간의 몸과 감성에 정당한 지위를 회복시키려 하는 니체의 시도는 여러 가지 개념들 속에서 나타나는데, 그 대표적인 것이 생성의 힘을 가장 잘 드러내주는 개념이 바로 '자연'이기 때문이다. 인간의 인위적인 힘이 작용하지 않는 '자연'에 대한 관심은 인간의 본능과 충동 그리고 몸에 대한 긍정적인 평가로부터 나타난다. "자연으로 돌아가라"[34]는 니체의 말을 이어 받아 던컨은 "자연을 보라, 자연을 연구하라, 자연을 이해하라. 다음에는 자연을 표현해보라"[35]고 말한다. 그리고 니체는 자연의 표현을 다음과 같이 할 것을 요청한다:

> "이제 자연의 본질은 상징적으로 표현되어야 한다. 새로운 상징체계가 필요하다. 우선 입, 얼굴, 말의 상징적 표현뿐만 아니라 몸의 모든 부분을 율동적으로 움직이는 춤의 몸짓으로도 말이다."[36]

니체의 요청대로 "자연의 본질을 …… 몸의 모든 부분을 율동적으로 움직이는 춤의 …… 새로운 상징체계"에서 표현해냈던 것이 바로 '현대무용'이라는 이름으로 태어난 던컨의 춤이다. 이러한 맥락에서 볼 때, 던컨의 현대무용은 니체 무용미학의 딸임에 분명하다. 적어도 그들의 자연철학에 관한 한 니체의 무용미학과 던컨의 무용이념은 경이로울 정도로 닮아있기 때문이다. 또한 던컨은 "자연은 모든 예술의 근원"[37]이라는 신념에서 "무용이란

34 F. Nietzsche, GD, KSA6, 150쪽.
35 I. Duncun, 이사도라 던컨의 무용에세이(최혁순 역), 범우사 1998, 143쪽.
36 F. Nietzsche, GT, KSA1, 33f쪽.
37 I. Duncun, 같은 책, 64쪽.

동작을 통해서 인간의 영혼을 표현하는 예술일 뿐만 아니라 보다 자유로운 삶, 보다 조화 있고 보다 자연스러운 삶의 완전한 개념"[38]이라고 정의한다. 자연과 인간을 표현하는 몸의 가장 자연스럽고 건강한 형태, 그것이 바로 니체와 던컨에게는 예술이자 예술작품이다. "자연으로부터 영감을 얻고 …… 자연 속에서 가장 아름다운 형태를 찾아 그 형태의 혼을 표현하는 동작을 발견하는 것이 춤추는 사람의 과제"[39]라고 믿었던 던컨이 바닷가에서 파도소리에 맞추어 자연스러운 율동으로 춤을 춘 것이나 평생 『차라투스트라는 이렇게 말했다』를 경전처럼 여기며 살았던 삶과 무용은 바로 "자유정신"을 실현하고자 한 해방정신의 표현인 것이다. 던컨의 무용은 춤의 본질인 자연 속에 살아 숨쉬는 내적 충동을 표현하고자 했고, 의식과 육체가 함께 작용하는 몸적인 주체개념[40]이므로 육체에 대한 부정적인 가치의 전환을 시도한 무용사의 획기적인 사건이다.

현대무용에서 무용수는 특히 여성은 더 이상 신체를 아름답게 보이려고 노력하는 발레리나가 아니라 세상의 고통을 받아들이고 삶을 고뇌하는 강한 정신적 주체로서의 인간의 모습을 보여준다. 전통적 여성상과 무용개념을 파기하고자 하는 던컨은 서양문화 속에 자리 잡은 인간의 몸, 특히 여성의 몸 개념의 내용에 대한 의문을 제기하고 자유로운 신체개념을 추구하는 현대무용의 새로운 표현기법으로 도전한다. 특히 맨발로 그리고 자연의 모습으로 춤추면서 "춤을 추는 동안, 나는 여성이 아니다"라고 공언했던 던

38 I. Duncun, 같은 책, 105쪽.

39 I. Duncun, 같은 책, 106쪽.

40 니체 이후 후설(E, Husserl)이나 메를로 퐁티(M, Merieau-Ponty)의 현상학을 통해서 의식과 육체를 해석하려는 새로운 시도가 이루어진다. 20세기 초 존재의 사실성을 중시하면서 직관을 통하여 현상을 이해하고자 했던 현상학은 육체에 대한 새로운 시각을 제시함으로써 무용예술의 해석에 큰 영향틀 미친다. 메를로 퐁티의 의식-신체개념과 무용의 현상학적 해석에 대해서는 김말복, 「현상학적 무용해석의 과제」, 『이대논총』 20집(1993); Maxine Sheets-Jhonstone, *The Phenomenology of Dance*(김 말복 역), 예전사 1994 참조.

컨에게 무용은 다름 아닌 인간해방을 의미했던 것이다. 이미 여성의 참정권을 부르짖는 최초의 목소리들이 세상에 울려 퍼지고 사회 변혁과 해방을 꿈꾸는 시도들이 곳곳에서 일어나고 있었지만, 여전히 몸에 대한 부정적인 인식, 즉 여성의 몸은 여전히 가장 부조리하고 저급하고 불건전한 것이라는 인식이 자리 잡고 있었던 때에 던컨의 춤은 '해방의 예술'로 나타났다. 그리고 그것은 한 개인의 해방이 아니라 억압된 관습과 도덕에 대한 인간의 해방이자 자유의 승리였다.

니체가 기존의 '모든 가치들의 가치전환'을 시도한 시대를 앞서간 선구자였던 것과 마찬가지로 니체의 무용미학을 수용하여 이를 자신의 무용에서 실현하고자 했던 던컨은 무용을 통해서 육체와 자연의 본질을 있는 그대로 표현하고자 노력한 시대를 앞서 간 천재, 여성해방주의자, 혁명가, 현대무용의 개척자이자 선구자이다. 그들에게 무용의 근본원칙은 자연을 이해하고 삶의 충동과 함께 인간을 표현하는 것이다. 니체의 무용미학과 던컨의 무용은 삶을 철학적으로 정당화하고 합리화하며 예술적으로 미화하는 것이라는 점에서 닮아 있다. "대지에 충실하라"는 차라투스트라의 말에, 그의 충실한 제자 던컨은 "무용은 대지의 움직임과 조화된 인간 육체의 움직임이다. 대지의 움직임과 조화되지 않으면 그 무용은 그릇된 것이다"[41]라고 대답한다. "춤추는 것이 곧 사는 것"[42]이라는 던컨의 무용철학은 인간의 몸, 정신 그리고 삶 전체가 춤출 수 있기를 바랐던 니체 무용미학의 구현이다.

41 I. Dimcun,, 같은 책, 143쪽.
42 I. Duncun,, 같은 책, 142쪽.

4. 포스트모던무용과 반무용(Anti-Dance)

(1) 머스 커닝엄의 "새로운 춤"(New Dance)

현대무용의 특징을 한 마디로 표현하면 몸을 통한 예술적 표현의 독립성 혹은 자율성이라고 할 수 있다. 개성적인 구성과 주관적인 내용, 무용수의 몸과 동작표현의 다양성이라는 특성을 가진 현대무용은 급속한 변화의 흐름을 겪어왔고 새로운 혁명에는 또 다른 혁명적 시도가 꼬리를 물고 나타나게 된다. 1960년대부터 폭발적인 관심과 지지를 받으면서 많은 변화와 분열의 길을 걸어온 포스트모던무용의 경향들을 일목요연하게 지적하기는 쉽지 않다. 그러나 본 논문은 포스트모던무용은 다양한 표현성의 확대를 가져온 현대무용에 대한 새로운 세대의 새로운 도전이라는 점과 실험적인 흐름으로부터 나왔다는 점을 주목하고 비록 표면으로 드러나 대중에게 또 하나의 다른 예술로 부각되기는 했지만 포스트모던무용은 여전히 던컨을 선구로 하는 현대무용의 지류라고 보는 입장에서 니체의 무용미학과의 관계를 조명해 볼 것이다.

1950년대부터 새로운 실험주의자들은 초기 현대무용수들이 발레의 형식성을 거부할 때 던졌던 '무용의 본질은 무엇인가'에 대한 물음을 다시 제기하고 '표현되는 것은 어떤 것이며 표현적이라는 것의 의미는 무엇인가'에 대한 보다 구체적인 해답을 찾으려고 한다. 이러한 시도를 가장 잘 대변 하는 것이 1945년까지 그라함 무용단의 솔로주자로 활동했던 현대무용의 제3세대의 대표자 그리고 포스트모던무용의 아버지 머스 커닝엄(Merce Cunnigham: 1919-)을 중심으로 하는 전위파다. 자신의 춤을 "새로운 춤(New Danee)"이라고 부르면서 과거 무용의 표현방식을 해체하고자 한 커닝엄의 춤에는 과감한 실험정신과 도전정신이 자리하고 있다. 커닝엄은 초기 현대무용이 가지고 있는 상징, 이야기, 개인감정의 표현과 같은 서술적 요소와 음악에 의존하는 무용의 전통적인 형식을 비판하고 음악으로부터 무용의 해방을 시도한다. 과거의 무용이 인간의 좌절, 고독 등과 같은 감정과 삶의 인식을 무용적 구성요소들의 긴밀한 관계 속에서 표현했다면, 커닝엄 이후의 무용은 움직임에 관한 그리고 그 움직임 자체만을 위한 무용을 시도 한다. 커닝엄은 안무, 음악, 의상, 무대장치가 통일된 결합방식을 가지고 있는 전통적인 무용요소를 거부하고 각각 독립된 것으로 작용하게 함으로써 정형화된 무용원리에서 움직임을 해방시키려고 했는데, 그의 신조는 움직임이 반드시 무엇을 이야기하거나 무엇을 대상으로 해야 하는 것이어야 할 필요가 없고 단지 그 자체로서 움직임일 뿐이라는 것이다. 즉 움직임은 그 자체로서 항상 표현적이며 움직임을 '그 자체로 내버려 둠'으로서 더 깊고 다양한 표현과 해석이 나올 수 있다는 것이다.

커닝엄의 작품은 관객의 즉각적인 반응을 불러일으키는 것으로 현란한 조명과 음향효과로 분위기를 압도하거나 관객은 물론 무용수에게까지 충격을 주는 것이었다. 커닝엄은 전위작곡가 존 케이지(John Cage) 그리고 시각예술가 앤디 워홀(Andy Warhol) 등과 함께 우연적인 무용요소들 간의 관계에 주목하는 "우연의 기법"(Change Method)을 실험적으로 시도했는데, 리듬, 톤, 형태와 같은 표현요소들을 조화시키지 않고 시각적, 청각적 그리고 역학적으로 다양한 경험의 가능성을 제공함으로써 관객이 스스로 자유롭게 해석하고 선택하도록 하는데 관심을 기울였다. 순서와 체계를 배제한 채 여러 가지 사건들이 동시에 일어나기도 하는 커닝엄의 무대는 무엇을 보고 받아들여야 할지를 관객 스스로 결정하도록 해석의 다양성과 인식의 자유를 전적으로 개방하고 있다.

따라서 그의 무용에서는 공간의 중심이 사라지고 음악은 동작과 전혀 무관한 음악이 되며, 시간이 조정되거나 뜻밖의 행동을 시도하며 변화, 반복, 분산된 춤동작이 허용된다. 어떠한 메시지도 그리고 어떠한 상징적 의미도 의도하지 않는 커닝엄의 춤은 단순히 삶에서 일어나는 사건들의 우연적으로 맺어지는 관계를 반영한 것과 같으며, 인간의 정신이 아니라 인간의 육체가 할 수 있는 일의 한계가 어디까지인지를 실험하는 것처럼 보인다. 비록 표현방식은 달랐지만, 부자연스러운 전통 발레의 표현기법에 도전했던 "미래무용"(던컨)과 몸의 자연스러운 움직임 그 자체만을 표현하려 했던 "새로운 춤"(커닝엄)도 그리고 춤이란 인간과 자연과 삶을 표현하는 "몸짓 언어"(니체)라고 주장하는 니체의 무용미학이나 현대무용의 근본이념에서 벗어나지 않고 있다. 왜냐하면 그들 모두에게 춤의 소재는 자연과 인간의[43] 자연스러운 움직임을 의미했고 춤을 전달하는 주체도 춤을 표현하는 수단도 오직 인간의 몸이라는 이념에 충실했기 때문이다. 그들이 전달하고자 하는 춤의 메시지는 보편적으로 타당하게 전달되는 것이 아니라 삶의 근원으로부터 솟아오르는 '힘에의 의지' 즉 삶의 역동적 생명력이다. 던컨, 그라함 그리고 커닝엄으로 이어지는 도전적인 실험정신과 인간의 몸에 기초한 현대무용의 이념들은 그들이 의식적으로 수용했거나 하지 않았거나 니체의 무용미학과 놀라울 정도로 닮아 있음을 부정할 수 없다.

(2) 반무용으로서의 현대무용

커닝엄 이후 소위 극단적 전위파라고 불리던 실험주의자들은 현대무용 속에 나타난 무의미한 동작의 나열과 같은 감정표현 기법, 무용의 관습화, 음악과 무용의 종속관계 등에 과감하게 도전하면서 체계 그 자체를 부정하고 해체하려는 반무용(Anti-Dance) 혹은 비무용(Non-Dance)적 무용을 시도한다. 현대무용의 반무용적 전략은 무용을 순수비표현적인 예술로 만들고

43 커닝엄은 어떠한 동작도 무용의 소재가 될 수 있으며, 어떠한 공간에서도 춤을 출 수가 있고 모든 신체부위가 사용될 수 있다고 주장한다. 물론 어떠한 구성법과 차례도 타당하고 음악, 의상, 장식, 조명 그리고 춤은 각기 나름대로 독립적인 논리와 정체성을 가지고 있다고 주장한다. 샐리 베인스, 포스트모던댄스 (박명숙 역), 삼신각 1994, 18쪽 참조.

자 하는 의도에서 나온 것이다. 무용을 중심으로 나타난 이러한 시도는 대사를 배제하고 움직임만을 강조하는 현대연극뿐만 아니라 공연적 요소와 움직임이 강조된 추상적 표현주의를 시도하는 당시의 현대 조형미술의 반예술 운동과도 밀접한 관련이 있다.

엄격한 논리와 정형성을 띤 무용으로 변질된 초기 현대무용의 구성요소들을 해체하고 반무용적 전략으로 무용요소의 자율성을 실험하는 전위파의 이러한 무용형식은 1970년경에 소위 포스트모던무용이라고 불리는 형식으로 정착되었다. 커닝엄을 선두로 포스트모더니즘이라는 이름 아래 묶여지는 자연(스러움)을 추구하고자 하는 비표현주의적, 실험주의적인 무용의 경향은 지나친 감정의 과장, 수식현상으로 발전한 현대무용에 대한 또 다른 도전이자 해체이다. 왜냐하면 정신과 감정의 표현에 충실하고자 한 초기 현대무용은 감정을 수식하고 과장하거나 왜곡시키는 현상이 일어났고 이것은 부자연스러운 것으로 받아들여졌기 때문이다. 부자연(스러움)을 거부하고 자연(스러움)을 추구하는 포스트모던 무용은 숙련된 움직임을 배제한 걷기, 뛰기, 달리기와 같은 일상적인 동작이나 퍼포먼스로 표현되었고, 무용과 일상적 움직임간의 경계가 모호해지는 경향으로 나타난다. 그들은 관객과의 관계를 전적으로 배제하는 해프닝과 퍼포먼스를 통해 춤을 그 본질적인 요소로 즉 그 자체로서 자연스러운 것으로 환원시키려 했다. 몸통과 팔, 다리를 활용하는 전통적으로 정형화된 무용동작이 아니라 작은 손가락과 관절의 움직임, 미묘한 근육의 움직임과 얼굴표정 등 몸의 모든 부분을 무용의 재료로 활용하고 심지어 자연스러운 인간의 일상생활을 무용의 장으로 들여오기도 한다. 이것은 니체의 요청대로 “몸의 모든 부분을 율동적으로 움직이는 새로운 상징체계에서 춤추는”, 인간표현의 또 하나의 다른 혁신적인 시도이다. 형식과 전통적인 무용요소의 거부, 초현실주의적인 퍼포먼스와 플럭서스(Fluxus), 추상적 표현주의 경향으로 나타나는 반무용의 원칙 속에서 자연(스러움)을 표현하는 예술을 모색하려는 포스트모던 무용은 인간의 자연을 표현하는 춤이라는 맥락에서는 적어도 던컨의 무용이념과 동일하다.[44]

이러한 관점에서 볼 때 포스트모던무용 역시 인간의 몸에 대한 해방적 사고가 구체화되어 나타나는 현대무용의 대표적인 형태라고 주장할 수 있다. 왜냐하면 "포스트모던 무용수들은 신체가 단순히 정신의 도구가 되는 것을 거부하였고 신체 그 자체가 스스로를 표현할 수 있는 주관적인 인격체라는 것을 확신하고" 있기 때문이다.[45] 전통적인 무용요소들의 해체와 거부, 걷고 뛰고 달리는 삶의 건강과 자연스러움의 추구라는 맥락에서 포스트모던무용의 이념은 던컨의 무용철학에서도 그리고 인간의 정신이 자유롭게 춤추기를 원했던 니체의 무용철학에서도 벗어나지 않는다. 현대무용의 근본적인 특징은 자유로운 정신이며 어떠한 동작, 어떠한 표현기법도 허용하는 해석과 인식의 자유에 있다. 현대사상이 그러하듯이 현대무용의 이념 역시, 이성의 허구적인 논리를 거부하면서 '몸을 실마리로 하는' 해석적 다양성을 개방하고 '자유정신'의 춤을 염원하는 니체의 무용미학에서 뿌리를 찾는 것은 지극히 당연한 일일 것이다.

---

44 현대무용에서 적용되는 자연스러움에 대한 개념은 개인적인 차원에서 이해되어야 한다. 던컨에게 자연스러움은 파도와 물결과 같은 자연의 움직임을 표현하는 몸짓이었다면, 포스트모던 무용수들에게 자연스러움은 걷고 달리는 일상적인 동작의 극단적이고 추상적인 표현으로 나타났지만, 인간의 삶과 자연스러움을 표현하고 인위적이고 부자연스러운 무용요소들을 거부한 데에 있어서는 근본적으로 다르지 않다. 포스트모던무용의 과감하고 실험적 도전은 1970년말부터 급격히 줄어들어 다시 음악과 의상의 재도입, 사상을 표현하는 내용 등 현대무용 초기의 표현성을 수용하고 있다. 김말복, 『무용예술의 이해』, 이대출판부 2003, 390-398쪽 참조.

45 송종건, 『무용의 정치학』, 현대미학사 1999, 85쪽.

5. 나가는 말

니체 철학 속에 내재해 있는 춤의 상징적 의미는 이성중심주의를 극복하고 자연의 회복과 몸의 해방을 가능하게 하는 정신적 토대를 제공한다는 데에 있다. 니체는 언제나 보다 높은 인간유형의 특징을 춤, 유희, 경쾌한 사유 활동에서 찾는다. 니체에게 보다 높은 인간의 행위와 높은 문화는 "많은 힘과 유연성을 필요로 하는 …… 과감한 춤과 비슷한 것"[46]이기 때문이다. 앞에서도 지적했듯이, 니체에서 춤은 몸, 감성 그리고 자연에 적대적인 형이상학적 정신사에 대한 그의 문화비판의 의도와 밀접한 관계가 있다. 니체는 개인의 문제를 인간 전체에, 춤의 이념을 예술과 문화 전체에 적용하는 개념적 구도 속에서 삶에 대한 자신의 비전을 실험적으로 표현하고 있는 것이다. 그리고 이러한 비전은 "춤이라는 것은 어떤 형식으로든 고급교육과 분리될 수 없다. 다리를 가지고 춤출 수도 있지만 개념들과 언어를 가지고도 춤출 수 있다는 것, 펜을 가지고도 춤출 수 있어야만 한다는 것을 아직도 말해야만 하는가?"[47]라고 우리에게 되묻는 물음 속에, 고급교육과 문화개혁에 대한 니체의 강한 의지가 표현되고 있다.

니체는 춤을 보다 높은 인간유형과 고급문화의 이상으로 규정함으로써 무용의 위상을 철학적 차원으로까지 끌어올려 놓았다. 니체 이후에야 비로소 무용은 인간의 정신세계와 사유형식을 표현하는 예술의 한 장르로서 당당하게 자리 잡게 된 것이다. 현대무용에서 육체는 더 이상 정신의 도구가 아니다. 니체가 말했듯이, 인간은 전적으로 육체에 지나지 않으며 우리가 정신이라고 불러왔던 이성이 오히려 "육체의 작은 도구이자 장난감에 불과하다."[48] 이성의 도구이자 수단에 불과한 것이었던 육체에 이성의 위상을,

46 F. Nietzsche, MA I, KSA 2, 228쪽.
47 F. Nietzsche, GD, KSA 6, 109쪽. 강세표시는 니체에 의한 것임.

그것도 더 "큰 이성"의 위상을 부여함으로써 육체를 매개로 하는 무용예술을 철학적 논의의 대상으로 끌어올린 니체의 무용미학은 현대무용의 이념을 받쳐주는 든든한 사상적 토대가 아닐 수 없다. 인간의 몸, 정신, 철학 그리고 삶이 "힘에의 의지"로 충만하여 늘 춤추게 되기를 바라는 니체의 무용미학, 그렇게 필연적으로 현대무용의 정신적 근원으로 수용될 수밖에 없었던 니체의 무용미학은 한마디로 삶의 미학이다. 삶 속에서 그리고 삶과 함께 춤추는 것, 이것이 곧 니체의 무용미학과 현대무용이 함께 꿈꾸었던 이상이었던 것이다.

48 F. Nietzsche, Z, KSA 4, 39쪽.

참고문헌

김말복,『무용예술의 이해』, 이대출판부 1993.

던컨, I, 이사도라 던컨의 무용에세이 (최혁순 역), 범우사 1998.

송종건,『무용의 정치학』, 현대미학사 1999.

육완순,『현대무용』, 이대출판부 1995.

장정윤,『현대무용의 발전에 나타난 니체 사상』,『니체연구』 제4집(2001), 225-238쪽.

Abel, G., "Nietzsche contra Selbsterhaltung. Steigerung der Macht und Ewige Wiederkehr5,? in: *Nietzsche-Studien* 10/11(1982), 367-384쪽.

Figl, J., *Interpretation als Philosophisches Prinzip, Friedrich Nietzsches universale Theorie der Auslegung im späten Nachlaß,* Berlin/New York 1982.

Hawkins, A., *Modern Dance in Higher Education,* Columbia Univ., 1954.

Hofmann, J.N., *Wahrheit, Perspektive, Interpretation, Nietzsche und die philosophische Hermeneutik,* Berlin/New York 1994.

McFee, G., *Understanding Dance,* Routledge 1992.

Pieper, A., *"Ein Seil geknupt zwischen Tier und Übermensch" - Philosophische Erläuterung zu Nietzsches erstem "Zarathustra",* Stuttgart 1990.

Rampley, M., *Nietzsche, Aesthetics and Modernity,* Cambridge 2000.

Reschcke, R., "Die andere Perspektive: Ein Gott, der zu tanzen verstünde. Eine Skizze zur Ästhetik des Dionysischen im Zarathustra", in: *Also sprach Zarathustra,* V. Gerhardt(Hrsg), Berlin 2000, 257-284쪽.

Scheer, B., "Die Bedeutung der Sprache im Verhältnis von Kunst und Wissenschaft", in: M. Djuric und J. Simon (Hrsg.), *Kunst und Wissenschaft bei Nietzsche,* Würzburg 1986, 101-111쪽.

Schmid, W., "Das Dasein-ein Kunstwerk. Zum Verhältnis von Kunst und Lebenskunst bei Nietzsche", in: *Deutsche Zeitschrift für Philosophie,* Heft 6 (1991), 650-660쪽.

Schulz, W., "Funktion und Ort der Kunst in Nietzsches Philosophie", in: *Nietzsche-Studien* 12(1983), 1-31쪽.

Sheets-Jhonstone, M., *Illuminating Dance: Philosophical Explorations,* 1991.

_____, *The Phenomonology in Dance,* New York 1994.

Sorell, W., *Dance in its Time,* New York 1999.

Welsch, W., "Das Asthetische eine Schlusselkategorie unserer Zeit?", in: *Die Aktualität des Ästhetischen,* Wolfgang Welsch(Hg.), München 1993.

Zelle, C., *Die Doppelte Ästhetik der Moderne,* Stuttgart 1995.

| 저자약력 |

양해림

충남대학교 철학과 교수

現 한국니체학회 회장, 한국역사철학회 회장, 충남대학교 인문과학연구소 소장이다. 前 한국환경철학회 회장, 민주화를 위한 전국교수협의회 공동의장, 대전시민사회연구소 소장, 충남대학교 시민사회연구소 소장 등을 역임했다.

단행본으로 『기후변화, 에코(Eco)철학으로 응답하다』, 『해석학적 이해와 인지과학』, 『대학생을 위한 서양철학사』, 등 10여권의 저서와, 「니체의 비극의 탄생에 대한 들뢰즈의 해석」, 「니체와 쇼펜하우어의 예술철학과의 관계」 등 80여편의 논문이 있다.

권의섭

계명대학교 교양교육대학 교수

단행본으로 『인간 복제에 관한 철학적 성찰: 독일 슬로터다이크 논쟁을 중심으로』(공저), 『논증적 글쓰기』(공저) 등이 있으며 「니체의 심미주의」, 「니체의 생명사상과 생명공학」, 「니체의 약자의 양심과 주권적 양심에 대한 고찰」, 「비른바허의 생태윤리와 책임」, 「포스트모던 시대의 인성교육의 방향과 실천」 등의 논문이 있다.

홍사현

연세대학교 철학과 강사

「쇼펜하우어의 음악철학 – 감정미학과 절대음악 사이」, 「망각으로부터의 기억의 발생 – 니체의 기억 개념 연구」 등 다수의 논문이 있으며, 역서로는 『문학적 절대』,『니체전집 12: 즐거운 학문/메시나에서의 전원시/유고』(공역),『초기 희랍의 문학과 철학』(공역)이 있다.

임건태

현재 우송대학교 초빙교수, 고려대학교, 순천향대학교 강사 역임
최근 논문으로는「니체의 관용 비판: 약자의 관용에서 '위대한 관용'으로」가 있으며, 공저로는『관용주의자들』이 있다. 역서로는『니체의 '비극의 탄생' 입문』이 있다.

강영계

건국대학교 철학과 명예교수
서울대학교 철학과를 졸업한 후, 독일 뷔르츠부르크대학교 대학원 철학 박사 학위를 받았다. 단행본으로는『철학의 기초』,『철학으로 산다는 것』등이 있으며, 역서로는『데카르트의 철학의 원리』,『신과 인간과 인간의 행복에 대한 짧은 논문』등이 있다.

정낙림

경북대학교 철학과 교수
現 한국니체학회 이사 겸 편집위원, 대한철학회 총무위원장 겸 편집위원이다. 단행본으로『니체와 현대예술』,『놀이와 철학』,『인간본성에 대한 철학이야기』(공저) 등 다수의 저서와「예술의 종말과 종말이후의 예술 – 헤겔, 니체, 단토의 '예술의 종말'론 비교연구」,「놀이와 형이상학 – 니체, 하이데거, 핑크의 놀이 사유」등 예술과 문화 철학에 관련된 다수의 논문이 있다.

김정현

원광대학교 철학과 교수

한국니체학회 회장 및 세계표준판 니체전집(21권, 책세상) 편집위원 역임

저서로는 『니체의 몸 철학』, 『니체, 생명과 치유의 철학』, 『철학과 마음의 치유』 외 다수가, 번역서로 『선악의 저편 · 도덕의 계보』(니체), 『유고(1884년 가을~1885년 가을)』(니체), 『기술시대의 의사』(야스퍼스) 외 다수 있음.

김미기

前 동아대학교 철학과 강사

동아대학교 철학과를 졸업한 후, 독일 뮌헨 대학에서 석사 학위를, 베를린 자유대학에서 「Feuerbach und Nietzsche」로 박사 학위를 받았다. 「루터와 종교개혁에 대한 니체의 이해」, 「니체의 진리개념 비판에서 본 예술과 여성의 본질」, 「니체와 바그너」 등의 논문을 썼고, 『쉽게 읽는 니체』, 『인간적인, 너무나 인간적인 I, II』 등을 옮겼다.